安 全 治 理 丛 书

安全治理与社会秩序
维 护 研 究 院　　主持

但彦铮　　主编

〔奥〕马克西米利安·埃德尔巴切尔（Maximillian Edelbacher）
〔美〕彼得·克拉特考斯基（Peter Kratcoski）
〔奥〕迈克尔·泰尔（Michael Theil）——————— 主 编

但彦铮　李云飞 ——————————————— 译

FINANCIAL CRIMES

Financial Crimes: A Threat to Global Security,1st edition
By Maximillian Edelbacher ,Peter Kratcoski,Michael Theil/
9780367866525

捕 获

金 融

幽 灵

A Threat to Global Security

预防下一场
金融危机

社会科学文献出版社
SOCIAL SCIENCES ACADEMIC PRESS (CHINA)

中央财政支持地方高校发展专项资金项目

本书专门介绍了一些公共和私人组织与机构，它们正在努力帮助那些因金融犯罪而受害的人，并参与制定国家金融安全战略以及为个人提供自我保护的策略。

安全治理与秩序的法律之维
（代总序）

法律与秩序，是人类社会两个永恒的主题。

20 世纪 70 年代以来，世界范围内确立的犯罪控制领域的所谓制度与思想模式，在进入 21 世纪初期之时，正面临着前所未有的挑战与巨大的变革压力。犯罪控制的制度与思想是由警察、法院、监狱等一系列国家机构所支配的，而所有这些国家机构在现代性来临时，就在安全与秩序的生产过程中占据了中枢地位。① 在任何时代和任何国家，有关犯罪及其防治的话题与主题往往不可避免地被卷入重大的社会与政治变革之中。尤其是自治理论在国内外兴起以后，有关犯罪、安全、风险与治理的理论及政策话题，不仅受到各国犯罪学、警察学（公安学）、社会控制、公共安全治理以及公共政策等相关学科理论研究者们的关注，更是各国政府在制定有关社会治理与安全治理方面的政策和法律时所重点关注的话题。有关犯罪治理、安全产品供给的话题，还涉及国家形象与能力（如“成功国家”与“失败国家”）的变化、公众对刑事司法的信任、公众对和谐稳定的社会秩序的期盼以及维护社会秩序、构建安全责任共担制、和谐社会的有序参与等传统和非传统社会秩序维护机制及其现代化重构问题。

当前，我国处于深化改革开放、加快转变经济发展方式的攻坚时期，如何有效地维护我国 21 世纪战略机遇期的社会稳定，成为当下政策制定者和学者们关注的重要话题。

① 〔英〕麦克·马圭尔、罗德·摩根、罗伯特·赖纳等：《牛津犯罪学指南》（第四版），刘仁文、李瑞生等译，中国人民公安大学出版社，2012，第 61~74 页。

　　平安是国家繁荣昌盛、人民幸福安康的前提。建设"法治中国"和"平安中国"是在中国共产党第十八次全国代表大会后，中共中央总书记、中央军委主席、国家主席习近平最早提出的实现"两个一百年"奋斗目标、实现中华民族伟大复兴的中国梦的重要战略举措。建设平安中国，事关中国特色社会主义事业发展全局，中国特色社会主义事业需要在一个和谐稳定的社会环境中稳步推进。深入推进社会治理创新是建设平安中国的基本途径，对推进国家治理体系和治理能力现代化具有重要意义。促进安全和维护社会秩序需要成本，保障安全和维护社会秩序的手段措施和方式方法需要明确的道义上的正当性。企图不受限制地满足对更多安全的渴望，会对公民自由与一般社会生活造成严重的否定性的影响。① 要处理好改革、发展与稳定和秩序的关系，就必须坚持法治观、制度观和治理观。维护社会秩序和实施安全治理，不仅需要正确的理论指导，还需要科学合理的制度设计以及充分且多样化的实践。因此，需要理论与实践有机结合，全社会共同参与，坚持"古为今用、洋为中用"的理念，兼收并蓄，立足国情和当前实际并放眼未来，充分发挥法治的引领和保障作用，积极进行理论创新、制度创新和实践创新，创造安全稳定的社会环境。

　　安全和平安是人们在满足基本生存和生理需要以后最基本的需求，安全治理以及社会秩序维护是人类社会的永恒主题，任何社会任何时候都有正常的社会秩序和安全需求。随着治理理论的兴起，国内各个学科也开始重视运用治理理论拓展研究领域。本研究团队长期从事警察学（公安学）、犯罪学和社会治安问题的研究，追踪研究国外安全治理理论的发展与各国开展安全治理实践的最新动态，特别关注自美国"9·11"事件以来，世界各国在警察权和反恐立法及实践方面的最新成果，试图将国外犯罪控制、警察科学、安全治理、刑事司法等方面的研究成果进行借鉴与吸纳，并结合中国的国情和实际，开展以问题为导向的实证研究，为公安学的理论体系和知识体系建构，为21世纪国家战略机遇期社会秩序维护和平安中国建设提供理论支撑。

---

① 〔英〕麦克·马圭尔、罗德·摩根、罗伯特·赖纳等：《牛津犯罪学指南》（第四版），刘仁文、李瑞生等译，中国人民公安大学出版社，2012，第653页。

　　随着 21 世纪全球化的不断发展，国家在保障公民安全方面的方法和途径发生了巨大的变化，引发了人们对于安全对美好社会的作用以及保障安全的机构等重大规范性问题的关注，也提出了如何界定安全和公共安全产品供应等具有挑战性的理论问题。国家治理（state governance）是自阶级社会以来最重要的政治现象之一，其本质在于通过其属性及职能的发挥，协调和缓解社会冲突与矛盾，以维持特定的秩序。关于治理的概念，让-皮埃尔·戈丹认为，"治理"（governance）这个词本身就是问题之源。他认为，"治理"有多种角度的解释，但"如果说治理是一种权力，那它表现为一种柔性且有节制的权力"；他还认为，"治理这个词从 13 世纪起就在法国阶段性地流行过，其最初的意思在很长时间内都可以和'统治、政府'（一直沿用至今）以及'指导、指引'画等号"。最新的研究成果显示，"在 17 世纪和 18 世纪，治理是关于王权和议会权力平衡的讨论所涉及的重要内容之一，而在那个时代，王权在实现过程中开始依靠一些新的原则，而从这些新原则中，诞生了公民权利和市民社会理念"。① 这一理念一直延续至 21 世纪，并有了新的现代内涵。治理是指对警察政策的形成与方向的宪法性、机构性安排。②

　　20 世纪 90 年代末以来，国内学术界开展了治理理论和实践的研究。随着研究的深入，西方治理理论与中国本土治理理论的错位现象逐步凸显，国家发展和治理的实践表明，治理理论只有在本土化的基础上才能实现理想的重塑。在运行意义层面，"社会治理"实际是指"治理社会"。换言之，所谓"社会治理"，就是特定的治理主体对社会实施的管理。在制度层面，国家治理、政府治理和社会治理的目标都指向在坚持中国特色社会主义根本和基本制度的前提下，破除一切不适应生产力发展要求的体制机制，创新释放生产力和社会活力的体制机制，以完善和发展中国特色社会主义制度。③ 面对 21 世纪全球化背景下社会转型的大趋势，必须探索出符合本国国情的社会秩序维护与安全治理的基本理论、制度和实践路径。

① 〔法〕让-皮埃尔·戈丹：《何谓治理》，钟震宇译，社会科学文献出版社，2010，第 4 页。
② 〔英〕麦克·马圭尔、罗德·摩根、罗伯特·赖纳等：《牛津犯罪学指南》（第四版），刘仁文、李瑞生等译，中国人民公安大学出版社，2012，第 651 页。
③ 王浦劬：《国家治理、政府治理和社会治理的基本含义及其相互关系辨析》，《社会学评论》2014 年第 3 期。

　　"安全治理丛书"正是遵循这样一种基本的逻辑，进行知识谱系和理论体系的建构与实践验证：借鉴其他学科发展的历史经验，首先进行中西古今比较，以问题为导向，对当前我们在维护社会秩序中面临的犯罪问题、安全治理问题和其他社会治理问题开展实证研究，真正形成具有中国特色的社会主义社会秩序维护和安全治理理论。该系列丛书是西南政法大学安全治理与社会秩序维护研究院整合校内外资源，紧紧围绕"深化平安建设，完善立体化社会治安防控体系"这一目标，以警察学（公安学）为支撑，依托法学、政治学和社会学等相关学科，围绕"平安中国"进行跨学科研究的成果。①

　　为了全面、详细和系统地了解安全治理的理论渊源、制度变革及政策实践，本系列丛书包括三大部分：最新的警察学、社会与犯罪治理、安全治理的国外译著丛书；我国近代社会治理与安全管理的理论与相关古籍整理的勘校丛书；以问题为导向，对当今社会秩序维护与安全治理问题的实证研究和理论创新著述。

　　为此，我们与社会科学文献出版社合作，推出"安全治理丛书"，包括《警察学百科全书》《警察学导论》《古罗马公共秩序》《冲突与控制：19世纪意大利的法律与秩序》《警察：街角政治家》《英国警察：权力与政治》《警务与警察权导论》《执法的边界：警察惯常的行为方式》《风险社会中的

---

① 安全治理与社会秩序维护研究院项目，起源于 2009 年 11 月 28～29 日，我在中南财经政法大学主办、刑事司法学院承办的"中国刑事司法改革与侦查理论研究学术研讨会"上，做的题为"安全治理理念的兴起与警察学理论转型"的一个简短的报告。报告认为司法体制改革应该从警务模式和警务观念的转变开始，关键是要配置好国家权力与公民权利的关系，并提出转型的具体设想（具体信息参见中南财经政法大学刑事司法学院新闻网，http：//gaxy. znufe. edu. cn/A/? C-1-272. html，以及物证技术学实景图像库网站，http：//jyw. znufe. edu. cn/wzjsx/xwzx/200912/t20091202_21260. htm）。随后，我便开始着手社会与安全治理方面的"知识谱系"的建构。该科研平台项目自 2010 年开始获得西南政法大学中央财政支持地方高校发展专项资金的资助，2012 年 7 月 27 日由重庆市财政局以《重庆市财政局关于下达 2012 年中央财政支持地方高校发展专项资金预算的通知》（渝财教〔2012〕154 号），正式获得批准，2013 年开始实施。其主要发展目标是为警察学（公安学）的研究和学科建设提供理论支撑、实践经验和国内外有关维护社会秩序及实施安全治理的"知识谱系"参考。安全治理与社会秩序维护研究系列丛书是该平台项目的系列成果，主要关注国际国内维度的安全治理的理论及实践，包括与犯罪控制、社会秩序维护、公共安全服务等有关的内容，主要从警察学（公安学）基础理论、犯罪控制与秩序维护视野下的社会秩序维护与安全治理（包括反恐警务）、制度安全与现代国家制度建设、文化安全与文化国家建设等维度，进行理论研究。

警务》《可疑文书的科学检验》《安全治理、警务与地方能力》《以使命任务为基础的警务》《警察绩效评估》等经典译著。该系列译丛，以警察科学的知识和理论体系的建构为主要内容，既有百科全书式的巨著，又有西方警察发展历史及警察学教材，还包括当代警务改革、警察科学理论以及安全治理理论发展方面的最新著作。这些著作的译述，能够帮助我们了解西方警察学的发展历程及最新发展成果。

我们又与知识产权出版社合作，推出了"社会治理丛书"，包括《警务发展与当代实践》《警察的政治学分析》《新警察学——国内与国际治理中的警察权》《21世纪的安全与通过环境设计预防犯罪（CPTED）——关键基础设施保护的设计与犯罪预防》《解读警察文化》《澳大利亚警政》《警察权、公共政策与宪法权利》《跨国法律秩序与国家变革》《德治：道德规则的社会史》等译著和著作。该系列丛书中的译著，主要关注各国运用警察学、犯罪学和相关理论维护社会秩序和开展安全治理活动中的做法，兼具理论与实践。同时，该丛书还包括部分以我国当前的社会治理问题为导向，进行专题实证研究的学术著作。

"读史可以明智"，"了解和熟悉历史才能把握现在；研究并洞悉现在才能展望未来"。警察在社会与安全治理的过程中，具有十分重要的地位。我国的现代警察制度肇始于清末新政时期，在民国时期得到长足发展。一批受过警察学专业训练的学者和实务人士在培养新式警察和进行现代警察制度研究方面发挥了积极作用，特别是他们以法治视角去观察和思考警政制度，形成了较为优秀的学术成果。这些成果既力图与当时的域外警察研究接轨，呈现对当时来说较为先进的理念，也致力于结合国情，总结中国式治理经验。为此，我们与法律出版社合作，推出了"民国时期警政研究勘校丛书"。该丛书收录了民国时期警政研究的代表性作品，是一套兼具警政研究学术价值、警察制度史料价值和警政实务现实意义的优秀丛书，丛书作者都是民国时期的专家。其中，有内容全面的《警政全书》，有给当代以学术滋养的《警察法总论》，也有关注特殊地域的《乡村警察的理论与实验》，还有梳理历史的《中国保甲制度·里甲制度考略》，等等。十几本著作各有鲜明特色，从这些著述中，我们能把握民国警政研究的基本面貌和内核。同时，我们还与知识产权出版社合作推出"中国近代社会基层治理勘校丛书"，通过历史透镜，审视近代中国乡村社会的村治历程及经验，为我们思考当今新型城镇化背景下的农村社会治理提供历史借鉴。

尽管时代发生了诸多变化，但是，近现代的实践和当时学者的思考、研究和建言，仍然具有一定的借鉴意义。有些做法，我们未必赞成，但足以引起思考；有些做法，值得我们借鉴，则更见现实意义；有些做法，已显得不合时宜，但反观其与当时时代的紧密联系，也足以给我们启发。尽管有些学者在当时所处的政治立场不同、身份特殊，但他们的观点不乏真知灼见。历史经验告诉我们，不仅要有科学的理论武装，而且还必须立足于保障"最大多数人的最大利益"，有正确的实践，才能取得治理的成功。"温故而知新"，我们还可以说"温故而创新"。希望这种"外译"和"温故"的工作足以让我们在当代警政研究和推进警政的高度法治化过程中"知新"，进而做到"创新"。"沉舟侧畔千帆过，病树前头万木春"，我们期盼这些著作的重新勘校，能让读者以现代的眼光审视这段历史中有关社会与安全治理的理论、制度及实践，从而做到古为今用、开卷有益。

我们深信，在全面推进依法治国、建设中国特色社会主义、实现"两个一百年"奋斗目标、实现中华民族伟大复兴的"中国梦"的历史征程中，通过对古今中外有关安全治理和社会秩序维护的理论、制度及实践的梳理，可以进一步提升理论水平，增强对中国特色社会主义理论、道路、制度和文化的自信。牢牢把握推进国家治理体系和治理能力现代化的总要求，主动适应新形势，切实增强理论研究的前瞻性，坚持立足当前与着眼长远相结合，发挥法治的引领和保障作用，积极推动社会治理与平安建设的理念、制度、机制、方法和实践的创新，为创造安全稳定的社会环境，提供国内外的理论借鉴与实践经验参考。

最后，本研究得以实施，得益于财政部中央财政支持地方高校发展专项资金建设规划项目，感谢支持该项目立项和为该项目获得批准而付出辛勤劳动的所有人员。该系列丛书中的译著得以翻译出版，要感谢西南政法大学外国语学院、重庆大学外国语学院的很多老师和翻译专业研究生的参与，要特别感谢他们的支持与谅解，尽管对青年学者及研究生而言，翻译国外著作可能是一种培育和鞭策，但同时面临着语言、专业及能力等诸多挑战，即便我们用尽了"洪荒之力"，仍有可能存在不足与问题，万望各界专家海涵并指正。对参与该项目的所有同事、学界同人以及出版社的朋友，对他们对本系列丛书能够克服重重困难得以顺利出版所给予的支持、鼓励和体谅，在此表示由衷的感谢！

西南政法大学

安全治理与社会秩序维护研究院但彦铮

2015 年 12 月·山城重庆

目　录
CONTENTS

序　言　全球性威胁？ ⋯⋯⋯⋯⋯⋯⋯⋯⋯⋯⋯⋯⋯⋯⋯⋯⋯⋯⋯⋯ I

前　言 ⋯⋯⋯⋯⋯⋯⋯⋯⋯⋯⋯⋯⋯⋯⋯⋯⋯⋯⋯⋯⋯⋯⋯⋯⋯⋯⋯ V

致　谢 ⋯⋯⋯⋯⋯⋯⋯⋯⋯⋯⋯⋯⋯⋯⋯⋯⋯⋯⋯⋯⋯⋯⋯⋯⋯⋯⋯ VII

主编简介 ⋯⋯⋯⋯⋯⋯⋯⋯⋯⋯⋯⋯⋯⋯⋯⋯⋯⋯⋯⋯⋯⋯⋯⋯⋯⋯ IX

主要撰稿人简介 ⋯⋯⋯⋯⋯⋯⋯⋯⋯⋯⋯⋯⋯⋯⋯⋯⋯⋯⋯⋯⋯⋯ XI

第1篇　新安全观

导论　安全的概念 ⋯⋯⋯⋯⋯⋯⋯⋯⋯⋯⋯⋯⋯⋯⋯⋯⋯⋯⋯⋯⋯⋯ 2

第1章　不断变化的安全概念
　　　　——防卫设计中的预防性转向 ⋯⋯⋯⋯⋯⋯⋯⋯⋯⋯⋯ 6

　1.1　引言 ⋯⋯⋯⋯⋯⋯⋯⋯⋯⋯⋯⋯⋯⋯⋯⋯⋯⋯⋯⋯⋯⋯⋯ 6

　1.2　安全化 ⋯⋯⋯⋯⋯⋯⋯⋯⋯⋯⋯⋯⋯⋯⋯⋯⋯⋯⋯⋯⋯⋯ 8

　1.3　防卫设计 ⋯⋯⋯⋯⋯⋯⋯⋯⋯⋯⋯⋯⋯⋯⋯⋯⋯⋯⋯⋯ 9

　1.4　通过环境设计预防犯罪 ⋯⋯⋯⋯⋯⋯⋯⋯⋯⋯⋯⋯⋯⋯ 11

　1.5　从情境心理学到空间社会学 ⋯⋯⋯⋯⋯⋯⋯⋯⋯⋯⋯ 14

　1.6　关于犯罪与场所的辩证法 ⋯⋯⋯⋯⋯⋯⋯⋯⋯⋯⋯⋯ 16

　1.7　小结 ⋯⋯⋯⋯⋯⋯⋯⋯⋯⋯⋯⋯⋯⋯⋯⋯⋯⋯⋯⋯⋯⋯ 19

第2章　危机历史和安全追求 ⋯⋯⋯⋯⋯⋯⋯⋯⋯⋯⋯⋯⋯ 21

　2.1　资本主义和理性风险管理 ⋯⋯⋯⋯⋯⋯⋯⋯⋯⋯⋯⋯ 22

　2.2　保险的起源 ⋯⋯⋯⋯⋯⋯⋯⋯⋯⋯⋯⋯⋯⋯⋯⋯⋯⋯ 23

　2.3　现代社会保险的发展 ⋯⋯⋯⋯⋯⋯⋯⋯⋯⋯⋯⋯⋯⋯ 24

2.4 富裕国家里的贫困 ···································· 25

2.5 发展和投机促发了根本的改变和不安全感 ········ 26

2.6 关于悠久投机史的简短评论 ······················ 27

2.7 经济危机的其他原因 ······························ 29

2.8 风险的种类 ······································ 30

2.9 小结 ·· 31

第 3 章 "安全社会"的发展

　　——奥地利的案例 ································· 33

3.1 引言：关于社会的不同认识 ······················ 33

3.2 安全的定义 ······································ 33

3.3 安全社会的概念 ·································· 34

3.4 安保产业的发展、安全管理专业课程的设立及安全领域研究的

制度化 ·· 36

3.5 国内安全的国际战略实施 ·························· 37

3.6 无所不在的安全威胁和参与实现安全 ·············· 39

3.7 有关政治和国家安全产品的逻辑变化 ·············· 39

3.8 社会控制技术化背景下的新公共空间配置 ·········· 41

3.9 小结 ·· 43

第 4 章 欧洲联盟的安全概念 ························ 44

4.1 引言：欧盟的全新安全观 ·························· 44

4.2 欧盟成员国的政策倡议 ···························· 46

4.3 欧盟成员国的安全文化 ···························· 47

4.4 国家安全战略中与金融相关的问题 ················ 51

4.5 小结 ·· 53

致　谢 ·· 53

第 5 章 人的安全与联合国安理会 ·················· 54

5.1 引言 ·· 54

5.2 安理会议程的演进 ································ 55

5.3 人类安全议程的演进 ······························ 56

5.4 冲突预防和内部冲突 ······························ 56

5.5　面向人类安全的新维和行动 ···································· 57

5.6　参与安理会审议工作的新模式 ································ 59

5.7　安理会与联合国其他组织机构的相互配合 ············ 61

5.8　处理人的安全问题的联合国大会附属机构 ············ 62

5.9　安理会建立的国际刑事法庭 ································ 63

5.10　保护责任 ··· 63

5.11　小结 ··· 63

第2篇　金融犯罪：全球威胁

导论　金融结构与犯罪概论 ·· 66

第6章　白领犯罪 ··· 69

6.1　经济生活条件 ··· 69

6.2　安全环境下的经济生活 ······································ 69

6.3　影响经济的因素 ··· 70

6.4　白领犯罪的定义 ··· 74

6.5　白领犯罪的发展 ··· 75

6.6　白领犯罪的类型 ··· 76

6.7　网络犯罪与网络战争 ··· 88

6.8　经验教训 ··· 92

6.9　有效的警察和司法体系 ······································ 96

6.10　有效的预防工具 ·· 96

附录：美国历史上最大的保险公司欺诈案 ················ 97

第7章　网络犯罪和经济犯罪 ·· 101

7.1　引言：网络犯罪的生态系统 ································ 101

7.2　网络犯罪的概念 ··· 103

7.3　网络犯罪工具和设施 ··· 105

7.4　诈骗类型 ··· 113

7.5　打击网络犯罪和经济犯罪的对策 ·························· 115

7.6　小结 ··· 120

第 8 章 有组织犯罪、黑手党、白领犯罪和腐败 ·········· 122

8.1 引言：有组织犯罪与黑手党的简要比较 ·········· 122

8.2 意大利黑手党的发展历程 ·········· 124

8.3 "以钱生钱" ·········· 126

8.4 "糨糊系统" ·········· 127

8.5 恩惠保护制度：针锋相对的古老实践 ·········· 132

8.6 20 年之后："金盆洗手" ·········· 133

8.7 小结 ·········· 134

第 9 章 法治与金融犯罪 ·········· 136

9.1 引言 ·········· 136

9.2 法治规则 ·········· 137

9.3 有组织犯罪 ·········· 137

9.4 法治的定义 ·········· 139

9.5 德国的法治 ·········· 141

9.6 英国的法治 ·········· 141

9.7 腐败与法治之间的关系 ·········· 142

9.8 政府俘获 ·········· 144

9.9 小结 ·········· 146

第 10 章 金融危机和对金融犯罪的随意追诉 ·········· 148

10.1 引言 ·········· 148

10.2 大而不倒的贿赂文化 ·········· 150

10.3 金融危机能成为改革的催化剂吗？ ·········· 154

10.4 马多夫与庞氏骗局：金融的阴暗面 ·········· 160

10.5 小结 ·········· 165

第 11 章 打击腐败：全球背景下的媒体作用 ·········· 167

11.1 报告腐败的障碍和危险 ·········· 167

11.2 媒体、政治组织和司法部门间的合作 ·········· 171

11.3 当前和未来的媒体角色 ·········· 173

11.4 小结 ·········· 174

第 12 章　金融危机还是金融犯罪？工作能力与腐败 ……………… 176

12.1　商人与土匪 …………………………………………… 176

12.2　定义与不足 …………………………………………… 177

12.3　市场与黑社会 ………………………………………… 184

12.4　商业与犯罪行为 ……………………………………… 193

12.5　立法者和骗子 ………………………………………… 200

12.6　小结 …………………………………………………… 209

第 3 篇　防范另一场金融危机：控制机制的角色

导论　防范另一场金融危机：控制机制的角色 …………………… 222

第 13 章　吸取保险行业的经验教训 …………………………… 225

13.1　引言 …………………………………………………… 225

13.2　基本原则 ……………………………………………… 226

13.3　监管 …………………………………………………… 228

13.4　强制保险 ……………………………………………… 229

13.5　理想的可保风险 ……………………………………… 229

13.6　从保险中吸取经验教训 ……………………………… 231

13.7　保险定价 ……………………………………………… 233

13.8　保险公司 ……………………………………………… 234

13.9　偶然事件 ……………………………………………… 235

13.10　独立事件 ……………………………………………… 235

13.11　概率和损失规模的评估 ……………………………… 237

13.12　具体性 ………………………………………………… 238

13.13　规模 …………………………………………………… 238

13.14　小结 …………………………………………………… 239

第 14 章　警探和调查记者携手打击有组织犯罪 ……………… 242

14.1　引言 …………………………………………………… 242

14.2　调查性新闻报道与刑事犯罪侦查 …………………… 243

14.3 调查方法 ··· 244

14.4 访谈结果 ··· 244

14.5 小结 ··· 250

第 15 章 构建抵御金融犯罪能力的人力资源因素分析 ··········· 252

15.1 引言 ··· 252

15.2 可恢复性 ··· 255

15.3 高可靠性理论和正常意外理论 ······························· 257

15.4 控制值广场 ··· 258

15.5 动机陷阱 ··· 258

15.6 深度心理学视角 ··· 260

15.7 沟通分析 ··· 262

15.8 安全文化 ··· 271

15.9 小结 ··· 275

第 16 章 加强对金融部门的监管：发展中国家体制改革的经验教训 ··· 278

16.1 引言 ··· 278

16.2 金融市场危机：危机起源和改革的必要性 ·············· 279

16.3 发展中国家的公共财政监督 ································· 283

16.4 机构建设理论 ·· 286

16.5 基于人权的发展路径 ·· 291

16.6 小结 ··· 293

第 17 章 天使投资：能否阻止下一场金融危机？ ·················· 295

17.1 引言 ··· 295

17.2 奥地利天使投资的增值服务：国际比较 ·············· 296

17.3 正式的法律角色 ··· 296

17.4 增值服务的类型 ··· 297

17.5 增值服务的质量 ··· 300

17.6 增值服务的数量 ··· 301

17.7 发展模型对天使投资增值贡献的解释 ·················· 301

17.8 成功因素模型 ·· 304

17.9　小结 ……………………………………………………………… 305

第 18 章　美国预防和控制金融犯罪的立法和相关措施 …………… 307

18.1　引言 …………………………………………………………… 307

18.2　美国证券交易委员会 …………………………………………… 307

18.3　"9.11"恐怖袭击的后果 ……………………………………… 308

18.4　美国《爱国者法案》 …………………………………………… 309

18.5　国际反洗钱和反恐融资法案 …………………………………… 309

18.6　金融犯罪执法网络 ……………………………………………… 311

18.7　联邦执法机构防范金融犯罪的合作努力 ……………………… 313

18.8　司法部刑事犯罪调查局、计算机犯罪和知识产权犯罪

　　　调查局 …………………………………………………………… 313

18.9　美国联邦调查局 ………………………………………………… 314

18.10　联邦经济情报局 ……………………………………………… 316

18.11　邮政调查局 …………………………………………………… 317

18.12　国土安全部和其他机构 ……………………………………… 317

18.13　国际协定和合作 ……………………………………………… 318

18.14　国际刑警组织 ………………………………………………… 319

18.15　小结 …………………………………………………………… 319

第 19 章　金融犯罪的历史、现状及未来 …………………………… 321

19.1　引言 …………………………………………………………… 321

19.2　危机历史和新的金融安全理念 ………………………………… 323

19.3　维护安全的新方式 ……………………………………………… 324

19.4　小结 …………………………………………………………… 334

注　释 …………………………………………………………………… 335

参考文献 ………………………………………………………………… 367

后　记 …………………………………………………………………… 408

索　引 …………………………………………………………………… 410

序言 全球性威胁？

　　本来预计会在 2009 年结束的全球金融危机一直持续到今天。这让政府领导者开始明白，在危机时代下国家是多么脆弱。从危机一开始就可以清楚地发现，对国家安全造成巨大威胁的本轮金融危机是由一小部分金融机构的高管所造成的，他们的行为就像赌徒，他们对民众、政府或他们所居住的国家漠不关心。满足自己的贪欲、尽最大可能在最短的时间里谋取最大的利益是这些金融机构的唯一目标。只要最终能够赢利，这些金融机构就敢冒天下之大不韪，铤而走险。

　　许多金融机构因高管涉足高风险领域、从事非法活动而破产。在我担任奥地利维也纳警察局局长的职业生涯中，参与过许多起白领犯罪案件的侦查工作，这些案件多与诈骗、贪污和非法商业交易有关。诈骗案件有三个要素，一是犯罪人通过隐瞒自己的身份来欺骗受害者，二是故意欺骗，三是为贪欲所驱使。讽刺的是，通过观察金融危机中金融机构管理层的履职表现发现，他们的行为竟然与诈骗者的行为如此相似，比如对受害人许下的承诺从不兑现，出发点是恶意的，并为贪欲所驱使。唯一的不同就是他们不会隐瞒自己的身份，他们会公开欺骗受害者。

　　面对金融危机，我的第一个反应就是如果以前有更多的对金融犯罪的调查经验，危机是能够避免的。于是，我下定决心推广这样一个理念：牢记在侦破白领犯罪案件中所积累的经验，并将其作为一种工具，以警告和保护未来金融危机的潜在受害者。

　　2010 年 6 月，联合国系统学术理事会（Academic Council on the United Nations System，ACUNS）在维也纳召开了第 23 次会议。会议以"新的安全挑战"为主题，各国专家在会上对三个主要问题进行讨论，这三个问题共同构成了理解"新的安全挑战"这一主题的"红线"。我参与了三场圆桌会议，讨论与会议主题有关的议题。

第一场圆桌会议讨论的主题是"安全概念的变化"。会议由皮埃尔·拉帕克（Pierre Lapaque）主持，他是联合国毒品和犯罪问题办公室有组织犯罪部门的首席执法官和反洗钱部门的负责人。与会者还有基尔大学（Keele University）的讲师格鲁特·斯图姆沃尔（Günter Stummvoll）、维也纳大学社会学系的教授吉尔伯特·诺登（Gilbert Norden），以及马克西米利安·埃德尔巴切尔（Maximillian Edelbacher）。与会者讨论了安全概念在欧洲的变化，特别是在欧盟内部的变化，这个结果也是对安全的挑战。例如，2003 年冬季发生在奥地利蒂罗尔加图尔州的那场悲剧性雪灾，就被作为讨论和实施新安全观的起点。在那场雪灾里，房屋被摧毁，人员伤亡，村民和游客的安全都受到了威胁。

诸如消防队、军队和警察等安全力量都在试图建立新的预警系统，用一种更好的方式去保护居住在危险地区的人们。奥地利新设了奥地利安全促进机构，该机构集中了该国所有研究力量，以提升警察等安全力量的专业技术水平。2003 年，奥地利选择了"全面安全"（Comprehensive Security）模式，成为第一个实施该模式的国家。这一模式现在已经被欧盟所接纳。在这场圆桌会议上，研究者讨论了应对安全威胁的不同模式，并希望将这些不同的模式都发布出来。这场圆桌会议的主题"安全概念的变化"正是本书第一部分论述的主要内容。

第二场圆桌会议的主题是"白领犯罪和腐败"。与会者集中交流了各国在打击金融欺诈、白领犯罪、伪造犯罪、经济犯罪和贪污腐败犯罪方面的经验，以及识别已经报道的特殊犯罪行为类型和罪犯的方法。与会者包括：凯塔琳娜·努西（Katharina Noussi）研究员，她谈到了学习机构；罗马大学社会学家、地缘政治专家和犯罪学家阿里耶·安蒂诺里（Arije Antinori）教授，他是意大利警察局的顾问；奥地利国际反腐败学院董事会主席马丁·克雷特纳（Martin Kreutner）；国际金融犯罪调查组织前国际副总裁、"欧罗生活"（Eurolife）高管沃尔特·博登纳（Walter Bödenauer），他也为万事达信用卡奥地利分支机构工作，万事达信用卡是世界上最大的信用卡系统之一；而我主要从事保险和银行反欺诈调查。打击欺诈活动的专家收集的知识有助于防止未来的欺诈犯罪。

第三场圆桌会议的主题是"防止另一场金融危机：控制机制的作用"，它是本书第三部分论述的主要内容。我主持了这场圆桌会议。参加本次圆桌会议的学者包括：维也纳经济和工商管理大学金融系的迈克尔·泰尔（Michael Theil）教授；里加国际经济和工商管理学院的宏观经济学家塔季扬娜·比科娃教授（Tatyana Bikova）；通用汽车公司奥地利分部财务经营部主任克莱门斯·法思（Clemens Fath）。会上讨论了哪种控制机制对防止下一场金融危机最有帮助。

联合国毒品和犯罪问题办公室为庆祝《联合国打击跨国有组织犯罪公约》生效十周年，于 2010 年 10 月召开了一次会议。在这次会议上，联合国系统学术理事会圆桌会议得出的经验受到了广泛的认同。

关于"合作打击跨国有组织犯罪"的议题包括一系列周边活动，其中一个活动是关于"有组织犯罪、白领犯罪和欧洲及全球的腐败问题"的圆桌会议。我很荣幸能够主持这次圆桌会议，与会者带来了如何认识、遏制和预防这类犯罪的新视角。圆桌会议讨论的重要问题主要包括以下几个。

（1）我们能通过学习打击有组织犯罪、白领犯罪和腐败的经验来得到应对金融危机的方法吗？

（2）我们如何防止新的金融危机？

（3）是否有一个模型能够提供更好的策略，来避免这些由疯狂的投机活动导致的巨大损失，特别是在美国？

对这些问题的讨论得出了两个有启发的答案。一个答案涉及人性。它试图分析人类在处理经济、危机、贪婪和社会问题上的弱点和强项。另一个答案可以在对再保险公司经营模式的比较中找到。美国再保险公司的表现是灾难性的，而欧洲再保险公司的损失却没有那么惨重。

本书无法提供解决金融危机问题的金钥匙，但希望本书提供的信息和洞见能够提醒当局发现当前困境的成因。

马克西米利安·埃德尔巴切尔

前　言

　　本书论述的重点是有组织犯罪、白领犯罪和腐败如何影响世界各国的金融稳定。本书成形于全球金融危机时期。这场危机自 2008 年爆发以来，一直主导着政治辩论的进程。众所周知，金融稳定对于一个国家的整体经济稳定和增长至关重要。人们普遍认为，没有全面的金融市场改革，就无法防止未来的危机。而迄今为止，金融市场改革主要关注金融业的法律活动对稳定造成的威胁，这些活动的特点是过度冒险、激励扭曲以及缺乏整体性监管。这些问题都急需解决，但同时不应忽视与有组织犯罪、白领犯罪和腐败有关的非法活动对一个国家的经济安全和金融安全造成的威胁。事实上，这些类型的犯罪活动有时是由于缺乏对金融活动的监管或监督不力而产生的。因此，任何金融改革的全面计划都必须考虑犯罪活动对金融安全或国家的影响。在全球化的金融市场中，有组织犯罪、白领犯罪和腐败也是全球化的。因此必须在全球范围内协调保障金融基础设施的有效战略，如确保透明度、维护经济安全以及尊重法治。

　　在当前金融危机的背景下，这部由各研究领域的杰出专家共同撰写的著作，对今后如何防止金融危机这个课题做出了重要和及时的贡献。我相信，本书的面世将为相关专家和决策者提供重要参考。

安德烈亚斯·席德尔（Andreas Schieder）

奥地利财政部国务秘书

致　谢

　　本书的许多撰稿人在联合国系统学术理事会年会上发表了论文。这些论文可以作为一本有关金融犯罪专著的核心内容的想法是由马克西米利安·埃德尔巴切尔在这次会议上提出的。当这个动议得到众人的赞同并付诸行动时，大家推荐彼得·C.克拉特考斯基（Peter C. Kratcoski）和迈克尔·泰尔担任联合主编。将不同主题的论文整合成一个有凝聚力的、逻辑结构严谨的整体将是一项艰巨的任务，作者们从非常不同的角度探讨了这些主题，并决定向该领域的其他专家征集论文材料，以便能够支撑本书的主题。

　　如果没有迪利普·K.达斯（Dilip K. Das）的大力帮助，本书的出版就不会成为现实。他对本书所提建议的强烈认可以及对主编的高度信任，给予出版商极大的信心，相信本书将对CRC出版社出版的国际警察行政专题讨论会系列丛书做出重大贡献。

　　许多专家学者以各种方式为这本书的出版做出了贡献。联合主编迈克尔·泰尔、彼得·C.克拉特考斯基和马克西米利安·埃德尔巴切尔撰写了部分章节和章节介绍。彼得·C.克拉特考斯基在露西尔·克拉特考斯基（Lucille Kratcoski）的协助下按照出版商的规范编辑了此书并尽量统一了写作风格。丹尼斯·克尔（Denise Kerr）协助完成了与计算机有关的技术事务，参与初稿的编审工作，以便能将其交付给出版商。

　　当然，除了前面提到过的参与者以外，我们还要特别感谢以下诸位对本书的贡献，他们是：杰拉尔德·肖普菲尔（Gerald Schöpfer）、冈特·斯图姆沃尔（Günter Stummvoll）、吉尔伯特·诺登（Gilbert Norden）、沃尔特·利奇姆（Walther Lichem）、亚历山大·西格尔（Alexander Seger）、沃尔夫冈·黑泽尔（Wolfgang Hetzer）、安东尼·米尔斯（Anthony Mills）、博扬·

多博夫塞克（Bojan Dobovšek）、罗曼·托马斯克（Roman Tomasic）、马蒂亚·马斯特纳克（Matija Mastnak）、克里斯蒂安·费尔森莱希（Christian Felsenreich）、凯塔琳娜·努西以及克莱门斯·法思。感谢他们对本书的无私奉献。

最后，我们要感谢 CRC 出版社/泰勒 & 弗朗西斯出版集团（CRC Press/Taylor & Francis Group）的合作伙伴，特别是卡罗琳·斯宾塞（Carolyn Spence）和詹妮弗·阿林格（Jennifer Ahringer），感谢他们的支持和指导。

马克西米利安·埃德尔巴切尔

彼得·C. 克拉特考斯基

迈克尔·泰尔

主编简介

马克西米利安·埃德尔巴切尔 1944 年出生于奥地利维也纳。他毕业于维也纳大学，同时还是奥地利联邦警察的枢密官。他曾担任严重犯罪调查局局长，欧洲委员会（Council of Europe）、欧洲安全与合作组织（Organization for Security and Co-operation in Europe，OSCE）和联合国组织（UNO）的国际专家。他还担任奥地利反保险欺诈调查局局长，并在几所大学担任讲座教授，包括维也纳经济和工商管理大学、位于克雷姆斯的多瑙河大学以及维也纳大学社会学系。埃德尔巴切尔被任命为阿维斯集团（AVUS Group）白领犯罪案件特别调查员，奥地利刑事调查员协会董事会成员，联合国系统学术理事会高级顾问委员会成员，编撰了多部学术著作并发表了多篇期刊文章。

彼得·C.克拉特考斯基 出生于美国宾夕法尼亚州。获得宾夕法尼亚州立大学社会学博士学位、美国圣母玛利亚大学社会学硕士学位、国王学院社会学学士学位。获得国家科学基金会（National Science Foundation）多项博士后研究资助。1969 年在肯特州立大学担任社会学助理教授之前，他曾在圣托马斯大学、圣保罗大学、明尼苏达大学和宾夕法尼亚州立大学任教。他于 1998 年以社会学和司法研究教授退休。在他的职业生涯中，曾经担任过刑事司法研究部主任，直到退休。克拉特考斯基博士还担任阿克伦大学社会学讲师、伍斯特学院和约翰·卡罗尔大学临时指导员，以及东伊利诺伊大学客座教授。他目前是肯特州立大学名誉教授，也是该大学司法志愿者中心的主任。他的研究领域集中在少年司法、惩戒、预防犯罪和国际预防犯罪方面。他目前担任国际警察行政专题讨论会的正式记录员，同时也是国际警察行政专题讨论会的正式成员，也是警察和犯罪心理学学会以及刑事司法科学院的成员。他著述丰富，撰写了许多专著、书籍章节和期刊文章。

迈克尔·泰尔 出生于奥地利维也纳。他在 1991 年获得了运输、物流、管理和保险专业的 MBA 学位，1994 年获得了风险管理、保险和信息管理博士学位。泰尔博士还获得了其他荣誉学位。2001 年，他完成了专业适应训练，成为维也纳经济和工商管理大学的讲师。他是大学教授协会理事会、大学教授评议和工作委员会成员，还是与不同大学建立合作伙伴关系的合作代表。目前，他是维也纳经济和工商管理大学风险管理和保险学院的副教授。他发表了许多文章、撰写了许多评论并参与了许多书籍章节的编写，是《保险犯罪》（*Crimes against Insurances*）一书的作者。他与金融和管理科学研究所、位于卑尔根的挪威经济学院以及伊利诺伊州皮奥里亚的布拉德利大学合作。

主要撰稿人简介

阿里耶·安蒂诺里　出生于罗马。他获得博洛尼亚大学与罗马萨皮恩扎大学联盟的犯罪学博士学位。安蒂诺里博士曾担任社会学家、犯罪学家和地缘政治分析师。他还获得了刑事犯罪侦查理论与实务方法方面的硕士学位。他目前是罗马萨皮恩扎大学犯罪学、应急通信/危机传播以及媒体实验室等研究领域的协调员。他是意大利犯罪学学会、意大利受害者学会、联合国系统学术理事会、意大利国家安全观察和国际警察行政专题讨论会等组织的成员。他是军事和战略研究中心的资深研究员，也是欧盟的选举观察员。安蒂诺里博士的研究领域广泛，包括恐怖主义与媒体、危机管理与通信、反恐对策、通信与犯罪。

博扬·多博夫塞克　出生于斯洛文尼亚。获得南斯拉夫卢布尔雅那大学社会学博士学位以后，成为斯洛文尼亚马里博尔大学刑事司法与安全学院副院长、刑事犯罪侦查学副教授。他曾在预防腐败委员会任职，并担任破坏艺术犯罪研究协会的董事会成员。他著有《有组织犯罪》一书，参与编辑出版多部有关腐败和有组织犯罪的著作。正在进行的项目致力于研究国家机构的腐败、腐败网络、有组织犯罪和恐怖主义、衡量腐败的方法障碍，分析联合国反腐败公约，以及调查艺术品犯罪案件。他是一些经济合作与发展组织（OECD）项目建议草案的作者，如转型经济体国家的反腐败网络项目，亚美尼亚、阿塞拜疆、格鲁吉亚、哈萨克斯坦、吉尔吉斯斯坦、俄罗斯、塔吉克斯坦和乌克兰的反腐败行动计划，以及与生态犯罪有关的项目。

克莱门斯·法思　出生于奥地利。毕业于维也纳经济和工商管理大学，获得博士学位，并从同一大学的行政学院获得了 MBA 学位。他的博士论文获得了鲁道夫·塞林格奖（Rudolf Sallinger Award）。他是通用汽车公司奥地利分部财务经营部主任，并在欧洲经济管理技术学院教授创业和商业规划。

克里斯蒂安·费尔森莱希 出生于奥地利。他主修工程并获得技术工程学院机械与工艺设计学士学位和理学硕士学位。同时，他还在维也纳的西格蒙德·弗洛伊德私立大学学习心理治疗科学，并获得了另一个学士学位。他从瑞典隆德大学航空学院获得了第二个理学硕士——人类因素与系统安全学硕士学位。他是人类因素与系统安全领域的培训师，教授高风险环境课程，在西格蒙德·弗洛伊德私立大学担任讲座教授，是复杂工作环境工程网络（www.platform-ev.de）组织的活跃成员，积极开展并坚持私人咨询实践活动，同时，还撰写了大量的书籍和文章。

沃尔夫冈·黑泽尔 在德国军队第一空降师服役当志愿兵两年，然后在戈廷根大学学习法律，并于 1977 年成功地通过了第一次国家司法考试。随后，他在德国和巴西从事初级律师职业。1979 年 6 月，黑泽尔博士通过了第二次国家司法考试。他开始从事律师职业，并成为萨尔布吕肯大学的助理研究员，1982 年他完成了博士学位。1983 年，他加入了德国联邦税务管理局，并担任高级职务。德国重新统一后，黑泽尔博士被任命为位于波茨坦的财政部税收司副司长。1992~1997 年，他担任德国联邦议会的法律顾问，负责处理有组织犯罪、逃税、洗钱、警察行动、秘密行动以及其他安全事项。在加入欧洲反欺诈办公室之前，黑泽尔博士负责监督联邦政府的情报部门。他现在是欧洲反欺诈办公室总干事的顾问。

沃尔特·利奇姆 毕业于格拉兹大学法律和东方考古学专业，并获得法学博士学位。他还在北卡罗来纳大学获得了政治学和国际关系硕士学位，并获得了福特基金会维也纳高级研究所的学位证书。利奇姆博士在纽约联合国秘书处开始了他的职业生涯（1966~1974 年）。他被分派到自然资源、能源和运输中心，参加了联合国在埃塞俄比亚（1971 年）、阿根廷（1971~1974年）和塞内加尔（1980 年）的任务。在 1974 年加入奥地利外交部门后，他负责国际组织部的工作，并担负外交部部长的内阁工作职责。他被任命为斯洛文尼亚总领事（1976~1980 年）、驻智利大使（1980~1984 年）和驻加拿大大使（1993~2000 年）。他参与众多学术活动，包括在维也纳外交学院、国际和平学院和阿尔贝塔大学担任教授。他于 1997~2003 年担任融媒体新闻服务处（http://www.ipsnews.net）处长，并于 2003~2006 年担任欧洲空间机构——尤利西（EURISY）① 的主席；还是全民人权教育促进运动董事会成员。利奇姆博士发表了许多关于人类安全、国际发展合作、外层空间、联合国改革、人权和东西方关系的文章，并出版了与此相关的多部著作。

马蒂亚·马斯特纳克 出生于斯洛文尼亚。他获得刑事司法和安全科学学士学位，是一位社会学家，同时还担任斯洛文尼亚电视台每日信息节目的编辑。他目前正在斯洛文尼亚马里博尔大学刑事司法与安全学院从事关于调查性报道的博士研究。

安东尼·米尔斯 出生于英国。在担任国际新闻学会新闻和通信部主管之前，他先后在贝鲁特工作了十年，为美国有线电视新闻网、德国国家电视台和其他新闻机构的自由撰稿人。他负责国际新闻学会的新闻自由与竞选监测、外部沟通与媒体关系等事务。米尔斯报道了 2005 年黎巴嫩前总理拉菲克·哈里里（Rafiq Hariri）被暗杀的事件、2006 年以色列－黎巴嫩真主党（Israel-Hezbollah）战争，以及 2008 年真主党领导的枪手对西贝鲁特的短暂接管。他的研究重点主要集中在中东问题方面，作为黎巴嫩、叙利亚和更广泛的中东政治和媒体专家，以及在打击腐败方面的媒体专家，他获得了美国布朗大学的国际关系学士学位，并获得了伦敦城市大学国际新闻硕士学位。他同时还是剑桥大学的研究生，正在攻读犯罪学的硕士学位，专注于对有组织犯罪问题的研究。他能够熟练地讲英语、德语、法语、阿拉伯语和卢森堡语。

吉尔伯特·诺登 出生于维也纳，毕业于维也纳大学社会学和经济学专业。自 1981 年以来，他一直在维也纳大学社会学研究所工作；自 1995 年以来，他一直担任助理教授，在此之前，他担任科学助理。在此期间，他撰写了大量的关于警察社会学的文章，在奥地利东北部下奥地利州的莫德林和特拉基斯尔琴安全事务学院讲授社会学，并为宪兵哨所指挥官举办研讨培训班。目前，他与马克西米利安·埃德尔巴切尔、约瑟夫·霍尔（Josef Hörl）和西莫内·琼沃思（Simone Jungwirth）一道，在维也纳大学举办了一次警务研讨会。

---

① 或者译为欧里西，是一个非营利性的促进太空和社会之间关系发展的网络组织。其宗旨是集体行动搭建起太空与社会的桥梁，目的在于通过大家共同努力提高公众对新兴卫星应用的认识，这些应用可以帮助许多应用领域的专业社区，包括从运输到风险管理、从栖息地保护到能源利用、从气候变化到物联网等。该组织支持为卫星应用的潜在最终用户提供经验和专门知识。——译者注

凯塔琳娜·努西 出生于奥地利的林茨。她拥有英国东安格利亚大学国际发展方向的学士学位（荣誉学位），并于 1999 年在喀麦隆的姜镇大学从事海外项目研究。同时她还获得了维也纳音乐和表演艺术大学的艺术管理硕士学位（荣誉学位）。在为世界之光项目工作期间，她开始对发展中国家制度发展和改革的政治经济问题兴趣盎然。自 2007 年以来，她一直在维也纳大学攻读政治学博士，其博士论文题目是"为什么加强公共财政问责制的改革在一些国家取得成功，而在另一些国家却失败了？"努西获得了维也纳大学博士研究资助项目，并完成了在伦敦政治经济学院、发展研究所和英国海外发展研究所的访问学者研究计划，还参加了斯坦福大学研究生交流项目。

杰拉尔德·肖普菲尔 是经济和社会史的全职教授，也是社会科学院社会和经济史系主任，格拉茨技术大学客座教授，讲授经济学和国际经济关系，同时还是社会和卫生设施管理的大学项目部主任。他撰写过多篇关于奥地利经济史和其他社会与商业史方面的论著。他曾担任 1989 年和 1993 年斯泰里安博览会的研究主任，担任 1995 年卡林西亚博览会的顾问，以及 1996 年列支敦士登王室特别展览会的研究主任。2004 年，肖普菲尔当选为斯泰里安政府成员；2005~2010 年，他担任斯泰里安议会代表；自 2009 年以来，一直担任奥地利施蒂里亚州红十字会会长。

亚历山大·西格尔 出生于德国。先后在海德堡大学、波尔多大学和波恩大学学习，获得政治学、法律和社会人类学博士学位。任职于欧洲委员会，是经济犯罪部门的负责人。自 1999 年以来，他一直在法国斯特拉斯堡的欧洲委员会任职。他负责委员会有关打击网络犯罪、腐败、洗钱、贩运人口，以及提供信息社会支持措施等的合作项目。1989~1998 年，他负责联合国毒品和犯罪办公室在奥地利、老挝和巴基斯坦的项目，并担任毒品控制事务德国技术合作项目的顾问。

亚历山大·谢德施拉格（Alexander Siedschlag） 出生于德国西柏林。他在慕尼黑大学学习政治学、社会学、历史和心理学，1994 年获得硕士学位，1996 年获得博士学位。他被聘任为柏林自由大学和洪堡大学安全研究博士后研究员。2000 年 2 月，他获得了洪堡大学的特许任教资格。他的研究范围包括国际政治的理论和方法、欧洲安全和国防政策、新媒体在政治中的应用以及安全研究等。他参与了多个项目的研究，并正在协调欧盟第七个框架计划中的一个安全研究项目。谢德施拉格还担任因斯布鲁克大学奥地利共和国欧洲安全政策研究项目的首席教授。自 2009 年 6 月以来，他一直是维也纳西格蒙德·弗洛伊德私立大学安全研究所的教授和创始主席。

冈特·斯图姆沃尔　出生于奥地利。他在维也纳和澳大利亚墨尔本大学学习建筑和社会学，在维也纳大学人文和社会科学学院获得了博士学位。他在维也纳高级研究所攻读社会学研究生，获社会学硕士学位；在英国基尔大学攻读犯罪学研究生，获犯罪学硕士学位。在维也纳交通心理学研究所、维也纳高等研究院以及法律社会学和犯罪学研究所担任助理研究员。他还是英国基尔大学犯罪学研究中心的欧洲研究员。他在加拿大的国际安全管理和犯罪预防研究所完成了专业培训，并在英国的国家警务促进局完成了"预防犯罪设计顾问"项目。他发表了多篇关于少年犯罪、少年司法和城市犯罪学的文章，并出版了多部著作。2010 年 10 月，他以社会科学专家的身份加入克雷姆斯的多瑙河大学，担任建筑与环境系的讲师。

罗曼·托马斯克　出生于奥地利的林茨。他是杜伦大学公司法教授并担任系主任，获得新南威尔士大学的哲学博士学位和威斯康星麦迪逊大学的法学博士学位。在就职于杜伦大学之前，他在澳大利亚维多利亚大学和堪培拉大学工作。托马斯克博士是《澳大利亚公司法杂志》（*Australian Journal of Corporate Law*）的创始编辑，曾撰写了大量有关公司法改革与理论、比较破产法和比较公司治理方面的文章。他最近的著作是有关中国领先公司的公司治理评论的。他目前的研究兴趣主要集中在公司法、公司制裁和监管的局限性以及它们的失败所带来的更广泛影响等方面。

第1篇　新安全观

彼得·C.克拉特考斯基

导论　安全的概念

　　"安全"（security）一词根据不同的使用环境，可以有很多不同的含义。例如，在新版《韦伯大学生辞典》（*Webster's New Collegiate Dictionary* 1973：1045）中，安全就被定义为"免于危险，免于恐惧和焦虑，免于贫穷或自由被剥夺"。从某种意义上来说，不必害怕受到身体上的伤害，拥有足够的食物、衣服以及住房的全面安全是几个世纪以来人们一直追求的状态。

　　虽然安全的概念在近几年有了新的含义，但人类基本的安全需求并没有改变。人类依然希望能免于匮乏，不受伤害（无论是内部的还是外部的），免于对未来的恐惧，以及能够自由地表达自己的情感和情绪。虽然人类安全需求并没有改变，但仍然存在诸多问题，比如谁是负责提供安全的主体，是个人、家庭、组织还是国家？

　　在本书中，我们将为大家揭示提供安全的责任如何逐渐从个人转移到家庭、更大范围的群体组织、国家，并最终至少是部分地成为一种全球性的国际责任。行为心理学家马斯洛（Maslow，1954）提出了需求层次模型，来说明：如何运用人类动机去理解一个人的行为方式，以及人类动机如何回应基本安全需求。显而易见，最首要以及最基本的需求就是满足基本生理需求，如食物和水。纵观人类历史，人类活动都指向满足基本生理需求带来的安全感。

　　马斯洛认为需求层次的第二层是安全需要。同样的，在文明发展的不同阶段，"安全需求"一词也有着不同的含义。例如，在人类发展的早期，安全需求主要是指不受自然和野生动物的伤害。随着社会结构化程度提高、领袖以及政府权力扩张，保护物质安全并使其免于受损的任务转移给了国家。埃德尔巴切尔和克拉特考斯基（Edelbacher and Kratcosk，2010：78）认为：

纵观历史，所有的政治实体，无论它们是城市、城邦还是国家，都意识到要保护自己的疆域不受外来侵扰。这些外来侵扰可能有各种方式，比如军队入侵、犯罪分子入境，或者是寻求优质生活条件的贫穷民众移民。为了抵御这些外来侵扰、保障安全，领导者建造了大量的防卫墙，在战略位置建造起防卫工事，并且维持常备军事力量。

我们早就知道，国家以这种安全防范措施应对安全威胁已经过时了，特别是在本书将要讨论的安全威胁类型方面更是如此。然而美国政府最近试图在其与墨西哥的边境上建立一堵边界墙，用来防止来自墨西哥的移民威胁，这显示出有这种心态的领导人仍然存在。马斯洛也提到大部分人不会只满足于基本需求（免于贫困和伤害），他们还有心理上的需求，比如社会归属感、与他人交流并被尊重，而家庭则是满足这种需求的最基本场所。

但具有讽刺意味的是，对一个孩子来说，他或她的家人已经满足了其生理和安全需求。许多人还努力实现其他需求（认知和自尊），而最高层次的安全是很难实现的，即个人完全免于贫穷和恐惧的自我实现。

对于个人来说，其社会性需求可以通过与个人、家庭或团体的亲密互动来实现。例如，有些人知道自己被爱并被认为是一位好父母，内含自我认知、自尊以及安全感的社会需求即得到满足。然而，有些人社会需求的满足则可能会通过积累大量金钱或作为著名领导人、艺人、学者或运动员的身份来实现。

个人对于自我实现的追求，表现为不断努力成为一个好的领袖、积累更多的资金，或是表现出卓越超群的天赋。正如之前所提到的，自我实现是很难达到的，因为寻求自我实现的人在寻求完美。对国家领袖的最低要求，便是能够"保护"居住在其领土范围内的民众。显然，这是一个艰难的任务，因为一些国家资源匮乏，甚至不能在自然灾害发生的时候帮助民众——正如在海地所发生的那样。有些国家也不能抵御外来入侵。

不幸的是，民众所受到的大部分威胁来自本应提供安全保障的领导层，例如卡扎非（Khadaffi）统治期间的利比亚。在物力财力短缺的情况下，世界各国政府所能够提供的心理层面的安全感程度大不相同。概括来说，大多数国家的居民对其生活以及未来的规划还是足够自信的，不会担心发生严重灾难。但是没有哪一个国家已经将安全层次发展得完美到民众普遍实现了自我价值的程度。毕竟自我实现是很高层次的需求。

本书主要聚焦于金融安全。但有必要知道的是，金融安全的需求与人们物质安全、心理安全的需求紧密相关。托马斯克（Tomasic，2011：22）说过："在自利和贪婪文化的导向下，人们对市场机构如银行、证券顾问、监管机构的信任被破坏了，同时法律制度的作用也遭到了质疑。"对政府修复金融机构的能力的质疑，也会波及其他与安全相关的领域。

之所以将这些章节列为本书的第一篇，是因为这些章节为理解安全概念增加了一些具有洞察力的新见解，或者说提供了一个新的维度。在第1章《不断变化的安全概念》中，冈特·斯图姆沃尔探讨了国家的安全防卫设计如何随着国家以及公共安全需要的变化而变化。从历史的角度来看，包括建造防卫墙、城堡和边境检查站在内的安全措施，曾经都被用来保护帝国、王国、城市的贵族生活，之后逐步转为保护个体——这是一个从国家安全到个人安全的转变。这一变化也激发了安全产业的发展，使得大量用于保护私有财产所有者的产品出现。现在，国家活动（法律法规）和个人活动（封闭式社区、预防犯罪的城市设计、电子设备，以及社区犯罪防卫措施）联合在一起，致力于维护生理、社会以及金融安全。

在第2章《危机历史和安全追求》中，杰拉尔德·肖普菲尔认为，每个国家都处于永恒变化之中，因此，安全方面的挑战也在不断变化。他认为，即便是在古文明时代，国家也会担起一些对于个人经济安全的责任。例如古罗马帝国就会对退伍军人和士兵的遗孀给予补助。当前在寻找对国家金融安全方面的主要威胁时，我们必须要考虑内在的和外在的因素。现在的威胁可能源自资源的不当管理、外敌入侵与战争、自然灾害、全球变暖、自然资源枯竭、犯罪活动以及贪污腐败。肖普菲尔进一步总结认为，如果这些因素没有受到适当监管或者削弱，会对一个国家甚至是全世界的金融安全带来威胁。

第3章论述了奥地利"安全社会"的发展。马克西米利安·埃德尔巴切尔和吉尔伯特·诺登介绍了安全社会的概念，阐述了不同历史时期对"社会"概念的不同认知，这些概念都在试图捕捉一个社会的风气或本质。"自我型社会"、"服务型社会"、"休闲型社会"与一些其他术语都可以用来描述某些群体的价值观和行为的本质。以奥地利为例，两位作者认为安全已经成为政府和民众的主要关注点，这一情况也佐证了当代世界就是"安全社会"。作者还阐述了如何降低警察和军队在社会安全维护方面的作用，并解释了在一些国家，公共机构和个人如何合作以提供安全保障。这项工作的完成有赖于人造阻碍以及自然灾害的消除、个人与公共机构联手防止犯罪、废除内部安全与外部安全之间的所谓"边界"，以及将安全服务工作外包给私人企业。

第4章详细介绍了欧盟的安全概念。亚历山大·谢德施拉格研究了安全概念的变化以及欧洲国家采用的干预手段，并利用其研究成果发展了安全战略学说。他发现欧盟成员国都基于各自国家的需求去构建安全战略，而不是从整个欧盟出发去构建。例如，奥地利的重大安全风险可能与重要基础设施的保护有关。荷兰可能关注的是气候变化，英国可能关注的是在欧盟成员国中寻求永久合作伙伴，而其他国家关注的可能是预防暴力犯罪或者恐怖袭击。作者认为，各成员国之间安全科技的标准化和强化，将使安全风险有所减少；需要改善政府和社会不同主体之间的责任和义务的分配，而不只是增加投资。

在第5章，沃尔特·利奇姆探讨了联合国安理会作用的不断加强。他认为，尽管在过去，当一个国家受到外来侵略者入侵的威胁时，联合国安理会的作用在于决定联合国是否应该采取行动。现在，联合国安理会已经开始保护那些被政府领导者压制的人民。沃尔特·利奇姆认为："2005年联合国大会首脑会议以协商一致的方式，通过了保护责任原则。"因此，从联合国安理会的作用来看，对个人安全和个人独立不受干涉的保护比对国家的保护更优先。

第1章 不断变化的安全概念
——防卫设计中的预防性转向

冈特·斯图姆沃尔

1.1 引言

犯罪学——论述和探索犯罪的专门学科（Garland，2002：7）——在不同的制度、政治、文化背景之下，包含了多种论题、科学方法，涉及不同的学科专业。在严格的法律意义上，犯罪学侧重于研究违法行为，以及社会对违法行为的反应（Sutherland and Cressey，1960）。广义上的犯罪学则与社会控制学、社会越轨行为有关，同时也与警务、秩序维护以及遵守社会规范和价值观念有关。此外，犯罪学还致力于研究犯罪所带来的心理影响，例如犯罪所引发的不安全感以及对犯罪的恐惧。

犯罪学的理论话语往往采用一种历史的视角，以确定当前安全认识和安全产品的功能特征，以及长时间以来这些功能特征的发展。这在大卫·加兰（David Garland）的著作中尤其如此，有着特别真实的表述。他计划撰写一部《当代历史》（*History of the Present*），以确定历史和社会条件，使人们更好地理解现今控制犯罪的方式（Garland，2001）。《文化控制：现代社会的犯罪和社会秩序》（*The Culture of Control：Crime and Social Order in Contemporary Society*）是他的一本极具影响力的著作，在这本书中，加兰用一系列指标的变化来阐述文化控制模式的转变，这些指标是在20世纪的英国和美国观测到的。

加兰认为，最重要的指标就是"刑法福利主义"（penal welfarism）的衰落，以及在刑事司法政治领域，从康复主义向惩罚性理念的转变。加兰将康复系统的终结以及社会的重整视为合理惩罚出现的原因。针对严惩和"罪有应得"（just deserts）的争论再次兴起，旧的观念已经让位于新的理论观点。传统的福利主义观点中，违法者处于弱势地位，需要人们基于某种需求采取必要的行为，而这一论点现在已经在公众视野中消失了。取而代之的是新的犯罪控制说，多样化的专业犯罪形式的出现，比如有组织犯罪以及恐怖组织犯罪，使得新的犯罪控制学说得到了支持。

这种从福利性向惩罚性刑事司法模式的转变，得到了对潜在受害者提供一般保护的大众共同需求的支持。刑事司法政治朝着风险管理以及犯罪预防方面转变，也就使犯罪学所思考的问题发生转变：由原来的考虑社会反常状态、相对剥削、亚文化理论以及标签理论到考虑犯罪控制的更为实际的方法。实施犯罪的人曾经被认为是一些缺乏教育、失业以及懒惰的人。这一观念已经发生了变化，罪犯被看成理性行为者，只是他们缺乏社交能力、情境适应能力以及自控能力。这样的观点让我们想起了托马斯·霍布斯（Thomas Hobbes）的人性本恶的黑暗理论，就像狼一样，一旦个体被隔离开来就会出现反社会倾向并实施犯罪行为。

由此看来，似乎只有一个机构化的、正式的复杂控制系统，才能提供当今社会的安全保障。用加兰的话来说，需要实施一个"龙勃罗梭项目"（Lombrosian Project），该项目基于这样一个假设：有一种科学方式可以把犯罪者从非犯罪者中识别出来。但这一项目现已被终止，取而代之的是一个"政府项目"，该政府项目旨在提高刑事司法机构的效能与效率，促进警察或者私人保安形成严密的监管系统。随着 20 世纪末大量科学技术装置的发明和应用，通过这些新的监视技术和科学技术装置完全能够实现保障安全的目的。

目前，犯罪控制策略专注于"犯罪基因情境"①，这些情境会引诱想要犯罪的人，为其提供犯罪机会。在近一个世纪的时间里，对个人的刑事处罚被当作预防犯罪的中心。然而，近几年对于犯罪人格的研究已经落后于对犯罪事件的研究。并且犯罪预防的任务曾经只由刑事司法机构承担（警察、法院、监狱以及缓刑服务机构），现在其承担主体已经扩展到各种民间机构，包括私人保安和大量的管理公共秩序的监督检查人员。

1.2　安全化

乌尔里奇·贝克（Beck，1986）在一部论述"风险社会"的著作中，讨论了现代工业社会创造了许多早期未知的新风险的观点。新的威胁包括核战争和工业污染，是现代化的一个后果，也是意想不到的结果。除了早期的洪涝灾害、地震等自然灾害以外，贝克认为现代风险主要是由人类制造的。在贝克关于风险社会的著作面世以后，对这一问题的理论研讨不断深入（Beck and Lau，2004；Giddens，1990），从而至少产生了两个结果：第一，安全议程的扩大；第二，安全管理领域出现大量研究。

时至今日，安全议程已经不仅仅包含针对一国的军事威胁，我们已经意识到经济、社会、环境以及健康问题也会给安全带来巨大压力。泽德纳（Zedner，2009：40）认为："尽管在传统意义上，安全的重点被放在保护民族国家和主权安全方面，但是从人类安全角度来说，对个人的保护应当具有优先性。"根据联合国开发计划署（United Nations Development Programme，1994）的观点，在设计政治、社会、环境、经济以及文化发展规划时，人类安全应该得到重视，这些议程的共同目的是构建起人类生存和尊严的基石。

从安全的视角来看待经济、社会、健康以及教育问题后，安全概念扩大了，这使得一些知名的安全学者也对此深表关切。泽德纳（Zedner 2009：45）就认为："以安全的名义实施社会和经济政策，是一种提升其优先度、吸引更多资源的好方式，但可能也会导致潜在的扭曲，这种后果可以被形象地称为'安全化俘获'。"一个遭受相当程度的犯罪危害和对犯罪感到恐惧的社会，可能已经适应了这种发展环境。然而一个低犯罪率、存在适度恐惧的社会，则会设法将预防犯罪的政策措施与有关青年福利、移民、住房以及城市和环境重建的政策措施区分开来，单独有效地实施预防犯罪的政策措施。

伴随着大规模移民、金融危机以及宗教激进主义的盛行，风险和恐惧在全球范围传播，从而导致"安全化"的观念在西方国家盛行。因此，安全现已经成为各国政府以及各种经济领域的众多产业部门和服务部门所共同关注的一个整体概念。在安全产业内部，安全是重要的有待开发的商品，同时也是重要的研究对象。这一趋势带来了犯罪预防方式的重大转变，由社会预防、弘扬守法行为，转向环境防控、减少犯罪机会。

不赞成上述观点的批判犯罪学家认为，犯罪主要源于社会不平等以及结构化原因（缺乏教育或失业等）。他们指出，所谓的行政范式必须依据科学的计划，而科学计划的制订必须使用实验和实证调查的方法，以找到哪些方式才是"行得通"的有效预防犯罪的途径。在一个"整体政府"路径下（Sutton et al.，2008），刑事司法系统得到政府机构和包括私营经济部门在内的一系列机构（例如教育、房产、城市规划、性别平等主流化、监控技术相关机构）的支持。在传统社会主义国家中，相对于公众作为接受福利和被保护的普通消费者而言，国家是提供服务的中心，有着显赫的地位和发挥重要的作用。相反，20 世纪 80 年代的美国、英国和荷兰则是推动安全治理的新自由主义理念的典型代表，新自由主义者强调所谓的"节点"社会治理形式，在社会治理日益"中空化"的状态下，拱手将社会治理的警务责任转移给私营部门（Johnston and Shearing，2003）。

在接下来的一节中，我将举一个例子来说明这种预防性的转变：在几个世纪里，防卫设计的形式和功能经历了戏剧性的变革。我将证明防卫设计可能是最古老的预防犯罪的形式，早在现代刑事司法系统建立之前，在 18 世纪后半叶就已经出现了。但是随着国家功能的发展，防卫设计丧失了作用。直到 20 世纪后期，随着日益增加的对预防犯罪的需求，防卫设计作为预防犯罪的手段又再次出现，新的防卫设计以通过环境设计预防犯罪的形式出现。为了更全面地理解社区安全，必须对未来防卫设计的发展进行一些思考，考虑将其重新融入社会和各种情境的途径，以实现预防犯罪的目的。

1.3 防卫设计

简要地回顾历史，就可以发现现代使用的防卫设计最早可以追溯到史前时代（Crowe，2000；Schneider and Kitchen，2002）。新石器时代的农业革命（约公元前 9000 年）过程中对剩余粮食的积累，有可能极大地促进了人类社会的发展。从游牧生活向定居生活的转变，要求人们发明保护的方法，使剩余食物和财物免受天气、昆虫的侵害，也避免被他人掠夺。从那个时候开始，防卫设计就以各种形式出现了，其标志就是公元前 7000 年左右古代巴勒斯坦杰里科城防御工事的建立。

中国的万里长城、英国的哈德良长城，以及环绕君士坦丁堡的城墙都是防卫设计。现代防卫设计如马其诺防线、柏林墙等，也揭示了建筑与对抗外来入侵的实体防御工事形式间的密切联系。此外，中世纪的城墙、堡垒和城堡不仅用于保护居民，也同时与社区组织、国家的经济状况密切相关。城墙和边缘标志着边界，也标志着居民是被接纳还是被排斥——这也是征税制度和一般公民身份概念中的重要因素。中世纪的地缘政治格局呈现治理中心分散的特点，君主、贵族以及教会被绵延的"无人区"所隔离。随着国家的逐渐形成，近乎孤立的权力中心发展为共享边界的领土。

19~20 世纪的欧洲，从帝国到民主的民族国家的政治转型，导致防卫设计不再受到追捧，因为安全成了一个涉及外交和国家政治的行政概念，维护欧洲的和平与稳定成为民主国家的职责。民主国家的主权与诸如欧盟等国际联盟，取代了冷战期间国家力量所维持的脆弱的权力平衡。早期的国家安全仅限于地面上所建设的边境检查站，以及用于监控军事设施的雷达系统。专业武装力量肩负着保护边界、防止入侵的责任，防卫设计作为一种保护方式已经过时了。

直到 20 世纪末，欧洲国家间严格的国家安全秩序开始崩溃。受经济全球化和全球范围的人口迁移的影响，民族国家的标准模式发生了变化。传统意义上的国家就像"俄罗斯套娃"一样——每个国家都包含郡县，每个郡县都包含城镇，每个城镇都包含区，每个区都包含房屋街区，每条街区又都有单个房屋和住宅。而跨越国境的区域发展、欧洲各国的城市伙伴关系的建立，以及全球金融中心城市的建立，使这一比喻不再那么恰当了。随着欧盟作为一个单一市场崛起，欧洲国家间的边境管制被取消，因此可以说，现代地理景观具有流动性。这样的发展导致了两个结果。

第一，国际威胁的减少对政府施加了更大的压力，要求它们在国家内部形成安全概念，并从个人需求和公共安全的角度去理解安全。第二，传统的防卫设计过时了，对诸如边境武装和城市防御工事这类防卫设计的需求消失了。

在当代安全风险形势下，犯罪预防与设计的关系也有了新的形式。防卫设计不再具有国家层面的意义，而是旨在减少财产犯罪、危害社会秩序犯罪的机会。从严格的环境犯罪学角度来看，加兰（Garland，2000）指出，环境设计在犯罪预防政策里再次出现还是最近的事情，在该学科的大部分历史进程中，该分支一直没有成为犯罪学的主流。

加兰认为，这是具有标志性意义的，因为理性曾经作为普遍意识形态显赫一时，特别是在 18 世纪末的警政工作中。英国首个预防性警察队伍的创始人帕特里克·卡胡恩（Patrick Colquhoun）则认为，犯罪关乎诱惑和机会，而并非关乎个人性格。所以，控制犯罪的工作应该致力于减少犯罪机会，而非试图改变刑事处罚（Garland，2000：3）。

但是，20 世纪的犯罪控制被看作专业刑事司法系统的首要任务，致力于惩罚犯罪者，并坚信通过惩罚可以实现预防犯罪的目的。在自然科学的影响下——主要是生物学、医学以及心理学，犯罪不再是一个事件，而是被概念化为"犯罪性人格"——一种个体特征。因此，我们可以说防卫设计以新形式再次出现：一整套指导和引导行为的方法，用于操纵或诱导有动机的犯罪人的机会结构。

环境犯罪学在两个方面取得了进展。一方面体现在利用地理信息系统研究犯罪地理学的科学方法上。犯罪地理画像已经成为一种高度专业的研究方式，其利用空间统计学研究人工神经网络、空间规则以及其他分析程序。[②] 犯罪学中的这一部分已经成为一种用于警务工作的学术支持系统。另一方面则主要体现在工业产品、城市环境设计、建筑设计，以及打击犯罪的产品设计方面（Wortley and Mazerolle，2008）。"阻止犯罪的设计"和"预防犯罪的设计"都是对强化目标和自然控制策略的时髦表达。

1.4 通过环境设计预防犯罪

环境犯罪学不仅是为了改进强化目标的技术，还通过改善环境减少犯罪机会、降低犯罪意图与大众的恐惧感。环境犯罪学的概念整体上可以概括为通过环境设计预防犯罪。

> 环境设计预防犯罪的目的就是减少实施犯罪的机会，这可能是在结构设计或街区设计中所固有的（Wortley and Mazerolle，2008）。对环境的合理设计以及对建成环境的有效利用，能够降低大众的恐惧感、抑制犯罪发生率，同时能够提高生活质量（Crowe，2000）。

通过环境设计预防犯罪的基本原理是基于另外两个理论产生的，即理性选择理论和日常活动理论。这两个理论在 30 年前重新受到重视，成为预防犯罪策略的指导性理论。与从罪犯的社会病理学（反社会性）视角来看待犯罪问题不同的是，理性选择理论认为，犯罪活动是有目的和蓄意的行为，犯罪人有着从犯罪活动中获利的意图，犯罪人会在犯罪成本和犯罪收益之间进行权衡，在采取行为之前，会进行理性的思考（Newman et al.，1997）。这一观点会依赖这样一个假设，即犯罪人都是理性人，希望实现效用最大化，他们在找寻犯罪机会的时候，会考虑实施犯罪的准备工作、犯罪收益以及被发现和受到惩罚的风险。这就为无数科学技术的应用开启了一扇大门，以应对入室盗窃、商店偷盗、银行抢劫以及侵害人身的各种犯罪行为。

1979 年，劳伦斯·科恩（Lawrence Cohen）和马库斯·费尔森（Marcus Felson）在《美国社会学评论》（*American Sociological Review*）上撰写了一篇文章，第一次清楚地阐明了日常活动理论的含义。在这篇文章中，他们解释了随着社会物质条件和科技条件的变化，犯罪率提高了，并且相应地，由于"经常和普遍性活动"的变化，人们开始追求自我需求的实现（Chamard，2010）。社会的广泛变化对社会生活产生了影响，这些变化也会潜在地为犯罪创造新的机会，但这一点通常被学术界忽略。与此相反，犯罪学的解释主要集中在微观理论层面，有这样一种理论假设，即犯罪的发生需要三个因素（犯罪人、目标对象和保护的缺失）集中在同一时间和空间。所以，从情境角度审视犯罪预防包含三个方面的假设：①一个理性的犯罪人；②一个有吸引力的目标或物品，如隐蔽性好、易于移动、可利用、有价值、令人愉悦以及可自由使用等——这便是"紧俏物品"（hot product）的"渴望目标"模型；③犯罪地点的具体特征。

环境设计预防犯罪包括减少犯罪机会、打消犯罪意图的各种措施，同时还涉及增进安全感的各种城市设计。这使得通过环境设计预防犯罪成为一个心理学概念，超越了最新的电子或者机械的安全工具等形式（报警系统、闭路电视、防盗门、人身扫描仪以及其他设备）。这种情形下，获得犯罪机会需要更加复杂的手段。

对景观设计师、城市设计者、建筑师、室内设计师以及产品设计师来说，目标强化是一个更具创造性和智慧性的工作。比如说，银行劫匪在实施犯罪前都会秘密地踩点观察，如果上述设计者把这种情境心理学考虑在内的话，得到强化的目标就能够阻止劫匪。当劫匪站在银行前的公交车站不会那么引人注目时，他就会观察有些什么人在银行里面（通常情况下，劫匪会避免与小孩接触)。他希望能够快速地进入银行,并且希望能够迅速地离开(如果他必须穿过一个门厅,而这个门厅又被电子滑动门与主房间隔离开来时,这将会更加困难)。他希望迅速逃离银行(但如果现金专柜在房间的尽头,这也将很困难),并且尽可能快地逃离这片区域。在银行门前设计停车场则有助于其逃离,而如果停车区域在街道对面,则会阻碍其逃离。通过环境设计预防犯罪将情境心理学的因素纳入设计范围,那么犯罪预防就会成为建筑设计的一个重要问题。

当将其他因素,诸如最具社会吸引力的基础设施,人口统计学结构,社会冲突,多多少少通过邻居或陌生人进行的、比较可靠的社会控制机制,匿名参与或者完全不参与者等纳入考虑范围时,在公共或者私人空间展开的财产犯罪预防工作就变得更加复杂。在这些情形下,通过环境设计预防犯罪依靠一种非正式的监管原则,以社区警务或者是公民勇气的形式,承担着本属于正式监管机制的责任。因此,通过环境设计预防犯罪的措施形成了有利于预防犯罪的一种社会团结与社会互动交往的规范和道德概念。更为重要的是,这也是我们划分犯罪学界限的严格标准,犯罪预防会影响社会公共秩序管理和一般大众的"生活质量",所以环境设计应当遵循以下标准:

(1) 造型美观,令人愉悦;
(2) 促进合适可取(合法)行为的实施;
(3) 支持属地性(归属感);
(4) 鼓励居民平等地分享公共空间。

初始意义上的防卫设计的主旨已经发生改变,由犯罪预防(保护领地)转变为促进公共安全(保护个人)。这一过程清晰地说明了前面我们已经探讨过的从国家安全向个人安全的转变。同时,安全化的实践体现了安全治理的范式转变,由国家治理转为节点治理(Wood and Shearing,2007)。节点治理不再具有从前时代的功能专门化特征,特别是在犯罪控制方面的公共与私人之间的节点,正如伍德(Wood)和希林(Shearing)在书中所描述的那样:

从原理来看,我们已经探讨过,国家权力的运作依赖一种"惩罚心态"，这种惩罚心态意味着一种回顾性，注重通过对过去的弥补来矫正错误。相反，机构则是通过风险来运作，这意味着一种前瞻性，注重通过处理当下各种事件以塑造未来。但是，节点治理视角有助于弥合相当明显的差异，即跨越"公共"和"私人"节点的思维方式。

在本章余下的部分中，我们将会探讨在这个犯罪控制的新时代，防卫设计如何自我定位，并尝试预测环境设计预防犯罪思想在未来的发展。大致有以下两种情形。首先，环境设计预防犯罪策略依然是一个管理主义者的概念，它只着眼于快速有效的解决方案，以实用和简易的方式来阻止犯罪。安全管理者认为，他们不需要对犯罪产生的原因进行深入透彻的了解，而是基于日常活动理论，从微观层面（包括有犯罪动机的人、合适的目标以及缺乏监护能力等要素的综合）加强对空间环境的"犯罪预防设计"，减少或降低犯罪的空间机会。预防犯罪的情境视角，被认为是对犯罪事件的发生具有指向性的、直接的和系统化的反应。

针对社会中有关犯罪原因的其他解释理论（亚文化说、社会组织解体说、人口统计和社会经济变迁说以及社会压力说）都被忽略了，因为对于安全管理者来说，这些根据犯罪原因提出来的解决方案似乎都是无法实现的。因此，遵循这种警务政策的从业者如履薄冰，一方面要"通过设计阻止"犯罪，另一方面又要将那些制造麻烦的人"排挤出"所在社区。遵循环境犯罪学路径的警务工作者，似乎抵制从社会根源、文化冲突、社会资本以及城市发展的深层次原因对犯罪进行审视。

其次，考虑到城市发展中的社会动力机制和社会空间结构，以及这些机制和结构是根据对空间情况的社会学分析来应对犯罪和不安全状况的，设计导向的犯罪预防概念可能会以不同的方式发展。犯罪预防中的社会策略与社区策略的再次融合，可能提供一个有利于消除环境犯罪学污名的机会，并使其摆脱只是预防犯罪的一种"实用主义的空洞理论和纯粹行政方法"的名声。

1.5 从情境心理学到空间社会学

公共空间心理学对建筑、公共秩序管理、维持良好秩序以及冲突解决中涉及的诸如形状、颜色、材质、灯光、气味和声音等一系列属性进行审慎考虑，这些特性将成为有利于维护社会安宁和公共秩序的重要因素。设计导向的犯罪预防对日常活动理论的微观方法做出了很好的反应，更准确地说，为"犯罪化学"理论（chemistry of crime）奠定了基础（Felson and Boba，2010）。如果认真对待公共空间心理学，在特定环境下，设计者可以巧妙地处理犯罪的所有三个要素：①转移犯罪者的注意；②保护受害者或目标；③为自然监视提供有能力的合适主体。然而，这种积极有力和乐观的安全管理方法，却忽视了日常活动理论的宏观层面，忽略了现代社会中更普遍的发展趋势。在对犯罪原因和犯罪预防进行全面分析的过程中，我们的视野不仅可以超越对犯罪目标的强化措施，我们还能够借此机会审视政治领域的许多决策对安全所造成的意想不到的后果。

社会趋势会影响城市结构，同时也会影响犯罪机会。这些负面影响无论是在环境犯罪学理论界还是实务界都没有引起重视。在众多社会领域中，对犯罪机会结构的形成具有重要意义的领域主要包括三个方面。

第一，保护消费者利益主义。商业和消费习惯的历史——从中世纪的中央市场发展到二战结束后的内城购物中心，再到后现代化时期分布在城市周边的购物中心，这为财产性犯罪创造了新的机会、新的目标，以及新的控制文化。商业中心往往与城市的其他用途（例如居住、贸易、艺术和手工业、企业和交通运输等）的公共空间相隔开来。这种地理空间上的变化需要新的控制形式，例如，购物中心的安全控制已经演变为一场私人业主或者经营者制定一大堆规则、实施私人警务以及对麻烦制造者实行预防性社会排斥的狂热运动（Shearing and Stenning，1987；Jones and Newburn，1998；Wakefield，2003）。

第二，教育。曾经零星分布在城市中的规模较小的各种学院，现在已经合并在一起，在大学校园里建立起了教育中心。在大学放长假期间，这些区域仍然保持与市区其他部分的隔离状态。越来越多的学校和大学都配备了高科技系统（计算机服务器、便携式笔记本电脑、视频发送器、软件授权许可证以及其他昂贵的财物）。在犯罪者看来，这一切都使教育机构更具吸引力，从而也就催生了进一步对这些设备采取安全措施的需求。因此，场所和环境可能是未来犯罪预防措施的重要组成部分。同样的道理，这种校园整合趋势所带来的人口迁移的副作用也应当得到高度重视，因为大学校园把学生从城市的社会结构中隔离开来，使城市中的社会结构缺失了学生文化[③]这一重要的组成部分。在大学校园里，学生缺乏与家庭、长辈、宠物和商人等的社会互动交往，形成并助长了社会隔离。这种通过城市规划产生的社会排斥/隔离，是一种意料之外的后果，这个副作用对安全管理提出了新的要求。希望新的安全管理措施能够修正在安全规划中曾经存在的一些失误。

第三，在劳动力市场中的女性。20世纪，女性越来越多地参与劳动力市场，极大地改变了传统的家庭生活方式——父母开车送孩子去学校，然后去工作，完成各种差事，最后在回家的路上接孩子，把车停在车库，最后才回家。越来越多的中产阶级女性参与这样的日常生活，使居住区在工作时间里成为空寂无人的场所。这样的生活方式还与宽阔的街道以及功能单一的住宅社区的设计结合在一起，导致邻里间的社交机会大为降低，人们甚至对邻里社交不产生兴趣。鲍姆加特纳（Baumgartner, 1988）在其著作《城郊地区的道德秩序》（*The Moral Order of a Suburb*）中，描述了这样的后果：

> 在城郊地区弥漫着一种道德极简主义，居住在这些区域的人们，在面对犯罪时的反应往往会很平和而不极端，并且不愿意对彼此采取任何社会控制。其结果就是在城郊地区盛行一种宁静祥和、心神安稳的安全心态，这通常被人们称为郊区习俗。

这种日常活动的结构性变化，对没有特色的无名城郊型社区的入室盗窃的犯罪机会产生了重要影响。在这样的郊区里，邻居互不认识，任何行走在大街上的人都会被认为是可疑人员，而且在一天的绝大部分时间里，住宅都处于无人照看的状态。

从就业部门看，可能还有其他社会发展方向，能够体现对这种趋势的修正。比如说，改变工作制度、允许员工在家里完成工作，这样就给了雇员更多的灵活性，可能会影响日常活动的规律性，进而重构日常活动的社会结构。换句话说，防卫设计的概念已经被修正，加入了情境心理学和空间社会学的内容。

1.6 关于犯罪与场所的辩证法

防卫设计的历史可能是安全概念社会转型的一个显著例子。物理保护和目标强化、犯罪的心理特征以及对更深层次结构转变的社会学分析，代表了发展的不同阶段，尽管最后一个阶段还没有成形。目前尚不清楚犯罪学能否抵制住诱惑、听任某种环境决定主义论调的泛滥，这样的理论认为犯罪和越轨行为取决于公共空间的防卫设计特征。

然而，否定环境决定主义就需要另外一个概念，这种概念很容易在城市社会学家的传统著作中找到，他们对空间的社会结构持一种辩证观点。下面的内容表明，社会环境处于一种交互影响的状态下，也就是说环境塑造行为，行为也会影响环境。

环境视角的社会学渊源，可以追溯到非常知名的芝加哥学派的人类生态运动，这场运动在 20 世纪早期的美国具有重大的影响。在那个人口大规模迁移和城市迅速发展的时期，包括罗伯特·帕克（Robert Park）、欧内斯特·伯吉斯（Ernest Burgess）、克利福德·肖（Clifford Shaw）和亨利·麦凯（Henry McKay）在内的一群学者，研究了芝加哥市的社会动态变化，发现城市的贫困地区与他们所称的"社会解体"或"社会去组织化"之间存在着明显的联系。"过渡区"的特点是房屋破败、移民失业率很高、贫困发生率和疾病率也很高、公共关系缺失、人与人之间变得没有人情味。这项传统的研究成果对犯罪学理论的影响之所以很大，是因为它提供了有关地理学模式的社会经济标准与犯罪/越轨行为之间联系的经验证据。

对犯罪和越轨行为的解释，可以从移民、社会隔离以及社会瓦解中寻求答案。芝加哥学派（Park et al.，1925）就认为，违法犯罪行为不是个体的病态造成的，而是社会环境的空间分布模式造成的。城市空间就是一种社会构造，并且会受到一系列机构、文化传统、建筑、习惯以及社会交往的影响。

在欧洲大陆，最早研究空间与社会关系的社会学家中，格奥尔格·齐美尔（Georg Simmel）是最有影响力的学者。他的论文《空间社会学》（The Sociology of Space，1903）至今都被人们认为是城市社会学最重要的文献之一。我们在讨论通过环境设计预防犯罪的策略时，一个最重要的观点就来自齐美尔将空间作为社会交往产物的理论解释。城市环境不仅塑造了社会现象，而且还会影响社会交往的质量。

空间品质的概念对空间结构中的人起着塑造作用。更简单地说，物理空间会影响社会互动交往，而社会互动交往也会影响城市的社会空间结构。空间并不被认为是一个前社会实体（pre-social entity）；它是一种能够显现空间现实的社会现象，这种现象能够映射出社会本身的状况。空间应该被当作一个社会活动的结构来进行分析，以及作为空间结构配置对社会活动的影响来进行分析。例如，教堂既是一种宗教建筑物，又是一个指导社会行为的空间场所。教堂一方面是一种宗教精神的象征和一种文化的标志物，另一方面又是寂静且使人宁静的地方。同样的辩证法原则也适用于城市中的学校、交通设施、体育运动中心以及其他公共场所。

多年之后，皮埃尔·布迪厄（Pierre Bourdieu）在其关于社会和空间结构的关系及其再现机制的著作中，围绕同一话题进行了详细阐述。布迪厄认为，城市空间运作是一种维持社会秩序稳定的机制，尽管城市空间的社会流动具有相当的惰性。在城市空间中，社会群体的社会构成和分布是很稳定的，这也是基于经济、文化和社会资本的分布自我建构的结果。布迪厄辩称："习惯造就栖息地（住所）。"（Bourdieu，2000）因此，城镇居民点和住房风格的选择，将会遵循资本的逐利逻辑。所以布迪厄认为空间隔离是一种自然现象，城市空间是社会的一种形象化表现，如果把社会比喻成一个屏幕，那么屏幕上显示的就是社会分隔。

反过来说也是正确的，即"居所影响习惯"。比如说，低收入者的社会经历、高失业率以及不好的住房条件都会影响他们的社会地位。布迪厄认为，公共空间的空间模式和构成元素能够告诉我们某些有关社会的权力关系。社会结构强化了空间结构，反之亦然，空间结构也会增强社会结构。这一点在俱乐部效应和贫民窟效应之间的区别上表现得很明显。俱乐部效应通常出现在排他性的空间里，如封闭式社区，在这些地方，那些拥有足够资本的人作为俱乐部的会员会获得更高的社会地位。相比之下，贫民窟效应则给那些长期居住在房屋破败的贫穷地区和生活质量比较低的城市社区的居民，打下污名化的烙印（Bourdieu，1991）。从这个角度来说，布迪厄对城市中社会不平等问题的社会学研究产生了重要影响。

这一空间的特殊辩证概念得到了亨利·列斐伏尔（Henri Lefebvre）的支持和进一步的发展。他在《空间生产》（La Production de l'Espace，2000）一书中，将他的空间概念与对资本主义的批判联系在一起，他的一个重要观点就是：空间的生产和控制是资本主义的主要权力手段，国家通过管理和规划空间来确保其权力。列斐伏尔将这一方面称为"空间表征"，他指的是建筑师、城市规划者和设计师对空间的认知和发展。另一方面，空间产生于使用公共空间并受空间结构限制的消极个体的日常生活，这被列斐伏尔称为"空间实践"，它反映了行为的空间方式，产生并再现了公共空间的日常活动体验。列斐伏尔还对这些空间结构和行为的概念进行了完善，认为其还有第三个方面，他将其称为"表征性空间"，即对特定邻里社区空间固有意象的象征性表达。这些意象图景还会涉及神话、宗教仪式、符号、传统以及有关空间概念的历史知识。空间产生的这三个因素（城市规划设计、日常生活实践、空间的神话和图景）共同塑造了列斐伏尔关于空间社会生产的动力模型。

支持和赞同空间概念的关系主义和构成主义学说的学者，包括涂尔干、马克思、吉登斯（Giddens）、卢曼（Luhmann）、哈维（Harvey）和福柯（Foucault）以及其他学者（Schroer，2006）。然而更为重要的是，这些学者的敏锐洞察展现了未来城市安全构想的潜在可能性。一个辩证的空间概念，取代了环境决定主义的假说，这个假说曾经在许多主流犯罪控制模型中盛行，对于理解犯罪基因情境（criminogenic situations，也称致罪情境）提供了一个非常重要的基础。一种病原学方法被引入犯罪预防领域，即对犯罪因果关系的理论模型的重新阐释，这可能有助于厘清犯罪发生的机会结构的复杂性。

1.7 小结

防卫设计的历史发展体现了安全概念的转变。同时，历史上不同阶段防卫设计理论中使用了不同的特定技术，由此可以看出风险与威胁观念的变化。建造城墙、城堡和防卫边界都是为了保护帝国、王国、城邦的领土疆界以及贵族的私人财产安全。19 世纪和 20 世纪各国建立边境检查站的目的也是保护国家的领土主权。

由保护国家向保护个人转变，是安全概念由国家层面向个体层面转变的结果，这也导致了公共安全责任在公共和私营部门之间的分散。公共安全需要已经转变为一种要靠多学科共同努力才能满足的需要，这也促进了保护私人财产的工业产品如目标强化的技术产品的发展。20 世纪末，人们发现建筑师在城市规划和建筑设计中通过设计安全解决方案发挥了非正式监控的间接影响。最近，防卫设计又再次转向，以城市空间中犯罪情境的社会结构分析为基础展开研究。

这一观点可能是未来犯罪预防的基本解决方案，这种观点认为犯罪是社会冲突的结果。将城市社区的社会解体和相对剥夺、自然空间隔离以及城市图景中的社会结构纳入视野，可能有助于对犯罪的宏观结构分析。我们可能不会回到刑事福利制度视角，但也许在犯罪控制的多机构管理中，众多利益攸关方将开始考虑城市发展对安全和公共安全的影响。

第2章　危机历史和安全追求

杰拉尔德·肖普菲尔

在古代，安全的世界是一个做梦也想象不到的乌托邦。在那个时候，宗教和法律是让人们可以在一个更为和平的社会中共同生存的基本条件。我们可以想象，即使在史前时期，人们也在寻求安全，以避免人身暴力、极端天气环境以及饥荒（Rosenzweig，1998）。但是，那个时候人们的能力是非常有限的，生产效率也不是很高，农业经济取决于每年难以预测的时好时坏的收成。因此，古代社会没有什么重大的社会财富盈余，无力担负用于支撑社会安全的巨额开支（Metz，2008）。

在一定程度上，当出现了严重的威胁时，家庭、宗族和邻里社区能够提供一些帮助。人们普遍相信每个人的生活由命运决定，没有人可以逃离命运，每一个人都必须接受自己的命运（Metz，2008）。直到19世纪，对中欧地区的大部分社会成员来说，他们的生活条件依然很恶劣。农业产量经常出现不可预知的波动，社会无法抵抗这种大规模的饥荒（Abel，1978）。

在千百年前，政府试图为社会中处于不利境地的弱势群体提供一些安全保障。古代社会的当权者试图为那些有需要的人们提供社会福利，比如古罗马的退伍军人和在军事行动中阵亡士兵的遗属，可以从政府领取补助，政府也会向穷人发放谷物作为补贴。在公元1世纪末，估计有32万人从这种平民粮食救济中获益（Metz，2008）。

从中世纪开始直到封建所有制结束时，封建主承担着保护属民的责任。封建所有制不仅意味着对从属于封建主的农民的剥削，还意味着承诺相互忠诚和尊重。早期，大家庭、邻里（邻里组织推动了在奥地利建立农村保险制度）、同业公会以及一些特殊公会，例如防止骨折或者火灾的公会，是提供社会安全保障的社会机构的先驱。

在长达几个世纪的时间里，在从事商业活动、工艺品生产或者手工艺品制作方面，行业公会都为成员提供了最低程度的安全保障。例如，公会确定成员的工资以及商品价格，制定雇员数量、工作时间以及生产中应用的技术等标准。当成员死亡或者重病的时候，同业公会向其家庭成员提供补助。当发生特定类型的伤害或者损失时，熟练工联合会（德语 Gesellenbruderschaften，意思是"社会兄弟会"）就会向其成员提供福利性的保障。

几个世纪以来，在讲德语的欧洲地区，对火灾受害者的补偿一直都是由公共当局提供的。受害者要提供一份证明火灾损失的文书。这份证明文书能够使一个家庭获得一定数额的金钱补偿，以便弥补其遭受的损失。残疾人希望善良的同胞能够帮助他们。例如重商主义（15 ~ 18 世纪，德国的各种重商主义思想在欧洲经济思想中占据主导地位）的经济财政理念倡导者阿纳斯塔修斯·西塞乌斯（Anastasius Sincerus）认为，每个商人都应当尽最大努力避免损失，并采取各种必要的措施防范未来的风险（Sincerus，1717）。即便是在古代，一些现代的保险观念就已经存在了。一个非常重要的例子就是"船舶抵押利息"，它是古罗马帝国时代的一种特殊的航海保险，是船舶抵押贷款契约产生的利息。

2.1 资本主义和理性风险管理

对于现代资本主义市场经济的发展来说，建立高效合理的风险评估工具是必要的。资本的增长得益于一些承销商主动承担风险的意愿。在处理风险时，人们有着不同的方式方法，这一基本心理事实是金融市场衍生出创新工具的动机。

有两种新的职业对现代经济的发展起着至关重要的作用：企业家和记账员。在旧的农业经济中，很少有人能读、写和计算。然而，一项理性的经济活动需要对现行的计算方法进行改进。用阿拉伯数字替换罗马数字非常重要。罗马人用 I、V、X、L、C、D 和 M 的组合来表示数字，所以无法像运用阿拉伯数字进行类似于保险精算的复杂运算。

印度人的计数方式和阿拉伯数字使精确统计分析在导航、天文以及商务领域的应用都取得了长足的发展。印度-阿拉伯数字系统的核心部分是数字零 null 的发明。这是对古老的罗马数字系统的一次革命，因为用简单的 10

个数字（从 0 到 9），任何大小的数字都可以进行计算。在公元 825 年，阿尔-查里斯米（al-Charismi）发表了第一篇关于阿拉伯语算术的科学论文。因此，后来的计算规则（即算法）就是以他的名字命名的。

1202 年，莱昂纳多·皮萨诺（Leonardo Pisano）写了一本名为"计算之书"（*Liber Abaci*）的书。在这本书中，他详细阐述了管理会计的实际应用，用以计算利润以及货币利率。1494 年，意大利著名数学家弗拉·卢卡·巴托洛莫·德·帕切奥利（Fra Luca Bartolomeo de Paccioli）撰写了一部名为《算术、几何、百分比及比例概要》（*Summa de Arithmetica*，*Geometria*，*Proportioni et Proportionalitá*）的著作，阐述了复式记账法。他还发表了一篇有关风险量化的初步研究论文（Schöpfer，1989）。

文艺复兴时期意大利数学家吉罗拉莫·卡尔达诺（Gerolamio Cardano）于 1585 年发表了题为《论赌博游戏》（*Liber de Ludi Aleae*）的著作。这本书详细记载了他自己设计的关于数学概率的统计规则。这是现代风险管理发展过程中的另一个重要里程碑（Hoffmann，2007）。另外，布莱斯·帕斯卡（Blaise Pascal）发明了高效的计算器，这是现代计算机的鼻祖，同时皮埃尔·德·费马（Pierre de Fermat）对数学进行的系列研究，在改进保险数学方面迈出了非常重要的一步。他们都使用概率理论分析经济目的和预测损失（Schmidt-Biggemann，1999）。

还有一个重要因素是知识背景的变化，经过了启蒙运动和宗教改革，社会更加成熟了，个人开始承担更大的责任。新教伦理强调个人选择和决策的权利。勤俭节约和经济活动作为影响个人未来的重要因素，开始具有新的意义，富裕成为上帝福泽的标志。马克斯·韦伯在重要著作《新教伦理与资本主义精神》中，指出资本主义在新教国家的发展早于在天主教占主导地位地区的发展，新教革命中萌发的个人主义精神，解释了天主教和新教国家在经济发展方面的差异。

2.2 保险的起源

长期以来，天主教信仰和迷信严重阻碍了保险的发展，因为伤害或者损失事件的发生被解释为神明的惩罚。一项火灾损害赔偿的保险提案没有获得议会通过，因为人们担心这样的举措会激怒神明并招致惩罚（Schöpfer，

1976）。所以在很长一段时间内，保险的发展都受到了宗教的阻碍。

在现代保险发展的历史中，位于伦敦中心钟楼大街（Tower Street）上的著名的爱德华·劳埃德咖啡店（Edward Lloyd，始建于 1687 年）发挥了重要的作用，正是这个咖啡店使通过投保来应对各种风险成为可能。保险有着不同的类别，包括人寿保险、海运保险、人身伤害保险、马车伤亡事故保险、盗窃保险，以及成瘾品消费保险（比如饮用过多朗姆酒）；甚至还出现了女性贞操保险。新兴的保险产业努力提高自身的可靠性。为此目的，发展再保险（一家保险公司从另一家保险公司购买保险产品作为风险管理的一种方式）显得尤为重要。第一家再保险公司成立于 14 世纪的意大利，其目的就是保证海洋运输的安全性。在此之后，阿姆斯特丹和伦敦成为再保险业务的中心。

德国 1846 年成立了第一家专业再保险公司——科隆再保险公司。紧随其后的是 1853 年成立的亚琛再保险公司、1857 年的法兰克福再保险公司、1863 年的瑞士再保险公司、1880 年的慕尼黑再保险公司。今天，再保险对于提供诸如地震、飓风等自然灾害保险非常重要，比如美国卡特里娜飓风造成的损失超过 800 亿美元，需要再保险措施来对损失予以分担。

2.3 现代社会保险的发展

中世纪就有为矿工创设的某种形式的社会安全保险，因为他们的工作极其危险。德国重商主义的官方学者认为，社会保险极其重要，并围绕公共设施的建设提出了许多新理念（Small，1909）。

在随后的几年里，德国历史学派及其代表人物古斯塔夫·弗里德里希·冯·施穆勒（Gustav Friedrich von Schmoller）进一步发展了社会保险这一理念。施穆勒还是社会政学会（Verein für Socialpolitik，创于 1873 年）的重要创始人之一。他要求开展社会保险，在他的建议下，德意志帝国首相奥托·冯·俾斯麦侯爵（Fürst Otto von Bismarck）于 1883 年建立了覆盖全国的医疗保险制度。不久，1884 年，德国建立了意外伤亡保险制度。1889 年，老年人和残疾人保险制度也建立起来。这些保险制度的建立过程遭到了很多反对。

在接下来的几年里，其他欧洲国家模仿德国创建了的社会保险模式，尤

其是以爱德华·格拉夫·塔菲（Eduard Graf Taaffé）为首相的奥匈帝国，更
是几乎照搬了德国的社会保险制度。

2.4 富裕国家里的贫困

与过去相比，现代社会的工作环境有了相当大的改善，并执行职业安全
规定，为工人提供了安全保障，废除了童工和妇女夜班制度，怀孕的妇女还
有特律保护。公司聘请医务人员和特别公共调查员，监督这些有利于员工的
新规定的实施。我们现在享受着比从前的那些贵族特权阶层更好的生活条件。
可以说在大多数国家，社会保障比过去几个世纪都要更好，现代公民的平均
生活水平相对更高。我们生活在一个基本上可以说富裕的社会里（Galbraith，
1958），但这并不能代表贫穷不存在，即使是在最富裕和高度发达的国家也存在
贫困，尽管目前绝大多数国家都建立了比几个世纪前更为有效的社会安全网。

总之，我们生活在比以往任何时候都更好的条件下，比从前有更多更好
的安全保障。然而，一种普遍的不确定感仍然在继续增长。这可以用一个新的
术语来表达，如"Weltrisikogesellschaft"（其对应的英文是 global risk society，即
全球风险社会）（Holzinger et al.）。同样值得注意的是，尽管工业革命带来了
真正的改善，但大多数人的普遍满意度并没有得到提高，有关进步的天真的
信念已经消失了。

在当今世界里，工业化国家的人均预期寿命比以往任何时候都要高。我
们生活在比从前更健康的环境里，有机会获得比以往更多的营养食品。大多
数国家都有非常复杂完善的食品法规。例如联合国粮食和农业组织（Food and
Agriculture Organization，FAO）和世界卫生组织（World Health Organization，
WHO）于 1963 年设立了食品法典委员会（Codex Alimentarius Commission）[①]，
由它制定食品标准以保护消费者。奥地利在 1891 年就制定并实施了《奥地
利食品法典》（*Codex Alimentarius Austriacus*）[②]，并至今仍在实施。

运输活动有了新的进展和扩大，运输方式得到拓展，道路运输更加安
全。在大部分国家里，交通事故死亡的人数每年都在减少。汽车更加安全，
也更容易操作。定期的常规车辆检查、交通和速度监测、更加安全的隧道、
改进的预警系统和高效的救援服务，这些都使道路交通更加安全。

虽然我们面临越来越频繁的灾害性天气和气象风险，但是我们现在有

了更好的预测方法，通过制定完备的法律法规，能够对这些令人不愉快的风险做出更好的准备。我们知道，在奥地利，通常情况下洪水每年可能造成 1.59 亿美元的损失，有时甚至造成高达 1350 亿美元的损失。预测方式一直在持续改进，到现在已经可以获得特定区域的相关数据（Steininger et al.，2005）。

总之，高度发达的科技在今天被普遍运用，几乎触手可及。我们有非常有效的生产系统，发达国家欣欣向荣的景象令人印象深刻，但是这些进步也带来了巨大的问题，例如老龄化和区域人口过剩等问题。我们还面临核武器和生化武器的威胁，以及大规模自然灾害造成的威胁。我们还面临失业、非人道的工作环境条件，以及富裕国家与贫穷国家之间日益扩大的贫富差距的威胁（Mfnkler et al.，2010）。

2.5 发展和投机促发了根本的改变和不安全感

每个经济体始终处于持续变化之中。著名的经济学家约瑟夫·A. 熊彼特（Joseph A. Schumpeter）就将资本主义市场经济形容为一种"创造性破坏"的制度（McCraw，2007）。在他的经济学理论中，富有活力的创造性企业家和创新处于中心位置。他高度评价他们作为经济进步推动者的影响。资本主义市场的竞争也就是经济创造力的竞争。

企业家必须既是"经济人"又是"创新者"。他必须要遵循商业活动规则，同时具备开发新产品或服务的创新能力。熊彼特（Schumpeter，1912）的创新理论与俄罗斯经济学家尼古拉·康德拉季耶夫（Nikolai Kondratiev）的观点有相似之处，主要的经济周期来自基本创新的动力，而创新又激发了科技革命，新的科技革命反过来又促进了领先的工业或者商业部门的出现。

但是经济发展产生的不仅仅是赢家。在整个经济发展史上，许多企业因为不能顺应变化而失败。比如科林·克拉克（Colin Clark，1940）和沃尔特·惠特曼·罗斯托（Walt Whitman Rostow，1960）就试图详细描述经济发展的不同阶段。许多理论都试图去解释商业周期并预测周期性经济危机（Schumpeter，1961）。

技术创新和前瞻性预测大规模企业业绩的基础是现代股票市场。这一分散风险的工具提高了人们承担风险的意愿，从而释放出能量，激活了市场经济。股份制公司的出现使得金融的应用场景变多。股份制公司的前身之一是所谓的公社（commune，出现于 1415 年）（Tremel，1954），以及 1625 年成立的英纳伯格总公会（Innerberger Hauptgewerkschaft，一个位于奥地利施蒂利亚州的高山矿业公司）。因为矿石开采和铁的炼制成本非常高。奥地利公司（Tremel，1969）的金融基础就是"库克斯"（Kuxe，矿山股权凭证书，其价值可变）③，商人、贵族和修道院都会购买这种股权凭证。

第一家现代股份制公司是荷兰东印度公司（Dutch East India Company）（荷兰语为 Vereenigde Oost-Indische Compagnie，VOC），成立于 1602 年（Kindleberger，1984）。荷兰的议会授权东印度公司垄断在亚洲的殖民贸易，建立了第一个跨国公司。这种新的公司模式强化了资本主义，但由于对高额利润率的追逐，也带来了高风险，资本主义市场经济中仍然存在一些不确定性。

2.6 关于悠久投机史的简短评论

在过去的几个世纪里，许多严重的经济危机都是由一些相似的过程引起的，而这些过程都是大规模的投机导致的。"三十年战争"与劣币危机（Kipper und Wipperzeit④，其德语的字面意思即"修剪与剔除的年代"，tipper and see-saw）引发的经济危机密切相关，神圣罗马帝国的一些城邦国家就是通过操纵流通中的硬币来使货币贬值。第一起证券交易所崩溃事件发生在荷兰的黄金时代。在"郁金香狂热"期间，郁金香的价格达到了让人无法想象的高度，价格远远偏离了其真实内在价值（Kindleberger，1978）。在这个经济泡沫的高峰期，与众不同的郁金香球茎的销售价格甚至达到了一个合格熟练技术工人平均年工资的 10 倍以上。1637 年，投机泡沫破裂了，许多投机者遭受了惨重的经济损失。

达里恩计划（Darién scheme）是苏格兰王国在 1700 年前后开展的一个冒险性项目，这场冒险的目的是在巴拿马海峡找到一个殖民地。但是其灾难性的失败让股份公司无法兑换其股份，也让苏格兰近乎破产。这个结果也削弱了苏格兰对抗英格兰《联合法案》⑤的政治力量（Furber，1976）。

大约 20 年后，苏格兰的经济学家，同时也是一位投机商人，约翰·劳（Johan Law）震撼了当时的金融界。法国国王路易十五任命他为法国财政总监。1716 年，他成立了通用银行，开始使用纸币。这家银行的主要资产包括政府债券和政府接受的票据。1717 年，约翰·劳购买了密西西比公司，同时建立了一家股份制贸易公司，名为欧美西方公司（Devine，2003）。

约翰·劳被任命为公司的董事，法国政府也授权该公司垄断与西印度和北美的贸易。欧美西方公司兼并了一些竞争对手，银行也随之发行了更多的纸币。这就导致了针对公司股票的大量投机活动。直到 1720 年，法国不得不承认发行的纸币量超过了需要的货币量。这个密西西比泡沫终于在 1720 年底破裂，约翰·劳也被迫逃离法国（Fry，2001）。

19 世纪，第一次世界范围内的经济危机爆发。1857 年爆发的美国大恐慌是由铁路建设部门大规模的投机活动所引发的。随着俄亥俄州人寿保险公司破产，接踵而来的金融恐慌蔓延至全球。维也纳证券交易市场崩溃后，1873 年奥地利爆发的经济危机也是投机所引发的。随后这场危机蔓延到了欧洲和北美的大部分地区，接下来便是大萧条时期，一直持续到 1896 年。

而最著名也是危害最严重的世界经济危机，则始于 1929 年 10 月 29 日纽约股票市场的崩溃，这一天被誉为"黑色星期二"。从纽约开始，危机蔓延至世界各地，并一直持续到 20 世纪 30 年代后期。在更近的历史上，也发生了一些引人注目的经济危机。1990 年，日本资本市场泡沫破裂。10 年之后，2000 年 4 月，互联网泡沫[6]破裂，与此同时，以科技股为主的纳斯达克综合指数严重下跌。

目前，我们正在目睹一场全球性的金融和经济危机，这场危机始于 2007 年美国的次贷危机。这场危机被认为是 1929 年大萧条以来的最严重的金融衰退。这场危机是由美国银行系统的流动性资金短缺造成的（Buchanan，1997）。金融危机迅速影响了整个经济体系，最后导致经济生产下降和大规模的破产。大型金融机构倒闭，各国政府对银行的救助成为必须采取的措施。紧随其后的是世界各地的股市低迷和失业率上升。

现代世界经济的一个特殊问题是，不同的市场都紧密地联系在一起，但是金融市场和商品市场的脱节造成了新的风险。货币汇率的不确定性和波动导致金融市场上出现了新的金融工具，例如远期外汇交易。为了对冲和规避国际贸易中的一般风险，市场上出现了许多不同的金融衍生产品。现代全球经济的一个具有讽刺意味的现象是，一些投机者往往会滥用这些金融衍生工具，而这些工具的本意是在国际市场上提供更多的稳定手段。其结果是金融市场上的期货交易反而使情况变得更加不稳定（Galbraith，2010）。

总的来说，国际贸易量的增长幅度明显大于全球产出的增长。这意味着各国经济之间的联系比各国国内生产总值增长得更快。甚至外国直接投资、银行贷款、股票和债券交易出现了更快的增长，而外汇交易显示出令人印象深刻的高速增长（见图 2.1）。这是一个非常令人不安的事实，因为它表明投机活动的旺盛。总之，现代金融市场得到了更大的扩展，并且比生产商品的市场更为重要（Thurow，2004）。

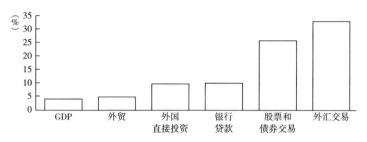

图 2.1　1980 ~ 1999 年世界范围内有关经济和金融交易的增长率
资料来源：国际结算银行和国际货币基金组织的年度统计数据。

今天，我们对一般的商业风险、信用风险、固定资产风险、承销风险以及其他风险进行了有效的风险管理，但全球经济中依然存在许多不确定性。古典经济学的大多数代表人物，如亚当·斯密、大卫·李嘉图、托马斯·马尔萨斯、约翰·斯图亚特·穆勒等，并不太担心经济危机，因为他们都相信自由市场能够实现自我调节。我们可以举出很多例子来证明风险也有积极影响，因为危机也可以通过新的创新实现经济恢复和发挥积极影响。

2.7　经济危机的其他原因

除了投机会引发经济危机外，还有其他危险因素威胁着全球经济。新闻头条中有关全球变暖，粉尘、废气等导致污染的报道，都预示着环境危机。同时，我们还可能面临着不可再生能源的短缺问题，我们对石油的需求量已经达到了顶峰，这些都表明我们可能无法满足未来对石油的需求。除此以外，对经济的一个严重威胁是白领犯罪的日益增长。

犯罪的形式多种多样，犯罪的类型也种类繁多。谋杀、入室盗窃和毒品交易都被认为是影响社会安全的严重犯罪类型，而在现实生活中，白领犯罪造成的损失巨大、危害深远（Coleman，2002）。

1960年，德国经济事务部长曾说："经济周期不是我们的命运，而是我们的意志。"（Bundesbank，1998）今天，我们已经越来越现实，那种乐观的心态已经消失殆尽。我们现在已经认识到，大多数低迷经济周期中的问题，不能通过凯恩斯主义经济政策工具来解决。当前与欧洲社会保障体系发展前景有关的焦虑，使安全成为竞选活动的关键主题。

欧洲的社会结构（家庭、工作环境以及人口年龄结构）发生了翻天覆地的变化。现代人口结构中包含了越来越多的未婚人口、单身父母、失业者以及老龄人口（Carigiet，1998）。作为一个老龄化的社会，欧洲的世界经济地位正面临着巨大的挑战，曾经的世界工厂的地位及其在科技、经济以及工程方面在历史上长期处于世界领先的地位不断受到挑战。

导致全球越来越不安全的另一个因素是国家与国家之间的贫富差距日益扩大。这种差距正成为国际恐怖主义滋生的温床。

更高的安全追求是可以理解的，但是过多地追求安全也会带来噩梦。安全与自由之间总是需要有一种权衡。安全研究的不断推进使新设备层出不穷地被开发出来，这些设备能够进行电子数据的任务报告，能够进行生物识别特征的评估，以及在工作场所和公共场所进行监控。但是我们必须承认，这些技术设备一旦落入坏人之手，它们就会被滥用（Siebert，1998）。

2.8　风险的种类

在任何关于经济风险和经济危机的讨论中，我们必须区分内部风险与外部风险两种情况。前者的一个例子是，当某种风险在一个公司开始显露，这可能是因为管理不善。外部风险的例子是战争或者自然灾害。内外部风险的一个区别则与潜在的可保险性有关，或者说特定风险缺乏可保险性。

我们还可以区分不同类型的风险，例如自然、技术、环境和其他类型。这些特征可以用来区分仅限于本地的或是普遍性的风险、暂时的风险或是长期的风险、缓慢发展型的或突发型的风险（临时的财政紧缩），以及可逆转的或是不可逆转的危机。

有可能爆发经济风险时，会有哪些迹象？在企业的各个部门，危机将爆发的标志往往是显而易见的。例如在人力资源领域，我们可以将诸如人员更替和病假时间增加等现象作为一个组织内部出现问题的标志，一旦出现这些特征，就应该采取相应的行动来纠正这些问题。

在金融领域，业务量的停滞不前、投资回报率降低、长期债务水平增加以及净资产的减少等，都是"生病"企业出现令人不安问题的症状，应该引起关注和重视。在货物管理中，如果库存周转率下降，或者货物交付延迟增多，那都可以说明商业处于危机中或者已经失败。如果一个组织结构责任分配模糊、对权利和义务的规定不明、缺乏项目规划和控制，企业就可能处于危机状态或者倒闭。在生产领域，出现生产量减少、设备使用率降低、失误率上升以及平均固定成本增加等问题，就意味着管理发生了危机，应当引进警觉。在贸易中，市场份额下降、订单量减少、价格弹性降低、库存周转率下降和客户投诉增加，也都可以表明企业经营状况不佳或正处于危机中。

一般来说，我们认为在现代企业管理中，企业管理知识是非常重要的，因为是否了解现状是最重要的生产要素，决定着一个企业在当今社会商业界里的成败（Eberhard，et al.，2009）。公司必须应对市场波动和人才流失的风险，防止竞争对手从中获取优势地位。以证券管理和贷款为例，德意志银行在非常短的时间里流失了近 600 亿美元的资产或原有资本，因为纽约市雇员退休系统将其委托的资金转移到了其他投资公司，根源在于德意志银行的高管跳槽去了其他的投资公司。

2.9　小结

当今，许多法律和其他类型的防范措施都可以用来协助我们避免企业危机。然而，根据最近几年的经验，我们必须接受这样一个事实：许多董事会及外部信用评估机构未能履行其控制职能。我们还必须明白，一个企业家并不是完美的工作机器，而是一个有缺点和不足的人，也会犯错误。一个成功的企业家需要专业能力、才华、创造力、足智多谋（例如寻找商机）、处理复杂问题的能力、灵活处理问题的能力，以及想象力和远见卓识。

事实上，在当今世界，我们面临着管理失误、管理不善、浪费、欺诈、腐败和其他不法行为，以及公平基础不足和其他难以控制的问题。因此，我们的个人安全以及全球社会的整体安全都承受着越来越多的风险（Goold and Lazarus，

2007）。此外，合法行为和非法行为之间的界限变得很模糊（Schmid，1980）。

我们必须认识到，在动态的经济发展过程中完全没有风险是不可能的。苏联曾经试图消除经济的不确定性，但他们的计划经济却摧毁了所有经济和社会进步的希望。即使是最复杂精确的市场研究方法也不能避免错误，企业家总是面临不确定性。一个试图避免每一种风险的企业家将不得不承担最高的风险，正如一句谚语所说："高风险带来高利润。"最后，我们引用卡尔·埃默里（Carl Amery）的一句话结束本章的讨论："风险是成功的冲击波。"

第3章 "安全社会"的发展

——奥地利的案例

马克西米利安·埃德尔巴切尔　吉尔伯特·诺登

3.1　引言：关于社会的不同认识

现代社会试图用令人印象深刻的概括性术语来描述自己的特征（Prisching，2003）。有些人选取定义经济结构的术语（如服务社会）、表示某个时代结束的术语（如后工业社会、后增长社会），以及试图掩盖复杂社会性质的术语，诸多术语如劳动（工作）社会、目标达成型（成就）社会、绩效社会、教育社会、生活型社会、消费型社会、休闲型社会、寻欢作乐型社会、趣味型社会、享乐主义社会、大众文化社会、移民社会、多元文化社会、多元社会、世俗化社会、创意传播社会、媒体社会、电影社会、电子社会、知识社会、科学社会、进步社会、组织社会、治疗型社会、要求型社会、多元选择社会、24小时社会、"Mc"社会、独生子女社会、自我中心主义社会、个人主义社会、孤僻症社会、"肘关节"社会、风险社会、防卫型社会，以及如本章标题所述——安全社会，等等。

那么安全社会真正意味着什么呢？哪种社会变化、哪种内部安全制度的变化能够证明这些名词术语的合理性？从这些问题开始，我们将解释安全社会的含义，并以奥地利的案例为基础对其进行说明。首先我们要对安全进行定义。

3.2　安全的定义

"安全"（security）一词源于拉丁语的 securus，意思是不需要护理（sine

cura）或者免于所有的悲伤。"安全"一词只能从其对立面去理解，即没有危险或是没有对危险的恐惧（Magenheimer，2001：10）。因此，早在1765年，奥地利学者约瑟夫·弗雷赫尔·冯·索恩费尔斯（Joseph Freiherr von Sonnenfels）就指出："安全是一种状态，这种状态下我们无所畏惧。"（Sonnenfels，1819：12，14）。更为准确的定义是将安全描述为"免于恐惧或者没有危险威胁。这就意味着没有威胁或能够避免对自己的安全的威胁，没有危险以及对不安全的恐惧（Nohlen and Schultze，2005：837）。当然，还是可能存在各种各样的危险与威胁。因此，正如施普伦（Spreen，2010）（他继承了考夫曼的观点，Kaufmann，1970）所说的那样，"安全"一词是一个包罗万象的"容器术语"，在这个术语中，包含了各种不同的有关政治秩序和社会秩序的观点，对安全的各种不同解读都能够在其中找到它们的位置。

本章不讨论对安全概念的不同理解。仅将对安全概念的不同理解作为更广泛地理解安全的例子，正是这些对安全概念的不同解读构成了人类安全的基础（本章将讨论焦点放在以个人为安全政策的对象上，而不是像先前的研究者那样，将国家作为安全政策的对象）。

人的安全到底代表着什么？联合国开发计划署1994年发布的《人类发展报告》（*Human Development Report*）中，对此进行了直接描述："人的安全就是没有一个孩子死亡，没有疾病的传播，没有失业，民族关系不会突然紧张，不同政见都能够听得到。人的安全不是对武器的关注，而是对人的生命和尊严的关注。"（UNDP，1994：22）因此，"人的安全"一词在20世纪90年代末成为政治学领域的常见术语。同时，安全社会的概念也被引入学术讨论中。

3.3　安全社会的概念

利昂（Lyon）于1994年创造了"监视社会"（surveillance society）这一概念，林登堡（Lindenberg）和施密德-泽米施（Schmid-Semisch）于1955年创造了"控制社会"（controlling society）的概念，此后不久，阿尔多·莱格纳诺（Aldo Legnaro）在1997年创造了"安全社会"（security society）这一概念。莱格纳诺提出的安全社会概念严格遵循贝克的风险社会概念，风险社会的特点可以简要地概括为，人类总是面临诸如自然灾害等各种风险，这些风险被认为是由非人类的力量所造成的。但是，现代社会所面临的风险大多是现代化进程自身产生的恶果，例如：工业污染、新的疾病、气候变化、核灾难等（Beck，1986）。这些人为的风险超出国家边界在全球范围内肆虐。

2007 年贝克在谈到全球风险社会时，认为这是全球化的结果，因为随着一些国界的消失，风险不再被控制在一国境内。然而，各国又试图采取国际策略以保护国内安全，这就导致了新的控制机制的出现。安全社会概念始于上述观念，但同时暗含了所谓"社会的重要特点"：新形式的国家控制机制的发展，以及日常生活中新形式的社会控制的出现。因此，安全社会的特殊性就在于，国家部门和私人部门稳步地并越来越多地参与安全生产的过程当中。从狭义上说，监视的目的是保护国家安全，但也在控制着所有公民的活动。公民也希望尽量减少他们面临的风险，即风险最小化。因此，安全不仅是国家的任务，而且是日常生活中的一项社会责任。这一观念在德语中是这样表达的：

> 不仅是国家，越来越多的个人也开始参与安全生产，它不仅是一种严格意义上的国家保护，而且是对所有公民活动的一种控制，旨在最大限度地降低所有人的风险。最后，安全生产不仅是一项国家责任，而且是一项永久的社会责任。（Legnaro，1997）

这一观念在辛格尔恩施泰因和斯托勒（Singelnstein and Stolle，2006：15）的研究中得到了进一步发展。他们认为，在安全社会里，追求整体的综合安全本身就代表了一种价值。实现这一价值的尝试，似乎在经济上是有利可图的，因为大量资金被投资于安全技术的研究和开发，以及与安全相关的教育和培训等领域。安保业务和安全产业还在继续发展。

当我们谈到今天的安全社会时，除了促进商务安全的努力和国际策略的发展外，还包括以下三方面，它们被视为内部安全领域发生了根本性变化的理由：

（1）无处不在的安全威胁；

（2）国家安全生产和政治逻辑的变化；

（3）社会控制技术化背景下的公共空间的新配置。

对这些变化和发展的运用，我们将通过对奥地利案例的说明来进一步详细地阐述。

3.4 安保产业的发展、安全管理专业课程的设立及安全领域研究的制度化

1989 年欧洲铁幕政策的落下，为合法的和非法的移民打开了国境线，涌入奥地利的大量外来移民带来了一波犯罪浪潮。这一波犯罪浪潮，伴随着警察部门在铁幕落下后的几年中大幅裁员，成为奥地利安全产业的转折点。

私人保安的历史可以追溯到 1904 年，那个时候奥地利的第一家私人安保企业成立，但是它在安全产业的发展进程中只起到了微乎其微的作用。铁幕落下后，私人保安成为警察的重要合作伙伴，并且其作用不断得到强化。2000 年后，由于警务人员和警察服务的减少，私人保安业务得到了进一步的发展。自那时以来，安保企业和行业的销售额和雇员人数翻了一番（Löff，2010）。私营安保企业雇用的安保人员占全社会安保人员的比例从 2000 年的 16% 增加到了今天的 38% 左右。

2009 年，奥地利投入安全活动的资金总额约 8.47 亿欧元。其中，有 2.2 亿欧元投入到安全工程机制上（各种防盗锁、防盗门、保险箱、保险库），2.8 亿欧元投入到安全技术机制上（电子锁、电子安全报警系统、闭路电视监控、访问控制的门禁设备、火灾报警系统），还有 3.47 亿欧元投入到安全服务领域，这些服务包含巡逻（例如在购物场所和滑雪场）、监控在商场里的顾客、门卫、电梯保安、工厂保安、金钱及贵重物品的运输、危险物品或重质货物的运输、在足球比赛和集会等公共活动中维持秩序、业主外出度假时的房屋保安、私人警卫、搜寻失踪人员、私家侦探调查、收集证据、监视、控制长期生病雇员的活动、防止窃听、防止复制和破坏电子数据、警报监测中心、风险分析以及安全咨询和特别培训计划。除此之外，出于经济考虑，还包括公共部门外包出去的安全服务。

这种外包服务始于 20 世纪 90 年代初期，当时的奥地利联邦内政部部长宣布，不能再由警察独家包办所有安全问题。1994 年，维也纳国际机场的安全检查实现了私有化（Stückler，2010）。根据联邦内政部部长的命令，解雇了 40 名安检警察，私人公司安全检查的运作资金来源于客运费，减轻了

财政负担。1998 年以来，在上奥地利州的林茨、施蒂里亚州的格拉茨、克恩滕州的克拉根福和蒂罗尔州的因斯布鲁克等地的机场安全检查业务，全部都外包给了私营公司。除此以外，从 20 世纪 90 年代中期开始，奥地利法院的安全检查、位于维也纳的欧洲安全与合作组织的会议安保和安全检查工作也实现了私有化。不仅这些安全检查业务被外包，航空应急救援服务也被外包给了奥地利汽车摩托车旅游俱乐部。私营安保公司还提供其他公共服务，例如在奥地利的图伦、克雷姆斯、珀尔希托尔德多夫等城市对社区公共空间秩序进行监控，对寻求庇护者旅馆的安全管理，使领馆的保护，汽车登记，在修建道路区域的交通管制，私人停车场的监控，收费公路的管理控制，公共交通运输的票务管理（Löff，2010）。

近年来私营安保公司活动的扩大和多样化，导致这样一种结果：安全管理的专业培训开始发展。位于克雷姆斯的多瑙河大学开设了两门这个方面的硕士课程，一门课程是关于一般安全问题的处理，另一门则是关于消防安全。位于维也纳新城的应用科学大学和维也纳大学应用科学学院（维也纳校区）设立了安全管理的学士和硕士学位课程。维也纳西格蒙德·弗洛伊德私立大学也计划设立安全管理硕士课程，这是一所由维也纳大学与匈牙利私立大学合办的学校，这一课程可能设在基特西（位于奥地利东部布尔根兰州）校区。

西格蒙德·弗洛伊德私立大学成立了安全研究所，正在开展"奥地利综合安全研究中心发展"[①]的研究课题。该项课题是 KIRAS 研究计划框架内的一个项目。KIRAS 研究计划源于两个希腊语单词 kirkos（圆环、运转）和 sphaleia（安全），是 2005 年在奥地利发起的国家安全研究计划的项目名称（参见本书第 4 章）。该项计划是欧盟成员国开展国家安全研究计划的典范（Weinandy，2009）。

3.5 国内安全的国际战略实施

早在铁幕落下后不久，奥地利政府就试图在全国各地建立起安全地带，以打击日益增加的跨境犯罪。从那时起，奥地利就与邻国建立起了安全伙伴关系。2000 年，作为欧盟成员国的奥地利与非欧盟成员国捷克、匈牙利、斯洛文尼亚、斯洛伐克和波兰一道建立了中欧安全合作伙伴关系（Middle European

Security Partnership，也可按其成立的城市称为萨尔茨堡集团）。其目标在于与这些国家一起也实现和德国（巴伐利亚州）相同的合作。

后来，保加利亚和罗马尼亚也成为萨尔茨堡集团的成员国，克罗地亚则成为观察会员国。在这些国家都成为欧盟成员国后，除克罗地亚以外，这些国家在安全事务方面的合作变得更为密切。进一步增强安全合作是绝对必要的，因为欧盟成员国间具有密切的经济联系以及实行"四大自由"，即①人口流动自由；②商品流通自由；③服务流动自由；④货币流通自由。欧盟成员国间不仅在安全问题上密切合作，还建立和加强了以下各欧洲机构之间的合作机制。

欧盟边防局（Frontex）②——这个机构的名称是一个法语词组"外部边界"（Frontières extèrieures）的缩写。该机构负责协调各成员国在边境安全领域的合作。它还负责确保"申根区"边界对真正的"善意游客"的开放性和高效率，同时负责实施对跨境犯罪的有效阻遏。申根自由贸易区有42672千米的海洋边界线和8826千米的陆上边界线，覆盖了25个国家与地区（还包括一个非欧盟成员国），近5亿人可以在该区域内自由通行。

欧洲武警组织（Europol）③——这个欧洲警察组织负责协调各国警方的活动，以打击跨国有组织犯罪，恐怖主义，非法贩运武器、毒品、儿童色情制品和其他违法犯罪活动。

欧洲反欺诈办公室（OLAF，Office de Lutte Anti-Fraude）——它的建立是为了打击影响欧盟预算的欺诈、腐败和其他违法活动，包括欧洲机构内部的不当行为。

欧洲司法协调组织（Eurojust）——该机构是欧盟处理刑事司法合作事务的组织，其工作重心是通过协调与刑事程序相关的跨国法律合作，实现在司法事务上的协作。

奥地利参与了上述所有机构的活动，在上述机构中均有代表，同时奥地利在打击犯罪领域与区域内的非欧盟国家建立安全伙伴关系的战略，都是通过欧盟来实施的，欧盟试图在其领土边界上建立一个安全地带，或者扩大其原有的安全地带。

3.6　无所不在的安全威胁和参与实现安全

从人口的角度来看，近几十年来犯罪的迅速增加是一个非常重要的趋势，在奥地利进行的一项调查的结果表明了这一点。这项调查包含以下问题。

即使你自己没有经历过那段时间，通过你已有的了解，如果你将现在的情况与大约 40 年前即 20 世纪 70 年代左右的情况进行一下比较，在你看来，今天有什么不同？

在面对这个问题时，那些记得 20 世纪 70 年代情况的人们都经常回答说，犯罪大大增加了（"犯罪急剧上升"）（International Marine and Shipping, IMAS，2009）。与这一看法相伴随的观点是，社会对犯罪的恐惧程度与犯罪对奥地利的实际危害水平相比较高（社会对于犯罪的恐惧与将犯罪视为一个社会问题的认知有关，而与犯罪对个人的影响无关，请参见本书第 4 章）。这种观点极大地提升了社会对犯罪的恐惧感，这种高度的恐惧感是政治和媒体对犯罪迅猛发展的一种愤慨表现，特别是非奥地利人对这一点表现得更为明显。

由此产生的公民愤慨情绪的结果是，社区居民自发创建了一个名为"邻里支持倡议"（proNEIGHBOR）④的邻里守望组织。维也纳市民成立这个组织，并提出了一个口号：犯罪影响我们所有人，而不仅是受害者。该组织的目标是提高公民对住宅区附近的入室盗窃和其他犯罪行为的敏感性，并防止犯罪侵害行为的发生。该组织还与警方协作，因为警察自身可能不像其他雇员那样密集地参与安全教育，并愿意承担"安全雇员"的责任。

3.7　有关政治和国家安全产品的逻辑变化

犯罪学文献讨论了在西方国家中，犯罪控制领域的范式变化。犯罪人再社会化和重整范式（刑事福利国家）主导了近 30 年的安全思想。但是，根据加兰（Garland，2001）的说法，这一范式已经被社会防护的理念所取代，即通过避免引发犯罪的情境和实施"法律与秩序策略"的方式来保护社会。

这种新的安全哲学理念，不再遵循打击犯罪的社会原因和回应罪犯个性的原则。相反，它提出了情境预防犯罪学说，以及通过更严厉的惩罚措施

（例如监禁等）将罪犯与社会隔离开来。在这方面，加兰提出了"隔离策略或惩罚性隔离"或"惩罚性转向"理念。这种哲学理念和实践首先出现在美国，随后出现在英国和包括德国在内的欧洲国家（Sack，2010）。

尽管比其他国家实施得晚，奥地利也倾向于采取一种增加惩罚措施来抑制犯罪的策略，这一趋势由于2000年奥地利政治局势的变化而越发明显。虽然保守人民党输掉了1999年的选举，但两党领袖——保守派人民党的领导者沃尔夫冈·舒斯（Wolfgang Schussel）和右翼民粹主义自由党的领导者约尔格·海德尔（Jorg Haider）——达成了一项协议：双方同意在2000年联合组建政府，并立即改变安全政策。

尽管直到1999年，针对成年人犯罪的转移措施才纳入刑法，但2000年，"法律和秩序策略"马上就得到了实施，且初显成效。从统计数字来看，奥地利每10万居民被逮捕的人数，从2001年9月1日的85人增加到2005年2月1日的106人。一个专家小组对这种逮捕率的增长现象进行了评论，认为这是民主奥地利历史上从未见过的一种发展趋势。这种增长是实施一项政策措施的结果，即降低监狱提前释放的可能性、减少对审判羁押的时间限制、判处更长时间的监禁。这些措施的实施，都有相应法律变革的支持。

例如，随着毒品交易、吸食麻醉药物和烈性毒品（如海洛因、可卡因等）的案件数量减少，对犯罪采取治疗而不是惩罚的原则导致使用惩罚措施的频率更低。同时，奥地利对特殊的毒品犯罪可以判处终身监禁的刑事司法原则，同时加重了对有关毒品犯罪的刑罚力度。奥地利《刑法》有关恐怖主义（尤其是在"9.11"事件之后）、有组织犯罪活动、性犯罪的条款得到了强化。此外，《青少年刑法》规定的青少年犯罪的年龄上限从19岁下调为18岁，规定了对青少年罪犯的特殊处置和转移措施，维也纳少年法庭也被关闭了。这个法院（自从1928年以来一直存在，仅在1938~1945年由于受纳粹统治而废除）一直是保守派和右翼民粹主义者的法律进步的象征。自维也纳少年法庭被关闭以来，针对少年犯罪的司法也只能在普通司法系统内运作，普通司法系统内存在的所有弊端同样也体现在少年犯罪司法上。

除了废除单独的少年犯罪司法制度和改革《刑法》和《毒品法》外，还通过改变法官、检察官和警察在刑事诉讼中的地位作用，对《刑事诉讼法》和《刑事诉讼守则》进行改革。废除了以前的预审法官制度，由检察官办公室在调查中起主导作用。另一项改革目标便是警察组织。奥地利拟将联邦内政部和联邦国防部合并为联邦安全部的改革计划起初没有取得成功，2002 年，联邦安全部进行了重组。

重组后的联邦安全部中，许多公务员失去了管理职能，他们向总理府的独立参议院提出上诉，参议院裁定，在 75 个改革事项中，有 40 项改革措施是改革者违反了法律规定。虽然公务员不再处理管理方面的事务，但他们的工资并没有受到影响，依然享有与原来相同的工资标准。这些决定并没有阻止警察职能的改革，重组工作继续在维也纳进行。维也纳的 23 个区都拥有各自独立的制服警察机构和刑事警察机构。制服警察管辖区从 23 个减少到 14 个，而刑事警察管辖区从 23 个减少到仅剩 5 个。

一项所谓的 "世纪改革计划" 于 2005 年开始实施，该项改革计划涉及警察组织与和宪兵组织的合并。尽管自奥匈帝国君主制建立以来，农村地区的安全和秩序由宪兵负责，城市地区的安全和秩序由警察负责，但这两个组织体系还是被合并成为一个单一的警察组织。为了给新组织一个新形象，警服（新的制服为欧洲深蓝色）和警车都进行了重新设计。随着这些表面的改革措施的推进，一个更加强调集中化、层级化和军事化的警察系统的改革方案也在紧锣密鼓地实施中。

除了组织变革，警察的技术力量和执法权力也得到了扩张。例如 2006 年，即便是在没有具体的怀疑理由的情况下，也允许警察使用卧底调查以及录音和录像措施。最后，2011 年，在联合政府领导下，根据欧盟的指导方针，允许警方提取移动电话、固定电话、邮件以及网络活动中保存的数据，以提高犯罪调查的效率。

此外，情境预防犯罪的措施得到了进一步的提升。例如，在学校周围和类似维也纳卡尔广场和因斯布鲁克的拉波迪公园等公共区域周围设置安全区，警方可以命令那些涉嫌吸毒和毒品交易的人员远离这些公共区域。

3.8 社会控制技术化背景下的新公共空间配置

由于上述原因，情境预防措施得到更为频繁的使用。技术措施的一个例子是利用闭路电视监控进行录像。英国在这一技术的应用方面遥遥领先，其他欧洲国家在 20 世纪 80 年代中期才开始应用。在奥地利，私营部门以及公共机构也经常使用闭路电视监控系统。奥地利警方在 2005 年开始使用，很久之后，政府、私人和企业才开始使用该技术。

第一批安装警用摄像机的是下奥地利州沃森多夫南部购物中心的停车场，以及维也纳的瑞典广场附近（这是毒品犯罪的热点地区）。维也纳卡尔广场附近的地下行人通道也安装了警用闭路电视监控镜头，那些地下人行通道是吸毒者和毒品交易聚集的地方；维也纳威斯特班霍夫火车站也安装了闭路电视监视设备，因为那里也是酗酒者、乞丐以及妓女经常出没的地方。奥地利其他的犯罪热点区域也安装了警用摄像机，例如克拉根福、菲拉赫、奥地利北部的林茨、奥地利东南部的格拉茨市、西南部的因斯布鲁克市、萨尔茨堡、维也纳新城等城市和维也纳国际机场等公共场所，都安装了警用闭路电视监视系统。

公共机构和私人企业安装的监控现在也很常见，公共交通设施、停车场、教堂、博物馆、购物中心、商场、商店、银行、邮局、娱乐场以及其他商业场所，都安装有闭路电视监控设施。维也纳 22 个社区的公共住宅楼小区入口也安装了监控设备。这些建筑里一共安装了 2800 个摄像头。整个奥地利安装监控设备的总数目前尚不得而知。但是，数据保护协会估计，这一数字已达到了 100 万个（这就意味着平均每 8 个居民就有一个监控摄像头）。

奥地利使用越来越多的闭路电视监视系统，这都是有记录可查的，但其在预防犯罪方面的有效性却不得而知。在英国，一些研究机构对这个问题进行了探究。对 22 个闭路电视监控项目的一个元分析表明：在 50% 的监视项目中，犯罪减少了；在 1/4 的监视项目中，犯罪增加了；而其余的则没有什么效果（Welsh and Farrington，2002）。在另一个元分析中，吉尔和斯普里格斯（Gill and Spriggs，2005）发现，在他们所观测评估的 14 个监控项目中，只有一个项目显示出犯罪率在下降，具有统计显著性，并且可能与闭路电视监控有关，但其他的监控项目则显示犯罪数增加了。

同样，在奥地利进行的一项研究结果表明，2001~2006 年，银行抢劫案件的数量有所增加，尽管银行的闭路电视监控覆盖率达到了 100%（Trojanow and Zeh，2010：61，155）。相反，警方和其他非银行闭路电视监控设备使用者公布的数据则显示，由于安装使用闭路电视监控设备，犯罪数量明显下降。例如，维也纳交通企业报告说，在地铁列车和有轨电车中发生破坏案件的案件数减少了 90% 左右。维也纳市住房组织报告称，故意破坏行为减少了约

52%。奥地利南部下奥地利工业中心报告称，入室盗窃案件减少了88%，而警方报告称，自从沃森多夫南部购物中心的停车场安装闭路电视监控以来，进入汽车盗窃的案件减少了75%。⑤

在维也纳，瑞典广场的毒品交易和与毒品有关的犯罪案件（抢劫、斗殴）减少了，这些都是安装了闭路电视监控设备的结果（Heger，2010）。但是毒品问题并没有得到彻底解决，它只是转移到了对监控比较少的地方。问题从一个地区转移到另一个地区可能被视为成功，特别是从刑事政策的角度来看这个问题时，因为刑事政策不再致力于解决引发问题的源头。现在的政策兴趣是如何确保这些问题不再发生在某些特定的地方，这种政策的后果就是公共空间的一种重新的配置。

3.9　小结

公共空间的重新配置、内外部安全的融合、安全科学的制度化，以及将安全服务外包给私营企业，这些无疑都是这一领域的最新发展。早期历史遗留下来的强调惩罚和控制的倾向在当今奥地利行政犯罪控制机构扩张的背景下，也找到了自己的用武之地。

例如，维也纳的"废弃物品观察员"负责对废弃物进行登记并对违反《清洁法规》的行为实施惩罚，自然保护局代表负责监管与自然保护相关法律法规的遵守情况，秩序顾问关注公共住宅楼中违反房屋规则的行为，交通线路监控员要确保公共交通使用者遵守禁烟和其他规定。本章讨论的这些话题和其他活动，在某种程度上塑造了奥地利当今社会的安全实践，而不仅仅是强调使用在本章引言中所列举的各种社会类型名称的合理性。至少就讨论"安全社会"和将奥地利社会定性为安全社会而言，这似乎是合理的。

第4章　欧洲联盟的安全概念

亚历山大·谢德施拉格

4.1　引言：欧盟的全新安全观

通过推断成员国在全国范围内的安全特权状况[1]，《里斯本条约》引入了欧盟安全概念。基于欧盟新的法律人格[2]理念，欧盟统一安全概念的目的在于"促进和平，实现其价值观和人类健康福祉"[3]。为了确保欧盟及其公民的安全，欧盟"应当确定和推行共同的政策和行动，并且应当开展更高层次的合作"[4]。欧盟的安全概念基于一种全面综合的界定方法，"横向"来说[5]，强调了以下几个方面：

（1）作为一个整体的联盟内部和外部安全威胁与其他公民之间的联系；

（2）恐怖主义和犯罪之间的关系；

（3）不同国家安全部门之间（以及不同部门安全之间）的相互联系，比如政治、金融和社会的安全。

此外，在里斯本签署的《欧洲联盟基础条约》（Treaty on the Functioning of the European Union）明确列出了应在欧盟层面协同进行打击的某些形式的严重犯罪，如恐怖主义、贩卖人口、对妇女和儿童的性剥削、贩运毒品、非法贩运武器、洗钱、贪污腐败、伪造、计算机犯罪和有组织犯罪。[6]

然而，整个欧盟的安全概念并非在各个方面都有进步。虽然一些成员国已经开始将金融部门纳入关键基础设施范围内，但辨识和标志欧洲关键基础设施的方式和程序却并不那么先进。具有重大意义的 2008/114/EC 指令⑦集中于能源和交通部门，并没有特别关注欧洲金融的关键基础设施，该指令也未提及信息、通信和技术相关基础设施以及网络犯罪等相关的风险。

然而，在新修订的《里斯本条约》和《斯德哥尔摩计划》⑧的基础上，新的欧盟内部安全战略基于这样一种假设："内部安全概念必须被理解为一个广泛和全面的概念，横跨多个部门，以应对这些重大威胁和对公民的生命、安全和健康福祉有直接影响的其他威胁。"⑨

《斯德哥尔摩计划》列出了一些共同面对的威胁与挑战，包括各种形式的恐怖主义、严重犯罪和有组织犯罪、网络犯罪、跨境犯罪、暴力犯罪以及各种自然灾害和人为灾害。虽然计划中没有直接提到金融风险，但明显其是被包含在内的。这一安全策略所倡导的欧洲安全模式的几个组成部分，似乎与金融部门和应对金融危机带来的安全风险直接相关。这包括解决不安全感的来源（不仅是影响），优先考虑预防和预期，以及在公共保护中，重视发挥所有相关部门（政治部门、经济部门、社会部门等）的作用。

此外，在《斯德哥尔摩计划》中，基于"在经济全球化的背景下，尤其是在当前的危机下，金融体系的脆弱性更加恶化，欧盟必须减少有组织犯罪的机会，适当地分配可以利用的资源以有效地应对这些挑战"的判断，欧洲理事会（由欧盟成员国国家元首或政府首脑组成）邀请欧盟委员会仔细考虑对于金融犯罪的预防问题，考虑如何运用所有的措施以强化这种预防。⑩

金融危机和对作为一个政治和社会安全问题的金融犯罪的关注，可以被视为一个从风险研究中发展起来的所谓"泰坦尼克效应"的实例（Kenneth and Watt，1974）。新的控制能力导致了风险管理文化的反转。对安全概念来说，这意味着新的基于科技的能力绝不能让我们忘记安全威胁和加强安全措施所包含的文化因素，因为文化因素能够提高安全强化措施的有效性。

相反，已有研究表明，网络犯罪问题通常被视为法律薄弱或技术控制力差的问题，而不是一个社会安全问题（Wall and Williams，2007）。尽管如此，在金融部门和金融犯罪领域，"欧洲化"的趋势也非常明显，欧盟委员会很快就会提出一项支持和监督成员国打击腐败的建议。欧盟成员国的公众舆论一直强烈支持（超过 2/3 的人）欧盟外部安全和国防的一体化，现在支持公民安全的一体化的民意也同样强烈。

具有讽刺意味的是，欧洲各国公民普遍关注本国的犯罪问题，并且希望在打击犯罪方面欧洲从整体层面上制定更多的决议和采取更多的行动；同时，绝大多数公民认为欧盟本身就是犯罪活动的放大器。[11]然而，具有"欧洲晴雨表"意义的全欧盟民意调查并不涉及常规安全项目的调查。

最新的可参考数据是"特殊欧洲晴雨表"的调查结果，该项调查是有关"欧盟在司法正义、自由和安全政策领域的角色"，是在 2006 年夏天所做的实地调查的基础上完成的。[12]根据调查结果，打击有组织犯罪和毒品交易犯罪的力度与打击恐怖主义犯罪的力度大致相当，因为绝大多数欧盟公民（86%）认为，这一领域的决策应当从整个欧洲层面上进行，而不是由个别国家单独做出决策。此外，近 4/5（78%）的欧盟公民认为，欧盟应当在成员国之间交换警察和司法方面的信息，以便做出更好的决策。超过一半的欧盟公民（56%）认为，打击有组织犯罪和毒品交易犯罪的政策应该是优先考虑的"重中之重"，甚至比打击恐怖主义犯罪活动还要稍微重要一点（55%）。

本章将对公民安全事务欧洲化的法律范围、欧盟成员国政策倡议的公共舆论支持和国家安全文化进行比较研究。随后还将对国家安全政策中的相关金融问题进行探讨。可以得出这样一个主要的结论：虽然欧盟各成员国均同意将整个联盟的安全概念纳入《里斯本条约》框架之中统筹考虑，但是各国政府的政治部门和私营部门对安全的看法和概念都有很大的差异。因此，欧盟的安全概念并非某一成员国的意见，而是一整套欧盟层面的倡议和各成员国共同采取国家层面行动的结果。

4.2 欧盟成员国的政策倡议

与欧盟层面政策的发展和欧洲化的趋势相反，欧洲各国仍然依赖其珍视和需要保障的那些特别的符号。这些国家具有不同的公共安全和私人安全文化，所有成员国的公共部门和私营部门对公民和公共安全的责任的认知各不相同。这一点在国家安全战略和相关的研究领域中也体现得很明显。在一项欧盟资助的名为"转变安全和干预观念"的研究项目中，我们研究了欧盟成员国制定的下列与安全有关的国家战略文件（Siedschlag，2008）：

（1）奥地利：《国家安全研究计划》[13]；

（2）法国：《2008 年项目建议书：全球安全系统设计与工具》[14]；

（3）德国：《公民安全研究》、德国联邦政府计划；[15]

（4）意大利：《意大利国家公民保护服务》；[16]

（5）荷兰：《国家安全：2007~2008 年战略和工作方案》；[17]

（6）西班牙：《2008~2011 年西班牙国家科学研究、发展和技术创新计划》；[18]

（7）瑞典：《安全知识：国家安全战略研究建议》；[19]

（8）英国：《联合王国安全、反恐科学和创新战略》。[20]

我们发现这些国家倾向于制定明确的、全国知情的、具有优先地位的战略计划。例如，在奥地利，对关键基础设施（包括社会和文化方面）的保护就是具有重要地位的优先事项；荷兰主要关注的问题是气候变化问题；西班牙则优先关注气候变化和纳米科学问题；在德国的项目计划中，公民安全研究（公民保护研究）是优先考虑的主题；意大利也是如此，重点关注减少自然灾害、加强备灾，以及在全面的风险评估的基础上，通过即时预警能力和征集国际国内技术和科学专家，实现民众保护方面的快速反应问题。

瑞典侧重的是安全事务（尊重道德、诚信和人权）的网络解决方案；英国注重与欧盟成员国和非欧盟成员国在传统犯罪、暴力犯罪预防和防范恐怖袭击等领域的永久性合作；法国关注的重点，除了关键基础设施保护外，还有传统犯罪、暴力犯罪以及泛危机管理（即不论其起源）。

4.3　欧盟成员国的安全文化

除了受国家政策的影响外，欧盟的安全概念还受到国家安全文化的影响。风险研究在文化对风险的影响方面，做出了一个非常有价值的假定。戴克（Dake，1991）认为文化是一套"定向处置"的指导系统并能够应对复杂局面。另一种理论则指出"风险的文化原理"，这是由道格拉斯和沃达夫斯基（Douglas and Wildavsky，1982）提出的，他们认为有关风险、安全的不同观点和争议都与不同的世界观相关，有关风险、安全以及安全问题的解决途径都因政治组织和社会关系的不同而不同。

风险和安全威胁之所以被认为很重要，是因为它们强化了文化中的既定解释和关系，从而再现了社会的象征性基础。通过研究各国的公共安全文化，上述安全策略和相关研究计划与欧盟成员国更广泛的文化条件之间的契合就变得更加明晰起来。

我们在欧盟转变安全和干预观念项目中，对公民安全文化进行了分析，旨在根据对过去没有得到全面分析的社会和受害者调查数据的二次分析，比较并确定不同类型的公民安全文化。[21]各篇论文都有具体的研究结论，对于公民安全文化，我们得出了两个主要结论。[22]

> （1）个人对犯罪有恐惧，犯罪被视为是个人或个别的问题；与此相反的是，在社会对犯罪的恐惧中，犯罪被视为社会中存在的一个"客观实在"，而非对个人的影响。
>
> （2）在现实生活中，对犯罪没有恐惧或过度恐惧，都是基于个人对犯罪和受害的恐惧、社会对犯罪和受害的恐惧，以及犯罪率和将犯罪视为主要问题的认知。

我们在研究公民的安全概念时发现，要描述欧盟成员国的安全文化，会涉及更多的结构性因素。

奥地利的受害程度低，个人对犯罪的恐惧程度也低，但相对于实际的受害程度来说，社会恐惧感是比较高的。反映这一社会对于犯罪的过度恐惧，重点在于公众感知，而不是实际的安全感。奥地利的共同社会主义和共识民主的传统和结构，限制了欧洲对安全问题的共同理解，以及商定对相关挑战和可接受干预的共同解释的潜力。表面上看来，公民似乎有一种不那么欧洲化的安全感。这一事实可能会限制社会对安全问题的国际解决方案（包括打击金融犯罪的措施）的接受度，如果这些措施不是专门针对个别国家需求的话。

法国有一种过度恐惧的公民安全文化。这可能部分是因为法国公众中对欧盟的看法存在分歧，而不是因为国家在打击犯罪方面的决策和行动。对法国的一些公众来说，欧盟是一个存在犯罪恐惧的地方，与此相对应的就是，在与犯罪相关的安全问题上，政治部门不愿意做出超越合法性理由的决议。

德国作为冷战中的"前沿国家"和结束冷战的关键驱动力量，其国内存在一种普遍的看法，即安全问题是跨国的和国际性的，安全就是维护国家和整个社会的价值观。因此，安全已经成为一种有准备和有防卫能力的象征，依赖于更高层级的国际价值观，如民主、法治和欧洲一体化，以使国家能够抵御来自外部和内部的威胁。由于受害程度只有欧洲的平均水平，个人和社会对犯罪的恐惧程度低，因此德国有一种不那么恐惧的公民安全文化。公共辩论和政策干预往往更侧重对犯罪的感知而非实际的安全程度，这体现了安全的象征性特征。内部安全的政治方法主要以预防为主，这也显示了德国作为欧盟成员国的安全政策特征，其目的是在欧洲层面上解决与重大犯罪有关的问题。德国公民甚至表现出对欧盟政策的偏好，与此相对应的是，德国在国家犯罪的决策制定和行动方面，更加偏向欧盟政策，尽管他们倾向于认为欧盟是犯罪高发的原因，尤其是在金融领域。

意大利的公众将内部安全和公共安全视为国家的任务，包括警务和刑事司法结构的集中化。与此同时，基于在应对国际有组织犯罪方面的长期经验，意大利的政治文化对安全部门的欧洲化持开放态度。然而，在将欧洲的做法纳入众多国家机构的行动指令体系的过程中，其执行仍然存在问题。这是一个艰巨的任务，因为这些问题都与协调各机构的行动紧密相关。总之，意大利的公共安全文化是与国家地位的规范性基础密切相关的，这体现了国家作为集体安全提供者的理念受到的威胁，国家提供的安全的重点是打击有组织犯罪。

荷兰公众则认为，安全已经成为一个模糊的概念。在公众舆论中，安全与国家和社会未能正视近期犯罪问题有关，这甚至等同于国家和社会的失败。超过欧盟国家平均的受害情况，以及个人对犯罪的恐惧和社会对犯罪的过度恐惧，使荷兰成为一个公众对犯罪文化的恐惧保持稳定的国家，但安全文化的社会恐惧特征仍然很重要。与其他欧盟国家的公众相比而言，荷兰绝大多数人认为欧盟带来了更多的不安全，从而带来了更多的犯罪。特别是，可能是由于媒体的影响力，荷兰公众认为，安全正变得比诸如保护隐私和言论自由等其他权利更重要。新出现的公众对政策和政治的高要求，产生了一种持久的有关安全的危机感。这种情况下，安全被解释为一项必须在国家组织整体层面上完成的任务，这一整体也包括社会利益攸关方。这限制了欧洲化的范围，并催生了一项以安全解释为指导的政策，作为一个国家部门，安全机构采取的国家手段需要与其他国家和组织的手段相一致。尽管荷兰公众认为欧盟带来了更多的犯罪，但在打击犯罪方面，与本国做出的决策和采取的行动相比，他们更明显地偏好欧盟的决策和行动。

在瑞典，安全意识和脆弱性是公共经济和政治部门关注的重要问题。公众对利用科技手段解决安全问题的接受程度高于欧盟的平均水平，体现的是社会对犯罪的过度恐惧。科学技术（包括互联网）通常被视为安全问题解决方案的一部分，而不是安全问题本身或有关安全问题的关键基础设施。在打击犯罪问题上，瑞典公众对欧盟和国家的决策和行动的选择偏好方面，表现出犹豫不决或模糊摇摆的特征，但这种平衡在最近朝着倾向于欧盟决策和行动的方向发展。在瑞典，公众认为安全问题与国家地位的规范基础密切相关，反映出了国家作为集体安全提供者的理念受到了威胁。基于网络的安全事务解决方案（尊重道德、诚信和人权）是瑞典的重要主题。因此，公众讨论的重点是，在现代信息和通信系统中保障安全是否更为困难，这也会引发各种法律问题。尽管如此，人们一致认为，需要一项一以贯之的信息安全政策，瑞典政府的总体目标是在整个社会保持高水平的信息安全。瑞典正在制定一项能够为私人和公共机构指明努力方向的信息安全战略。

英国是一个文化多元的国家，其公共安全和国家在安全维护方面所起的作用高于欧盟国家的平均水平。在公众的看法中，犯罪水平在过去的几年中普遍增加了很多。从地方层面来看，英国公众对犯罪水平的看法有所改变，对安全干预措施的信心有所降低，然而对警察的信任程度有所提高。各种政府机构的目的是调查新的或正在出现的犯罪类型，如欺诈和与科技有关的犯罪活动。专家称，警方统计的欺诈和科技犯罪统计数字并没有提供有效的信息，说明此类犯罪的许多动态不在警方掌握之下。普遍的看法是，受害调查可以提供有关此类犯罪的信息，尽管有时受害者没有意识到某些犯罪行为的发生，例如有关身份盗窃的网络犯罪。这有助于解释那些通过信息和通信技术实施的金融犯罪，这属于并不那么令人感到恐惧的安全威胁。但是还有其他重要的解释适用于英国的低犯罪恐惧的安全文化情况。例如，批评者认为，基于信息技术的安全问题解决方案（包括使用视频监控），不适用于现在面对的各种威胁，它们的存在只是为了让公众安心，使他们相信政府正在做某些事情。这促进了应对道德恐慌的安全文化的发展，正如 2005 年的伦敦爆炸案所表明的那样。事实上，如大卫·加兰（David Garland，2001）所指出的，一种新型的干预措施已经形成，它并非针对实际的犯罪，而是针对公众对犯罪的恐惧。

总之，安全参照物（被认为是可以代表安全事务的对象）可以在几年内发生改变，但是安全参照物的社会和政治定义的决定因素（参量）似乎非常稳定。即相比于某些现象能否被界定为与安全相关，这些现象成为安全问题的过程、公众对犯罪的恐惧感以及对可预知的安全（或不安全）的认知更具备稳定性。这意味着，我们无法可靠地预测欧盟国家的公民会要求、接受或拒绝哪种安全概念。此外，我们也无法预测公众是否同意用财政支持具体的安全措施，以及在何种程度上他们将金融犯罪视为一种特定类型的安全挑战。尽管如此，我们仍然可以将国家安全策略作为指标，以此评估当前所谓 "金融犯罪证券化"（securitization of financial crime）的水平。

4.4 国家安全战略中与金融相关的问题

虽然一段时间以来，安全经济学一直是安全研究的组成部分（从冷战时期的国防开支分析开始，延伸到安全技术的成本效益关系），但金融安全则是一个相对较新的概念（Goede，2011：100-109）。它建立在以前被视为金融风险的证券化的基础上，现在涉及与公众日常生活有关的金融安全。这标志着一个巨大的概念转变，因为金融传统上被认为是一种对资源的分配，以确保在 "变化莫测的未来，驯服不确定性，为灾难投保"（Goede，2011：103）。

如今，证券化金融工具在公共话语中被描述为 "能够促进商业安全的能力，或者换句话说，导致惊人的社会不安全"（Goede，2011：109）。在这种背景下，分析金融问题作为一种安全概念在何种程度上在欧洲安全研究项目中得到了解决，这是一个令人很感兴趣的话题。从整个欧洲层面上来看，在第七欧盟框架方案中，安全专题领域涉及预防（控制金融基础设施）、缓解（通过分析融资预测恐怖袭击）和扩大关键基础设施概念等方面的金融问题。[23]方案所描述的国家安全战略包括以欧盟成员国融资方式作为安全主题的不同图景。

（1）奥地利的国家安全研究计划明确提到金融部门（银行及金融、保险、再保险、投资及其他）是特别值得保护的关键基础设施，但没有进一步探究这一问题。

（2）法国的安全研究计划，遵循了一种可以被称为民事安全的整体途径，将其目标定义为预防和抵御可能破坏发展、生活、个人和集体活动的各种形式的威胁和恶意影响。犯罪和欺诈被明确列为恶意影响。为了实现这一目标，该计划呼吁采取系统的方法来考量重要基础设施的脆弱性和相互依存性，其中明确列出了资金流动。此外，计划中还包括通过参加联合国机构、欧洲委员会和经济合作与发展组织（OECD）的活动，来打击腐败和解决公共部门的善治问题。

（3）德国的民事安全研究计划提出，金融体系是一项面临恐怖袭击风险的关键基础设施，但德国的民事安全研究计划并没有提到金融系统的不安全的来源。

（4）在意大利，对有组织犯罪的长期的实际关注，促进了电子监控的发展，相关部门专注于安全问题的技术解决方法以及信息共享文化。然而，这种文化受到不同层级的政府内部协调的挑战。全面的风险评估和管理是政治规范的指导。全面综合的风险评估也涵盖了金融部门。不过该国的安全研究方法中没有涉及具体相关风险，而是侧重于灾害管理和公众保护。

（5）荷兰的国家安全战略没有提到金融部门，只提到需要优先考虑对稀缺资源的保护。

（6）西班牙的研究、开发和技术创新计划也涵盖了其他几个安全问题，提出需要开发安全和信任技术，以改善数据安全、保护知识产权和防止欺诈行为。

（7）瑞典的国家安全研究战略提案没有涉及金融安全问题。

（8）英国的安全战略中没有提及金融安全问题。

一项涵盖了16个欧盟国家的比较研究表明，政府的腐败解释了公众对国家机关的不信任（Kääriäinen，2007）。认识到这个事实，就很容易理解无论是在各国层面还是在欧盟层面，为什么金融犯罪会严重影响欧洲安全理念的落实。然而，对金融是欧洲关键基础设施的一个组成部分的已有共识，还远没有发展成为一种安全政策或相关的研究倡议。

4.5 小结

欧盟国家继续依靠它们所重视和需要维护的重要概念和符号。他们表现出不同的公共和公民安全文化，各国的政治部门和公共部门对安全的看法和采用的概念各不相同。欧盟国家的大多数公众仍然认为，各国应当采取最合适的途径来提升他们所居住的国家的安全性，特别是通过打击犯罪以保障安全。

虽然公众对欧盟决策和打击犯罪行动的支持最近有所增强，但并没有就此认为欧盟是通过打击犯罪成功地增强了公众安全感的地方。因此，整个欧盟的安全仍然是一项重要的政策倡议和《里斯本条约》的主要内容，同时必须以国家为主体支持安全政策和文化的调适。

虽然欧盟的研究项目提出了标准化的技术建设能力（例如智能监控），但欧洲公众并不认为仅仅增强安全科技就能够消除不安全因素。需要改进政府和社会各行为主体之间的责任分配和分工，而不仅仅是增加投资。要考虑的不仅仅是技术问题，还必须综合考虑立法、最佳实践、流程、技术、文化和行为问题，将其整合并正确地纳入安全系统，统筹推进。要想形成欧盟层面的安全概念的共同符号和价值观，必须先经历一个各国实践和安全文化趋同融合的过程。

致 谢

本章的部分内容是第七欧盟框架方案（安全主题）资助的题为"改变对安全和干预的看法"的研究成果。该项目的申请编号为 FP7-SEC-2007-1，项目资助协议编号为 217881，该项目从 2008 年 4 月持续到 2010 年 3 月。

我非常感谢安德里亚·杰科维奇（Andrea Jerkovic）对本文的写作提出的许多宝贵意见。

第5章　人的安全与联合国安理会

沃尔特·利奇姆

5.1　引言

联合国安理会应当被看作国际社会负有最高责任的机构，具有超国家决策权力，控制着主题范围越来越广泛的全球议程。联合国对安理会的定义，既反映了其"历史连续性"，也体现了安理会的"变革"。

根据《联合国宪章》的宗旨和原则，联合国的缔造者们赋予安理会维护国际和平与安全的首要职责（尽管不是其唯一职责）。其超国家权力的相关规定体现在《联合国宪章》第二十四条和第二十五条当中。第二十四条规定，根据各会员国的基本协定，同意安理会代表各会员国行使职权。第二十五条规定联合国会员国同意依宪章之规定接受并履行安全理事会之决议。安理会的决议在某种程度上甚至对非成员国也具有约束力。

赋予安理会权力与职责是国家主权相对化进程的第一步。只有安理会的五个常任理事国（中国、法国、俄罗斯、英国和美国）仍可主张绝对国家主权。除非这些国家是协议的一方，否则任何政治决定、法律和机构变革都不对其产生效力。

安理会的职责具体体现在《联合国宪章》的第五章（安全理事会）、第六章（争端之和平解决）、第七章（对于和平之威胁、和平之破坏及侵略行为之应对办法）和第八章（区域办法）的相关规定之中。

5.2 安理会议程的演进

安理会的历史成就体现在全球的政治发展中。冷战的几十年中，安理会的决策能力一再因其动用否决权而陷于瘫痪状态，但这不是决定性的因素[①]，冷战中的国际局势是由主权国家之间的冲突对和平与安全构成威胁的传统概念所决定的。二战结束后的这种状况导致安理会的作用相当有限，安理会的议程几乎完全集中在战后国际局势、去殖民化问题以及与国家主权问题有关的国家间问题上。在这期间，虽然安理会的议程有所改革，例如创立停战监督使团并进一步将维和行动纳入议程，但在联合国组织机构扩张的头30年中，主要进展都发生在非安全议程领域，例如发展合作[②]、自然资源[③]、人文环境[④]、城市化[⑤]、产业发展[⑥]以及其他相关领域。这些问题与联合国处理和平与安全问题的能力无关。

值得注意的是，即使是在二战之后安理会第一次最重要的改革创新之举——建立停战监督使团以及随后开展的维和行动，也并非安理会的故意之举，而是根据西方主要国家在联合国大会[⑦]上的提议做出的。此外，诸如联合国停战监督组织（UNTSO）[⑧]、联合国紧急部队（UNEF）[⑨]、联合国驻塞浦路斯维和部队（UNFICYP）[⑩]等机构的职能，也反映出国际和平与安全议程仍是安理会关注的主要内容。过去的几十年，联合国没有认识到自身对解决冲突的社会层面问题的责任。对《联合国宪章》第二条第七款所规定的职责未进行严肃对待。[⑪]

随着冷战的结束和苏联解体后俄罗斯的全球参与，出现了这样一种局势，即相较于联合国的其他机构，安理会拥有更为广泛的职责或行动方案，这受益于联合国达成广泛共识和遵守《联合国宪章》的承诺的新能力。与此同时，安理会的关注范围从洲际战争扩大到国内战争与冲突局势，从国家安全问题扩展到人类安全问题，实现和平与安全的选择也开始由单一层面的政策向复杂而多层面的政策转变。

安理会最初关注针对冲突、威胁和平与安全的行为和侵略行为的议程，现在则不断补充与丰富，其中越来越多地包括一般性的"专题议题"，这些议题的解决主要是通过向国际社会发出软法律的一般性呼吁，甚至如果依据《联合国宪章》第七章规定的具有强制性的硬法律义务措施，有关方面需要向安理会进行报告，安理会将对议题的落实情况进行督导。因此，安理会被认为是立法者。新出现的有关和平与安全的共同愿景，塑造了安理会新的议程范围与内容，并且这一范围还在不断扩大。这一新的议程反映了三个方面的主要内容：

（1）内部冲突、内战和恐怖主义的暴力行为对人类安全造成的影响受到广泛的关注；

（2）预防冲突和冲突后和平建设，包括这些行动的社会和发展维度的问题；

（3）大规模杀伤性武器有可能在国家和非国家行为者间扩散，并对国际社会的基本原则产生不确定性的影响。

5.3　人类安全议程的演进

国内冲突和战争[12]受害的新模式使安理会有必要处理战争中的平民、妇女和儿童问题。这意味着安理会议程从关注国家安全转向关注人类的安全，而这种转变反过来又需要新的知识、愿景和行动能力。

1999 年，加拿大在担任安理会轮值主席国时，为解决在武装冲突中平民受害的问题提供了一个非常重要的机会，并且将人的安全问题纳入了安理会议程。武装冲突中的儿童、儿童士兵问题也是安理会长期关注和优先解决的问题，从而将其从危机管理转变为国际社会政策制订的一般性问题。连续几任的安理会主席国在政策制订和规范制订方面，采取了一种长期策略。在过去的十年中，安理会轮值主席国就武装冲突中的平民、妇女和儿童问题，通过了 20 多项决议和发表了大量声明。[13]

5.4　冲突预防和内部冲突

为应对南斯拉夫社会主义联邦共和国分裂后出现的和平危机，安理会在马其顿部署了第一支联合国预防性部署部队（UNPREDEP）[14]，随后在一系列决议中讨论了冲突预防问题，申明冲突预防必须被视为安理会维护国际和平与安全的主要职责的有机组成部分。⑮根据《联合国宪章》第六章的规定，冲突预防措施被视为一项联合国行动。根据《联合国宪章》第八章的规定，联合国在与非洲、欧洲的区域性组织的合作中，将越来越多地发挥冲突预防功能。

同时值得注意的是，20 世纪 90 年代各国内部冲突和战争的数量不断增加，这往往与传统的国家间战争的后果有关。

5.4.1 恐怖主义

恐怖主义是内部暴力的另外一种形式，也是安理会给予更多重视和密切关注的问题。1989 年，安理会首先处理了恐怖主义问题，当时安理会根据国际民用航空组织（ICAO）的动议，全体一致通过了一项决议，敦促 ICAO 和各国政府制订一项国际制度，以监测、规范塑料炸弹和片状炸药的携带行为。⑯1989 年 7 月 31 日，针对恐怖分子劫持人质问题，安理会通过了 638 号决议。恐怖主义成为安理会新的优先考虑的重点问题，1999 年安理会通过 1269 号决议⑰，谴责恐怖主义的所有行为和手段，这些手段被恐怖主义组织用在了 2001 年的"9.11"事件中，恐怖分子对美国纽约、华盛顿和宾夕法尼亚州发动了恐怖主义袭击。

恐怖主义犯罪挑战的紧迫性导致安理会形成了一个立场，安理会表示"已经做好准备，愿意采取一切必要的手段，……根据《联合国宪章》赋予的职责，打击一切形式的恐怖主义犯罪行为"⑱。

针对恐怖主义犯罪对国际和平与安全造成的威胁，安理会通过了 1373 号决议⑲，该决议是依据《联合国宪章》第七章规定通过的第一项"专题决议"，其中规定了成员国的一系列法律和政治义务，包括"全面执行各项国际反恐公约规定的各项措施"。

5.5 面向人类安全的新维和行动

和平与安全受到多种因素的影响，这促使安理会采取一种新的视角和更为广泛的措施来实施维和行动。现在的维和行动变得更为复杂，除了军事干预以外还包括面向人类安全的新的维和措施，如人道主义援助、经济和社会发展、人权教育、民主化进程和选举观察等非军事措施。在这些新的措施中，一些政策问题是新出现在安理会议程中的，因此确实需要专门讨论决定，而不仅仅是将其当作对和平与安全造成威胁的具体冲突应对措施的附带性问题。随着内战问题开始进入安理会的议程，小型武器和轻型武器问题不仅要在联合国大会上得到解决，而且也应当纳入安理会的议程。[20]

1992 年，第一次伊拉克战争之后，联合国大会通过了第一次维和行动，该行动专门致力于通过有效的人道主义援助来保障人的安全。[21]

5.5.1　和平建设

一般情况下，冲突停止后的六年内，冲突再次爆发的可能性有 50%。安理会必须处理冲突预防和冲突后和平建设的相互问题。这两个问题共同的特点是，都涉及包括国家重建、经济和社会发展以及社会能力建设在内的内部发展方案。安理会授权的在柬埔寨[22]和海地[23]开展的联合国维和行动中，首次纳入了人权教育和学习方案，并且在这两个国家向合法政府和民主社会过渡的过程中提供了非常重要的帮助。我们可以越来越明显地看到，人的安全问题是建立在社会发展和有效的人权文化建设基础之上的。

1998 年安理会首次讨论了和平建设问题[24]，这一问题也是 2005 年联合国大会首脑会议的一个重要议题。在此次首脑会议上[25]，创立了和平建设委员会，安理会、联合国大会及经济和社会理事会提供了必要的实质性的制度建议。[26]从维持和平过渡到和平建设需要一项多功能的、以人的安全和人的发展为重点的行动方案，其中包括武装实体成员的解除武装、复员、重返社会等。和平建设的非军事层面的措施需要新型的维和行动，其中包括加强警察人员、文职人员的配置，协调维持和平与和平建设的协议，以及与私营部门、金融机构和民间社会组织加强合作。[27]

在利比里亚进行的以创建领导力、创造就业机会和发展自我责任文化为基础的和平建设计划，是安理会开展的一个引人注目的以人类安全为核心的和平建设计划，这是一个非常成功的典型事例。虽然这一计划取得了成功，但也应该看到，利比里亚仍存在许多需要解决的问题，例如不同部落和历史身份认同的人共同生活在一个国家里，他们对历史和身份的不同认识是造成这个国家发生暴力动乱的重要社会因素，未来这一因素仍将长期存在，并成为影响和平建设的沉重负担。

5.5.2　气候变化和人类安全

还有一个非常有趣的例子，对一些联合国成员国来说，也是一个颇有争议的话题，那就是气候变化对人类安全的影响问题。对安理会在应对与人类安全有关的长期挑战方面的作用，应当有一个更为宽泛的理解。2007 年 4 月，在英国担任安理会轮值主席国期间，安理会就气候变化对安全的影响举行了有史以来的第一次辩论。为期一天的会议重点讨论了能源、安全和气候之间的关系。大会有 50 多个国家代表团的代表发言，其中许多代表是来自受气候变化威胁较大的岛屿国家和受温室气体排放影响较大的国家。然而，也有部分代表团对安理会在这一议程上的职责表示质疑。

5.5.3　制裁的人的安全维度

安理会遏制冲突和减少冲突的能力中，还包括冲突管理的政治层面的能力，通过对那些被视为对国际和平与安全构成威胁的国家和非国家行为主体实施制裁㉘，成为安理会的一项新能力。2000 年 4 月，联合国对将制裁作为维护世界和平与安全的这项原则进行了重新审视。20 世纪 90 年代的情况相当复杂，因为人们认知到制裁措施会对无辜平民的人身安全造成有害影响。这导致了人们质疑对国家和非国家行为主体实施制裁的合法性和可信度，尽管这些行为主体被视为对国际和平与安全产生了威胁。

安理会对制裁措施进行了更为精细和具体的限制，将制裁纳入更广泛的预防和解决冲突的战略之中。制裁的目的是纠正包括战犯、军阀和反叛者在内的不法者的行为，而不是将制裁施加于某个"国家"及其政府和平民。㉙制裁，尤其是对个人的制裁，引起了特别的争议。在某些情况下，将有些个人纳入联合国制裁名单显失公平或过于草率，这些被纳入制裁名单的个人很少或几乎没有发言权，无法要求将其名字从制裁清单中撤下。

5.6　参与安理会审议工作的新模式

随着和平与安全的概念不断拓展，明确纳入人的安全以及有关和平与人的安全战略的相互依存关系问题，需要一个新的机构间合作模式，而这种合作并没有体现在联合国最早的机构设置中。如果不解决国家内部和国家间的经济、社会、文化和社会层面的问题，安全目标就不可能实现。这就需要一种新的审议模式，这种模式需要加大知识投入，增强决策过程的科学性和参与基础。除了将冲突各方以及和平与安全受到影响的国家纳入以外，在审议一般性主题时，还将采纳这种新的审议模式，其目的在于界定一般规范和标准，而不具体提及危机局势。

安理会审议中存在的一个基本问题是，只有各国代表、高级政府官员和联合国官员才可能在安理会的定期会议和协商会议上发言。但难民和流离失所者问题的解决，需要联合国相关机构和非政府国际组织的投入和帮助。这也是为什么安理会邀请联合国难民事务高级专员绪方贞子（Sadako Ogata）和联合国秘书长特别代表塞尔吉奥·维埃拉·德梅洛（Sergio Vieira de Mello）在安理会上做介绍性发言并开放审议。20 世纪 90 年代，实际情况发生了一些变化，安理会开始召开公开会议对一些主题进行讨论，这为非成员国参与讨论、发言并参加一般性辩论提供了机会。

1993 年，代表委内瑞拉参加联合国安理会的大使迭戈·阿里亚（Diego Arria）寻求各种方法，使安理会成员能够更为广泛地了解波斯尼亚和黑塞哥维那（波黑）的实际冲突局势。阿里亚大使邀请参加安理会讨论的代表在休息室的咖啡厅进行非正式会谈，从而创新了安理会审议的方式。这次会议被认为是一个巨大的成功，因此今天，这种创新的会议方式被称为"阿里亚准则会议"，现在仍在不断地被采用。出席阿里亚准则会议的人员通常是高级别代表，只有很少的安理会成员会缺席。作为安理会常规日程的一部分，会议由安理会主席国在每个月的月初通知或临时通知。作为一种非正式会议，会议由邀请人主持，并在安理会会议室以外的地点进行。会议为那些被认为特别了解安理会关切事项的人员提供了一个发表自己意见的机会。

武装冲突中的妇女问题通常与经济和社会理事会妇女地位委员会的议程有关，该委员会是根据世界人权会议、《北京行动纲领》和 2000 年 3 月联合国大会关于"2000 年妇女：21 世纪的两性平等、发展与和平"特别会议的决议确定的。在人权和妇女权利机构的不断坚持下，妇女和武装冲突问题受到了持续的关注。阿里亚准则会议为这些非政府组织与安理会之间的非正式接触提供了适当的平台，促成安理会通过了 1325 号决议，作为解决武装冲突中妇女问题的长期政策基础，并且考虑到妇女在武装冲突中的人身安全问题，安理会对维和行动的方式也进行了调整。

安理会成员通常会与为某项特定目的而组建的特别小组进行磋商。这些特别小组实际上是为了某项决议草案能获得支持而组建的"朋友圈"③。他们会与其他安理会成员进行协商，对草案进行修改，以达成关于文本的一致意见。"妇女、和平与安全之友"的称呼比较特殊，一般被称为"1325 号决议之友"，这一"朋友圈"由加拿大代表牵头组织，成员来自 31 个国家，致力于制订应对武装冲突中妇女问题的基本政策。这些联络小组会议和"朋友圈"的会议都是私下的和非正式的。

人的安全问题不仅事关政府当局、军事行动和非政府组织提供的人道主义援助，也涉及私营部门采取的行动。2004 年，安理会对私营企业在冲突中的正反角色，以及联合国和国际社会应对违反公认规范准则和标准的企业采取何种措施这一问题进行了讨论。在会议上，安理会不仅听取了世界银行行长和联合国经济和社会理事会主席的发言，也听取了德国西门子公司总裁兼首席执行官的发言。后者表示了对生活在受武装冲突影响的国家的人民的关注，提醒关注私营部门对他们的生活产生积极影响的重要性。

2000 年，安理会对阿里亚准则会议模式进行了改进，允许联合国其他成员国出席阿里亚准则会议，这为非安理会成员国获取信息提供了重要通道。

5.7 安理会与联合国其他组织机构的相互配合

对人的安全问题的制度建构，需要了解联合国其他机构对人的安全问题的愿景、价值观和具体行动能力。从这个角度来看，智利在担任安理会主席国时，其代表胡安·索马维亚（Juan Somavia）发起了一项倡议，提出为促进对人的安全问题的解决能力和远景发展，安理会应向经济和社会发展委员会、联合国大会第二委员会（处理经济问题）和联合国大会第三委员会（处理社会和人权问题）开放。这次会议由三个人道主义非政府组织乐施会（Oxfam）、无国界医生组织（MSF）和国际救助贫困组织（CARE）主持，会议介绍了大湖地区（Great Lakes Region）的人道主义危机形势（有超过十万名平民受害者），会议不是由安理会主席国主持，而是由联合国负责人道主义事务的副秘书长主持。虽然这一行动必须被看作联合国各机构在日益增长的互助依存的议程方面加强合作的一项积极信号，但未参加上述三个机构的联合国成员国对被排除在会议之外表示了异议，因而索马维亚会议模式没有再继续。

在联合国其他机构、国际金融机构和非政府组织之间发展起来的的开放性和互助合作行动，也在安理会的其他一些附属机构中取得了进展。例如，2009 年 10 月 26 日，金融行动特别小组（Financial Action Task Force）[31]主席向安理会反恐怖主义委员会提供了简报。

由安理会和联合国大会联合决议设立的和平建设委员会的任务是"整合资源，为冲突后和平建设与恢复的综合战略提供咨询和建议"。为落实该项要求，和平建设委员会针对复杂问题，在方案设计和实践中采用了与索马维亚大使倡议的类似方法。这体现在和平建设委员会的创新组成上，该委员会包括安理会的七名成员（包括五个常任理事国）、经济和社会发展理事会的七名成员、联合国预算摊款排名前十位国家中的五名代表、联合国维和特派团派出人数排名前十位国家中的五名代表，以及由联合国大会选出的另外七名成员。

5.8 处理人的安全问题的联合国大会附属机构

安理会议程数量的增加、议事内容复杂性的变化以及与联合国其他机构之间联系的加强，要求安理会进一步增加内设机构以应对新的形势发展需要。虽然《联合国宪章》仅对安理会建立军事参谋团[32]进行了规定，但也规定"安理会可设立其认为于行使职责所必需之附属辅助机关"[33]。不同的安全理念在安理会下具有不同责任的各个附属机构中得到了很好的体现，这些责任包括与具体冲突有关的责任，或有关处理规范制订和合规性监管的一般问题。

与人类安全议程相关的安理会附属机构有以下几个。

> 诸如预防非洲冲突，对基地组织/塔利班制裁委员会指认的个人以及儿童问题、武装冲突采取实际措施的各类特设工作组；
>
> 反恐怖主义委员会；
>
> 对索马里、塞拉利昂、基地组织和塔利班、伊拉克、利比里亚、刚

果民主共和国、科特迪瓦、苏丹、黎巴嫩以及朝鲜进行制裁的各种制裁委员会，以及与大规模杀伤性武器扩散制裁制度相关的制裁委员会。

5.9 安理会建立的国际刑事法庭

国际社会需要对战争罪、反人类罪和种族灭绝做出回应，尤其是对发生在卢旺达、波黑、布隆迪、塞拉利昂和利比里亚的种族屠杀做出回应。安理会根据《联合国宪章》第七章的规定采取行动，着手建立新的机构。安理会以简单的决议建立了国际刑事法庭，以起诉在前南斯拉夫和卢旺达境内严重违反国际人道主义法律的行为责任者，并促成塞拉利昂问题特别法庭、柬埔寨问题特别法庭和黎巴嫩问题特别法庭的设立。

安理会促成了柬埔寨问题特别法庭的成立并派专员参与审判工作，而且与塞拉利昂政府签订协议，建立了塞拉利昂问题特别法庭，审判自 1996 年以来在塞拉利昂内战中严重违反国际人道主义法的犯罪嫌疑人。

5.10 保护责任

对 2005 年联合国大会首脑峰会以协商一致方式通过的"保护责任"原则，可以理解为将人的安全和人权置于国家主权之上。[39]如果一国政府不能履行保护其公民的人权和人身安全的职责，国际社会可以采取行动代其履行。

5.11 小结

新的安全挑战和有关议程促使安理会建立了非成员国参与审议的新模式，加强了与非政府组织、私营部门以及联合国其他机构在处理全球事务中的合作。安理会对人类安全问题的审议和决议反映了安理会对全球安全议程的巨大变化做出回应的能力的提升。

国家安全和主权问题作为安理会在关键领域关切的首要问题，已日益被人的安全问题所取代，这些问题包括武装冲突中的平民问题（特别是妇女和儿童问题），法治问题，国家建设、国家治理建设问题和人权问题。

这对安理会审议工作所需的知识背景、联合国各机构间的合作以及国际组织之间的合作提出了新的要求。由联合国大会和安理会联合决议建立、并由经济和社会理事会提供重要支持的和平建设委员会，只是新安全议程所涉及的制度问题的一个例子。我们关注的和平与安全的新维度侧重于公民和人的安全，这在本质上是多维的和复杂的，对不同的行为主体、干预主体和潜在的受害者产生影响。针对这些变化，安理会已经做出了回应，可是我们仍然期待更多的改变。

第 2 篇　金融犯罪：全球威胁

马克西米利安·埃德尔巴切尔

迈克尔·泰尔

导论　金融结构与犯罪概论

　　第1篇表明，几个世纪以来，人们对安全的需求并没有改变，但安全的概念已经发生了变化，对安全的一些主要威胁也发生了变化。即使在我们已经明确了哪些个人、组织和机构负责提供安全保障（包括防止身体上的伤害或食物、衣服和住所等基本生理需求被剥夺）之后，我们仍必须分析威胁这些安全的因素以及防止这些安全受到威胁的方法。此外，随着社会的变化，潜在的安全威胁也发生了改变。因此，提供安全保障的主体必须能够预测何时会出现新的威胁，并提出有效应对这些安全威胁的建议。

　　潜在安全威胁的变化，总是需要采取适当的应对策略。必须采取哪些调整措施，如何有效地使用这些对策措施？这不是一个能够轻易回答的问题。因此，本书第2篇将专门讨论对各国和全球安全产生影响的金融威胁和某些前瞻性的应对措施。

　　以史为鉴可以知兴衰，通过研究过去和现在以预测未来可能发生的事情总是富有成效的。能够从过去和现在吸取的经验教训很多。首先，有必要对现状及未来发展趋势进行明确的分析。对可能出现的威胁类型以及这些威胁将以什么方式出现进行抽象分析，即使这些威胁尚不明显，也必须进行必要的抽象分析，否则，新的威胁局势就可能被忽视。

　　本篇将在更抽象的层面上分析当前的金融安全状况以及预防金融危机的模型和计划，本篇选择的章节将对金融安全威胁的应对措施进行研究。

　　在第6章《白领犯罪》，埃德尔巴切尔和泰尔首先对这类犯罪的多个问题进行研究。金融犯罪的许多表现形式都属于各种各样的欺诈型犯罪，如与破产、内幕交易、传销有关的欺诈行为。一些白领犯罪事件引起了公众的极大关注，就像伯纳德·马多夫（Bernard Madoff）案件一样。

　　通常情况下，白领犯罪都会造成巨大的经济损失。作为高智商犯罪，白领犯罪的犯罪行为往往被巧妙地掩盖，因而常常难以发现，由此引发许多社会问题。值得注意的是，对保险诈骗等白领犯罪，人们难以辨识其犯罪本质或者不愿意深入认识其犯罪性质。由于人的贪婪本性，很多人甚至会积极地参与诸如马多夫骗局等诈骗活动。

在第7章中，西格尔在对"网络犯罪和经济犯罪"的研究中指出，由于用于通信和金融交易的电子数据处理是每一个人日常生活的一个关键因素，它为每个人提供了成为某种形式网络犯罪受害者的潜在机会。在当今社会的经济活动中，大规模的金融交易离不开计算机的支持。西格尔认为，从全球范围来看，网络犯罪相对较低的风险和成本，为网络犯罪的组织和运作提供了前所未有的"机遇"。他预测，随着电子技术在个人和公共通信领域以及交易领域的不断应用，公众和金融机构对电脑依赖性的日益加强，犯罪分子还会继续利用科技发展中的新漏洞以及个人、公众和私人组织的脆弱性从事网络犯罪活动。

在打击网络犯罪方面，最有希望的战略是开发和应用打击网络犯罪所需的技术和专业知识，并追踪网络犯罪非法所得的去向。在第8章《有组织犯罪、黑手党、白领犯罪和腐败》中，安蒂诺里首先就有组织犯罪、白领犯罪和黑手党的概念及其构成要件进行了区分，并简要追溯了在意大利和国际上比较突出的几个犯罪组织的发展脉络。他指出，所有这些犯罪组织都对国际社会构成重大威胁。这些犯罪组织与政府官员勾结，通过各种形式的腐败手段和非法机制牟取了巨额利润，而后将这些非法所得与合法的企业所得相融合，使其重新回到社会经济体中。他指出，减少并最终消除有组织犯罪对各国政治和经济制度的重大影响，成为当今世界各国重大的政治意愿。

显然，金融犯罪对民主社会构成了巨大的威胁。在第9章《法治与金融犯罪》中，多博夫塞克解释了违反法治要求的行为是如何侵害现代民主社会的根基和破坏社会经济基础的。他指出，当非正规组织的成员为了团体或个体利益而无视法律和规则时，金融犯罪会扭曲经济制度、损害政治结构。许多人将东欧腐败和金融犯罪的增长，归咎于这些社会向民主转型的结果。

金融危机是金融监管的转折点吗？在关于金融危机与金融犯罪追诉关系的第10章中，托马斯克对监管新规在遏制金融犯罪活动引发的金融危机的有效性方面进行了分析。他指出，在一段时间内，即使是金融市场规则的微小变化，也必然会导致许多意想不到但肯定是不受欢迎的后果，诸如内幕交易、腐败行径、避税、洗钱和其他欺诈行为。这些犯罪行为者竭尽全力逃避侦查和起诉。因此，托马斯克认为需要更为有效的控制机制和监管机构。

第 11 章《打击腐败：全球背景下的媒体作用》中，米尔斯论述了报道腐败问题中存在的危险。事实上，在世界许多地区，记者因调查和提供腐败信息而面临死亡、攻击、酷刑、恐吓、骚扰和非法拘禁的风险。许多人可能会惊讶地发现，对腐败问题的报道往往比报道战争更危险。米尔斯提供了几个例子来说明对腐败问题调查报道的危险性，尤其是所报道之问题涉及政府高层或权力部门的官员时更是如此。他还指出，腐败问题不是我们通常所认为的政治腐败比较严重的国家的特有现象，腐败是在任何一个国家都存在的一种普遍现象。

最后，在第 12 章中，沃尔夫冈·黑泽尔抱怨说，"金融危机"一词表明，严重的经济灾难似乎完全是上帝导演的自然灾害，没有人会因此受到谴责或为此承担罪责。当然，这只是一种误解，因为人类的决策才是金融危机背后的推手。然而，黑泽尔认为刑法无助于预防此类事件的发生以及对责任人的惩罚。在他看来，银行家与政客的关系不是体现在审判中，而是在商业利益中结成了密切的关系网。因此，那些在金融领域应对其非法行为负责任的人，也是对立法和司法有影响力的人。

第6章　白领犯罪

马克西米利安·埃德尔巴切尔

迈克尔·泰尔

6.1　经济生活条件

战后的欧洲经历了60多年的和平，今天，生活在西方世界的人们过着富裕的生活，习惯了自由市场的经济理念。超市、金融机构、保险业、工业和食品产业蓬勃发展，人们的购买力大幅提升，几乎可以负担得起所有消费，可以买到想要的任何东西，而可供选择的商品也应有尽有。

年轻一代没有经历过一战和二战结束后货币系统崩溃、货币无法使用、失业率大幅攀升的经济萧条时期。第二次世界大战结束后，发起战争的始作俑者德国和奥地利得到马歇尔计划的支持，其经济在战争结束后得到了迅速恢复。首先，人们获得了食品和生活必需品的支持后，工业生产在贷款的支持下迅速发展起来，并按照西方市场模式发展起了自由经济的社会。20世纪50年代至60年代，被欧洲人津津乐道地称为"经济奇迹"。

6.2　安全环境下的经济生活

和平与稳定为西欧经济的发展提供了良好的环境。1945～1989年的东欧却经历了截然不同的发展景象，一个受管制的市场永远与繁荣无缘，东西欧在优先考虑发展的事项上截然不同，因此东欧生活水平的提高非常缓慢。与东欧的发展模式相比，在普罗大众的视野中，西欧模式更为有效。

在民主社会中，经济功能通过市场机制和民主社会的更深层次原则发挥作用。金融机构和保险公司的生存依赖于契约原则（Edelbacher，1995a），这是一个重要的原则，是我们进行合同谈判、订立合同和交易履约，并假定我们的合作伙伴将采取正确行动，全面充分地履行他们在口头承诺和书面协议中约定的义务的基础。基于契约原则，社会成员能够彼此信任，并相信协议的内容能够得到切实履行。这个原则被称为最大诚信原则（Edelbacher，1995a）。[1]

如果刑事犯罪升级，将会侵害金融管理秩序，打破市场平衡，因制约与平衡系统失控，金融和保险机构更容易受到攻击。有组织犯罪有能力摧毁一国的民主。例如，据估计，意大利黑手党控制着全世界15%的证券资产。如果黑手党通过操控手中的证券交易挑战证券市场安全，必定会引发证券市场的巨幅震动，甚至导致市场崩溃。前联合国秘书长布特罗斯·布特罗斯-加利（Boutros Boutros-Ghali）在那不勒斯召开的一次高级官员、部长和政府代表参加的高级别会议上指出，南美贩毒集团等有组织犯罪集团的经济实力，甚至比一些小国家更为强大。位于维也纳的联合国毒品和犯罪问题办公室（UNODC）前主任安东尼奥·玛丽亚·科斯塔（Antonio Maria Costa）一直认为，有组织犯罪和白领犯罪可能会破坏民主制度的稳定（Costa，2010）。

6.3　影响经济的因素

许多因素既是经济发展的框架条件，也深刻影响着经济的走向，这些因素难以控制和预测。例如，联合国预测到2050年世界人口将达到90亿～120亿，并担心其中有近2/3的人口将生活在贫困中，只有1/3的人能享受如今西半球的富裕生活。[2]

6.3.1　外生因素

外生因素对经济发展的挑战巨大。全球变暖、气候变化、地震、洪水和干旱等原因造成的资源短缺可能导致冲突甚至战争。外生因素将危及未来的和平与稳定。尽管联合国开展了广泛的活动并采取了多种措施，但实际上我们不可能改变所有人的生产方式和生活条件。2009年10月，一位军事专家在他的演讲中指出，在不久的将来，有3亿人将因为土地贫瘠和水资源的缺乏而不得不离开他们居住的家园。贫穷和饥饿的人们想要改善他们的生活条件，他们的这种迁徙活动将会给世界所有经济体带来巨大的压力。

人口流动问题

如果联合国和其他组织的预测正确，可以预想未来将经历一股人口流动大潮。事实上我们正经历着一场从东到西、从南到北的人口大迁移运动。那些富有的国家正面临着经济难民涌进其社会的问题。20 世纪 90 年代的一项研究表明，欧盟有 1280 万的人口来自非欧洲国家，占欧盟 3.27 亿人口总数的 4%。人们担心文化和宗教的多样性会造成社会冲突。许多移民来自伊斯兰国家，他们仍然想按照原有的方式生活，在清真寺礼拜，妇女穿着特殊的服装。他们的生活方式并非总能被其所在国家的人们所接受。移民问题是一个非常有争议的政治问题，会在选举中产生许多情绪性问题。

移民问题

1989 年，东欧社会主义国家政权崩溃成为欧洲大陆的一大悲剧。虽然自由和统一的梦想得以实现，但许多人恐惧新的自由，并对新的情况表示不满。涌入中欧、南欧和西欧的人流，特别是经济难民，对这些富裕国家的社会稳定构成了威胁。普通犯罪和有组织犯罪数量的增加，超出了执法机构和司法系统的案件处理负荷，公民为此感到极度不安：为什么会发生这样的事？这些难民之所以离开他们的家乡，主要有以下原因（Edelbacher et al.，1999）：

（1）希望有更好的经济环境；

（2）改善生活条件的强烈欲望；

（3）政治不稳定以及对未来的恐惧；

（4）暴力、动乱和内战的增加；

（5）侵犯人权的行动；

（6）贫苦的生活条件。

总之，人们希望改善自身的生活。年轻人通过现代通信技术（电视、广播、互联网）了解到如果离开自己的国家也许能过上更好的生活，因此选择了离开。

各种因素为合法和非法移民提供了支撑。便捷的交通，丰富、及时的各类资讯为难民寻找更好的栖息处所提供了条件。过去，逃离之路荆棘丛生、危险重重，充满了各种不确定性。如今，难民的逃离虽然也会面临危险，但交通设施的发展为大多数难民的逃离提供了条件。联合国难民署高级专员指出，世界在缩小，地理距离已不是问题，乘船外逃的年代已经被"喷气式飞机"所取代。这些全球变化[3]也产生了如下一些后果：

(1) 因人口流动而引发的犯罪日益增多；

(2) 非居民（外国人）犯罪日益增多；

(3) 恐怖主义和有组织犯罪日益增多；

(4) 暴力性犯罪日益增多。

来自非洲和亚洲的移民与迁入国的贫富差距仍然很大。西班牙、法国、意大利和希腊为了保护其边境，建立了欧盟边防局，这一特殊组织旨在保护欧洲边境，打击非法移民，因而欧盟也被称为欧洲堡垒。

犯罪率上升

贫富差距巨大的结果是犯罪的增加。专门从事人口贩卖的犯罪组织以在目的地国家提供良好的就业机会为诱饵欺骗受害者。来自最贫穷村庄的人们为了偷渡和支付伪造护照费用而花光了他们一生的积蓄。当他们满怀希望到达欧洲或美国时，面对的却是残酷的现实，从事犯罪活动便成了他们在新的国家能继续生存下去的唯一选择。

暴力和恐怖主义趋势

类似的原因也有助于解释为什么会有越来越多的人对暴力性犯罪和恐怖主义犯罪产生同情。贫穷国家的居民憎恨资本主义和富裕的西方国家，向他们灌输宗教激进主义是激励和教唆这些可怜的人们的一种简单方法。他们中的许多人成为西方社会中的外来工人[4]。他们看惯了资本主义社会的一切，然而当他们返回自己的国家时，却不得不面临恶劣的生活条件，没有水、没有肥沃的土地、没有希望、没有未来。他们认为资本主义制度"偷走"了他们的石油，掠夺了他们的资源，采取暴力和恐怖主义就成为顺理成章的事情。在很大程度上讲，这些外生因素难以得到根本性改变。那些缺乏权力和国际地位的小国的诉求难以被国际性大公司和一些大的强国所接受。利润是这些国际性企业关注的唯一焦点，它们不会关注这些贫穷国家的人们所面临的困苦生活。

6.3.2　内生因素

与孩童时代相比，你会发现，当今是一个法律和社会秩序萎缩的年代。

20 世纪 90 年代末，奥地利前安全总监迈克尔·西卡（Michael Sika）曾经做了一个关于"社会与犯罪"的精彩演讲，在演讲中，他指出由于人们防卫意愿的逐渐消失，我们的社会更容易受到国际和跨国犯罪的侵害。

道德价值观的改变

社会的道德价值观发生了变化。相比于集体主义和社会普遍的价值观念，唯利主义、利己主义和任人唯亲的价值观更容易被人们所接受。我们生活在一个物欲横流的世界里，大多数人都希望成为富人。社会团体的集体主义价值观在失落。迈克尔·西卡认为"学校和家庭是我们社会的基石"。但实际情况是怎样的呢？2/3 的暴力性犯罪、谋杀和身体伤害都发生在家庭之中。父母忽视他们的孩子，学校不能对学生进行有效的教育，总体的印象是市民社会失去了控制，规则和法律不再得到遵从。我们生活在一个不再重视法律、秩序和纪律的社会里。伦理道德观念发生了变化，因为存在以下几方面问题：

（1）家庭结构受到了破坏；
（2）教育结构受到了破坏；
（3）自我中心主义引发的问题；
（4）地下/灰色经济活动；
（5）财政、税收和保险欺诈；
（6）人身伤害。

法治观念的转变

35 年的警察生涯，使我发现人们对犯罪的态度正在发生变化。特别是年轻人对非暴力性犯罪很少关注。在 20 世纪 50~60 年代，入店行窃和保险欺诈被认为是很严重的犯罪，可现在人们对这些犯罪都抱着一种无所谓的态度。

入店行窃——由于销售策略的变化，许多超市在卖场中都存储了品类繁多的商品，社会许多阶层都不将在商店偷盗商品视为一项犯罪行为。据奥地利商会报道，超市每年被盗商品价值超过 5000 万欧元。

保险欺诈——许多保险欺诈行为不被认为是犯罪。美国和欧洲的研究表明，人们并不认为欺骗保险公司的行为是一种犯罪行为。

6.4　白领犯罪的定义

埃德温·H.萨瑟兰（Edwin H. Sutherland）在 1940 年的《美国社会学评论》（*American Sociological Review*）杂志上将白领犯罪定义为"在其职业领域中具有较高的社会声望和地位的人所实施的犯罪"。根据这一定义，实施白领犯罪的人都是西装革履和穿着连衣裙的体面人士，他们看起来都很好，向人们传递了一个值得信任的印象。欺诈犯罪的基本要素是：①隐藏在可信任的身份背后；②受贪婪的欲望所驱使（金钱是绝对性因素）；③欺诈是基本行为。

著名犯罪学教授杰伊·阿尔巴内塞（Jay S. Albanese，1995）在他的著作《美国白领犯罪》（*White Collar Crime in America*）一书中写道："试图对个体的越轨和犯罪行为从生物学、心理学、社会学和其他学科进行跨学科解释已经有一段历史了。"与研究个体犯罪的犯罪学理论不同，有组织犯罪（以及犯罪组织中的个别成员）的犯罪学直到最近才引起研究人员和政策制定者的关注。这也是对组织行为、经济行为、职业行为研究延迟的一个原因，而白领犯罪又是一种复杂的组织行为。与个人犯罪不同，在白领犯罪中，我们很难区分犯罪动机、犯罪行为到底是企业主体的行为还是在企业中工作的职员的个人行为。因此，许多关于白领犯罪的基本问题仍有待进一步的研究，包括对白领犯罪的定义。

关于白领犯罪构成要件的确切含义的诸多混乱，可见于萨瑟兰在 1939年从犯罪学家的角度对白领犯罪所下的最初定义。他认为，白领犯罪是"具有较高社会地位的人"在"履行职务活动过程中"所实施的犯罪。显然，他的定义中包括了个人行为。但在定义的第二部分显然是将偷逃税、信用卡诈骗等通常与职务活动无关的个体犯罪行为排除在了白领犯罪范围之外。同样，按照萨瑟兰的定义，工人阶层所实施的职业侵占行为（如贪污、受贿）似乎也超出了白领犯罪的范畴。

社会学家埃德温·莱默特（Edwin Lemert）曾请教萨瑟兰，其所定义的白领犯罪是否一种特殊类型的犯罪，或者说是由特定类型的人所实施的一种犯罪。对此，萨瑟兰也难以确定，或许没有理由认定这是一种特殊类型的犯罪。20 世纪 40 年代，关于此类犯罪的信息少之又少，萨瑟兰也难以获得更多的信息。正如吉尔伯特·格尔斯（Gilbert Geis）所指出的那样，萨瑟兰认为所有的犯罪行为都可以用他的差别交往理论进行解释，因而对犯罪做精确的定义本身显得无足轻重（Geis and Meier，1977）。现代关于白领犯罪的定义，虽然在某些方面与萨瑟兰的定义仍保持一致，但已远远超出了萨瑟兰的定义范畴。有关白领犯罪的一些现代定义之所以吸纳了萨瑟兰的定义因素，是因为公司高层人员实施的犯罪仍然是一种典型的白领犯罪。欺诈者可以来自社会的所有阶层，但还是那些有机会接触"大笔的钱"的人所实施的犯罪更具危险性。

6.5　白领犯罪的发展

正如我们看到的那样，现代白领犯罪的含义远比 20 世纪 40 年代更为宽泛。白领犯罪的动机是"欺骗某人，意图非法地或不正当地使自己或第三人致富"（Bachner-Foregger，2010）。

在商业活动和个人交易中，受害人可能面临许多不同类型的诉讼行为和非诉讼行为的欺诈。欺诈犯罪行为是在什么时候发生的？白领犯罪行为又是从什么时候开始的？奥地利的一项研究调查了犯罪行为的起始点，其中一个起点就是税收欺诈。在欧洲特别是在高税收的国家，存在各种"影子经济"形式。许多研究表明，如果税费增加，投资影子经济的倾向就会更为明显。还有一个趋势是将资金转移到境外的"避税天堂"。大约 1/3 的巴拿马国家银行的资金流向了奥地利的影子经济活动。作为欧盟排名第四富裕的国家，这是一个巨大的损失。

6.5.1　影子经济

经济犯罪从哪里开始？1991 年奥地利开展了一项关于异常行为从何时何地开始的一项研究。位于奥地利北部城市林茨的约翰开普勒大学教授弗里德里克·施奈德（Friedrich Schneider）因每年发布关于奥地利影子经济规模报告而闻名于世（Enste and Schneider，2006）。显而易见的是，在经济困难时期，影子经济的规模会增长。2009 年，奥地利的影子经济规模约为 220 亿欧元（Glinig and Glinig，2003）。许多研究文献对影子经济与黑市经济的差异进行了区分。

6.5.2　金融犯罪

根据萨瑟兰的定义，白领犯罪是具有较高社会地位的人所实施的越轨和犯罪行为。金融犯罪是针对金融机构所实施的犯罪行为，并呈上升趋势。互联网和电脑网络犯罪进一步扩大了"侵袭"金融机构的机会。典型的侵袭方法，如使用伪造或窃取的身份证件直接或间接欺骗金融机构。有组织的犯罪已经建立专门的"智囊团"，以寻找对金融机构发起攻击的新方法，并对犯罪分子进行新类型的网络攻击开展培训。

6.6　白领犯罪的类型

6.6.1　破产欺诈

破产者或无力偿债者是指无力偿还债务的人。破产是个人或组织无法支付债权人或支付能力不足的法律声明。债权人可针对公司或债务人的企业（非自愿破产）提起破产申请，以实现其债权或启动债务重组。然而，在大多数情况下，破产是由作为债务人一方的破产的个人或组织自愿发起的（Glinig and Glinig，2003）。

无论是自愿破产下的债务人还是非自愿破产程序中的债权人，都需向法院申请破产令。破产人是指经法院宣布不能履行财务义务的个人或组织。破产人的事务由受托人进行管理。破产欺诈是一种犯罪行为。[⑤]

虽然很难对不同国家和地区司法管辖区内的破产欺诈犯罪做一个统一的概括，但破产法规定的常见的破产欺诈犯罪行为通常都涉及隐瞒资产、隐瞒或销毁文件、利益冲突、欺诈性索赔、虚假陈述或声明以及固定费用或再分配安排（即做假账）。伪造破产相关文件的行为可能构成伪证罪。填报多项破产申请文件不属于犯罪行为，除非这种行为触犯了相关破产法律的规定。在美国，破产欺诈的规定考虑了当事人的精神状况。破产欺诈有别于战略性破产，战略性破产虽然不属于犯罪行为，但是可能不利于申报人。所有资产必须在破产清单中予以详尽披露，即使债务人认为相关资产已经没有净值。在提交破产申请后，只有债权人才可以决定某一特定资产是否具有价值。

对债务人来说，在破产财产清单中遗漏某些资财产，后果非常严重。在破产清算程序已经终结，债权得以清偿后如发现破产企业还有未披露的"遗漏资产"，破产清算程序可能会重新开始。财产管理人可就该被发现之财产在先前已经受偿的债权人之间追加分配。在破产程序中，隐匿财产可能引发涉嫌欺诈或伪证的刑事诉讼，具体情况由法官或财产管理人自行决定。[⑥]

6.6.2　内幕交易

内幕交易[⑦]是指获取公司尚未公开信息的有关人员进行的以该公司股票或其他证券（债券或股票期权）为标的物的证券交易行为。大多数国家都不允许利用内幕信息进行交易。内幕交易通常是公司内部人员或交易相关方利用在履职过程中获取的相关信息，违反受托或其他信任关系所进行的交易，也包括从公司获得的未公开信息的滥用行为。

在美国和其他许多国家和地区，企业高管、核心员工、董事和重要股东（持有公司普通股 10% 或以上的股东或受益所有人）进行的交易，在交易后的几个工作日内必须向监管部门报告或公开披露交易信息。许多投资者都会跟仓上述内部人员的交易，以期获得利润。

虽然内部人员的"合法"交易是建立在公开发布的信息之上，但一些投资者认为，企业内部人士能更好地洞察企业的健康状况，他们的交易可能会传达一些重要信息（例如，高层重要人物出售股票可能证实其将要退休的传言，公司高管购买股票被视为是对公司所做承诺的有力证明）。内幕交易增加了证券交易的成本，因而会影响整体经济的增长。

6.6.3　银行抢劫

银行抢劫（Edelbacher，2010）不是一种典型的欺诈行为，但一旦发生就会影响安全。银行抢劫案每年都在发生，案件的发生率在一定程度上反映着社会的安全情况。银行抢劫案件一方面影响了公众对金融部门的信任，另一方面也反映了警察部门和私人部门的安全保卫水准。将银行抢劫案的发生率保持在一个较低的水平是奥地利安全战略的首要任务，为此奥地利投入了大量的资源。例如，奥地利联邦银行会定期组织银行部门商讨如何防止银行抢劫案的发生。

6.6.4 投资欺诈

投资欺诈（Edelbacher，2010a）（也被称为证券欺诈和股票欺诈），是指违反证券法律规定，诱使投资者依据虚假信息进行证券买卖，而这些虚假信息经常会导致投资损失。一般来说，投资欺诈包括股票市场和期货商品市场的欺骗性做法，当投资者被公司的虚假陈述所引诱而投入他们的金钱时，就会发生此类犯罪行为。投资欺诈包括直接窃取投资者资金和上市公司向公众报告虚假的公司财务报表。同时该术语还包括内幕交易、非法预先交易以及在股票或期货市场从事的其他非法交易行为。根据美国联邦调查局的说法，投资欺诈行为包括提供虚假的财务报表、向美国证券交易委员会提供虚假材料、向审计人员进行虚假陈述、内幕交易、操纵股票和经纪人挪用客户资金的行为。证券欺诈行为包括以下 9 种类型：

（1）公司欺诈；

（2）网络欺诈；

（3）内幕交易；

（4）空壳欺诈；®

（5）会计欺诈；

（6）欺诈性证券经营；

（7）共同基金欺诈；

（8）卖空滥用；

（9）庞氏骗局。

6.6.5 庞氏金字塔骗局

庞氏金字塔骗局（Rosoff et al.，2010）是一种不可持续的商业模式，在这种模式下支付参与人员报酬主要是为了让他们招募更多的人员参与到这一销售体系中来。在这种商业模式中，利润不是来自真实的投资、产品销售或服务。许多国家和地区都有庞氏金字塔骗局，如阿尔巴尼亚、澳大利亚、巴西、中国、哥伦比亚、丹麦、法国、德国、匈牙利、伊朗、意大利、马来西亚、墨西哥、菲律宾、波兰、葡萄牙、罗马尼亚、南非、斯里兰卡、瑞士、泰国、英国和美国。

庞氏金字塔骗局这种商业模式至少已经存在一个多世纪了。各种变体都是为了掩盖骗局的真正面目而发展起来的，许多人认为多层次营销（这是合法的）无非是庞氏金字塔骗局的一种表现形式。庞氏金字塔骗局的受害者主要是社会弱势阶层的成员。一起成功的庞氏金字塔式骗局需要有一个貌似可信实则虚假的公司，同时还需要与一种简单易懂的赚钱模式结合起来，这种赚钱模式听起来比较复杂，同时又使人感觉到似乎有赢利的潜力。

庞氏金字塔骗局的基本原理是这样的，我们假设一个骗子叫 X，X 为了获取商品进行了一次支付。但 X 要想开始赚钱，就必须招募其他人员，这些被招募的人员为了获得商品也依次向他们的上家支付钱款。在这个支付体系中，X 不但从其招募的人员的支付行为中获取了利润，而且从其下家的下家的支付中获取收益，即 X 可以从支付体系内的每一个支付者的支付行为中获取一部分收益。随着"业务"的扩展，X 承诺给予下家的收益不断增加，而在整个销售过程中可能根本不存在涉及代表货币价值的真实产品或服务。

为了提高可信度，大多数庞氏金字塔式骗局都会采取虚假推荐、提供虚假证明和信息等欺骗手段。在传销骗局中，大多数参与者最终不会获得利益，只有被称为开山鼻祖的发起人（有时被称为"法老"）和极少数位于传销体系顶层的人才能真正赚取大量金钱。越往金字塔底端，参与者的收益就越会少。传销体系金字塔最底部的人由于没有找到自己的下家，因此成为最后的买单人。在庞氏金字塔骗局传销体系的背后，是一个非常简单的数学模型。假设 1 级代表"法老"招募了 4 名新成员，每名新成员再招募 4 名新成员等，以此类推，到了 11 级的时候，传销队伍已经很大了，在这支队伍中有 4 万多名参与者，最后他们会一无所获（见表 6.1）。

表 6.1　金字塔传销体系

金字塔层级	参加人数	金字塔层级	参加人数
1	4	7	16384
2	16	8	65536
3	64	9	262144
4	256	10	1048576
5	1024	11	4194304
6	4096		

类似的欺诈骗局还包括如"8号黑球"的模式和矩阵式骗局，这两种骗局与庞氏金字塔骗局具有相同的欺诈性和不可持续性。参与一个矩阵式骗局即意味着加入一个期望产品的等待列表。

伯纳德·马多夫骗局的成本到底有多少？马多夫声称，律师所说的诈骗资金超过500亿美元的说法可能被夸大了，马多夫在这场骗局中所花费的成本可能是需要几年时间才能揭开的谜底（Edelbacher，2010b）。据美国有线电视新闻网和有关媒体报道，马多夫丑闻是美国历史上最昂贵的庞氏金字塔骗局。马多夫被控以承诺给予两位数的回报为诱饵欺骗投资者，这些所谓的回报永远不会支付，涉案资金总计达500亿美元。代表在这起丑闻中遭受金钱损失的原告提起集体诉讼的律师乔纳森·莱维特（Jonathan Levitt）说：伯纳德·马多夫的供述难以作为计算损失的一种精确方法。目前还难以找到一种合适的方法来计算这场骗局涉及的总体金额，摩根施特恩、雅各布斯暨布卢律师事务所的格雷戈·布卢（Greg Blue）律师认为，目前还没有官方的正式统计数据。我们所了解到的一切都源于他公开的账簿和一些记录，而这些账簿本身都很混乱。

调查人员仔细研究马多夫所记录的一些乱七八糟的账簿，希望通过厘清这些混乱的账簿能确定损失的范围。作为投资诈骗的一种方式，庞氏金字塔骗局或金字塔诈骗都是以向投资者许诺高额回报为诱饵，而这些高回报本身没有真实的利润来源。先前参与进来的投资者和那些早期取得回报的投资者所获取的回报都来源于从后来的投资者手中募集的资金。如果一位投资者在1990年向马多夫投资10万美元，那么到2010年其投资的账面价值应该是100万美元。在这场骗局中，投资者的损失到底是10万美元还是10万美元加上根本就不存在的高额回报？犹太高等学校叶史瓦大学日前声称，在马多夫骗局中，它们损失了1.1亿万美元，而本金损失只有1400万美元。

由于一些投资者在多年的投资中获得了收益，这使问题变得非常复杂。比如投资者获得10%的年投资收益，并成功赎回了本金后，他在马多夫骗局中利用利滚利投资所获得的收益是否应当成为诉讼指控的非法得利的范围？其他投资者能否对他提起诉讼？

有些问题还会涉及"机会成本"问题，即投资者投向马多夫的资金本可以在其他投资领域进行，并能获得真实的资金回报。贝克和霍斯特勒律师事务所的欧文·皮卡德（Irving Picard）律师，被法院指定为马多夫案的破产财产管理人，目前正在分析马多夫投资案中应向投资者分配的最终收益金额。根据法院命令，2008 年 12 月 31 日，马多夫向美国证券交易委员会提交了一份他所拥有的资产清单。代表投资者的莱维特律师说，解开马多夫的金融交易网络之谜可能需要一个由 500 多名会计师、律师和研究人员组成的团队花费数年的时间。莱维特认为这项工作将耗资数亿美元，并且最终会由纳税人承担。

马多夫最终被判处 150 年有期徒刑。2010 年 12 月，他的儿子自杀。2010 年 12 月，奥地利美第奇银行经理欧文·科恩（Irving Kohn）在美国提起了涉案 196 亿美元或 148 亿欧元的赔偿诉讼。

6.6.6 开立银行账户的欺诈行为

使用虚假的身份开立银行账户是一种非常危险的国际金融诈骗方式，会造成严重的后果。[⑨]在大多数情况下，使用虚假身份开户的客户只有在开户环节和取现环节才会去银行柜台，因此，银行并不知道开户人员的真实身份。通常情况下，诈骗人在开立虚假账户时，会使用盗窃的身份证或伪造的支票。在利用传真订单进行的欺诈性转移交易中，诈骗人通常会使用类似的技术，因为银行无法快速核实这种转账单的真实性。

假造身份证明或者支票的欺诈行为，往往只在有大量取款后才被发现。通常情况下，欺诈性银行客户会使用一些众所周知的公司名称。银行对这些公司的大额转账行为已经习以为常，而且并不总是使用安全密码，因此欺诈者的转账行为一般不会被怀疑。与此类似，诈骗者在银行欺诈中还会经常使用虚假发票。有了这些虚假的担保，银行就会签发支票，在银行还没有发现问题前，欺诈者就会取现，违规行为只有在事后才能暴露。

6.6.7 交易欺诈、中介欺诈和地下钱庄骗局

还有一种如同瘟疫传播的欺诈是中介欺诈（Edelbacher，1995b）。受害者通常是有资金需求的人，因自身资信状况较差而借贷无门。这些人通常会成为欺诈者的猎物，欺诈者会以为借款者提供担保、增强借款人的资信以使其获得银行借款为欺诈手段，而这些由空壳公司提供的担保或本身就是虚假的担保对借款人来说毫无价值。

类似的还有预付费欺诈。欺诈者以提高银行担保额度为由，要求受害人

参加一种抵押品融资交易，缴纳担保费。无论中介欺诈的方式如何，本质上都是以佣金、费用或其他方式为借口，要求被害人预先支付资金。在黄金交易和外币兑换（如科威特第纳尔、俄罗斯卢布等）等交易中也存在类似的欺诈。

自我清偿贷款是通过产生的利息来偿还的，甚至可以产生利润。银行在这些交易中的作用是次要的。银行的角色是为这种交易提供合法的证据，营造一种庄重得体的交易气氛，而金钱则在这种光鲜艳丽的正式场所中被"清洗"。其他欺诈者经常利用银行设施场所进行商业欺诈活动。欺诈者与银行建立了一系列的联系，并试图劝说银行成为巨额金融交易的受托人。在99%的此类案件中，犯罪性质并非洗钱。这是一种商业欺诈，被称为地下钱庄骗局。

6.6.8 伪造和偷盗证券证书及宝石欺诈

据说，价值数十亿欧元的欺诈性证券被喻为是躺在银行保险箱里的炸弹。随着冷战铁幕的落下，许多"合资企业"开始伪造或窃取证券证书（Glinig and Glinig，2003）。与此相关的犯罪一般有两类：一类是出具虚假的宝石鉴定证书，将人造宝石当天然宝石出售，获取大量资金；另一类是出具未经切割的原石鉴定证书，如来源于乌拉尔山脉的红宝石原石鉴定证书，鉴定证书虚抬了这些石头的价格，而事实上这些原石不具有作为珠宝进行切割和雕琢的价值。

6.6.9 支票和信用卡欺诈

在国际上，利用支付卡（信用卡、借记卡、ATM机、银行担保卡、预付卡）和支票（个人和对公支票、欧洲货币支票和旅行支票）进行的诈骗犯罪还没得到有效解决（Edelbacher，1995b）。这类诈骗随着上述这些支付方式的广泛使用和交易数量的增加而迅速增多，为欺诈者使用虚假和伪造的支付工具从事诈骗活动提供了"机遇"。

1968年欧洲开始实行货币支票体系。欧洲各银行同意按照标准化条件兑现赎回其他银行的支票。1972年，开始签发标准形式的支票和信用卡。标准化的欧洲货币支票体系的统一规范取决于支票和支付卡的防伪能力。如今，欧洲货币支票体系为欧洲4000多万银行客户在欧洲210000多家银行提供支票兑付服务。与支票和信用卡相关的犯罪形式包括窃取、冒用、伪造、开具空头支票以及窃取和伪造虚假身份证件的行为。为了打击各种形式的欺诈犯罪行为，欧洲引进了一系列的先进技术和预防欺诈的措施：

（1）使用全息图和平版印刷防止伪造支票卡和信用卡；
（2）增设交易授权要求，防止他人使用丢失或被盗的卡；
（3）不断改进升级的监控系统；
（4）确保卡片能到达合法持卡人手中而不被拦截；
（5）使用技术保护磁条上的磁编码账户数据；
（6）向集成电路（芯片）卡过渡。

这些安全措施能有效阻止个人实施诈骗，但有组织犯罪集团已经掌握了目前的许多安全措施，可以制作更有迷惑性的伪造卡。

借记卡诈骗：银行卡

1984 以后，银行卡和个人身份识别码（PIN）开始在支付领域使用（Edelbacher，1995b）。每张银行卡[①]的磁条上都有一个可由机器读取的四位数的个人识别码。到 1987 年，银行卡在德国的使用量达到 2000 万张，在奥地利的发行量也达到 150 万张。基于"存在安全漏洞比破解更好"的原则，使用黑客技术从一张银行卡账户上欺诈性地取现是可能的。

信用卡诈骗

2010 年，在美国使用的信用卡超过 6 亿张，在奥地利使用的信用卡超过 200 万张。信用卡授权持有人有权获得金钱、商品或服务。所有知名的信用卡，如欧洲信用卡、维萨卡、万事达卡、美国运通以及其他信用卡都遵循这种模式。在信用卡丢失的数据中，大约有 70% 的信用卡是遗失的，有 30% 是被伪造或被盗的（Edelbacher，1995b）。信用卡伪造变得越来越普遍。俄罗斯人通常在整个欧洲使用伪造的信用卡。

6.6.10 制造伪钞

自从货币被发明作为一种支付手段以来，人们一直试图通过伪造纸钞作为真币支付（Edelbacher，1995b）。美元和欧元的纸钞通常成为伪造的对象。欧洲铁幕落下后，来自东欧的假币数量超过了以往的 3 倍。现在的照相复制技术已经变得非常精密和专业，即使是非专业人士也可能轻而易举地制造假币，如扫描等计算机技术也应用于制造假币。

6.6.11　伪造文件

伪造证件和身份证明文件一直都是诈骗犯罪常用的手段（Edelbacher，1995b）。许多金融机构的从业人员无法对客户身份进行有效的识别。根据警方的经验，国际犯罪分子一般都会使用虚假或篡改的身份证件和证明文件。东欧边境人口流动性较高，自从东欧边境开放之后，开始有更多的持伪造身份证件的人进入欧洲。为隐藏真实国籍，这些人通过黑市获取伪造的身份证明文件（身份证、护照和驾驶执照），并使用它们跨越国境。

6.6.12　洗钱

走私毒品犯罪最初被认为是一种国内犯罪，但很快变得越来越国际化。在打击毒品犯罪问题上，各国执法当局最初通过非正式的对话与国际刑警组织开展国际合作。1988 年，《维也纳公约》建立了打击毒品犯罪的法律框架。1990 年，欧洲委员会开始探索打击洗钱行为的有效途径，包括打击与毒品犯罪、银行卡欺诈犯罪、票据欺诈犯罪相关的洗钱行为（Edelbacher，1995b）。在打击金融犯罪方面，七国集团和欧盟都采取了一些措施，前者于 1989 年批准了金融行动特别小组提出的反洗钱四十项建议，后者通过了反洗钱"91/308/EEC"行政指令[①]。打击洗钱犯罪的国际立法和司法合作虽然步伐缓慢，但各国政府都已经采取了一些具体措施来促进这方面工作的开展。虽然目前还存在一些不足，但最终必定会对洗钱者产生威慑作用（Edelbacher，1995b）。

曾经有一段时期，奥地利由于其稳健的货币、安全的经济、自由的外汇政策和允许匿名账户存在的银行保密法而成为洗钱者关注的对象。据统计，全球在毒品上的支出已远超在食物上的花销。全球每年的洗钱金额约为 730 亿欧元，相当于奥地利国民生产总值的一半（2010 年奥地利的 GDP 总量为 18180 亿欧元）。根据瑞士国家银行总干事的说法，"洗钱就是将脏钱放入洗衣机里清洗成为干净钱的行为，这是一种非常形象的描述"。后来这种犯罪资金运转的过程被比喻为"洗黑钱"（把非法收入改头换面，变为貌似合法的收入）。通过洗钱，犯罪活动所产生的利润得以被转移、转换、转化或与合法资金混合，从而达到隐瞒或隐藏其真实来源、类型和处置的目的。[12]洗钱分为以下三个阶段。

（1）放置阶段：为资金寻找清洗渠道；

（2）融合阶段：将资金融入目标金融资产；

（3）离析阶段："黑钱"变为合法资金。

奥地利对洗钱的间接支持曾遭到美国和欧盟的强烈谴责。其结果是，作为欧盟的一员，奥地利在 1993 年和 1994 年通过了打击洗钱行为的相关法律，并在联邦内政部设立专门机构负责反洗钱工作。根据规定，银行必须向该机构提供可疑交易报告，目前，每年报告的可疑交易大约有 1000 多笔。

6.6.13　保险诈骗

正如德国法兰克福大学教授吉尔兹（Geerds）所说，[13]保险诈骗不是一个新问题。自从保险产品面世以来，保险欺诈就一直存在，并影响世界各地的所有类别的商业行为。保险诈骗是一种侵财型犯罪。这种欺诈的特殊性源于保险公司根据保险合同对未来所发生的不确定事项予以赔偿（支付）的机理。保险诈骗的类型包括故意造成保险事故、虚构保险事故、夸大事故损失或者签订非法合同等。

因此，在保险条款中，规定的是保险事故而非物质财产。然而，被保险人却希望无论何种原因造成的损失都能从保险公司获得弥补。因此，购买保险被认为是一种消除或减少损失的措施。

此外，对于许多投保人特别是发生重大事故的投保人来说，获取赔偿金不是他们唯一的期盼，他们渴望倾诉内心的恐惧和焦虑，渴望得到关心和理解，得到人文关怀和帮助。但保险公司既不是神父也不是心理医生，因而许多投保人认为保险公司冷漠、疏远，不能满足他们对安全和服务的需求。在他们的心里，保险公司就是唯利是图和形式主义的代名词，对客户精神层面没有多大帮助。客户在长期缴纳保险费后，一般会出现以下反应。

（1）客户认为，尽管交纳了保费，但在发生保险事故的情况下，所获得的保险赔偿难以覆盖实际损失。保险公司的理赔人员及其他工作人员缺少对投保人的关心和照顾。

（2）在未发生保险事故的情况下，许多人质疑为什么交了这么多年的保费却从来没收到保险公司的任何东西。

基于上述原因，许多投保人都希望至少能退还部分保费。支撑保险体系的保险原则和理念难以被大众所接受。他们不理解"悲伤因分担而减半"的道理。这部分可以归咎于许多保险公司的宣传理念，它们往往过度强调保险的储蓄、"俭以防匮"（waste not，want not）和使风险最小化的作用。

最近的统计数据显示，奥地利各保险公司总计接到大约 320 万件保险事故报告。据估计，这些报告中有 5%～10%可能涉嫌保险诈骗。这意味着保险诈骗的金额将近 10 亿欧元，但在这些可能涉嫌欺诈的案件中，只有约 15%最终会被发现并停止支付赔偿。

保险欺诈的社会学和心理学分析

几位作者从社会学和心理学的角度对保险欺诈进行了分析（Edelbacher and Theil，2008）。受奥地利保险公司协会的委托，霍夫纳（Höfner）和沃恩（Vaughan）做了一个有趣的研究，他们对人们购买保险的动机做了解释（Edelbacher，1995b）。购买保险是人们对安全的需求，保险合同使他们感到更安全，并能在一定程度上缓解对未来不确定性的恐惧和焦虑。这意味着，在某种程度上，人们是出于一种克服内心恐惧的非理性目的购买保险。投保人希望购买保险能够帮助他们对抗损失和意外事故。

通过对保险欺诈与其他常见犯罪的比较发现，人们认为肇事逃逸、入店行窃、偷税漏税、盗窃等犯罪行为，无论在社会危害性还是在应受惩罚性上，都比保险欺诈更为严重。而其他犯罪，如滥用毒品、黑市交易、无证经营广播或电视、游客走私和逃票等行为，人们认为其社会危害性的严重程度均低于保险诈骗。之所以出现上述观点，是因为人们认为真正的保险诈骗的起刑点很高。作为刑事犯罪，人们认为保险诈骗罪的起刑点应当在 700～3500 欧元，或者应当更高。

1987 年，受奥地利保险公司协会的委托，维也纳大学讲师格哈德·施瓦兹（Gerhard Schwarz）基于多维成因的视角对这一问题做了一个非常有趣的研究（Höfner and Vaughan，1990）。施瓦兹指出，保险已几乎包括了宗教的内涵，因此要理解保险诈骗必须深刻洞察人类心理和人类行为的社会维度。保险被视为一种将人类从恐惧中解放出来，保护人们免遭死亡威胁的一种宗教替代物。如同人们向寺庙献祭一样，人们支付保费是为了避免事故和损失。一旦损失或事故发生，投保人会认为支付保费以避免意外的想法实在是错误，从而归咎于保险公司，并产生埋怨、失望的情绪甚至可能实施侵害保险公司的行为。施瓦兹列举了人们实施保险诈骗最常见的一些原因：

（1）没人受到保险欺诈的影响；

（2）希望能退回部分按期支付保费的资金；

（3）未能挽回全部损失；

（4）诈骗比较容易；

（5）财务处于窘境；

（6）受他人蛊惑；

（7）报复保险公司；

（8）戏弄权力；

（9）帮助朋友；

（10）从众心理；

（11）保险公司缺乏人情味；

（12）欺诈是商业的一部分；

（13）把保险当作博彩或赌博；

（14）源于保险代理人的默示；

（15）认为保险欺诈是无风险的违法行为；

（16）保险公司没遵守其广告中的承诺；

（17）可以不劳而获；

（18）证明自我存在感；

（19）个人英雄主义的一种体现；

（20）针对欧盟的欺诈。

2002~2009 年，欧盟在应对欧元实施以来面临的各种问题的同时，还不得不腾出手来应对急剧增加的白领犯罪问题（Edelbacher，2008、2009）。欧盟最高反欺诈机构的一份报告指出，欧盟每年因欺诈而遭受的损失大约为 12 亿欧元（25 亿德国马克），而实际的损失可能是这个数字的 5 倍还多。在这份报告发布之后，作为欧盟成员国打击欺诈和腐败犯罪的一项协调措施，欧盟成立了反欺诈协调办公室（UCLAF）。作为欧洲反欺诈办公室的一个部门，反欺诈协调办公室于 1999 年成立，其主要职责是维护金融利益。2009 年，欧盟的预算是 1400 亿欧元，其中 12 亿欧元用于支援项目。据估计，请求协调的项目中大致有 1/3 涉及保险欺诈调查，欧洲反欺诈办公室的协调行动避免了白领犯罪和腐败犯罪所造成的约 5000 万欧元的损失。但令欧洲反欺诈办公室尴尬的是，它只是一个管理机构，没有具体调查的行政权力。

6.7 网络犯罪与网络战争

在维也纳的一个会议上，德国刑事犯罪调查组织代表克劳斯·詹森（Klaus Jansen）指出："公众、经济与市民社会都希望互联网是一个安全的地方。"但事实上，互联网正变得非常危险，网络战争将成为人类新的挑战（Janse，2010）。超级工厂蠕虫病毒（Stuxnet）[14]对伊朗原子反应堆的网络攻击表明，许多国家在网络安全方面存在严重的脆弱性。网络战争是由国家发起的，而非个人或组织所从事的行为。网络犯罪的威胁在未来很长的一段时间内都将存在。自 20 世纪 80 年代以来，随着计算机技术的不断发展，在过去的十年里，社会发生了巨大的变化。对每个人来说，互联网都是开放的。据估计，全球有 20 多亿人在使用互联网。互联网在为人类发展提供新机遇的同时，也带来了危险。

6.7.1 计算机和电话推销犯罪

技术的创新，如互联网和电子银行的发展，为新型犯罪和转移犯罪所得提供了新的可能性（Bode，2010）。民主社会的安定团结正受到各种类型欺诈贿赂犯罪的威胁。目前，相比于欧洲其他地区，奥地利的计算机犯罪还算不上一个非常严重的问题。计算机犯罪对社会经济体系的威胁越来越明显。电话推销犯罪也呈现出相同的态势。在整个欧洲，使用移动电话实施的网络犯罪已成为一个日益严重的问题。这种类型的犯罪，给电信公司造成了巨大的损失。一些移民利用此种犯罪手段与他们家乡的犯罪团伙保持联系。德国法兰克福大学教授托马斯·博德（Thomas Bode）在 2010 年 11 月召开的一次大会上表示，互联网和计算机犯罪的主要形式包括：

（1）欺诈性网上购物；

（2）计算机病毒攻击；

（3）网络诈骗；

（4）钓鱼网站[15]；

（5）仿制信用卡[16]；

（6）洗钱；

（7）网络色情。

6.7.2 信息安全

维护信息安全似乎是政府、公共机构和行政管理部门的一项主要任务（Bode，2010）。正如"维基解密"案件所显示的那样，某些信息一旦公开，就可能产生巨大的危险。

6.7.3 雇员犯罪

许多针对企业的犯罪都是企业员工所实施的。德国学者 G. 凯瑟（G. Kaiser）和梅茨格·普雷希策（Metzger Pregizer）在 1976 年进行的一项研究表明，80%的财产犯罪都是由员工实施的。2004 年，韦尔斯和科佩茨基（Wells and Kopetzky，2004）在美国进行的一项研究表明，超过70%的诈骗犯罪是由员工实施的。盗窃、欺诈、侵占、受贿、破产、伪造、计算机犯罪和间谍活动是最常见的雇员犯罪。据注册欺诈审核师协会（Association of Certified Fraud Examiners）估计，2002 年，美国各大公司因职务侵占和滥用职权造成的损失达到6000 亿美元，占其总收入的6%，平分到每位雇员身上大约相当于 4500 美元。

普华永道关于职业犯罪的调查

2005 年 12 月，普华永道的一项研究表明，企业每分每秒都在成白领犯罪和经济犯罪的受害者（BetribDSJustiz，1976）。犯罪的雇员主要是那些已经在一家公司工作了几年，走上了领导岗位，缺少上进心和职业道德并且需要钱来维持其奢侈生活的人。在雇员所实施的犯罪中，挪用侵占和蓄意破坏是两种常见的犯罪形式。计算机系统的复杂性和匿名性可能有助于员工隐匿自己的犯罪行为。遭受这类犯罪侵害最为严重、损失最大的受害者，往往是银行、证券公司、保险公司等大型金融机构。

通常情况下，实施挪用侵占行为的人基本上没有犯罪前科。盗用公款者往往是那些有问题的员工，犯罪的成因通常是经济困难或一时无法抗拒制度漏洞的诱惑。对员工进行背景检查和筛查有助于预防相关犯罪的发生，但现代法律使某些筛查变得困难重重，甚至是一种非法行为（对数据的保护通常也成了对犯罪人的保护）。被解雇或心怀不满的员工有时会以破坏公司计算机系统的方式进行"报复"，实施蓄意破坏的手段和方式多种多样，如采取"逻辑炸弹"、植入计算机病毒或其他方法。

维也纳负责打击欺诈犯罪的严重犯罪调查局与奥地利警察部门联合，对发生在 1976~2002 年的欺诈犯罪的特点，进行了总结（BetrieDSJustiz，1976）：

（1）85%的犯罪人没有犯罪前科；

（2）12%的犯罪人有专业背景知识；

（3）3%的犯罪人来自犯罪组织或恐怖组织。

持续中的金融危机

2007 年全球金融危机可能造成的危害程度目前还不得而知。但这场始于美国投机犯罪的金融危机几乎摧毁了全球的经济和金融系统。许多欧洲金融机构因投资被严重高估的美国项目，而遭受了数百万美元的损失。当金融圈得知这些投资如同建立在沙滩上的大厦缺少地基时，为时已晚。德国、爱尔兰、希腊和欧洲的其他投资者对所投项目没有进行充分的尽职调查，他们相信了美国天花乱坠的广告宣传，用投资购买了灾难。

6.7.4　全球问题，全球解答

全球金融危机爆发之后，每个人都在问，为什么在有了 20 世纪 30 年代的大萧条教训之后，历史会再次重演。亚里士多德认为，货币有三种功能（Wells and Kopetzsy，2006）。它们是①交换功能；②资本；③所有权的衡量标准。亚里士多德还说："资本因为追求绩效因而是公平的等价物；服务资本是需求公平的等价物；……绩效、服务和需求是相互对立和矛盾冲突的统一体。"亚里士多德深信，第三方权力是必要的，以防止经济支配政治。亚里士多德反对利息，他认为如果货币可以增殖，那将永无止境。因此，与"真实"的市场不同，金融市场总是会崩溃的。

早在全球金融危机爆发的 20 年前，全球金融市场与实体经济市场的比例已达到 85∶15，这引起人们对金融市场崩溃的担忧。如果金融市场的比例达到 90%~95%，那么这些担忧将变为现实。在欧洲的信息产业市场（Schwarz，2009）上已经出现了这样的结果，因此，经济专家认为危机发生（Schwarz，2009）的时间点是 2009 年 1 月，这主要是因为：

（1）流通中的现金过多；

（2）无视风险；

（3）美国的金融政策；

（4）幻想战争不需要花费成本；

（5）隐藏通胀因素；

（6）货币流通调控失败；

（7）对美国股票价格不切实际的估值；

（8）评级机构的失败；

（9）美国的评级垄断；

（10）缺乏有效的控制机制；

（11）会计监管规则不完善；

（12）储蓄不足；

（13）实际资本不足；

（14）中国的过度储蓄；

（15）对凯恩斯主义政策的错误解读；

（16）过度投机；

（17）短视的石油出口国；

（18）过度消费；

（19）相信经济会持续增长；

（20）无力为两极社会提供金融支撑；

（21）短视的计划；

（22）无能和不诚实的财务顾问；

（23）在经济繁荣时期错过机会；

（24）亚洲各国日益增长的努力；

（25）全球化差距；

（26）欧洲和亚洲人口政策的差异；

（27）离岸政策；

（28）只相信消费的哲学理念；

（29）贪婪；

（30）雷曼兄弟事件；

（31）欧元和美元之间的差距；

（32）过度私有化；

（33）停止贷款的政策。

货币交易创纪录的新高

造成金融困境的主要原因是缺乏对货币交易的有效调控。全球每天的货币兑换量超过4000万亿美元。尽管2007年发生了金融危机，外汇交易量却增加了20%（Unterberger，2009）。至关重要的是建立有效的管控机制，通过这些机制使那些不受控制的现金交易受到约束。缺少有效的调控机制，是造成金融困境的重要原因。无论是世界银行还是八国集团或二十国集团，都缺少对外币交易进行有效调控的相关规则，无法有效控制或停止这种超量的现金交易。

欧盟问题

欧盟的成立使欧洲在全球的重要性得到进一步加强。欧盟是欧洲新经济的支柱。欧盟有5亿多人口，因其在全球经济、政治和社会方面的重要性，欧盟成为与美国不相上下的全球重要一级。但欧盟缺少统一的经济政策，在对问题的解决上各成员国各自为政，这是其主要弱点。通过《里斯本条约》和成员国的定期会议，欧盟成员国正试图克服这些弱点。全球问题需要全球解答。我们在欧盟中看到的问题，也在全球范围内存在，并在不断的蔓延。虽然主要经济体国家召开了多次会议，但中国、印度、美国和欧洲没有找到一个应对金融危机的可以接受的共同解决方案。这些国家不达成一致，发生新危机的风险便难以消除。

6.8　经验教训

从刑事案件中获得的实践经验，可以告诉我们什么是有效的，什么是不起作用的。国际白领犯罪案件揭示了一些共通性信息。

6.8.1　支付系统的变化

支付系统的变化带来了犯罪行为的变化，特别是在借记卡和信用卡的欺诈和伪造方面。欧洲银行业当局仍然致力于开发安全和值得信赖的新支付系统。支付系统是民主机制的组成部分，人们对它们寄予很大的信任。如果人们不能信任既有的支付系统的稳定性，民主的生活方式也就无法存在。

6.8.2　欧洲通用支票体系

1968 年，欧洲市场引入欧洲通用支票体系，在借记卡和信用卡普遍使用前，该体系一直都承担着重要的支付角色。这一时期，犯罪分子在国际上主要以伪造支票和支票保证卡的方式实施欺诈犯罪。

6.8.3　银行卡系统

从借记卡的发卡量上就可以看出，借记卡在欧洲被广泛接受，人们喜欢用借记卡在自动取款机上提取现金，金融领域也因借记卡的广泛使用而发生改变。与支付方式的变化相适应，犯罪分子主要以窃取银行卡和获得用户个人身份识别码的方法实施金融犯罪。

6.8.4　信用卡

欧洲的信用卡行业获得了前所未有的发展，越来越多的人开始使用信用卡，并逐渐成为一种趋势。犯罪分子开始以窃取信用卡数据的方式实施犯罪活动，特别是有组织犯罪集团所实施的信用卡犯罪，其危害性非常大，甚至会摧毁支付系统。犯罪分子的学习能力很强，尽管支付系统在不断升级改造，但他们会很快适应新的系统并实施新的犯罪。

6.8.5　伪造美元和欧元

货币一旦被伪造就可能在全球流通。由于美元的安全性特征比较简单，因此一直都很容易被伪造。虽然欧元在设计上有更多的安全性要素，但也常常被伪造。

6.8.6　脆弱的银行系统

苏联解体之后，犯罪分子发现通过新兴的民主国家和处于转型期的国家的银行实施犯罪比较容易。以俄罗斯为例，有组织犯罪集团控制着莫斯科60%的银行。2000~2007年，欧洲委员会、联合国、欧洲安全与合作组织在巴尔干地区和中亚地区组织了培训班，以提高打击有组织犯罪、白领犯罪、恐怖主义融资犯罪、洗钱和腐败犯罪的技能。中亚地区银行体系的脆弱程度已经到了让人瞠目结舌的地步。如果人们对金融结构和金融体系缺少信心，又如何能建立起新的民主结构？我们所学到的一条重要经验就是，要向这些新兴的民主国家分享如何建立稳定的金融体系的经验。奥地利联邦银行在这方面向中亚地区的一些国家提供了帮助。

6.8.7　洗钱：了解你的客户

防止客户成为白领犯罪的受害人是金融领域的一项重要的安全性标准。犯罪分子会不断地试图与银行接触，以寻找银行的漏洞。犯罪分子的一种惯用伎俩就是假扮成银行的重要客户，在经过一段时间的接触后让那些小金融机构误以为他们可以带来"大业务"。有时他们会打着政府官员、当地知名企业的名号，或者给自己贴上国际性公司的标签。但一定要记住，即使是国际性金融诈骗案，在犯罪的行为模式上也会显现出共同点。中小金融机构一定要想一想，如果犯罪分子所述的企业如此优秀，那么有何理由会找到自己？虽然这是一个最好的预防被骗的策略，但受害者往往不会想这个问题。

6.8.8　规避风险的业务

通常情况下，管理者受到在短期内获取最大收益的欲望驱使，不问在短期内快速获取25%甚至更多回报的可能性。贪婪的欲望和对未来财务状况过度乐观的估计，使他们忽略了对关键性指标的分析。特别是在金融领域，如果缺少对这些不切实际的利润情况的有效分析，那么这些公司和客户将给银行造成巨大损失。源于东非国家并长时间持续上演的"419金融诈骗"[17]圈套已经众所周知，许多其他涉及伪造、欺诈和无价值证券的欺诈伎俩等，都是一种给人们提供快速致富希望的诱饵行为。

6.8.9　避免雇员犯罪

预防白领犯罪活动已覆盖多个领域。例如，一些研究表明，大量犯罪发生在公司内部。在预防雇员犯罪方面，需要有明确的政策规定，禁止某些行为或采取一些积极的措施来预防某些行为的发生。例如，鼓励合作，以及使管理者与雇员之间建立良好的管理关系。建立开放的系统，并在可能的情况下创建工作轮换制度，可以减少员工腐败的风险。

通过前面对白领犯罪的分析，我们已经了解了白领犯罪的犯罪计划、犯罪实施的机制，接下来我们要做的就是想办法降低犯罪发生的概率。最简单的方法就是通过职责的分配建立起检查和制衡体系，并确保控制体系能有效运行。许多公司在招聘求职者的环节都会审查求职者的背景，并在员工录用后对其进行监督，但经过一段时间后，尤其是管理层与员工间建立起信任关系后，这种监督的执行效力就会降低。这可能成为雇员实施犯罪的一个陷阱。被信任的员工可能会存在一些私人问题，如酗酒成性、吸食毒品、赌博或负债累累等。即便是对信任的员工，信任和控制也不可偏废。

"满意的员工"是企业管理中是一个非常重要的概念。如果雇员对公司、对自己的工作和职业发展前景表示满意，那么对雇主来说企业在一定程度上是安全的。众所周知，企业人力资源是企业最重要的资本。如果能使雇员在稳定的环境中工作，建立有效的激励机制，使员工的职业生涯获得长足发展，并增加他们的收入，就会有效地使其抵制贪欲和其他诱惑。同时，对员工进行有效的管理和关心，也能降低公司的脆弱性，使公司不太容易受到员工犯罪活动的影响。当然，完善的风险管理制度、严格的雇佣标准、对处理某些资料和文件的严格性授权以及其他管理措施，在预防犯罪方面也是非常必要的。

6.8.10　民主社会的脆弱性

如今，货币兑换的便捷、借记卡和信用卡的广泛使用、电子转账、证券投资可跨国进行，都使得环游世界变得相当容易了。金融体系是支撑现代民主国家、商业和私人生活的基石，这是一个基本性认识。信用和必须遵守条约是现代自由市场经济的基本原则。

这些原则使人们信任货币和商品交换制度。一战和二战结束之后，都发生了人们对交易体系信任缺失的情况。一旦这种情况发生，重建信任和建立运作良好的市场体系将需要很长时间。即便是所谓的专家也没料到，西方世界在经历了60多年的和平之后，却在2007年爆发了令人震惊的金融危机。对这次危机，全球各方力量必须找到有效的解决方法，以防止在世界范围内出现类似于20世纪30年代经济低迷的大萧条景象。始于2007年的金融危机还没有结束，我们仍然面临新金融危机爆发的危险。

6.8.11　重建道德原则

金融危机的发生显然与商界道德原则的衰落有关。受贪婪欲望的驱使，商界尤其是金融界把在最短时间内获取最大收益作为行为的目标。合理的行为规范有助于打击洗钱行为，负责尽量避免法律风险的合规人员能够降低犯罪活动发生的可能性。有效降低风险的其他措施，除了包括在公司层面建立广泛的行为准则外，还包括建立严格的标准和明确的责任制度。但上述措施要想真正发挥作用，还有赖于世界银行以及其他国际公共和私人金融机构的代表拥有调查和制止非法活动的权力。

6.9　有效的警察和司法体系

包括刑事法律在内的现行法律制度对违法行为的预防效率受到质疑。由于白领犯罪案件数量巨大，有限的资源只能用于调查那些造成巨大损失的案件。但一个有效的体制，要求警察、侦查人员、检察官和法官能对各类白领犯罪、金融犯罪和经济犯罪的主体进行侦查、起诉。这类犯罪的受害者群体庞大，对全球经济体系造成了巨大损害。只有在有效的司法体系中训练有素的参与者才能降低发生这类犯罪案件的数量。

6.10　有效的预防工具

降低新的金融危机发生的有效工具和最佳实践是什么？来自联合国预防犯罪中心（UN Crime Prevention Centre）、欧洲安全与合作组织（OSCE）、欧洲委员会和欧盟反欺诈委员会（OLAF）等国际组织的专家认为，各国打击上述犯罪的政治意愿是有效遏制这类犯罪趋势的唯一有效工具（Göwell，2010）。

6.10.1　政治意愿

香港反腐败独立委员会（即香港廉政公署）负责人在 20 世纪 70 年代指出，香港（当时是英国殖民地）是世界上最腐败的地区之一。英国女王伊丽莎白二世和当时的香港总督决心打击腐败，对实施新法律和建立有效反腐机构的所有措施和活动表示支持。20 年后，他们的使命如此成功，以至于香港现在被认为是打击腐败的典范。

6.10.2　政务公开

非常重要的是，要让公众相信政府具有打击这类犯罪的决心和克服困难的勇气。政务公开则是传递这些信息的一个重要途径。政府的每一个行动，无论是成功还是失败都应该让公众知晓。奥地利政府为建立公众对政府的信心和信任，用了近 20 年的时间推行政务公开。

6.10.3　控制机制

法律应该作为有效的控制机制。法治只有在强制执行的情况下才能被接受。高效的警察和司法系统至关重要，必须向公众传播关于逮捕、起诉和审判罪犯的信息。警察和司法系统与媒体和公众的合作是打击犯罪的一个关键因素。

6.10.4　公共机构和私人领域的合作

如果没有公共机构和私营部门的坚实而紧密的合作，上述措施就不能真正起作用。民主社会由这两个部门的网络组成，建立公共机构为了向私人部门提供服务。信息交流、合作和开放机制，可以增强抵御外部威胁和内部威胁的能力。

附录：美国历史上最大的保险公司欺诈案

拉比·肖拉姆·韦斯（Rabbi Sholam Weiss），一位来自纽约的犯罪主谋，因敲诈勒索、（利用计算机或电话的）远程诈骗、跨州运输赃物、洗钱、提交虚假文件等被通缉。对他的这些指控源于一起涉案金额为 4.5 亿美元的保险诈骗，这是美国历史上最大的一起保险诈骗案。案发之后韦斯甚至向奥地利寻求政治庇护。

欺诈的复杂性和涉案范围确实令人惊讶。韦斯欺骗了总部位于佛罗里达州的国民遗产保险公司的保龄最长的投保人，他几乎是将这家保险公司洗劫一空。在缴纳保释金后，韦斯立即逃之夭夭（Göwell，2010）。联邦调查局（FBI）发布了通缉告示悬赏 95000 美元缉拿他。保险监管机构又额外提供了 25000 美元的悬赏金。韦斯从保险公司诈骗了 3000 万美元，这使他即使是在逃亡中也能过着奢侈的生活，他逃亡到以色列的一个城市，那里成了他的避风港。美国助理检察官 J. K. 亨特（J. K. Hunt）在 2 月奥兰多的起诉书中说："韦斯的腐败和欺诈犯罪行为还远不止这些。"（Edelbacher and Theil，2008）

韦斯的帮凶：律师、商人和甘比诺家族

来自亚利桑那州、得克萨斯、伊利诺斯和纽约的 15 名企业高管和律师认罪或因参与韦斯诈骗集团而被定罪。与韦斯犯罪集团相关的这些高管和律师对保险公司的诈骗活动始于 20 世纪 90 年代初期，韦斯的商业伙伴和律师共同操纵了这家保险公司。其中一位帮凶是迈克尔·D. 布鲁特瑞奇（Michael D. Blutrich），他是一位拥有极高声望的律师，在曼哈顿东第 60 大街拥有一家顶级俱乐部，为国民遗产保险公司提供法律服务。为了方便运用各种空头支票实施诈骗，韦斯和他的同伙于 1993 年通过用支票支付的方式购买了一家保险公司。他们在获得控制权以后，只是借给自己足够的钱支付购买款项，并迫使国民遗产保险公司卷入网络欺诈。通过一系列的欺诈方式，他们花费保险公司数亿美元的资金购买了大量的垃圾股和抵押贷款。这部分资金大部分——主要是现金——去向不明，无踪无影。数以百万美元计的资金像漏斗一样流入了由韦斯控制的账户中。

深思熟虑的第一次欺诈犯罪行为

1994 年，韦斯实施了他的第一次犯罪行为，他被控犯有邮件欺诈罪，因为他向保险公司虚假索赔超过 100 万美元。他声称在 1986 年公司的仓库火灾事故中，他的浴桶遭受的损失超过 100 万美元。曼哈顿联邦地方法院受理此案，宣告韦斯被指控的罪名成立，判处他在监狱服刑八个月。在重返社

会训练的"中途之家"（halfway house）假释期间，他提出为期四天的假期申请，以在纽约州蒙西镇的家中与家人共度神圣的逾越节。他的申请得到了联邦缓刑官员的同意。

然而，韦斯并未按请假条件要求的规定行事。他说服了大西洋城赌场的经理和前改革党总统候选人唐纳德·特朗普名下一家酒店的经理，为他提供一架私人飞机和一名年轻的女伴飞往度假村休闲。他们在那里享受了每晚700 美元的套房和 70000 美元赌资的免费午餐。他未按规定行事，被指控为逃跑，但是，该指控后来被联邦政府撤销。

缴纳 50 万美元的财产保证金获得保释后畏罪潜逃

在最近的诉讼中，代表韦斯应诉的是佛罗里达州的乔尔·赫希霍恩（Joel Hirschhorn）律师。在韦斯 10 月向缓刑官员申请假释而逃跑之前，就有法庭观察员预言韦斯要逃跑。韦斯的逃跑，使他前妻蒙西的一座价值 50万美元的房产作为担保物而被没收。就连法庭观察员都知道韦斯肯定要逃跑，联邦政府怎么可能会不知道呢？

2000 年 2 月 15 日，法院宣判韦斯（缺席）保险诈骗罪名成立。法官帕蒂·福塞特（Patty Fawsett）宣布，基于韦斯犯罪行为的严重性和连续多次实施犯罪行为的事实，对在逃的韦斯判处 845 年的徒刑，韦斯将被终身监禁。同时，福塞特法官还对韦斯判处了 1.23 亿美元的罚金，并判处他向已经破产的国民遗产保险公司的保单持有人赔偿 1.25 亿美元。

奥地利的逮捕行动

在逃离美国 12 个月后，韦斯于 2000 年 10 月 24 日在奥地利被捕（Göwell，2010）。为了将其绳之以法，美国当局费尽周折，横跨三大洲，从世界上最好的酒店到圣保罗和巴西的贫民窟都留下了警方搜索的足迹。警方透露，韦斯诈骗集团所得的 4.5 亿美元有一半被韦斯获取，其中部分资金被他用来支付逃跑费用。官方启动引渡程序以便将他引渡回美国。他逃离美国之后，很少待在一个地方。他准备了多部手机、大量的现金和一些假身份证件以躲避警方在南美国家和欧洲的追捕。据美国和巴西的官员透露，他还利用他的巴西女友作为逃避追捕的挡箭牌。

尽管韦斯很警觉，但他喜欢住高档酒店和迷恋美女的嗜好，为警方的抓捕提供了帮助。在巴西，德国警方、奥地利警方与美国联邦调查局合作，发现韦斯在巴西有一位 27 岁的女友，但该女孩的姓名暂未公布。韦斯在维也纳火车站接到该女孩后，将她带到一个有钱人经常光顾的古城区的公寓中，并以他姐夫的名义办理了入住手续。在他搬进该公寓当天，警察就获得了消息。⑱

一名调查员说，联邦调查局认为韦斯正在从南美向维也纳转移，并且又弄到了一个虚假身份。当在维也纳的警察敲开他住所的大门时，他的反应让调查人员确信这就是他们要找的人。当看到警察找上门时，韦斯的第一反应是"我需要一名律师"。他根本就没有询问联邦调查员的身份，也没说他们找错人了，甚至都没问调查人员找他所为何事。一位美国联邦调查局的特工对巴西、德国和奥地利警察部门的工作表示赞扬，他们共同努力追踪韦斯的女友到维也纳。

负责本次调查的巴西圣保罗警方负责人说，他与五名全职调查人员用了几个月的时间来调查此次案件。他们将目光锁定在圣保罗的犹太社区，怀疑韦斯可能藏在那里。他们还检查了一些韦斯可能会光顾以维持他奢侈生活方式的一些高档酒店。巴西联邦警方派出侦查员化装成邮递员将一些写有韦斯地址的快件分送到目标酒店，那些通常较为谨慎的门房，却将他们所知道的一些信息和盘托出。韦斯入住的消息来自一名负责与国际刑警组织联络的联邦高级警官豪尔赫·庞特斯（Jorge Pontes）。他在参加一次国际刑警组织的研讨会中接受了日本的电话采访。据他所说，他的警员们追查到韦斯 8 月时曾入住一家酒店，并获悉了韦斯的通话记录。他们发现韦斯的通话记录来自该市的一个贫民窟。豪尔赫·庞特斯说"这让我们感到非常奇怪，因为这与韦斯的行事风格不一样"，后经调查这是打给韦斯女友妈妈的一个电话。这个电话记录成了警方到维也纳抓捕韦斯的重要线索。

引渡程序仍在进行。负责对韦斯案件提起公诉的美国助理检察官亨特说，他的定罪将使程序变得更加清晰明确。代表受害保险公司的律师弗莱德·马洛（Fred Marro）说"对被害人的赔偿还需要 2.5 亿美元"，"据我们所知，韦斯仍控制着这些钱，让人欣慰的是他被捕了"。⑲韦斯最近已被引渡到美国。

第7章 网络犯罪和经济犯罪

亚历山大·西格尔[①]

7.1 引言：网络犯罪的生态系统

犯罪的发生并非孤立的。它受政治、经济、社会文化、技术、生态、法律或法规环境的影响。犯罪受具体环境影响而发生，并与环境相互作用，进而对环境产生影响。因此，在许多方面，犯罪及其环境构成了一个生态系统。

对环境的考察[②]有助于对犯罪的解释。例如，与毒品有关的犯罪受全球化、政治因素、历史和社会文化因素以及人类发展因素的影响。[③]洗钱并非毒品犯罪的简单后果。金融体系的全球化为各类犯罪资金的清洗提供了条件。[④]1989 年拆除柏林墙后，中欧和东欧国家在向市场经济的转型中，也为有组织犯罪和腐败犯罪创造了机会，引起了监管反应，[⑤]从而迫使西欧"老牌民主国家"在本国内采取更为严格的监管措施。此外，"9·11"恐怖袭击事件之后，为打击恐怖主义犯罪和洗钱犯罪，[⑥]各国采取了多项措施，包括没收犯罪所得、尽职调查，扩大监督以及在金融领域内采取一些其他措施。在最近的全球金融危机之后，这些措施得到了进一步加强。

这似乎对网络犯罪特别适用。网络犯罪的演变、相关性和影响，只能在信息和通信技术的演变和随之而来的信息或网络社会（Castells，2000）出现的背景下，得到有效的解答。在过去的十年中，这一演变无疑是影响和改变社会的最强因素。在信息社会中，"信息的创造、分配和操纵已经成为最重要的经济和文化活动"[⑦]。据估计，互联网的使用在 2000~2010 年增长了445%，现在大约有 20 亿人在使用互联网。[⑧]但不同地区使用的比例存在较大差异（北美的比例是 77.4%，非洲是 10.9%），这种数字鸿沟依然存在，但所有地区在互联网的使用量上都有了很大的增长。[9]

人们普遍认为，信息社会的兴起为促进人类经济、人权和民主的发展提供了独特的机会。[10]信息和通信技术改变了企业和个人的商业模式，改变了商品和服务的提供、购买和销售方式。网络 2.0 时代提供了一个信息分享的平台，改变了人们信息交流的互动方式，全球范围内信息"自由平静交流"（Friedman，2006）的障碍越来越少。

显然，在线业务已成为各类企业成功发展必不可少的平台。金融业利用信息和通信技术优势为全天候无国界全球交易和服务提供早期准备。[11]公共管理部门通过电子信息技术的在线功能为公众提供电子政府服务和投票选举服务。爱沙尼亚在这些方面是非常先进的。[12]总而言之，信息通信技术已成为社会生活中不可或缺的部分。公共服务和基础设施高度依赖信息和通信技术，而这种依赖也使社会变得脆弱。

网络犯罪是信息和通信技术发展对社会产生的主要威胁之一。犯罪分子不但将信息和通信技术作为实施犯罪的手段，还积极寻找系统性漏洞。[13]全球信息社会的演进也导致了网络犯罪的扩散，从某种程度上说，网络犯罪和信息社会形成了一个生态循环系统，在这个生态系统中，犯罪分子以机会主义的方式[14]利用新兴技术并不断开发新技术以应对信息社会的发展。网络犯罪甚至可以被认为是信息社会的一个组成部分，这可以在以下关于后工业化社会的定义中得到印证。

> 后工业化社会建立在信息的生产和分配基础之上，信息技术正改变着文化、政治和社会生活的方方面面。后工业化社会的特点包括以下几个方面。①IT 技术无处不在，影响着人们的家庭、工作和娱乐生活等方方面面。②社会分层为新的两极：一级是拥有丰富信息的群体，一级是信息匮乏的群体。③国家对社会个体的控制减弱，犯罪变得高度复杂，犯罪分子可以利用网络窃取身份信息并获得巨额资金。[15]

本章旨在解释网络犯罪的概念，分析网络犯罪的发展趋势、展示网络犯罪的相关数据，阐释将网络犯罪归为经济犯罪的原因，并探讨打击网络犯罪的有效实践。

7.2 网络犯罪的概念

网络犯罪可以从许多方面进行定义。有人认为，从本质上说，网络犯罪不是一种全新的犯罪行为，只是一种既有犯罪行为的延伸，与传统犯罪行为唯一的区别在于网络犯罪利用了新技术。[16]也有人将网络犯罪定义为以计算机作为媒介、工具或目标的犯罪。[17]由于现在多数犯罪在一定程度上都与计算机相关，因此这种概念也较为流行。还有人将网络犯罪限定为以计算机数据和系统为目标的犯罪。这一定义将一些虽然是传统犯罪，但由于计算机的应用，犯罪危害性增大的行为被排除在网络犯罪的概念之外，如儿童色情犯罪、欺诈犯罪和侵犯知识产权的行为。

网络犯罪的定义既要涵盖新类型的犯罪，也要涵盖利用计算机实施的传统犯罪，但定义本身不能过于宽泛（Europol，2007），否则将失去意义。要使网络犯罪的定义能涵盖各种类型的相关犯罪，并能适应犯罪在技术手段等方面的不断变化发展，那么定义的范畴就不能过小。此外，定义还应具有广泛的可接受性与可操作性，并能够在具体的领域中使用，如刑法领域。

符合这些标准的网络犯罪的定义，通过欧洲委员会的《布达佩斯网络犯罪公约》（Budapest Convention on Cyber Crime）（以下简称《布达佩斯公约》）被确定下来，成为一个可以付诸实践的法律概念。[18]该公约指出，网络犯罪是针对计算机数据和系统的保密性、完整性和可获得性所实施的犯罪行为，[19]也就是说，网络犯罪是针对计算机信息系统和数据所实施的犯罪，具体包括：

（1）非法进入计算机系统，如"黑客"（《布达佩斯公约》第二条）；

（2）非法截取计算机传输数据（《布达佩斯公约》第三条）；

（3）数据干扰，即破坏、删除、恶化、修改或限制计算机数据（《布达佩斯公约》第四条）；

（4）系统干扰，即妨碍计算机信息系统的功能（《布达佩斯公约》第五条），包括实施拒绝服务的攻击；

（5）滥用设备（《布达佩斯公约》第六条），为实施上述犯罪行为而生产、销售、采购或以其他方式提供设备和数据的行为（如黑客工具）。

另外，网络犯罪还包括通过计算机系统所实施的犯罪，即传统犯罪形式利用计算机手段产生了新的危害：

（1）伪造电脑资料，使数据丧失真实性，但数据表面具有真实性（《布达佩斯公约》第七条）；

（2）与计算机相关的欺诈犯罪，即通过输入、更改、删除或限制计算机数据，或通过干扰电脑系统的正常运行，获得经济利益而造成他人财产损失（《布达佩斯公约》第八条）；

（3）儿童色情犯罪，包括一切利计算机系统或存储媒介制作、提供或使之可获取、传输、传播、持有、保存在视觉上描绘未成年人（18周岁以下）从事性行为色情资料的行为（《布达佩斯公约》第九条）；[20]

（4）实施违反著作权保护法的行为及侵害相关权利的行为（《布达佩斯公约》第十条）。

《布达佩斯公约》的程序法和国际合作措施，适用于任何涉及电子证据的罪行，或通过计算机系统实施的任何犯罪行为。这使该条约具有广泛的适用范围（见《布达佩斯公约》第十四条）。

这种定义最初让人感觉过于简单而无法应对复杂的犯罪。例如，2009年和2010年，一种窃取银行卡信息的宙斯特洛伊木马病毒肆虐。当互联网用户点击受到感染的在线广告时，这种恶意软件就会通过下载的驱动程序感染计算机，这是其传播的主要途径。犯罪分子将这种恶意软件程序安装在用户的计算机上，该恶意软件充当一个"机器人"或僵尸的作用，根据犯罪分子发出的命令和控制对计算机进行远程操作。

当用户访问自己的银行账户进行网上金融交易时，登录命令和其他相关数据就会被转移到犯罪分子所控制的服务器端。该交易会被自动拦截和修改，资金会被转移到一个专门从事网络诈骗活动的被称为"钱骡"（money mule）的账户中。资金会从"钱骡"账户再次转移到其他人的账户中，并最终兑换成现金或被清洗。对银行端来说，该笔交易的交易指令貌似来自账户的合法使用者；对客户来说，客户发出指令后也能接到银行的回单，因此整个交易过程看起来是合法的。[21]这种类型的诈骗涉及数百名受害者和数百万欧元或美元的资金。

《布达佩斯公约》中关于网络犯罪的定义，已经将非法访问、非法拦截、干扰数据和系统，以及伪造和欺诈的行为涵盖其中。

虽然《布达佩斯公约》由欧洲委员会（47 个欧洲成员国）通过，但加拿大、日本、南非和美国也是缔约国。美国在 2006 年加入该公约成为正式的缔约国。许多非欧洲国家也正在加入该公约的过程中。[②]阿根廷、澳大利亚、智利、哥斯达黎加、多米尼加共和国、墨西哥、菲律宾和塞内加尔已经被邀请加入。更多的国家将该条约作为国内立法的指南（如博茨瓦纳、毛里求斯、印度、印度尼西亚、斯里兰卡等）。总之，《布达佩斯公约》提出的关于网络犯罪的概念和定义，在实践中得到了广泛的接受和应用。

7.3　网络犯罪工具和设施

网络犯罪依赖一套工具和基础设施，包括以下几个要素。

7.3.1　恶意软件

恶意软件是指被植入到信息系统中造成该系统或其他系统损坏，或造成除植入恶意软件使用人以外的其他人无法使用该系统的所有类型的软件（OECD，2007）。

（1）病毒。

病毒是一种主程序运行时被激活的隐藏代码，可以传播给其他程序。病毒可以轻而易举地降低计算机的运行速度或者损害、改变和破坏计算机数据。

（2）蠕虫。

蠕虫与病毒类似，但它的复制不需要主程序。

（3）特洛伊木马病毒。

特洛伊木马病毒或其他类型的间谍软件，表面上看是一个合法的程序。但它能破坏计算机的安全系统，或包含按键记录器，记录用户各种操作，包括密码和网银命令。用户的计算机一旦连上互联网，这些信息就会立即被传给犯罪分子。

恶意软件的存在已经有 20 多年的历史。1988 年的"莫里斯蠕虫"（Morris worm）使当时的 60000 台个人电脑，在不到两个小时的时间里，就有 10% 受到感染，这引发了公众的关注（Schmidt，2006：72）。恶意软件是实施网络犯罪的主要工具，并已逐步发展成为一个由犯罪组织操纵的，具有复杂的经济基础、良好的组织和雄厚的资金支持的犯罪产业。[23] 绝大部分病毒、蠕虫和木马都具有破坏安全程序、下载恶意软件、感染文件、窃取登录账户和其他数据信息的恶意代码。[24]

越来越多的计算机正在受到感染。[25] 绝大部分计算机通过互联网被感染，例如访问貌似合法但实际上已经被感染的网站。链接也可能被受感染的网页所篡改，引导游客访问被感染的网页。[26]

电子邮件特别是垃圾邮件，是传播恶意软件的另一个重要途径，这些恶意软件通常都与欺诈圈套有关。[27] 据估计，75%～90% 的电子邮件流量都是垃圾邮件（电邮广告）。[28] 令人惊奇的是，大多数垃圾邮件都是由一些小运营商操控的。[29] 垃圾邮件和其他类型网络犯罪的主要工具是僵尸网络。

近年来，社交网站及其用户数量大幅增多。[30] 社交网站现在成为恶意软件传播的一个途径，并成为其他形式的网络犯罪寻找犯罪目标的一个平台，因而也成为安全风险的暴露场所。根据索福斯（Sophos）安全技术公司所说，在网络 2.0 时代，社交网络已经成为传播恶意软件、僵尸网络窃取数据和假冒杀毒警报的重要平台，并成为网络犯罪获取收入的重要手段。[31]

7.3.2　僵尸网络

恶意软件会感染计算机，并将其转化成"僵尸"、机器人或者搜索引擎抓取爬虫，使合法用户以外的第三人能对该计算机进行操控。[32] 控制者可以利用被感染的计算机发送垃圾邮件、传播恶意软件，并可以将该计算机作为隐藏原始攻击的代理服务器。

一台感染病毒的计算机通常会被连接到一台指挥控制服务器上，通过这台服务器，可以在被感染的计算机上安装恶意软件、接收指令或发送数据。当这些僵尸计算机都被连接起来，并由同一台服务器控制，就形成了由同一个"僵尸牧人"管理的"僵尸网络"。一个僵尸网络可能涉及数百、数千台甚至上百万台计算机，[33] 有些僵尸网络每天能发送数百亿条垃圾邮件或网络钓鱼邮件。

僵尸网络是有组织犯罪集团传播垃圾邮件和恶意软件、拦截和窃取机密信息的有力工具。此外，僵尸网络还可以用于拒绝服务攻击（denial-of-service，DOS）。当成千上万的计算机同时向同一个域名服务器发送请求时，[34] 会造成系统瘫痪，服务被拒绝。因此，拒绝服务攻击可以用于攻击某个组织、部门甚至一个国家的信息基础设施，并使其瘫痪。[35] 而要想找出攻击实施者是非常困难的，因为在拒绝服务攻击中会有成千上万个系统伪装成攻击源。

7.3.3 地下经济

地下经济通常涉及不被官方认可的商品和服务的交换。[36] 这种地下经济现在已经在互联网上运行，并成为网络犯罪基础设施的关键支柱。地下经济为网络犯罪的实施提供恶意软件和其他工具：提供可租用的僵尸网络进行攻击，开发恶意软件和反侦察技术以避免监测，提供用于犯罪的防弹托管域，[37] 同时还为垃圾邮件的传播提供服务。地下经济为赃物尤其是信用卡、银行账户信息和其他对身份诈骗有用的相关个人信息提供交易市场，[38] 并为赃物和犯罪所得的处置提供了市场。总之，地下经济为有组织的网络犯罪提供了一个经济环境。[39]

7.3.4 "钱骡"

行为人实施完犯罪之后，被害人的钱财被骗，犯罪人需要在不留痕迹的情况下在线将资金转移走。这似乎是互联网经济犯罪中最难的一步。最常见的转移资金的做法是使用"钱骡"或"财务代理"，通过他们开立银行账户或利用他们的银行账户将违法所得转移。在资金转入"钱骡"的账户之后，他们按照进一步的指示在扣除佣金之后将资金转到其他账户，或通过电汇的方式转到国外。[40] "钱骡"可以通过发送垃圾邮件的方式，或通过一些看似合法的网站招募工作人员，向求职者提供在家工作或财务代理工作。犯罪分子可能会与这些人签署正式的合同，并要求他们存放身份证复印件。但这些人中，并不是所有的人都知道他们是犯罪企业的重要组成部分。

7.3.5 有组织的网络犯罪

欧洲委员会在 2004 年关于有组织犯罪情况的报告中，提出了一些有关网络犯罪与有组织犯罪之间关系的一般理论假设。这些假设在随后的几年里得到了证实，今天，这种理论假设仍然有效，两者之间存在有机联系。[41]

（1）信息和通信技术便于匿名操作，有助于犯罪组织进行管理，降低有组织犯罪集团被起诉的风险。并为有组织犯罪集团远程操控、隐藏犯罪活动、实施跨国犯罪、组织犯罪网络和加密通信提供了技术手段支持。

（2）利用网络银行平台，企业和银行之间的关系日益密切，通过互联网实施的在线银行抢劫等犯罪行为的风险也因而要远比现实世界中小。现代计算机技术和通信网络的发展，在为犯罪活动提供便利的同时，还增加了起诉罪犯的困难，这已经成为计算机互联网的一个明确的特征。国际计算机网络的发展为犯罪分子实施匿名犯罪活动提供了便利，各国只有加强合作才能有效消除这一弊端。

（3）信息和通信技术是进行全球搜索和寻找潜在犯罪目标的工具。

（4）信息和通信技术可能会改变有组织犯罪的结构，即改变成员实施犯罪的组织形式。

去人性化的接触方式、方便的访问条件、快速的电子交易使得信息和通信技术成为洗钱的有力工具，有组织犯罪会利用社会、公共机构、企业和个人在使用互联网时的漏洞。这不仅会对电子商务和企业的运行产生影响，还涉及电子盗窃和网络钓鱼，尤其是儿童特别容易受到伤害。

由于经济犯罪已经是有组织犯罪集团的主要活动，信息和通信技术将进一步推动犯罪人实施新类型的欺诈。传统的犯罪将在新技术的支持下，向电子银行抢劫、网络敲诈和其他形式的犯罪转变。

网络犯罪不受地理区域的限制，它只需要很少的个人接触和更少的基于信任和纪律的关系。总之，网络犯罪不太需要正式的组织。有组织犯罪集团的经典等级结构，甚至可能不适合网络犯罪。信息和通信技术已经为建立扁平化的网络组织结构奠定了基础。

信息和通信技术可能会改变罪犯的特征。在现实世界中，合法的商人也可能会从事有组织的经济犯罪。信息和通信技术为犯罪人提供了犯罪手段和犯罪机会，会诱导合法商业实体有组织地从事网络犯罪活动，也就是说，成为有组织的网络犯罪人。许多网络犯罪行为的复杂性，包括在使用基础设施、专业化操作和工作分工等方面的复杂性都表明，为了成功地实施犯罪活动以获得金钱或其他物质利益，有组织犯罪集团呈现出结构化的特征并在实施犯罪活动时协调行动。[42]

7.3.6　网络诈骗

人们有很多的理由去实施网络犯罪。例如，所谓的"脚本小子"[43]可能急于证明他们的聪明才智而去实施网络犯罪，在这样做的过程中造成了重大损害。[44]恋童癖者可能会使用互联网打扮成受害者或者交换虐待儿童的材料以追求自己的性兴趣。恐怖分子也可能利用信息和通信技术进行恐怖主义宣传，招募、培训恐怖分子和开展其他一些预备行为，此外还可能利用信息和通信技术进行恐怖目标识别、沟通、融资，展开后勤工作，实施拒绝服务攻击，或针对关键基础设施进行其他类型的攻击。[45]

其他具有政治动机的攻击，[46]可能还包括"黑客行动主义"、间谍或通过侵入计算机系统造成冲突。如在爱沙尼亚（2007 年）[47]、佐治亚州（2008 年）[48]、美国和韩国（2009 年 7 月）发生的系统攻击[49]，2009 年 12 月发生的谷歌被入侵事件[50]，2009 年在印度发生的对政府、商业、学术计算机系统的入侵事件，旨在破坏伊朗核电站的 Stuxnet 病毒[51]，维基解密在 2010 年底公布美国国务院内部文件后发生的攻击和反攻击。[52]然而，绝大多数网络犯罪的目的似乎都是给犯罪人带来经济利益。因此，网络犯罪在很大程度上说是一种与欺诈有关的犯罪。

7.3.7　与计算机有关的诈骗

广义上的诈骗是指为了获取经济利益而故意欺诈他人，造成他人损失的行为。诈骗可以被定义为"为诱使他人从事某种行为，一个人利用不存在的知识，对另外一个人故意就既存的事实做出虚假陈述，导致他人据此虚假的事实采取行动而遭受损害"。[53]

行为发生在互联网上，或以任何其他与计算机系统相关的方式，并非诈骗犯罪的必备要件。然而，在一些国家，法律规定只要行为人因其他人的欺诈意图而受骗从事某种行为，就构成了犯罪人实施某一具体的诈骗行为的要件。通过操控计算机系统数据实施的欺诈，或者通过计算机系统实施欺诈将资金转入特定账户的行为，并不一定必然构成诈骗罪。例如，在德国，只有

《刑法典》中明确规定的网络犯罪，才构成网络欺诈犯罪（Brunst and Sieber，2010：730）。据此，德国根据欧洲委员会通过的《布达佩斯公约》的下列规定，在《刑法典》中设置了相应条款，对与计算机相关的欺诈行为做出了明确的规定。[54]

> 《布达佩斯公约》第八条。与计算机相关的欺诈类犯罪——缔约各方应采取立法和相关措施在国内法中将故意非法造成他人财产损失的下列行为规定为犯罪：a. 任何输入、更改、删除或限制计算机数据的行为；b. 任何以欺诈或其他不诚之目的在未经授权的情况下通过干扰计算机系统功能为自己或他人谋取经济利益的行为。

欺诈是一个关联性概念。《布达佩斯公约》要求各缔约国在其国内法中将下列行为犯罪化。

> 《布达佩斯公约》第七条。计算机相关的伪造犯罪——缔约各方应采取立法和相关措施在国内法中将故意通过非法输入、更改、删除或限制计算机数据而使其看似真实或符合合法目的的数据伪造行为规定为犯罪，不论此数据是否直接可读或可理解。缔约各方在刑事归责方面可以要求行为主体具有欺诈或其他不诚之目的。

这些定义和法律规定有助于对广义欺诈行为的理解，它不仅包括了现实世界的欺诈行为，也涵盖了与计算机相关的伪造和欺诈行为，即便未来技术不断发展，这些定义和法律规定也能将之涵盖其中。虽然如此，但上述规定还是有失宽泛，缺少对在互联网上实施的欺诈行为的具体分析。

位于美国的网络犯罪投诉中心（Internet Crime Complaint Center，IC3）[55]是一家专门收集网络犯罪数据的机构，该机构目前每年收集的网络犯罪投诉超过 10 万件。该机构一直致力于对欺诈类犯罪进行分类，这种分类具有相当的挑战性，既要能够根据被害人的简单陈述对犯罪进行分类，又要使这种分类能涵盖复杂的和不断变化的欺诈犯罪行为，使分类本身能满足分析的要求。直到 2008 年，IC3 完成了对欺诈行为的 9 种分类。

（1）商业欺诈，包括破产欺诈、知识产权侵权和假冒商品；

（2）通信欺诈，包括通过 IT 和通信服务进行的窃取行为；

（3）信任欺诈，包括诉讼欺诈、不履行交货义务和预付费欺诈；

（4）金融机构欺诈，包括信用卡和借记卡欺诈以及窃取他人身份信息的行为；

（5）博彩欺诈，包括博彩和网上赌博欺诈；

（6）针对政府的欺诈，包括逃税、福利欺诈和伪造货币；

（7）保险欺诈；

（8）投资欺诈，包括市场操纵和传销；

（9）公用事业欺诈。

IC3 在 2009 年的报告中，为避免分类重复，进一步明确分类界限、减少子类数量、扩展欺诈犯罪以外其他犯罪分类的范围，放弃了目前这种包含大量子类的分类方法，制定了新的分类标准。新的分类涵盖了 79 种类型的投诉，包含欺诈、贩毒、恐吓、色情、恐怖主义和一系列涉及互联网的其他犯罪。

IC3 在 2009 年共收到 336655 件投诉，其中 146663 件已经移交给执法机关。大多数案件都属于不履行交付商品或提供服务的合同义务（19.9%）、窃取身份信息（14.1%）、借记卡和信用卡欺诈（10.4%）和拍卖欺诈（10.3%）。[56]欧洲也是如此，执法机构所收到的与网络相关的犯罪报案多数是欺诈类犯罪。以德国为例，联邦警方的统计数据显示，超过 1/3 的计算机犯罪属于涉卡类犯罪（使用非法获得的信用卡或借记卡）。此外，德国联邦警方的数据显示，在 2009 年的 50000 多起网络犯罪中，70% 的投诉案件属于欺诈和伪造类犯罪。[57]

虽然人们承认欺诈犯罪是最普遍的网络犯罪形态，但如何对欺诈犯罪做出较为清晰的分类，目前还没有一套行之有效的标准。例如，盗窃身份信息的行为有时作为一种特定类型的欺诈从涉银行卡类犯罪中独立出来，有时又仅限于窃取个人身份信息的犯罪，也就是说，有时仅仅属于意图实施诈骗行为的一个步骤。虽然对有关互联网欺诈犯罪最佳分类方式的讨论仍将继续，但就本章的目的而言，我们将窃取身份信息的行为作为众多类型的欺诈犯罪的一个组成部分。

7.3.8　窃取身份信息

人们对窃取他人身份信息行为性质的认识不一。有些人认为，它仅仅是盗窃个人可识别信息。一些人则认为，身份盗窃意味着是为了实施诈骗。那些关心法律对社会问题反应的人认为，必须将以实施诈骗为目的，持有并转让他人身份信息的行为划定为犯罪，尤其是这种行为与地下经济相联系时。

例如，美国通过了《身份盗用和假冒禁止法》（U. S. Identity Theft and Assumption Deterrence Act）［《美国法典》第 18 章第 1028 条（a）（7）］。该条规定，下列行为均属于犯罪行为，应当对行为人予以法律惩处："未经法律授权，故意转移或使用他人身份信息，意图实施，或协助他人实施，或教唆他人实施构成违反联邦法律规定的非法行为，或任何州或地方法规规定重罪的行为。"

也有人认为，盗窃个人可识别信息的行为包括窃取他人身份信息，持有、转让或意图欺诈，以及实际实施欺诈行为，并将身份盗窃定义为："未经他人允许，以获取他人身份信息作为使用目的，或作为犯罪主要工具的行为，都属于诈骗行为或其他违法行为。"（Koops and Leenes，2006）考虑到这些不同的研究方法，窃取他人身份信息的行为可以分为三个明显不同的阶段。[58]

（1）获取身份信息。例如，通过人身接触的物理盗窃、搜索引擎、内部攻击、外部攻击（非法进入计算机系统，通过木马、键盘记录器、间谍软件、恶意软件以及其他非法访问的方式获取个人身份信息），或采取网络钓鱼和其他技术获取个人身份信息。

（2）身份信息的持有和处置。包括出售这些信息，这些信息在互联网地下经济中发挥着重要作用，其中信用卡信息、银行账户详细信息、密码或完整身份信息是互联网地下经济最主要的出售商品之一。

（3）利用身份信息实施诈骗或其他犯罪。例如假借他人身份信息，利用他人银行账户和信用卡，开立新账户、获取贷款、订购商品和服务或传播恶意软件。

钓鱼（钓鱼密码）是窃取身份信息最常用的一种社会工程技术之一，

犯罪分子会在看似合法的网站上诱骗客户输入网上账户的密码或其他个人信息。反钓鱼工作组（Anti-Phishing Working Group）等组织的记录显示，[59]与此相关的网络攻击每年达 10 万多次。

其他技术性欺诈手段，包括短信诈骗（通过手机发送短信的方式骗取相关信息）、网络钓鱼（针对特定的个人或群体实施的钓鱼诈骗）、网址嫁接（将客户点击的网站嫁接到诈骗网站上）和邮件欺骗（以熟人的名字发送电子邮件获取他人信息）。网络钓鱼及类似的诈骗技术花样繁多，除了上述诈骗方式以外，通过非法访问、非法截获、数据干扰对计算机数据和系统进行物理攻击，通过内部人员窃取数据或者内部人员疏忽造成数据丢失都是犯罪分子获取个人身份信息的重要途径。

银行账户或支付卡的详细信息、密码或其他访问凭据、个人出生地址和年月、邮寄地址以及其他个人身份信息，都是犯罪分子实施诈骗的必备信息。

7.4 诈骗类型

在大多数国家，与网上支付有关的身份盗窃和欺诈，特别是卡支付诈骗、网上银行在线滥用和账户接管，构成了与计算机相关的诈骗犯罪的主要类型。由于现实中的诈骗种类繁多，无法在这里详细说明，本节将主要研讨几类常见的诈骗类型。

7.4.1 支付卡诈骗

最常见的支付卡诈骗涉及盗用信用卡或银行支付卡，利用互联网、电话或邮购等方式进行非持卡支付（card-not-present，CNP）。由于在这种诈骗中，犯罪分子并不需要使用持卡人的卡介质，因此这种诈骗方式也被称为非持卡类诈骗。以英国为例，2009 年非持卡欺诈所造成的损失占涉卡类诈骗总金额的一半以上。[60]

其他类型的支付卡欺诈还有伪造银行卡欺诈。利用盗取的正版卡数据伪造的卡也属于伪造卡。例如，将正版银行卡"消磁清洗处理"后进行"克隆"。此外，还包括使用无需密码的户主丢失或被盗的银行卡的行为。最后，还包括利用窃取的信息以他人名义开立信用卡或贷记卡的行为。

7.4.2　网银攻击和账户接管

犯罪分子通过钓鱼网站或其他手段获取银行账户详细信息或网上银行支付秘钥后，通常会接管该账户并使用该账户进行支付或转移该账户资金，通常情况下会将该账户资金转移到"钱骡"的账户上。被接管的账户还可能被用来申请新的账户、贷款、办理信用卡，或作为"钱骡"账户接收来自其他渠道的犯罪资金。还有一种技术是通过木马病毒破坏电脑安全系统，当用户利用网银进行网上支付时，有关信息会被木马拦截，资金也会被转移到其他账户之中。

7.4.3　大规模营销诈骗

大规模营销诈骗是指利用包括电话、互联网、群发邮件、电视、无线电广播等大众传播媒介，甚至个体之间的接触、联系等方式，与一个或多个司法管辖区的众多受害者通信接触后索要或骗取现金、基金或其他有价值的物品的欺诈行为。[61]其形式多种多样，包括预付费欺诈、[62]419金融诈骗、[63]彩票中奖欺诈[64]和虚假的获奖欺诈等。大规模营销诈骗往往是由全球性的犯罪集团实施的，每年造成的损失达数十亿美元。

7.4.4　网购欺诈和拍卖欺诈

现在，由于很多人在互联网上购买商品和服务，并通过网络进行拍卖，因此网购和网上拍卖已经成为互联网欺诈发生频率最高的领域。[65]信心欺诈是指对产品的虚假陈述，或者消费者付款后商家不交付货物。

7.4.5　包括操纵股票市场在内的投资欺诈

互联网为投资欺诈和操纵股票市场提供了机会，例如，通过在线实施的"拉高出售"的欺诈行为，使大量低价值的股票被投资者购买。操盘者先大量购买低价位的股票拉高股价，然后通过群发垃圾邮件或电话营销等方式向投资者营销该股票。当大量投资者购买该股票后，操盘者开始大量出售股票并停止拉高股票价格，股票价格大幅跳水，致使投资者手中的股票市值远低于其购买价格。

7.4.6　假冒药品

假冒药品和医疗器械代表了一个价值数十亿美元的犯罪市场。世界卫生组织将假冒药品的行为定义为"对药品成分或药品的产地故意做虚假标识的诈骗行为。既包括对有商标药品的假冒，也包括对无商标药品的假冒；既包括药品成分没有问题的假冒，也包括药品成分存在问题的假冒，既包括没有有效成分的假冒，也包括有效成分不足或使用假包装的假冒"。[66]

互联网为从事假冒药品业务的企业提供了一个能够以低成本和低风险换取高额利润的全球市场。其主要的欺诈方式包括以下两种。

（1）网上药店经常卖一些不合格、未经批准或假冒的药品。[67]犯罪分子通常会利用国外银行账户接收客户在线支付的药费。[68]

（2）在每天上亿条的垃圾信息中，与大众营销欺诈和药品销售相关的垃圾信息占了绝大多数。[69]这些垃圾信息的发送者一部分来自网上药店，一部分来自从事广告业务的企业和个人，他们一般按照垃圾信息的点击数量或实际销售额收取佣金。[70]

7.4.7　侵犯著作权及相关权利

信息技术和互联网技术的发展，使作品的复制和传播更为便利，这给著作权及其相关权利的保护带来了挑战。以 2008 年为例，互联网上盗版软件的盛行造成直接财政损失 530 多亿美元。未打补丁的盗版软件为恶意软件的传播提供了便利，由此所造成的损失尚未计入直接损失之中。[71]

7.5　打击网络犯罪和经济犯罪的对策

几十年来，对经济犯罪打击对策的研究一直在持续。自 20 世纪 80 年代末以来，关于打击犯罪所得的对策研究越来越多。[72]在 20 世纪 90 年代期间，针对网络犯罪的打击策略开始引起关注。社会开始对网络犯罪对国内外产生的新威胁采取应对措施。2001 年 11 月，欧洲委员会签署了《布达佩斯公约》，该公约的通过成为打击网络犯罪的一个里程碑。自此，各国政府、国际组织和私营部门采取了一系列措施，并在实践中执行。

然而，通过对洗钱犯罪进行预防、调查和控制以打击犯罪所得的措施与打击网络犯罪的措施，在很长的一段时间里缺少有机结合。现在这种状况正在改变。例如，从西方七国首脑会议设置的机构——金融行动特别小组承担的两项研究报告中就能看出端倪，一项是该组织在 2008 年 6 月开展的关于洗钱、恐怖融资的脆弱性与网上支付体系关系的研究；[73]另外一项是 2010 年 10 月开展的有关利用新支付方式进行洗钱与恐怖融资的研究。[74]2009 年，欧洲委员会从类型学研究的角度开展了一项有关网上洗钱风险、识别和预警指标以及打击对策的研究。[75]

互联网上的犯罪资金问题也被列入 2009 年 3 月欧洲委员会组织的关于网络犯罪的全球八达通会议（Global Octopus Conference）的议程。[76]会议讨论内容和公布的信息表明，除了一般的预防性措施和提高公众意识外，打击互联网犯罪和经济犯罪尤其犯罪所得的措施包括以下内容。

7.5.1 国际标准与合作

对网络犯罪采取刑事司法行动的一个先决条件是，对调查、起诉、审判的网络欺诈行为刑事犯罪化。应赋予执法部门检查计算机系统、保存电子证据以及采取其他调查措施的权力。鉴于网络犯罪的跨国性和电子证据的易变性，各国司法部门必须加强国际合作。这也意味着各国需要在实体法和程序法两个方面加强协调，增强兼容性和互惠性。《布达佩斯公约》为这一问题的解决提供了方案，公约做出如下要求。

（1）将对计算机数据和系统的攻击行为犯罪化（非法访问、非法截获、数据干扰、系统干扰、滥用设备[77]）和以计算机系统作为犯罪手段的行为犯罪化（包括与计算机相关的伪造和欺诈、[78]儿童色情[79]以及侵犯版权和相关权利的行为[80]）。

（2）制定相关程序性立法以确保主管当局能以有效的方式对网络犯罪开展调查，并能安全地保存易变的电子证据（包括及时保存数据、检查计算机系统扣押相关设备和截获相关通信）。

（3）缔约国各方通过签订一般性条款和具体性条款，建立有效的国际合作。一般性条款包括引渡和司法互助。具体性条款包括及时保存数据、访问计算机存储数据、截取数据、创建一个每周 7 天每天 24 小时的全天候接触点。

如前所述，虽然《布达佩斯公约》由欧洲委员会制定，但它已经成为一个全球性的标准。除了大多数欧洲国家已经签署该条约外，加拿大、日本、南非和美国也批准了该条约，阿根廷、澳大利亚、智利、哥斯达黎加、多米尼加、墨西哥、菲律宾和塞内加尔被邀请成为缔约方，一些没有加入公约的国家也将其作为改革本国网络犯罪立法的一个指引。

同样，就洗钱方面的金融调查和相关措施，各国在加强国内立法和采取有关措施时，也应加强与国际标准的对接，如 FATF[81] 提出的 40 项建议，以及欧洲委员会《关于洗钱、搜查、扣押和没收犯罪所得与资助恐怖主义的公约》。[82]

7.5.2　网络犯罪报告

相关的公共和私营部门，特别是刑事司法机构，必须掌握必要的信息，以监测和侦查网络犯罪，并能够依靠这些信息来判断所接收的一些明显轻微的个案信息是否属于所监测的重大犯罪行动计划中的一部分。相关部门正越来越多地利用报告这些网络犯罪的信息系统，如美国的网络犯罪投诉中心[83]、瑞士信息安全中心[84]、英国全国欺诈犯罪报告中心[85]。欧洲刑警组织也正在建立网络犯罪在线报告系统（Internet Crime Reporting Online System，I-CROS）。法国政府与私营部门合作开发了一款名为"信号垃圾邮件"的反垃圾邮件软件，允许互联网用户在线举报垃圾邮件，举报信息会被记录在一个单一数据库中，刑事司法机构和监管当局可以用这些数据进行调查，其同时也为加强互联网安全和电子邮件安全研究提供服务。[86]

7.5.3　金融业风险管理

金融机构制定与洗钱有关的风险管理一般准则已经有一段时间了。[87]一些组织还制定措施管理与互联网相关的特定风险，如建立集中式数据库以验证相关交易的关联性、双因素身份验证和监控"钱骡"账户活动。支付卡行业为商户、处理器和金融机构制定了安全标准，[88]并为商家制定了风险管理指南。[89]商业网站和互联网支付系统正在经常性追求积极的基于风险防范的管理方法，其中包括建立一套侦测异常交易活动的模型（Financial Action Task Force，2008）。

7.5.4 域名注册主管机构和域名注册者勤勉尽责义务

僵尸网络、非法网站内容的托管和其他网络犯罪之所以能够猖狂，原因在于这些网站注册了域名，但在其注册时域名管理机构未能勤勉尽责。[89]例如一些注册人的信息无法被识别或录入"哪里有谁数据库"（WHOIS database）[90]的信息不准确。[91]有些服务商提供防弹托管服务，这就意味着它们为犯罪活动提供了保护，拒绝与执法部门协作。[92]

2009年，相关执法部门提出了一系列建议并形成了《执法部门关于互联网名称与数字地址分配机构（ICANN）[93]注册认证协议的修改建议和尽职调查建议》，[94]并根据该项建议以及发现的其他一些问题，要求ICANN对域名注册主管机构和域名注册者开展尽职调查，并保证所收集数据的准确性、完整性。[95]2010年6月，该建议获得了ICANN的政府咨询委员会的支持，委员会建议ICANN董事会采纳这些建议。[96]

7.5.5 专业机构和跨部门合作

许多国家都已经建立了金融情报机构。[97]这些情报机构接收、分析和提供有关洗钱和恐怖融资的情报，并协助进行资产追回和财务调查。

近年来，各国政府也开始建立专门的起诉机构和打击高技术犯罪的警察部门，负责调查和起诉网络犯罪。显然，负责调查欺诈、经济犯罪、金融犯罪的部门与负责调查网络犯罪的机构之间合作越密切，打击网络欺诈的成功率就越高。

7.5.6 公共机构和私营部门之间的合作

打击网络经济犯罪活动至关重要的信息都掌握在私营部门（包括银行、支付机构、在线银行服务平台、汇款机构），以及不同类型的网络服务提供商，域名注册管理机构和注册与研究机构，主动打击网络犯罪的机构以及其他一些各种各样的行业手中。[98]因此公共部门与私营部门之间的合作和信息交流会对打击网络经济犯罪活动产生重大影响。美国[99]、荷兰[100]以及其他一些国家在金融领域中建立的信息共享和分析中心（Information Sharing and

Analysis Centers，ISACS）是这方面比较成功的模式。为加强执法部门和互联网服务提供商之间的合作，欧洲委员会会于 2008 年制定了执法准则，进一步完善了双方在调查网络犯罪方面进行合作的行动指南。[102]

7.5.7 培训

今天，更为重要的是，大多数犯罪活动都会涉及信息技术，从而产生电子证据问题，这种趋势在未来会更加明显。因此，执法人员、检察官和法官都必须具备网络犯罪和电子证据方面的一些基本知识。有些人可能还需要更高级的培训，少数人在网络犯罪方面应该具备高度专业化的知识。在欧洲，多年来一直由欧洲网络犯罪执法培训与教育集团（European Cyber Crime Training and Education Group，ECTEG）协调有关网络犯罪与计算机证据取证的执法培训工作，他们持续培训了大量的执法人员。[103]

根据需求采取有针对性的培训措施，通过现场培训、网络培训和其他专业性培训使法官和检察官能正确地处理网络犯罪，恰当使用电子证据——为实现这一目标，欧洲委员会于 2009 年通过了一项"法官和检察官网络犯罪培训要求"，要求将这种培训纳入国内培训项目。[104]

7.5.8 有效的国际合作

网络犯罪是跨国犯罪，同时也是一种在互联网上转移经济犯罪资金的行为。《布达佩斯公约》、《华沙公约》和 FATF 建议等文件，为各国加强合作有效保存易变性证据提供了国际标准。然而，各国还没有充分利用这些文件所提供的机会。例如，根据八国集团高技术犯罪小组的经验，《布达佩斯公约》第三十五条要求各缔约方应建立 24/7 小时全天候全时段的联系点。

《布达佩斯公约》第三十五条全天候工作网络——（1）每个签约方应指定一个一周 7 天、每天 24 小时的联系点，以确保在进行与计算机系统和数据相关犯罪调查或起诉时，或收集犯罪的电子形式证据时提供即时协助。在其国内法律和实践允许的情况下，这种协助可包括下列行为：（a）提供技术意见；（b）依照第二十九条和第三十条的规定保存数据；（c）收集证据、提供合法信息以及定位犯罪嫌疑人；

（2）（a）签约方的联系点应具有与另一签约方的联系点实现快速

通信的能力。（b）如果签约方指定的联系点不是签约方的组成部门或不是负责国际协助/引渡的组成部门，应确保联系点能够与上述机构进行快速合作。

（3）为了推动该项工作，签约方应确保已对联络点的工作人员进行培训并配备必要的设施。

其他重要的合作渠道包括国际刑警组织的 24/7 小时的全球通信系统及由 120 多个国家的国际计算机犯罪国家联络中心（National Central Reference Points，NRCP）的指定人员构成的联络网络。然而，许多 24/7 的联系点和国家联络中心并没有完全运转。[100]许多问题还有待解决：

（1）私营部门如何与其他国家的执法机构合作？

（2）作为金融情报中心的艾格蒙特组织（Egmont Group）[101]、负责资产追缴的卡林网络（CARIN）[102]等组织，在与网络犯罪相关的信息交换中扮演什么角色？

（3）由于云计算允许在个人计算机以外的境外或未知地址的服务器上存储数据和应用程序，那么执法人员如何获取这些数据以及确保证据安全？[103]

7.6　小结

不能因社会对信息和通信的依赖而夸大网络犯罪和其他信息安全犯罪给世界造成的威胁。信息与通信技术和互联网的发展为犯罪提供了前所未有的机遇，降低了在全球范围内组织和实施犯罪的成本和风险。但与此同时，不同部门、不同国家和地区以及公共部门和私营部门之间的合作障碍，以及在打击犯罪方面的技术和资源限制，影响了刑事司法机关对网络犯罪的打击能力。不法分子将继续开发新技术、寻找漏洞并调整犯罪对策。网络犯罪和信息社会将继续在一个生态系统中并存。

据执法部门的报告，目前，大多数网络犯罪是以获取经济利益为目的的经济犯罪。调查、扣押并没收与犯罪相关的资金是打击网络犯罪的一个关键性策略。只有加强反网络犯罪机构、反洗钱机构、金融调查机构、金融部门和信息通信技术行业的合作，才能取得打击网络犯罪的成功。

打击网络犯罪的《布达佩斯公约》、FATF 建议，以及欧洲委员会《关于洗钱、搜查、扣押和没收犯罪所得与资助恐怖主义的公约》为共同打击网络犯罪提供了基础。

第8章 有组织犯罪、黑手党、白领犯罪和腐败

阿里耶·安蒂诺里

8.1 引言：有组织犯罪与黑手党的简要比较

在我们探讨黑社会犯罪尤其是意大利的黑社会犯罪、白领犯罪与腐败的关系之前，对有组织犯罪和黑社会组织之间的区别要有一个清晰的认识，两者之间的差异主要体现在各自的特点上。

有组织犯罪特点：

（1）组织结构；

（2）掠夺性目的；

（3）敏捷迅速的流动性，犯罪手法较为稳定；

（4）主要从事刑事犯罪；

（5）不太关注特定的政治、体制和社会背景；

（6）很少与本地小型犯罪团体有联系，如果需要的话，也仅限于"租用"当地犯罪团伙的人员，通常很少介入本地的社会生活；

（7）组织结构建立在一种基于"协议"的利润分享约束机制之上。

黑手党组织特点：

（1）权威性组织；

（2）金字塔或多金字塔层次结构；

（3）深度融入地方的政治和社会之中；

（4）具有同时操控多个市场和领域的能力；

（5）血缘关系是其建立的基础；

（6）自上而下的内部通信流程。

在黑手党组织里，家庭关系是保持成员凝聚力的主要因素。此外，如忠诚、尊重和荣誉等文化、情感，以及宗教价值观等也是黑手党组织建立的重要基础。

其他不同适用于意大利的情况及其特殊的黑手党犯罪集团。区别 Mafia 和 mafia 非常重要。大写字母 M 开头的黑手党犯罪组织，通常指的是西西里黑手党，其中一个非常出名的黑社会组织叫科萨诺斯特拉黑手党（Cosa Nostra）；以小写字母 m 开头的黑手党犯罪组织，则涵盖了意大利所有的黑手党。

意大利目前拥有一套传统的黑手党犯罪组织划分体系，如西西里的科萨诺斯特拉、卡拉布里亚（Calabria）的恩德拉赫塔（Ndrangheta）、坎帕尼亚（Campania）的卡莫拉（Camorra）和普利亚（Puglia）的圣冠联盟或圣日耳曼尤纳（Sacra Corona Unita）。这些组织发展了与意大利之外的有组织犯罪结构的联系与交易，特别是发展了与俄罗斯、乌克兰、阿尔巴尼亚、摩尔多瓦、中国和尼日利亚的有组织犯罪的联系。

意大利政治经济和社会研究所（Eurispes）2008 年的报告以全球洗钱市场的资本和利得流动为依据，评估意大利本地黑手党的财富大约在 1300 亿欧元。全球洗钱市场通过“灰色金融”融汇犯罪所得并进行清洗。黑手党组织正越来越热衷于拦截区域的、国家的和欧盟的基金。

意大利的公共行政体系非常复杂，其由众多地方机构和国家机构以及大量的公务员组成。2009 年，欧盟下设的反腐败国家联合会（Group of States against Corruption，GRECO）发表了第一份有关意大利的腐败报告。该报告称由于缺少对意大利黑手党犯罪进行有效打击的法律制度保障，因此意大利腐败案件上升。该报告将这种情况视为意大利司法体系的“严重缺陷”，因为它极大地降低了运用刑事法律打击腐败犯罪的效率和公信力。

对国际腐败的分析需要深入了解腐败的总体规模、与腐败相关的各个方面（社会、经济、文化），了解分析所使用的方法、法律程序、风险和预防环境。在分析腐败现象时，当上面所提到的因素与特定的黑手党利益相关时，更需要引起关注。

本章的目的是揭示黑手党的复杂性。虽然黑手党总部设在意大利，但黑手党组织和犯罪活动遍及欧洲多个国家，尤其是北欧的一些国家。这些国家由于缺少对黑手党历史、社会和政治根源的深刻认识，低估了其所带来的风险的严重性。其结果是，这些国家很难采取适当的措施，如预防性监管、政治和道德干预等措施，以解释和应对黑手党犯罪及与其相关的其他犯罪。

8.2　意大利黑手党的发展历程

使用暴力或谋杀来获取收益对黑手党来说已成为历史。通过"收买"政府官员，与政府官员合谋获取利益已成为一种新的手段。意大利多个反黑手党活动的民间组织，自发组建了反黑手党组织管理机构。该机构表示，腐败、偷税漏税和允许黑手党组织利用非法活动获取的大量"黑色"利益进行再投资的非法经济活动的存在，已经对整个国家体系造成了严重的损害。

2007 年，黑手党掌控的财产已经达到 850 亿欧元（约占意大利国民生产总值的 7%）（Confesercenti，2007）。黑手党因此也被认为是"意大利第一大公司"。它为南部地区人口提供工作机会（为卡拉布里亚提供了 27% 的工作岗位，为坎帕尼亚提供了 12% 的工作岗位，为西西里岛提供了 10% 的工作岗位，为普利亚提供了 2% 的工作岗位），并使意大利付出了 370 亿欧元的代价——相当于卢森堡的国民生产总值。[①]黑手党已经逐步深入到垃圾处理、商业交易、房地产、医疗保健、食品加工以及其他一些高利润的行业当中。黑手党被认为是全球化黑市、国际贩毒、高利贷、勒索、非法移民和人口贩卖的领导者。

通过与政府官员和议员尤其是南部地区的政府官员和议员勾结，黑手党的权力得到了进一步的巩固和加强。一个重要原因是当前意大利政党处于弱势，政党的影响力已远不如从前。因此，通过参与政治所获取的利益减少了。权力的丧失导致许多官员采取"自扫门前雪"的政治态度，这进一步增强了腐败的可能性。

目前，黑手党主要在两个层面上参与经济和金融犯罪：①在微观层面上，控制和管理地方经济系统；②在宏观层面，渗透到全球金融网络。在经济领域中区分合法和非法的经济行为非常困难，这也为黑手党从事经济犯罪提供了条件。黑手党在经济领域影响力的加强，对民主和市场公平竞争的环境都造成了威胁。

黑手党逐渐从一种有组织犯罪体系演变成一种能够行使国家强制权力的

无形力量。在一个民主的政治体系中，强制权力是国家的一种独有权力。在意大利南部的一些贫困地区，甚至在更富裕的北部地区，黑手党几乎取代了政府。在获得权力后，黑手党俨然成为当地的主宰，渗透到社会的肌理之中，并通过合法企业和非法交易等方式将其利益范围渗透到整个欧洲。由于国家无法对其进行监督或控制，因此也可以将他们定义为"安全的企业家"（security entrepreneurs）。黑手党组织意识到，不能像与墨西哥毒贩进行火拼那样的方式来与国家对抗，所以它们逐渐承担了国家的职能和权力，并用这些职能来控制其势力范围。在地方一级，这种对国家权力的窃取是通过与行政机构和议员的勾结完成的。黑手党的蜕变经历了以下四个阶段。

迅速发展阶段——20 世纪 60 年代至 70 年代是黑手党势力扩张时期，其势力和犯罪网络开始在全国蔓延。

紧张气氛策略阶段——20 世纪 70 年代至 80 年代，黑手党通过有选择性地实施刺杀行为，在全国制造紧张气氛。

大规模屠杀阶段——20 世纪 80 年代至 90 年代，黑手党杀害法官法尔科内（Falcone）和波塞利诺（Borsellino）的行为，被视为恐怖主义行为并显示了黑手党的反国家倾向。

融入国家制度体系阶段——从 20 世纪 90 年代开始，黑手党开始渗入政府中，在政府内部形成了一个黑色的"地下组织"。

由于全球经济危机在各个方面造成负面影响，因此无论是公司还是个人，都处于一种经济上的不安全状态，而这恰恰为黑手党所利用，他们通过劝说、提供条件、威胁甚至镇压等方式，在经济领域形成了一种无形的力量，并利用跨国公司转移财富。黑手党主要通过三个步骤来获取和转移非法财富：①利用合法公司掩盖非法业务；②将合法资金与非法所得混合后，进行合法投资；③从事交易和经营非法企业。

西西里黑手党或科萨诺斯特拉黑手党的转型，被视为意大利黑手党战略转型的典型例子。针对 1992 年黑手党大屠杀等暴恐行为，政府开始对黑手党进行打击，此举对西西里的黑手党造成重创，大屠杀的许多参与者被捕，还有许多逃亡的人也长期被通缉。科萨诺斯特拉黑手党开始尝试改变，清洗其犯罪分子的形象，改变其以暴恐为主的犯罪策略，转为低调的、不太引人注目的犯罪活动，尽量减少自己身上的犯罪标签。其目标是①获得意大利南部公民的支持；②转移执法机构和其他反黑手党组织的关注。现在，黑手党老大一般也只同意在极个别的境况下有选择地使用暴力行为，而且多是针对其内部成员。黑手党与当地有组织犯罪集团不同，它们将自己定位为政治和社会管理的参与者，并通过贿赂政府公共行政部门和地方政权的官员来实现其管理社会经济的目的。

8.3 "以钱生钱"

黑手党的经济和金融生态循环系统的特点是"以钱生钱"，包括①从非法活动中获取和积累资金；②使用金钱贿赂；③在新的经济领域中创建企业拓展业务；④对资金进行清洗，使资金转变为资本。这些步骤将犯罪、政治和经济整合到一个系统中，从而对公共政策进行系统规划。

经济和金融服务的国际化、技术的进步、地缘政治的变化以及各国法律之间存在的差异，为有组织犯罪集团尤其是黑手党提供了有利条件。插手环境领域成为黑手党这些年来投资和经营的一个主要趋势，近十几年来，出现了一种特殊的欧洲黑手党，被称为"生态黑手党"（ecological mafia）。近些年来黑手党经营的环境领域包括①混凝土行业生态链，包括水泥原料的开采、混凝土生产和城乡非法建设；②垃圾产业链，包括垃圾清理、运输以及对有害垃圾的处置；③对包括管制危险品在内的非法垃圾的处理。

建造公共工程和服务外包合同，为犯罪渗入公共机构提供了条件。几年前，黑手党开始招募专业人员和管理人员来掩盖其肮脏的业务，从而使其犯罪企业获得外在的合法性。黑手党通过招募高校大学生加入，完成了组建具有高素质的第一代企业管理者的目标。

对腐败与黑手党犯罪之间关系的分析，有助于理解黑社会组织和制定防范对策。黑手党渗透到意大利南部许多市政当局，这是黑手党在这些地区势力加强的一个信号。在制定对策时，应当考虑一些关键性因素：①熟人、家人和其他亲人与黑手党之间的关系；②犯罪记录；③在商业领域的违法行为；④对违法建筑和垃圾处置无进展；⑤在公共采购领域进行非法投资；⑥缺乏政府控制。

现代黑手党已不再是掠夺性的"食肉动物"，而且已经变成企业家。它控制的不仅仅是一个领地，还管理整个细分市场。经济危机和高利贷腐蚀了整个经济领域，自由市场的支配作用已不能发挥主导作用。在公共建筑领域，政府向黑手党控制的企业支付了巨大的成本，但豆腐渣工程仍大量存在。2009 年，意大利银行向所有在竞争性投标的中标企业支付的公共建设资金约为 794 亿欧元（约占意大利国民生产总值的 6%）。[②]

21 世纪意大利北部地区的黑手党，可以被称为"白领黑手党"（white collar mafia）。它所奉行的"沉默法则"（code of silence）是连接过去和现在的不变因素。尽管其主要活动领地在西西里岛，但其资产却遍布南部的四个地区。黑手党不再能够渗透意大利的经济和社会结构，它无法整体融入其中。

8.4 "糨糊系统"

在特定的商业习惯和当前的经济条件下，分析黑手党文化是一件非常有趣的事情。多年来，黑手党通过无视规则的违法犯罪行为获取利益，并通过让银行参与其"肮脏"的非法交易来增强其权力。全球化是帮助黑手党将犯罪领域、权力和商业的阴暗组合扩大到所谓的"灰色经济地带"或"糨糊系统"（jelly system）的一个关键因素。在黑手党所操控的经济业务中，很难区分哪些是合法和经济上稳定的，哪些是非法的；哪些人是诚实的，哪些人是不诚实的。因为从表面上看，这些企业都是合法的，企业的关键人物都是合法商人，但事实上却是黑手党的利益代言人。

在经济下行期间，意大利的银行严控贷款，客户很难从银行取得资金，这导致很多贷款人不得不向非银行体系进行融资。在当前的金融危机中，黑手党控制着经济和金融系统，相比于银行和政府而言，黑手党手里控制着大量的流动资金。我们可以将黑手党视为一个完整的犯罪体系，在这个体系中既有国际化的犯罪组织结构体系，又有政府官员、政治家、律师和司法系统以及其他政府机构的人员。

黑手党通过非法活动获取大量资金，这些资金被清洗后成为支撑黑手党业务不断发展的稳定基础。黑手党经济的不断壮大，形成了与正规经济平行的一股经济向心力。这吸引了那些以前从未从事过犯罪活动或支持犯罪活动的中小企业者。黑手党和腐败是非法经济体系中相互关联相互依存的因素。非法经济的发展，破坏了市场经济的竞争驱动力和自由市场的法治环境。

腐败的系统性特征，为黑手党的社会亚文化融入跨国性企业提供了根深蒂固的文化背景和亚文化滋生的土壤。腐败损害了意大利社会的自尊、信任和国际形象。这种消极的社会环境限制和阻碍了年轻人的职业规划、外国投资以及新一代对政府机构的信任。简而言之，黑手党活动耗尽了意大利的经济活力，使意大利经济体系的形象变得黯淡无光，且抹黑了意大利的国际形象。

此外，透明国际（Transparency International，一个负责监测和评估公共部门透明度的国际组织）认为，低效率和猖獗的腐败造成了意大利经济体系的崩溃。在政府廉洁和反腐败排名方面，2010年意大利在178个国家中排名第66位，比2009年排名落后了4位，比2008年落后了12位。[③]事实上，意大利排名低于卢旺达和萨摩亚。腐败感知指数（Corruption Perceptions Index，CPI）被国际上公认是一项较为可信的衡量腐败程度和政府公共管理能力的指数。在指标设定中，一国经济健康情况是最为关注的一个分指标。对国家廉洁情况的打分从0到10，其腐败情况依次降低。意大利每年的偷逃税在1000亿欧元左右（占其国内生产总值的1/5），偷逃税严重的地区开始由北向南转移。在意大利，媒体所报道的丑闻削弱了公众对政府机构的信任，特别是在经济危机严重的时候，这种状况会产生"多米诺效应"影响到欧盟其他国家。

在过去的10年中，白领犯罪、腐败和黑手党一起创造了"糨糊系统"，该系统基于企业家、商人、政客、执法人员和其他公职人员、承包商和供应商之间形成的寡头政治的执政集团的交易。腐败转移了卫生健康、教育、发展和研究的重要资源。

制定打击腐败犯罪的有效策略需要对腐败犯罪现象、腐败犯罪发展动态、犯罪方式、参与者和受害者有深入的研究。由于腐败犯罪花样百出，最重要的是极具隐蔽性，很难对其有深入的了解。因此，很难制定一个有效的战略以打击经济领域的有组织犯罪和腐败。

对如何评估经济层面的腐败成本以及腐败给公众服务造成的损失，意大利缺少足够的认识。没有人知道政府官员的腐败风险程度有多高。此外，对腐败犯罪及其受害者也缺乏了解。因此，很难确定黑手党已经在多大程度上渗透到政府之中。这种现象的复杂性使确定与黑手党有关的腐败程度到底有多大极为困难。除非腐败的某一环节暴露，否则很难被发现。腐败很难像暴力犯罪一样引起民众的关注。可能是出于收视率的考虑，意大利的新闻媒介很少报道腐败犯罪新闻，更多的则是报道与腐败相关的八卦事件，这是一个可悲的事实。

很少有关于白领犯罪和黑手党关系复杂性的报道。我们需要一些具体的预警指标。据 2009 年欧洲晴雨表（Eurobarometer）估计④，截至 2008 年，17% 的意大利公民成为腐败的对象，而欧洲的平均水平约为 9%。目前，意大利腐败的一大显著特点是，相当大量的犯罪都是危害公共行政的犯罪，这往往与该罪的既有涉罪案例相冲突。

通过将跨越 20 世纪 90 年代的"金盆洗手"（clean hands，清白原则）反腐败调查的各种统计和司法来源的数据结合起来，以弥合"老的"和"新的"腐败类型之间的差距，或许可以对意大利腐败有一个明确的（如果相似的话）"描绘"。犯罪集团采取多种复杂先进的技术转移权力当局的关注，使非法收益看似干净，所需的清洗程序朝多样化发展。

腐败——针对公共利益的一种犯罪。可以将腐败行为定义为代表一个国家及其公民的公职人员的非法契约。腐败是公职人员为本人利益或第三方利益收取职责以外的报酬（依法履行公职的行为除外）。在这一行为中，即使行为人未收到金钱或财物，腐败行为依然成立。

索贿——一种反向受贿的腐败行为。索贿是指公职人员滥用职权，迫使当事人向该公职人员或第三人提供（或承诺提供）金钱或其他财物，以换取公职人员做出违反其职责要求的权力行为。索贿是公职人员对依法有权获得法律服务的公民的一种勒索。

贪污/侵吞公款——公职人员侵占其依职权保管的公共财物或他人财物的行为。这是一种官员对纳税人钱财侵占的行为。

根据阿尔伯托·范努奇（Alberto Vannucci）的说法，当人们对非法收益见怪不怪的时候，腐败"不仅仅是挖公共预算的墙角，而且还产生民主赤字的危险"。通常情况下，涉及腐败的犯罪需要大量的资金，这些资金通常都不会计入企业正常的会计体系中。据估计，2008 年和 2009 年，由于腐败者和行贿者之间建立起来的攻守同盟使意大利的腐败增长了 229%（Corte dei Conti, 2010）。然而，尚未被发现的腐败行为的"犯罪暗数"（dark figure）是一个永远的未知数。

对黑手党的调查显示，意大利黑手党对经济领域的渗透以及黑手党涉足金融犯罪、商业犯罪、与滥用权力有关的犯罪利益已经达到了令人吃惊的程度。不幸的是，近几年来，立法机构对这些犯罪的重视程度在降低，相关的判决也在逐渐减少。2001 年通过的第 61 号法律——《西拉米刑法》（Cirami law），降低了对欺诈性犯罪的刑量幅度。法院相关犯罪判刑的人数从 2001 年的 419 人降低到 2008 年的 68 人（Biondani，2010b）。对 1996~2006 年的一项犯罪记录的分析表明，腐败案件刑事判决数量的峰值出现在 1996 年，当时达到了 1700 件，到 2006 年做出有罪判决的案件数量降低到 239 件。这一骤降的趋势令人震惊，这说明近年来意大利的政治经济体系已经受到严重的侵蚀。这种状况在卡拉布里亚地区尤其严峻，其恶化的形势更是令人难以置信。恩德拉赫塔仍被认为是目前世界上最强大的黑手党。其组织严密到几乎不可渗透的地步，而且其活动非常隐密，分支机构遍布卡拉布里亚的各个地区，包括政府机构。然而，非常有趣的是，犯罪统计数据却显示，卡拉布里亚黑手党与当地政治和公共部门的腐败之间没有多大的联系。

2010 年，在司法系统年会的公开演讲中，意大利审计法院院长图利奥·拉扎罗（Tullio Lazzaro）说腐败就像是"阴影或雾一样，笼罩着这个国家最重要的国家机构和最勤勉的工作人员，像风一样缠绕卷动，吞食一切"。事实上，一个名为"切线"（tangentismo）的非法支付系统被相关部门制度化。非法收益构成一种无形的功能，它控制和侵蚀着地方政府的政策制定和运行机制，涉及采购供应、城市规划、行政许可和拨款申请等领域，进而产生了特定的后果。

（1）对意大利和外国企业家的负面影响：他们到其他国家投资，避免非法收益；

（2）缺乏年轻意大利企业家的支持，其将创新活动转移到其他国家进行；

（3）一种自我实现预言的消极实现（由社会学家定义为直接或间接地成为真实的预测），起因于市民与公共行政管理的关系，这种关系涉及非法收益；

（4）延误或无法完成公共工程，导致成本大幅增加；

（5）选民缺乏参选能力导致在民主政体中民众诉求表达不足，出现"选举掺杂"（electoral doping）以及在竞选活动中不受约束、肆无忌惮的政治赞助。

贪腐者表现出了扭曲的嗜好。系统化的经济违法和黑手党活动增加了社会成本和道德成本，致使市场失去了对违法风险的管理能力，破坏了市场主体之间的信任关系。简而言之，腐败破坏了基本的民主价值观，如①透明，政府的透明度必须是无形的；②平等，因为腐败的核心功能是提供利益关系，腐败破坏了政府为公民提供服务的平等性。

腐败在一个系统中蔓延造成的其他重大损害影响了国民经济、政治、国家形象以及人们对未来的希望。有罪不罚的感觉和腐败不会受到惩罚的概念造成了一种"有罪不罚综合征"（impunity syndrome），进一步拉大了现实中发生的腐败行为的数量与报告中的腐败数量之间的差距。

在与腐败的斗争中，政府的透明度发挥着核心作用。根据意大利宪法第97条的规定，公共行政管理机关依法行使职责，"因此，……这是好的过程和确保不偏不倚的公平的实现……"⑤随着时间的推移，这种良好的过程理念和确保公平的措施有了不同的含义，不管是立法议程的掌控，还是司法裁判都具有不同的意义。良好的过程理念已经成为效率、有效性和成本收益（就是所谓的3E，Efficienza，Efficacia 和 Economicità）的保证，也许我们还能再增加一个 E，即伦理道德（Ethics）。透明度的价值在于推动公共权力机构将其行动公之于众，即使在宪法中没有明文规定。

几十年前，设置机构的动议一般来自经济界，其目的是加强行政控制并使其与公共事务的关系合理化。从组织的角度看，公共行政管理透明度的扩大，在某种程度上讲，是通过公共记录的计算机化和数字化来实现的。2009年，意大利撤销了反腐败高级委员会（High Committee against Corruption），并设立了反腐败和政务公开服务局（Anticorruption and Transparency Service）。⑥根据意大利于 2009 年通过的第 116 号法令第 6 条的规定，该条援引《联合国反腐败公约》（United Nations Convention against Corruption）第 5 条的规定，反腐败和政务公开服务局将作为打击腐败、伪造、扣押货物、高利贷、回收利用违法财物的全国性权力机构。

反腐败和政务公开服务局每年能获得 200 万欧元的财政支持。其信息主要来源于内政部在 2004 年建立的调查系统（System of Investigation，SDI）。

该系统接收警方的所有犯罪报告，包括宪兵、警察、反黑手党调查部门、财政警察、国家森林警察、海岸巡逻警察、海岸警卫队以及地方警察等部门。SDI 能够实时采集来自各个方面报告的与腐败相关的数据，并对数据进行及时校验，这大大提高了工作效率和数据的准确性。不足的是，SDI 无法获取涉腐案件的详细信息，只能接收警方所报送的信息。

审计法院采用或者报告给刑事警察部门的其他数据，并未合并到 SDI 中。例如，司法部或其他部门关于犯罪的统计数据中，不包含由法官直接起诉的案件的数据。其他执法部门和机构如公共工程管理局（Authority for Public Works）也不记录相关的犯罪统计数据。使用和解释调查系统机构系统数据的主要问题是，相关机构的报告仅涵盖诉讼特定阶段的数据，如初次报告的数据和审判、判决或者认罪请求阶段的数据，因此 SDI 的数据是片段化的不完整数据集，对来自不同数据库的数据缺少整合，是不协调的时态数据库，有些数据录入严重迟延，甚至滞后超过一年。所有这些因素都降低了数据使用价值，使数据分析变得复杂。

1996 年意大利颁布了第一部对扣押或没收财物进行管理或指定使用目的的法令。2010 年，意大利成立了"国家有组织犯罪扣押和没收资产管理与目标用途机构"。截至目前，该机构已经收回了大约 1800 万欧元的没收物品，当然这对每年价值 5000 万~6000 万欧元的商业腐败数据来说，只是冰山一角。[7]

8.5　恩惠保护制度：针锋相对的古老实践

基于腐败制度的共生保护关系有着古老的社会文化根源。这种共生保护的恩惠制度（Gratia）具有双重意义：一个人从其他人那里获得的恩惠和给予别人的恩惠保护，源于罗马法无名契约制度中的以物换物（其英语的意思就是"I do so that you do"）。

古罗马元老院由古代共和国的创始人家族和宗族士绅组成。大约从公元前 4 世纪开始，平民阶层进入原本封闭的豪门贵族（nobilitas）阶层。在城市结构/市民阶层发展之前，作为统治阶级的贵族-士绅阶层（nobiles-gentes）结构是共和时期和帝国时代的社会支柱。这种以血缘为基础的稳定的社会结构是不可渗透的，并以此维护人与人之间的关系，为商品和服务贸易提供保护。

在奴隶制盛行以前，平民是生产劳动的主力。他们耕种贵族阶层的土地，如有必要还要服兵役。平民阶层（如自由民）与贵族阶层建立了一种从属关系，由控制罗马社会的贵族阶层为其提供经济和其他方面的帮助。

贵族和平民之间的有约束力的关系被认为是基于诚实或信任（诚实和信任被古罗马人崇拜为神灵）的一种神圣协议。在这种荫庇关系中，以处于社会下层的平民履行义务为关系存续的前提，荫庇关系的存在成为正义的阻碍。通过一个保持缄默的协定，倡议人及其被荫庇的平民都致力于通过诚实信任而不是通过司法系统来处理彼此之间的关系。这种被称为恩惠（patronage）的荫庇关系，起源于公元前 900 年至公元前 800 年间的早期罗马社区，是意大利文化遗产的组成部分，是现代荫庇行为形成的一个原因。

荫庇是一种有用的政治工具。被荫庇者在政治方面必须与荫庇者保持一致。部落首领是一个政治人物，牧师或法官是值得信赖的正确解读信息者（书面文字信息直到公元前 500 年左右出现）。这种互惠的荫庇关系延续了几百年，为形成贵族掌控国家权力的社会结构做出了贡献。国家的利益等于统治阶级的利益，因而统治阶级的利益受到国家的保护。

这种起源于古代荫庇制度的不良社会关系，与现在黑手党内部的组织关系有很大的差异。荫庇者和国家之间的关系构成了一个现代荫庇体系。现代国家观念是政治活动的一个重要功能，所有公民都会尊重它。所有公民都必须服从国家权威，进而从国家获益，我们可以把这种关系视为腐败犯罪。然而，黑手党希望获得优先性权力。黑手党的目标是为一个不受国家权力控制的小团体积累财富。

普鲁塔克（Plutarch）指出，获取非法报酬是古罗马政府十分普遍的一个现象，尤其是帝国时代将为获取自由（liberti）⑧支付赎金的制度纳入官僚管理体制之中，贿赂便成为获取某种服务或面见高官的一个敲门砖。

8.6　20 年之后："金盆洗手"

20 世纪 90 年代初，意大利参与了一项针对政界和金融界的——"金盆洗手"（或清白原则）司法调查行动，揭露了政治和金融领域基于企业和政客之间达成的长期协议而普遍存在的腐败制度。金融界的领袖们向政治家们行贿提供资金系统，以获得公共合同。赋予所谓的第二共和国生命的新政党透露，意大利某些地区的腐败有环境性特征。腐败根深蒂固，腐蚀者都不会主动提出需求，他们只等期望帮助者主动上门。通常的做法是一个行贿之人做出承诺并提供非法收益。当行贿者与受贿者之间形成长期的非法交易合作关系，便形成了一种腐败组织。在腐败交易中，参与者会使用会计造假和"黑色基金"（非法积累的资金）等方式来达到目的。

据最高上诉法院顾问皮尔卡米略·达维戈（Piercamillo Davigo）所说，"金盆洗手"（或清白原则）司法调查行动还没有终结腐败。相反，"镇压机关正在实践着刑事越轨行为的捕食者功能：他们改进了捕食的物种。我们抓住了最慢的物种，那些跑得更快的则获得了自由"（Biondani，2010a）。与已经发生的恐怖主义和有组织犯罪等其他犯罪活动情况相反，打击腐败需要加强特别立法，强化调查工具和司法系统的功能。允许法官采取更强有力行动的立法案没有获得议会的通过，因此，对"贿赂之都"（*Tangentopoly*）[②]（一种基于腐败意识形态及其无处不在的普遍性的现象）的调查，有助于减少意大利的腐败。

8.7 小结

黑手党代表的威胁远远超出了其起源的意大利南部的四个地区。40年来，除了西西里黑手党在西西里岛活动外，科萨诺斯特拉、恩德拉赫塔和卡莫拉黑手党秘密组织一直在意大利中部和北部活动，并利用这些行动基地在欧洲各地开展活动。黑手党在犯罪全球化中起着主导作用。它们成立于意大利南部，其组织扩张已经呈现不可阻挡之势。虽然它们专注于商业和政治，使用恐吓和暴力，但同时也不阻碍国家履行基本职能。

在黑手党的控制下，市场自由消失，经济行为者变得软弱，犯罪垄断迫使就业市场和公司顺从其规则。黑手党通过使用恐惧和暴力来实现他们的目标，对政治、社会和经济结构施加巨大的影响，结果是公众对国家权力的信任丧失。而且，黑手党随后还成为冲突谈判者和问题解决者，并且只有在绝对必要的情况下才会使用暴力，黑手党成员很容易实现隐身，并与合法社会融合。

科萨诺斯特拉、恩德拉赫塔、卡莫拉以及普利亚区的圣冠联盟，以一种小规模的行为方式，巩固了其在国家经济和金融方面的地位，并经常与大型外国犯罪组织合作。为了打击这些强大的国内外犯罪组织，政府和执法官员必须积累有关这些组织运作的知识，并找到有效的方法来处理非法投资引起的指控。黑手党的大佬们更害怕失去他们的财产，而不害怕坐牢。他们知道，金钱保证了其家庭的舒适生活和组织持续存在的可能性。对黑手党控制的财产进行扣押和再分配，可以产生以下三个积极的结果：

（1）削弱黑手党组织的经济力量；

（2）巩固和增强打击黑手党的公众共识；

（3）将黑手党的资产分配给民间社会。

自由主义者联盟（Libera）是一个反黑手党协会，通过耕种没收的黑手党的土地来生产各种产品（面粉、意大利面、油、酒、鹰嘴豆、无花果和西红柿）。自由主义者联盟在一些意大利城市的公平贸易市场上销售这些产品。正如前法官杰拉尔多·科隆博（Gherardo Colombo，2009）所说："我们不需要'新的干净的手'，我们需要一支教师军队来加强民众的诚实。"从社会和文化的角度来看，促进公民的参与以唤醒他们的良知和守法意识的再次觉醒至关重要。

此外，要揭露对腐败和贿赂保持缄默的协定，现在是一个合适的时机，正如国家反黑手党检察官皮埃特罗·格拉索（Pietro Grasso）所申明的那样，采取措施激励那些公开提出腐败指控的人，目的是鼓励打击腐败犯罪和重新利用没收的犯罪资产。这一创新性举措同样适用于那些打击有组织犯罪、恐怖主义、贩毒、恋童癖和其他活动的秘密行动。"廉洁诚实检测"会促使卧底人员为了获得指控结果而索取金钱报酬，其结果会直接导致那些接受非法建议的人被逮捕。

警察和司法没有采取必要措施打击腐败，可能与涉及黑手党的白领犯罪的数量有关。腐败和黑手党构成了一个社会-文化体系，需要在社会和文化层面采取干预措施，包括政治意愿、舆论压力和技术工具等手段。总之，安全和平安在当今社会至关重要，没有它们，就不可能有真正的持续发展。

第9章　法治与金融犯罪

博扬·多博夫塞克

9.1　引言

欧洲和世界其他国家都面临着从现代社会向后现代社会的长期且影响深远的社会转型。从有关欧洲现阶段和未来安全的研讨来看，人们对这种转型还缺乏深刻而透彻的认识。后现代社会的特点是具有不可预测性，在经济、政治和社会发展之间的复杂矛盾关系中，这一特征将更加突出（Wicks，2003）。如今的资本主义社会被认为具有以下特点。

（1）经济、政治全球化与经济、文化帝国主义日益相似。这加剧了所谓的发达国家和不发达国家之间的分化，使不同文化和文明之间的差距拉大，导致恐怖主义的发展，忽视和排斥了社会弱势群体，降低了各国针对本国所面临的具体情况而制定经济和社会发展战略的可能性。

（2）一个新自由资本主义的经济政策，它在社会关系的不同领域（包括那些没有什么可以提供的领域），迫使人们遵循其功能、市场和利润逻辑。

（3）政治和经济一体化的努力——特别是在欧洲地区——有助于培育共同目标和价值，实现多民族合作与和谐共存。但同时也导致了孤立主义、仇外主义、民粹主义，以及思想意识形态和政治（新）保守主义等问题的增加。

（4）社会进程的数字化和信息化正在改变现代世界的基础。我们正在进入一个多标签化的时代，我们可以称之为信息时代、数字时代、后工业时代、后现代时代、次现代时代、高科技时代和网络时代。

（5）对社会学的批判和怀疑破坏了这门学科的权威，强调人类对真理探索的相对性和局限性。

（6）"哲学中批判的后现代方法的出现强调了这一立场，即理性不仅被定义为历史发展的中心进步力量，而且还或多或少地以一种微妙的方式成为不同历史时期具有不同意识形态和政治背景的社会主角主导和保持其社会地位的一种工具。这种趋势破坏了现代启蒙运动关于科学和理性主义在人类解放中的独特作用的"宏大叙事"（big story）的基础。

（7）社会价值观和生活方式的转变增强了人们生活的便利性和多元化，也导致了思想、宗教、道德传统的多元化。

（8）天文学、物理学、遗传学和医学方面的一些重大发现，一方面使关于宇宙和人类的自由思想观点的对立更加尖锐，另一方面也或多或少地加剧了教条（保守）主义思想观点的对立。

（9）新的复杂的形势对个人和集体的安全产生密集和深远的影响。各种类型的金融犯罪成为个人与集体安全的新威胁。

9.2　法治规则

在这一点上，有必要审视与现代社会面临安全和风险威胁的最重要国家机构相关的问题。有关这个问题的讨论仅限于法治层面，实际的问题是各国议会能在多大程度上对全球安全政策施加有效的影响，能在多大程度上处理国际组织或超国家政治组织中复杂的全球安全问题，能在多大程度上有效地应对各种安全挑战，并保护本国的国防安全和军事联盟安全。笔者认为，无论是对公共部门还是私营部门的立法和监督，各国议会都应发挥比过去更积极的作用，促进必要的社会结构变革，以遏制金融犯罪。

9.3　有组织犯罪

在对现代社会的趋势进行分析时，我们会很明显地发现政治经济、利益冲突、游说以及对司法和法律诉讼程序的政治影响，极有可能会破坏民主和法治的原则及进程。地方性腐败破坏了人的尊严和政治平等的基本价值观，使人的生命权、人格尊严权和平等权缺乏有效的保障。社会的转型过程为快速和便捷地获得利益提供了可能。作为经济犯罪的一部分，腐败不仅发生在贫穷国家，在全球范围内都存在。

在探讨金融犯罪与有组织犯罪集团所实施的其他犯罪之间的关系之前，我们需要明确一点，即有组织犯罪与公共或私人部门活动之间的区别和界限是非常模糊的，犯罪集团所实施的合法活动和非法活动常常交织在一起。有组织犯罪集团也会进行合法投资，尤其是向中小企业的投资，与其他机构的合法投资没有差别（Ruggiero，2001：65-67）。此外，有组织犯罪集团与一些无犯罪记录的"清白公司"、政治组织、秘密组织的成员、媒体人士、银行家和其他一些有权有势的个人或团体建立起强大的关系网，是其扩展势力范围、改进运作方式以及扩展业务赚取更高利润的一个非常重要的手段。

罗林森（Rawlinson，1998：242-246）划分出将有组织犯罪纳入法律结构的四个发展阶段。第一阶段是被反应阶段，有组织犯罪在经济、政治安全和稳定的情况下活动，因此不必与其他帮派谈判。第二阶段是被动同化阶段，有组织犯罪与需要"阴暗部门"为其提供服务的合法组织商谈，由强大的合法组织决定并支配合作的条件。第三阶段是主动同化阶段，有组织犯罪渗透到合法组织中，在可接受的活动和不可接受的活动之间达到危险的平衡，这些活动让两者的界限变得更加模糊。第四阶段是积极主动阶段，有组织犯罪能够影响政治进程，威胁恐吓在他们及目标对象之间的所有个人和组织，并在渗透到合法企业（银行、政党、媒体和其他机构）时成为"变色龙"。

所有这些阶段也适用于与官方正式结构（政治和媒体）保持关联的合法资本企业。在第四阶段，金融有组织犯罪通过改变犯罪网络形态进入法律领域，对抗国家权威机构。这是以精英进行有组织犯罪或形成犯罪网络为特征的阶段。我们可以说，犯罪网络遍及所有国家。

政治学领域的学者对这一问题很感兴趣，有组织犯罪相当于国家权力结构中的一部分，国家本身无法对其进行控制。我们可以认为有组织犯罪是国家权力结构中的第五种权力。它利用资本（腐败）控制国家机构，包括其他权力机构和媒体。在这个阶段，有组织犯罪成了经济和政治部门的依赖，也正是从这个意义上说，有组织犯罪成为第五种国家权力，有组织犯罪利用腐败和勒索对国家的其他权力产生影响。

腐败的管理人员和政治家也可以与有组织犯罪建立关系网，以寻求对国家权力的控制。管理人员和政治家利用这种非正式关系网来破坏民主原则。

这些关系网对民主市场的发展产生了巨大的障碍，促使腐败和其他形式的经济犯罪蔓延。正是在这种情况下，我们将介绍政府俘获（state capture）的概念。

许多经济学家都认为，无效的监管是腐败的主要原因，但监管不力和腐败往往是同一个硬币的两面。监管不力通常都是由腐败造成的（Lambsdorff，2007：9-11）。作为国家控制机构的一个方面，政府俘获的概念进一步扩展了监管俘获的外延。进行俘获的主体并不一定是某一个行业，其主体也有可能是追求自身利益的个人或团体，这意味着监管俘获概念范围的缩小。监管俘获是指通过非正式、非透明和提供优先权的方式，或通过模糊公职人员在政治和商业利益之间的界限，向公职人员非法输送个人利益的行为。而政府俘获是指私营领域内的个人、团体或公司为了获得某方面的优势，通过非法和不透明的手段向政府官员或公职人员输送个人利益，以便影响政府在涉及私人领域的法律、规则和其他政策制定（"游戏"的基本规则）的行为（Philip，2001：4）。

乔杜里（Chowdhury，2004）认为，腐败的下降与凡汉宁的民主指数（Vanhanen's democracy index）相关，而特里斯曼（Treisman，2000）认为，如果一个国家持续处于民主状态，那么其经历民主的时间越长则腐败越少。博利尼（Borlini，2008：73）指出，腐败有可能危及政治和社会的稳定与安全，破坏民主和法治的价值观念，危害社会、经济和政治的发展。此外，国内和国际机构和会议都得出了同样的结论。例如，挪威警务调查局（Bureau for the Investigation of Police Affairs）指出，腐败不仅扭曲了一个国家的经济制度，而且对其政治制度也产生了负面影响。当非正式关系网络的成员选择忽略规则和立法，并只专注于那些有利于自己和其他成员的行动时，其就会成为一个值得关注的问题（Ackerman，1999：3）。正如阿克曼（Ackerman）所指出的那样，国家间的实证研究证实了腐败对经济增长和生产力的负面影响。即使腐败与经济增长并存，腐败还是增加并扭曲了经济增长的成本。

9.4　法治的定义

我们赞同塔玛纳哈（Tamanaha，2004：114-127）关于法治的观点，他认为法治代表了一种特殊的状态，是当今世界将政治理想法治化的最佳模式，但人们对法治的精确内涵尚未达成一致的意见。

对法治的思考可能存在两种方法。一种方法是研究，当法治的每一个特征在过去出现时，对这些特征的发展需要进行监测。第二种方法是思考法治的目标，并对目标实现的可行性进行考量。这种思考是必要的，因为法治的意义现在被描述为良好的、值得期待的和完整的。这就是为什么我们必须将法治作为一种具体而特殊的、非常重要的价值来衡量。

根据奥唐奈（O'Donnell，2004）的观点，法治有三个重要特征：①平等，根据适用于每个人的法律，人人在法律面前都是平等的；②明确，法律必须明确；③公开，法律必须予以公布并能够让民众了解。

络德·宾厄姆（Lord Bingham，2007：69）认为，法治最核心的特征应该是"本国的所有人和国家机构，不论是个人还是公共机构都应受到公开法律的约束，并依据法律的规定享有权利，法院所适用的法律应该是预先公布和公开的"。基于这一认识，他提出了法治的八项原则。

（1）法律必须是可获取的、清晰的、明确的、可预测的（每个人都应毫无疑问知道法律是什么）；

（2）法律的权利和义务，应通过法律的适用而不是通过行使自由裁量权来解决；

（3）法律应平等适用于每一个人；

（4）法律对基本人权必须提供足够的保护；

（5）必须制定法庭程序来解决争议，而无须费用或不会延误；

（6）公务人员必须诚信、合理地行使其（官方）权力，权力的行使必须符合法律赋予其权力的目的，不得滥用权力；

（7）审判程序必须是公正的；

（8）国家必须遵守其在国际法上的义务。

相反，塔玛纳哈（Tamanaha，2004：4）则强调，法治应具备三个主要特征。①政府必须受法律的约束。公职人员必须依据现行有效的法律履行职责，立法权也应受到现行有效的法律制约。②形式合法。法律应当予以公开，能够根据法律的规定进行预判，法律应当平等地适用每一个人并具备确定性。③个体受法律之治而非个人之治。生活受法律规范而非捉摸不定的个人治理，司法机关必须作为法律的特别监护人。

根据民主和法治的具体历史发展，有几种重要的解释适用于关于法治含义的所有讨论。其中最为常用且最有影响力的是三个国家的法治理念及其实践，即英国的法治、北美的宪政和德国的法治。法国法治概念的特点是三权分立。本章将重点讨论对法治的两个主流解释，即德国的法治和英国法治。

9.5　德国的法治

德国法律史上的法治国家概念形成于 19 世纪，并建立在以下两个基本原则之上：形式法治（合法性原则、合理性原则和普遍性原则）和实质法治（对个人自由和权力保护的实质性原则）。但德国的法律理论和实践后来的发展更多的是对形式法治的关注，忽略了人权保护的实质法治原则。一些理论家甚至认为，形式法治本身就已经足够了，由于形式法治遵循程序性原则，依程序适用法律即足以保证法律的正当性与合法有效性。也有人认为，只有这些正式的程序，才是使实体法有效的唯一保障（Cerar, 2009）。

国家与法律制度之间的联系是法治国家的一个基本面。为了防止集权国家/警察国家的出现，国家的权力必须受到限制，权力当局必须始终按照法律明确规定的原则行事，决策权必须依据法律的规定分级行使。

9.6　英国的法治

英国在建立民主的过程中，发展了法治的概念，英国的法治概念与德国的法治国家概念是不同的，英国的法治概念并不直接包含政府。与德国的法治国家概念相比，英国的法治概念使英国的法律相比于政府政策而言具有更大的自主权。从历史上看，法治原则的理念在现代法治原则正式确立之前几个世纪就已经存在了。如果我们将自然法的思想与有限政府联系起来讨论法治的概念，那就必须知道英国一直以来都没有成文的宪法。作为宪法的一般原则来源于司法判决和判例（本质上是法官"制定"宪法），这种区别对于理解英国的法治概念至关重要。个人权利来自使法律具有确定性的先例，因此，在其最初的意义上，法治并不意味着立法权至高无上，这就要求立法机关要服从于由法官创建的普通法（Lauth and Sehring, 2008）。

为了强调这两项原则，我们可以看到，法治被确切地表述为"对国家组织的一种反应措施"。在这些国家组织中，中央政府机构的活动未能按照代议机构事先制定或明确的法律规则行事，不是一种可识别的、适当的法律行为。在欧洲大陆，法治是针对警察国家政府行为的一种反应，在警察国家，行政管理当局（政府）按照其领导人所认为的国家利益行事。根据帕夫尼克等（Pavčnik et al.，2009）的说法，对于警察国家来说，根据内部指导规则足以了解其政府是如何运作的。另外，英国的法治概念将法治政府的权力划分为：立法权、行政权和司法权。

现代法治观念是逐步建立起来的，英国以及之后的北美和欧洲大陆法系国家对法治国家的建立做出了重大贡献。根据全世界普遍接受的现代性理论，欧洲大陆法系的法治国家理论和英美法系的法治理论之间没有本质的区别。如果这一观念是正确的话，那么，法治政府的基本原则包括以下几个方面：

（1）法律应当公开透明并具有平等性和明确性；

（2）法律由选举产生的代议机构通过，并由独立的法院和法官对其适用进行监督；

（3）所有权力机构（包括行政机构和司法机构）都应受到法律的约束。

9.7　腐败与法治之间的关系

到目前为止，欧盟的反腐败努力对那些尚处于转型期的国家影响非常有限。从最广义的角度讲，市场经济的转型与变革，对腐败的滋生蔓延产生了极大的影响。个人乃至整个社会都对获取更大利益而疯狂追逐，将伦理、道德以及一些其他价值观念推到了一边。

导致腐败增加的因素包括以下几个方面。

（1）允许腐败对法治侵蚀的政治条件；

（2）新旧要素并存的政治和经济制度；

（3）有法不遵和法官地位的弱势；

（4）缺乏改革的政治承诺；

（5）非正式文化。

旧的法律和行政机构阻碍新的法律和行政机构有效运行，是转型期国家的一个显著特点。因此，有关研究结果表明，在向市场经济和民主形式政府的转型过程中，腐败会持续增长，这就毫不奇怪了。

由于准备加入欧盟的候选国需要采纳欧盟的法律和相关原则并建立相关的新机构，新旧法律和新旧机构同时运行，产生的问题可能有所改善。但由于旧的法律和机构仍然存在，欧盟的法律在这些国家能否顺利实施可能仍是一个问题。此外，欧盟正在推进减少腐败的政治进程，在某些情况下，却适得其反。例如，在爱沙尼亚和波兰，欧盟试图对其政府进行分权改革，却导致了腐败增加（O'Dwyer，2002：25-27）。在保加利亚，将游说行为简单地法律化却导致了立法的腐败。

东欧国家对法律的漠视源于特定历史时期，未来这仍然是一个主要问题。苏联和东欧的立法可能比西欧还好，但这些法律通常都不会被执行或者只有部分被执行。此外，苏联和东欧领导人认为，他们高于法律，这导致法律的适用不可能平等。关于这些国家1997年议员活动的一项研究报告显示，这些问题仍然是压在捷克共和国、斯洛伐克、保加利亚和乌克兰头上的一座大山。

在一些东欧国家，许多苏联的法律制度仍处于政治控制之下。法官通常由国家元首或议会任命，而非司法委员会（judicial councils）。然而，即使是在由司法委员会任命法官的国家中，司法委员会的委员在政治上也不具有独立性。此外，通常情况下，法官的工资比较低，因此很容易受到贿赂和其他压力的侵蚀。所有这些因素都成为有效反腐败改革的障碍（Miller，Grodeland and Koshechkina，2001）。

东欧国家面临的主要问题是历史问题遗留下来的非正式文化。正如莱德涅娃（Ledeneva and Kurkchiyan，2000：25）所指出的那样："不存在法律要素缺失的问题，但在后共产党环境中出现的一系列做法破坏了法律监管的能力。法律监管的目的在于确保政府运作行为的明确性。接受关于不成文规则运作的观点及理解其含义，有助于提高游戏规则的透明度，从而增加对积极改革和变革的感受性。"

9.8 政府俘获

在对非正式社会关系进行分析时，必须提请大家高度重视"企业巨头"在新兴民主国家中的作用和影响。在柏拉图的《理想国》（*Republic*）和亚里士多德的《政治学》（*Politic*）中，"寡头政治"（oligarchy）被定义为政府掌握在少数人手中的一种形式。在当今社会中，寡头或大亨是指一个商业或企业的领袖，他们控制了足够多的资源以至于能影响国家政策的制定和执行（Guriev and Rachinsky，2005）。新的统治阶级的一些成员甚至自称为大亨或沙皇，并像过去的封建统治者一样行事。大亨和沙皇的头衔通常用于俄罗斯和西巴尔干国家（克罗地亚、塞尔维亚、黑山共和国）。现代的大亨和沙皇可以形成非常强大的社会关系网络，能够影响甚至控制他们所在的国家，这就构成了"政府俘获"现象。

政府俘获理论使我们能将那些无法明确归入犯罪框架的个人行为和腐败网络行为进行归类。在对政府俘获进行定义和分析时，我们分析了不同的腐败活动是如何影响法律和规则的制定的。政府俘获活动的例子包括购买议会选票、向政府官员行贿影响政府法规的制定、向法官行贿影响司法判决以及对政党的非法资助活动。在所有这些活动中，有组织犯罪的影响是显而易见的。政府俘获包括三种情况：

（1）"接管"私人或公共领域事项的人；

（2）"被接管"的对象（国家），特别是其法律、法令和条例；

（3）承受接管后果的人（公众）。

从本质上讲，接管是利用一国的机构来谋取私人利益（滥用），而不是为了公共利益，接管活动是通过非法和不透明的手段进行的。也就是说，通过非法和不透明的方式滥用国家权力谋取个人私利。

虽然政府俘获的概念与强大的寡头有关，但实施"俘获"的公司却广泛存在于各行各业。令人惊讶的是，这些公司一般都是新进入市场的主体。赫尔曼等（Hellman et al.，2000：1）认为："许多国家都是在国力较弱时开始转型，出现了提供基本公共产品能力不足的问题。"大多数在市场上具有主导地位的公司不会实施行贿手段，而新进入市场的公司面临竞争的压力，它们必须使用政府俘获手段来占有一定的市场份额并获取优势。这些非正常的商业行为，大大增加了其他公司试图获得合法市场份额的成本。

由于政府俘获是一个非常复杂的现象，因此对其进行定量分析是非常困难的。在定量分析中面临的一个非常棘手的问题是，不管接管的范围有多广，并非在特定领域中进行俘获的公司都能有所收益。在最极端的情况下，一个单一的大型垄断企业在俘获行为中可能得到的好处，要远远大于众多实力较小的公司在俘获行为中所获得的利益总和。主要是这些实施俘获行为的主体为了获得官员的青睐，彼此间也存在俘获竞争。同时，当外国企业、外国投资者，甚至政府参与进来时，俘获行为还可能是跨国的。

同可以制定或废除法律的情况相比，一次性贿选的时间和行动是存在差异的。显而易见的是，在每届议会上都贿选，比一个人只贿选一次的行为危害更大。这使我们有必要对接管的程度以及是偶尔接管还是标准化的长期接管进行区分。这些接管通常通过非正常的社会关系进行，送钱在这一过程中并不是非常重要的环节。

不同于一方利用优势通过媒体、警察、检察官和司法机构影响政治进程的情况，也不同于利用威胁或暴力手段极大地影响交易的对称性、货物价格，或获取这些利益的便利的情况。腐败的供需双方存在迎合关系和信息对称关系（例如，它们有彼此非法行动的证据），形成一种系统性的统治模式（Philip，2001）。

这些研究结果表明，政府俘获的概念存在缺陷，接下来我们会对其进行详细的分析。尤其在转型国家，私人行为和公共行为之间的区别可能还不明确，很难确定谁接管了谁。因而对政府的作为或不作为是否构成政府俘获，或仅仅由法律缺失导致的无目的性结果进行审视，就变得非常必要。

如果断定属于政府俘获，那么下一个问题就是要确定谁是俘获者，谁是被俘获者。以世界银行相关的政府俘获模型为例，在许多通过政治努力"获取"经济援助的案例中，必须考虑这种资助行为是否属于政府俘获行为，经济资助是否会被那些为了其集团利益而滥用权力的政府官员，或者为了能在未来获取影响力而向政府官员提供利益的私人寡头所俘获。

在对转型国家的经济进行调查时发现，国家机构通过银行贷款对经济领域进行控制是一个普遍现象。这与发达国家的情况截然不同，转型国家的模式能清楚地表明谁是俘获者谁是被俘获者。对于转型国家，世界银行忽略了以下这些重要的因素。

（1）俘获者和被俘获者可能来自同一社会关系网。公务员和政治家可能会向他们的朋友提供不同的服务，但可能没有获得间接的个人利益。

（2）公务人员很少对个人和公共事务进行区分。

政府俘获模型不适用于处于转型期的国家和由"不劳而获"（freeloading）政府的盟友进行的调查。有两个因素表明，在转型经济国家中，个人不必使用政府俘获和行政腐败策略。首先，转型国家缺少法律和立法基础，或者法律过于模糊，无法有效执行。因此，非正常化的社会关系网可以利用这些弱点，并把它们转化为自己的利益。其次，寡头们并非一定要俘获政府领导，他们只是希望能获得帮助（Barret，2004）。

更多的研究应该集中于非正常的社会关系网络是如何对国家造成负面影响的，以及有组织犯罪在这些非正常社会关系网中的角色问题。先前采取的通过刑事诉讼抑制有组织犯罪的策略被证明是失败的（Dobovšek and Meško，2008）。因此，有必要加强预防性措施，消除非正常社会关系网，并对其非法行为提起诉讼（Measures Addressing State Capture etc.，2003：3）。

9.9　小结

金融犯罪并非无受害人犯罪，当与腐败相联系时，它会破坏政治家在决策过程中的民主原则。这种行为会滋生犯罪，破坏民众对政府的信任和对法律的信仰。在前东欧社会主义国家中，各种形式的金融犯罪广泛存在。研究表明，在这些国家，金融犯罪和腐败犯罪都在增加，多数公民将金融犯罪的增加归咎于国家向民主社会的转型。金融犯罪不仅扭曲了一个国家的经济体系，当非正常社会关系网的成员选择无视规则和法律的行为，专注于从事自己和小团体的利益时，政治体系也遭到了破坏。在家族和亲属观念较强的文化观念下，更容易滋生经济犯罪。

大多数处于转型期的国家，法律修改频率高，国家机构不断进行重组改革。尤其是克罗地亚、斯洛文尼亚以及中东欧的其他一些国家。这些国家进行了多轮政府改革，包括战后改革、转型期改革、加入欧盟的改革以及现有法律法规与国际接轨的标准化和统一化改革等。缺乏有经验、受过培训的专业政府人员是造成新法和旧法在实施过程中出现问题的部分原因。对这些国家来说，目前这一问题仍然是一个主要的挑战。

正如我们前面的分析，俘获是指使用（滥用）国家权力（法律和法规）以谋求个人利益而非公众利益的一种情况。政府俘获是通过非法和不透明的手段实施的。研究结果表明，政府俘获的概念需要进一步发展，特别是在私人和公共活动之间没有明确界限的转型国家，通常难以确定究竟是谁俘获了谁。

如果以积极的方式使用非正式关系网并不危险，那么这种社会关系网本身并不危险，但我们必须理解非正式网络的消极影响和政府俘获的概念。一个尚待确定的重要问题是，在有些情况下，如何限制与有组织犯罪或政府俘获有关的非正式网络的消极影响。如果发生政府俘获，我们必须尝试将难以证明的网络金融犯罪行为纳入一个明确的法律制度框架之中，因为金融犯罪影响法律法规的制定与实施。此类犯罪的例子包括议会席位的贿选，在执法或司法判决中收受贿赂、有法不依或枉法裁判，以及为政党政治提供非法的资金捐助等，有组织犯罪的影响遍及所有这些活动。

我们可以得出结论，虽然转型国家已经通过了相当数量的新立法，并建立了新的行政结构，但法律法规在实践中并未得到严格执行。一些旧的法律和行政组织仍然存在。由于这些国家普通法的历史传承性和共同的法理基础，这些法律可以成为未来制定新法的基础。那些认为新法律来源于国外因而不值得遵守的人，可能会支持旧法。因此，今后应更积极地研究政府结构和立法的颁布实施。

第 10 章 金融危机和对金融犯罪的随意追诉

罗曼·托马斯克

10.1 引言

全球金融危机揭示了大规模的金融欺诈和不当行为对金融市场的影响，但这种影响在经济繁荣时期长期被乐观主义态度所掩盖。有一句格言对这种现象做了很好的解释："只有退潮了才知道谁在裸泳。"（*New York Times*，2007）[①]白领犯罪和公司企业犯罪早已经渗透到市场之中，对法律制度而言这是一种很难被起诉的犯罪，更不用说对其进行控制了（Gobert and Punch，2003；Orland，1995；Simpson and Gibbs，2007；Levi，1987；Tomasic，2000，2005）。

特别是在这些犯罪行为规模巨大或涉及大公司与权势人物时，这种现象更为突出。在经济繁荣时期，这些行为好似不受监管一般，如果企业的高风险经营行为得到强大政治势力的支持，这种游离于监管之外的行为将进一步失控。这些政治势力对监管的影响通过直接和间接两类行为来完成。政治势力既可以通过直接减少监管资源的方式来削弱执法机构的履职，也可以通过提出降低政府在市场中的作用或行业自律组织的最低作用合法化的观念等来间接影响执法机构的履职行为。

英国下议院财政委员会（Treasury Committee of the UK House of Commons）最近强调了政治意识形态在限制监管机构可能试图干预市场的行为方面的影响。它指出："英国金融服务管理局（Financial Services Authority，FSA）主席特纳勋爵（Lord Turner）认为，监管理念根植于政治哲学，其中的压力是FSA 不要过于仔细地审查公司的商业模式。事实上，特纳勋爵指出，在本轮金融危机之前，一直有声音批评 FSA 对市场的干预过于'沉重且具有侵扰性'，在本轮危机之后，又有声音批评 FSA 的监管政策过于'宽松且灵活'。特纳勋爵表示，这种政治哲学在下议院两党的公开演讲中都存在。"（House of Commous，Treasury Committee，2009：11）

对主流哲学的挑战使监管机构处于四面楚歌的危险境地。英国央行行长在向财政委员会强调监管机构的弱势时证实了这一点。"因高风险而受到监管机构干预的银行，会不遗余力地动用公共关系，议会和政府长期受金融机构的游说，使监管机构处于一种独木难撑的境地。"（House of Commous，Treasury Committee，2009：12）这种政治压力也可能来自政府建设诸如伦敦[2]、纽约等商业友好型金融中心的政治规划。

就企业行为而言，很难将经营严重失败的行为犯罪化（criminalize），如英国一些因经营失败而国有化的银行。20 世纪 80 年代发生在美国的储贷危机，暴露出银行高管们冒险甚至是掠夺性的经营行为（Calavita and Pontell，1990，1991），虽然这种高风险经营行为导致很多银行倒闭，但很少有人因此而承担刑事责任。20 世纪 90 年代用刑法规制白领犯罪的策略进一步收缩（Simpson，2002：16）。参与巴林银行倒闭的"无赖"交易员尼克·利森（Nick Leeson）被成功起诉的案件，也只不过是一个偶然事例罢了。在这一领域，刑事处罚的有效性有限，因而对这一领域的刑事制裁的案例较少也就不足为怪了。

适用于金融违法行为的刑事制裁措施没有得到很好的发展，尽管金融行业的经营失败行为可能导致巨大的经济损失，或为这些企业的实际控制人捞取巨额经济利益提供了机会，但刑事法律并未广泛地适用于这一领域。与抢劫银行的刑事制裁措施相比，这是一个悖论。刑事法律在金融领域并未很好地发挥作用，反而可能适得其反（Grabosky，1995）。

法律对银行等大型企业的适用受到限制已经是一个众所周知的事实（Stone，1975：93；Braithwaite，1982；Moore，1987；Tomasic，1994）。研究还表明，企业高级管理人员即使有违法行为，也不认为自己会面临刑事指控的风险。[3]最近英国政府与伦敦金融城之间的密切关系以及任命银行金融高管和商界领袖来管理政策制定过程，[4]都清楚地表明了这一点。英国许多金融机构的高管后来成为政府领导人[5]或监管机构的高管,[6]这种现象在美国也一样存在。[7]

在英国,即便是在非刑事法律领域,也很难对企业的违法行为进行制裁,如对董事会违反受托义务的行为(Tomasic,2009:5-9)。在这样的背景下,通过正式法律手段规制并追诉公司企业的不正当行为,在很大程度上仍然是一个理论问题,这也导致了许多人认为公司法(包括刑事和民事法律在内)在许多领域都是无效的(Laufer,2006;McBarnet and Whelan,1999;Tomasic,1994,2006),其影响往往只是象征性的,不具有实质意义。直到最近,英国一直盛行的灵活监管和以原则为基础的监管制度,反映了强大的政治和文化力量,这些力量支持以市场机制解决企业的不当行为(Winnett,2009:1)。长期以来英国法院对企业内部事务采取限制干预的态度,这导致通常情况下,公诉人不愿对企业以及它们的控制人提起民事诉讼,就更不用说刑事诉讼了(Tomasic,2009)。

英国北岩银行(Northern Rock plc)倒闭后不久,美国的贝尔斯登投资银行(Bear Stearns Investment Bank)倒闭,与英国不同,美国立即对贝尔斯登投资银行前高管贝尔·斯登(Bear Stearns)提起公诉(Chung,2008:26;Goldstein,2008:22-23)。同样,在安然公司(Enron)和世通公司(Worldcom)倒闭后,美国检方迅速对其公司的高管提起公诉。[8]最近,在伯纳德·马多夫(Bernard Madoff)案件中,马多夫因其参与这场巨大的庞氏骗局而被判处150年监禁(Chung and Rappeport,2009:1)。[9]英国的司法机关很少采取这样的行动,在类似的情况下,英国公司的前首席执行官和公司高管被允许优雅地退休,而且通常会拿着非常舒适的高额退休养老金,而不是被起诉。

10.2 大而不倒的贿赂文化

政府可能会被游说从而相信某些公司在其领域内处于如此重要的地位因而可以免受严格监管。在最近的全球金融危机期间,很多银行被认为是"大而不能倒",虽然这是一个有问题的判断,却经常被提出来(Kay,2009b;Stelzer,2009;Drew,2009;Stern,2003)。同样,在托尼·布莱尔(Tony Blair)首相领导下的工党政府,保护英国航空航天系统公司(BAE Systems plc）免受贿赂指控的审查，可能也是一种过度保护。

许多从事国际贸易的行业都存在贿赂文化，这在英国最大的出口产品之一——武器贸易里尤其明显。英国航空航天系统公司在国际武器贸易中扮演非常重要的角色。1985 年，它参与了艾尔-亚马哈协议（Al-Yamamah Contract），向沙特阿拉伯出售旋风式飞机，涉及金额 430 亿英镑。随后还向沙特阿拉伯出售 72 台欧洲台风战斗机，涉及金额 200 亿英镑。

据说，为了顺利完成这些交易，英国航空航天系统公司可能拿出了超过 10 亿英镑的资金用于行贿（Leigh and Evans，2007）。严重欺诈调查办公室（Serious Fraud Office，SFO）对此事开展了调查，但调查受到来自各个方面的阻力。据报道，一位曾担任驻美大使的沙特王子向首相办公室的高级成员表达了他的担忧，如果严重欺诈调查办公室对涉及此次交易的瑞士某账户继续进行调查，他们将终止这笔涉及 200 亿英镑的交易。这些交易合同像最近倒闭的一些银行一样，被视为"大而不能倒"，尽管它们的行为侵害了公平的行业竞争，违背了诚信的原则和英国的法律规定。

据透露，在英国高等法院⑩进行司法审查程序之前，首相办公室曾写信给当时的总检察长，认为起诉英国航空航天系统公司"可能对国家安全和我们在中东地区的最高优先级的外交政策目标带来影响，会对英国公共利益带来严重的负面后果"。⑪几天后，严重欺诈调查办公室决定放弃对英国航空航天系统公司的贿赂调查。严重欺诈调查办公室当时的主任罗伯特·沃德尔（Robert Wardle）在 2006 年 12 月解释道："这是在维护法律与更广泛的公共利益之间所做出的一种必要的平衡。商业利益或国家经济利益之间，是无法衡量出孰轻孰重的。"（Gibb and Webster，2008：4）

前司法部长兼首席检察官戈德·史密斯勋爵（Lord Goldsmith）也否认对严重欺诈调查办公室施加了任何压力，要求其放弃对贿赂的调查。负责司法审查的法官指出，如果英国政府不能对来自外界的威胁（如报道中提及的沙特王子的报复威胁）做出恰当的反应，那么刑事司法系统的公正性和公信力必将受到破坏。⑫在严重欺诈调查办公室决定停止调查的六个月后，经济合作与发展组织的一份报告再次审查了英国航空航天系统公司与沙特的贿赂指控，并批评了英国所谓的容忍腐败的行为（Leigh，2009：18）。最近，奥地利检察官宣布，他们将起诉英国航空航天系统公司，指控其在销售武器的过程中，在支付货款时向几个欧洲当局行贿（Leigh，2009：18）。

美国司法部目前正在调查艾尔－亚马哈与沙特之间的军火交易，这表明，一直以来，美国对外国企业贿赂案件进行处理的决心比英国坚定（Boxell，2009：3）。

经济合作与发展组织也一直在批评英国未能完全落实关于在国际交易中打击向政府官员行贿的约定（Joint Committee on Draft Bribery Bill，2009：10）。1985艾尔－亚马哈丑闻之后，英国航空航天系统公司也一直在转变内部文化，试图以一个完好的形象展现自己。为实现这一目的，其聘请了英国最高法院前首席大法官伍尔夫勋爵（Lord Woolf）对其内部开展了评审，伍尔夫的报告中提出了一些可以适用于对公司国际交易进行保护的建议和原则（Woolf Committee，2009）。据说，英国航空航天系统公司和洛克希德马丁公司（Lockheed Martin）现在已经在严格执行反贿赂程序（Joint Committee on Draft Bribery Bill，2009：9-10）。

有趣的是，直到最近才有一家英国公司承认在国际贸易中曾向加纳政府官员行贿，这表明英国政府在打击商业贿赂中取得了一定的成功（Evans and Leigh，2009：13）。"在此之前，还没有英国公司根据现行法律被判处刑罚"（Joint Committee on Draft Bribery Bill，2009：9）。[13]英国高等法院以此判决作为对英国没有很好地维护其刑事司法体系批评的回击。在高等法院做出裁决一年后，两位前政府主要人物就欺诈调查所带来的困难发表了评论。前总检察长戈德·史密斯勋爵，目前供职于一家法律公司，他指出在处理严重欺诈案件中警力资源投入不足引发的问题仍然存在。他还指出严重欺诈犯罪每年至少给英国造成200亿英镑的损失（Bounds and Peel，2009：4）。

同样，严重欺诈调查办公室前主任罗伯特·沃德尔目前也受聘于一家私人法律公司，他披露了一些在对严重欺诈案件进行调查中所经受的挫折。沃德尔指出，这些公司都会竭尽全力去掩盖其欺诈行为，不希望通过一些不必要的宣传引起公众关注。据报道，沃德尔认为"多年来，欺诈案件调查所遭受的挫折，主要是因为缺少情报信息、资源匮乏以及相关企业的不合作，这些企业不愿意去揭露其员工或客户的违法行为"（Bounds and Peel，2009：4）。

英国企业之所以不愿意报告欺诈行为与欧盟的采购法律有关，如果它们报告了任何行贿行为，那么将无法获得与公共建设有关的合同（Peel，2009b：4）。这个法律障碍意味着辩诉交易可能会比在美国更难，但随着英国企业内部反腐败要求的加强，这种态度可能会有所改观（Boxell，2009：3）。

最近的一份报道称，毕马威法务会计师事务所欺诈调查主任认为"在反腐领域，英国这只反应缓慢的野兽最近也显示出了一些生命迹象"（Boxell，2009：3）。但是，正如博克塞尔（Boxell）指出的那样，毕马威法务会计师事务所的调查显示，有 43% 的英国公司没有反腐败措施，6790 名受访者表示，不行贿根本没法做生意。毕马威法务会计师事务所的研究发现，只有 35% 的英国公司会因为害怕腐败指控而拒绝在其他国家开展工作（Boxell，2009：3）。

许多公司内部建立了举报热线，美国政府在全行业加强了对跨国腐败的打击，这对英国企业的反腐败带来了一定的影响。英国《金融时报》（*Financial Times*）的一名作者指出："德国西门子公司和美国哈利伯顿（KBR-Halliburton）公司因海外行贿被处以巨额罚单，无疑激励和警示了其他公司进一步建立反腐败措。"（Boxell，2009：3）美国根据 1977 年《反国外腐败行为法》（Foreign Corrupt Practices Act）对西门子公司进行了为期两年的调查之后，西门子公司与美国当局达成和解并同意支付约 8 亿美元的罚款。在过去的五年里，西门子公司在海外行贿总金额达到了 14 亿美元，为此德国政府对西门子公司开出了 3.95 亿欧元的罚单（Bibazzi，2009：3）。[14]

由于腐败形势严峻，英国起草了反腐败法案，并在 2009 年 3 月公布了草案内容。在起草报告中，上议院-众议院联合委员会认为："现行法律被证明是完全无效的，需要改革。"（Joint Committee on Draft Bribery Bill，2009：35）

在英国，公司欺诈的普遍存在已被广泛地讨论和报道（Levi and Burrows，2008）。例如，据柏德豪会计师事务所（BDO Stoy Hayward）报道，据保守估计，2009 年前六个月，管理型欺诈包括虚假财务报表和与抵押贷款有关的欺诈案件涉及的金额可能达到 9.6 亿英镑；2008 年，已报道的此类欺诈金额达到 12 亿英镑（Masters，2009a：17，2009b：19）。最近，毕马威会计事务所发布的"欺诈晴雨表"，监测到的欺诈指控案件已经超过 10 万起，记录显示英国 2009 年前六个月发生的欺诈案件发生率已经达到历史最高水平。该"晴雨表"还报道，同一时期，英国发生的 160 多件严重欺诈案件导致了 6.36 亿英镑的财产损失。金融领域发生的欺诈行为最为严重（Hargreaves，2009：24）。

据英国警察局长协会估计，英国每年腐败成本高达 139 亿英镑（Joint Committee on Draft Bribery Bill，2009：8）。对腐败资金的估算一直以来都是一件非常困难的事情，在本轮经济危机中，各国政府为了维护金融市场的稳定，投入了大量的资金，但在这些资金中，全球大约有5000亿美元被腐败活动所侵吞。[15]世界银行估计，全球每年大约有一万亿美元的贿赂资金，这使全球经济交易成本增加了10%，发展中国家的采购成本增加了25%（Joint Committee on Draft Bribery Bill，2009：8）。

贿赂行为侵蚀了人们对市场透明度的信心和对法治原则的信任。[16]英国的实践改革进展缓慢，在处理国内公司及其代理人的海外行贿方面落后于美国数十年。幸运的是，新的反贿赂法案的通过，在一定程度上会成为改变英国公司行为文化基础的一个曙光。

10.3　金融危机能成为改革的催化剂吗？

丑闻和经济危机通常为改革提供了机会，但借此进行的改革也常常受到指责，改革通常会被认为是对现实的过度反应和扭曲，相关措施欠考虑。安然公司和世通公司破产后，美国借此通过了《萨班斯-奥克斯利法案》（Sarbanes-Oxley Act）（Romano，2005），该法案的通过也受到了上述指责。但实际上，从历史来看，如果没有危机的刺激，很难对公司法和证券法进行改革（Davies，2006：415-444）。

美国财政部长蒂莫西·盖特纳（Timothy Geithner）隐晦地批评上述现象，将其称为"笨拙的监管"，并呼吁尽早结束这种现象。最近他向一位国会议员表达了他的看法："上一代人在每一次金融危机过后，都会做出一些改革的努力，仅仅是引燃改革的火花，但过去的一些尝试开始得太晚，因为采取行动的意愿已经消退，效果会大打折扣，我们不能让这种亡羊补牢的做法再次发生了。"（O'Connor，2009：7）

FSA主席特纳勋爵也表达了同样的观点。在接受下议院财政委员会的质询时，他认为监管机构需要培育独立性文化，对经济进行客观性的观察，以避免在下次经济繁荣时随波逐流。他认为"关键的问题是我们需要借本次经济危机的机会加强机制体制建设，以避免在未来的10~15年里重蹈覆辙"（House of Commons，Treasury Committee，2009：12）。

即使在当前的危机情况下，来自金融行业的势力还在不断地呼吁要限制新监管制度的引入（Blankfein，2009：13；Jenkins，2009：20；Masters，

2009d：3）。高盛集团国际金融研究所首席执行官布兰克费恩（Blankfein）代表了超过 375 家世界上最大的金融机构的观点，他曾一度认为当局对金融业实行更严格的监管是"完全错误的"（Guha and Giles，2008：1）。

2007 年末开始的金融危机，引起了人们对管理不善、公司欺诈和企业监管薄弱等问题的关注，但英国一些主要银行经营失败的刑事责任问题却没引起人们的任何关注。人们更多地在谈论这些银行鼓动的贪婪文化和一些银行业务模式鼓励的几乎是不计后果的、鲁莽的风险承担问题（Augar，2005，2009a，2009b；Tett，2009）。然而，最近人们试图将银行倒闭的责任归因于银行经营失败，开始转而关注大公司内部治理失败问题（Kirkpatrick，2009）。公众愤怒的焦点一直在银行支付给雇员的奖金上，而不是倒闭银行所造成的损失。英国银行的大多数首席执行官一直声称，他们完全被突如其来的流动性危机所震惊，这场危机导致银行倒闭，需要政府注入资金来保证金融的稳定。

尽管银行董事长和首席执行官因银行倒闭而向股东、雇员和其他遭受损失的人们表示了歉意，但无人为导致此次危机的事件承担主要责任。苏格兰皇家银行（Royal Bank of Scotland，RBS）的首席执行官弗瑞德·古德温（Fred Goodwin）向"所有因银行倒闭而生活不便的人们致以诚挚的歉意和无条件的道歉"。英国最大的抵押贷款机构苏格兰银行的首席执行官安迪·霍恩比（Andy Hornby）说："我们对发生的事件感到非常抱歉！"[17]到目前为止，英国还没有对已经倒闭的银行的董事或董事会成员提起任何民事诉讼。[18]银行虽然倒闭了，但对不负责任地进行高风险经营导致银行倒闭的董事和高级管理人员，没有采取任何民事制裁措施。

英国 2007 年 9 月开始的这场金融危机的一个表象是金融机构和企业面临的流动性危机。正如沃伦·巴菲特（Warren Buffett）提醒我们的那样，只有当市场崩溃或浪潮退却后，金融机构糟糕的财务状况才能暴露出来。金融危机在揭示了银行和金融机构带来的巨大风险的同时，也说明了近年来商业活动中急功近利的短视企业文化的危险。银行不负责任的高风险经营威胁到整个金融体系的安全，正如我们所看到的那样，为了维护金融稳定，公共资金以前所未有的规模注入金融体系（House of Commons，Treasury Committee，2008）。

英国和美国金融监管机构因没有在危机前进行早期干预受到广泛的批评，[19]针对这些批评，金融监管机构对自身进行了重新审视（Summers，2008：

1；Chung and Masters，2009；Chung，2009a：6）。此次危机也使司法部门开始起诉长期以来被忽视的内幕交易和其他如"非法预先交易"等违法行为（Peel，2009c，2009d；Bowers，2009：31）。[20]与此同时，诸如严重欺诈犯罪调查办公室等机构（Peel，2009c，d；Bowers，2009：31）也承诺要加强对欺诈等犯罪行为的打击力度，将对欺诈行为采取"强硬态度"（Peel，2009c）。FSA 的强硬政策导致对银行机构的罚款加重（Fletcher，2009）。英国的自律文化使一些公司对 FSA 强硬干预政策的必要性产生了质疑（Masters，2009c；Mathiason，2009b）。

在特纳勋爵被任命为 FSA 主席后不久，他试图"勾销债务"并以此作为改革监管规则的先兆，寻求制定一个更为有效的策略来处理银行倒闭所引发的系列问题，因为"我们一直在对廉价商品进行监管"（Larsen，2008）。2009 年 3 月，FSA 首席执行官赫克托·桑茨（Hector Sants）指出，过去备受欢迎的"以原则为基础"调节金融市场的监管方法存在缺陷，他说："从历史上看，FSA 的监管制度体现出以证据为基础、风险为本和原则为基础的监管特征。我们仍将坚持而且必须坚持以证据为基础和风险为本的监管特色，但对以原则为基础的监管我认为存在误解。仅靠以原则为基础的监管建议是不切实际的，而且监管政策制定的框架也不允许这样做。"桑茨（Sants，2009）则随后呼吁实施更加严格的市场监管："必须承认基于纯粹原则的监管制度的局限性。我仍然认为，绝大多数的市场参与者都是正派体面的人，然而，以原则为基础的监管方法将无法适用于那些没有原则的人。"

像许多其他的金融监管机构一样，桑茨（Sants，2009）担心 FSA 缺乏可信度，也没有得到足够的重视；他告诫说，人们"应该非常害怕 FSA"。这种态度的改变伴随着对旧有的"宽松"监管制度的背离和严厉的监管制度的实施，后者正是城市商业监管的特征。

美国证券交易委员会（Securities and Exchange Commission，SEC）主席玛丽·夏皮罗（Mary Schapiro）表示，尽管受监管资源和工作人员监管水平等因素的限制，但金融监管机构应该寻求更为积极的监管策略（Chung and Ward，2008：5；Bartiromo，2009：13-14）。[21]安然公司倒闭事件发生之后，为了有效应对这类危机，美国证券交易委员会获得了"回拨权力"机制，尽管这种权力机制反应迟缓且一直以来很少被采用，但现在监管机构不得不运用它（Chung，2009f：5）。然而，由于美国金融监管构架造成了监管重复或重叠，阻碍了其对跨行业、跨区域经营的结构复杂的大型金融机构的监管效率。直到最近，在处理诸如伯纳德·马多夫和艾伦·斯坦福（Allen Stanford）这类长期存在的金融欺诈活动时，监管机构也并未表现出很好的作为。这些案例接下来将进一步被讨论。

人们对这些态度鲜明的更加自信的监管主张，能在多大程度上转化为更有效的监管行动表示怀疑，现在做出判断还为时尚早，尤其是当像 FSA 这样的机构在政府改革的过程中，还将面临被撤销的危险境地（Murphy，2009：2）。然而，正如克罗尔咨询公司（Kroll Consulting Firm）所指出那样，政府意图通过经济刺激工具努力促进经济复苏的行为本身，就可能会助长腐败的发生（Masters，2009e：8）。[22]

FSA 主席特纳勋爵的报告，对桑茨加强监管的呼吁做出了回应。特纳在报告中试图找出金融机构经营失败的原因，并为未来的金融监管指明方向。特纳指出，过去的监管太过专注于个别金融机构而忽视了整个金融体系，无法适应金融业务发展所带来的挑战，这是导致金融系统崩溃的一个原因。FSA 以前的金融监管策略忽视了对金融机构员工能力的评估，过多依赖于董事会和管理团队做出适当的风险决策的能力。特别是缺少对银行流动性风险的关注，而这正是造成"本次金融危机的元凶"（Turner，2009：87）。

特纳继续呼吁要实施"更深入和更系统的监管"，特纳和桑茨有时称这种监管政策为"强化监管"。特纳（2009：88）的强化监管主张，包括七个主要因素，这是对金融服务管理局监管实践的一个重大变革。

（1）加大对重要银行尤其是重要且复杂的银行监管资源的投入；

（2）从对系统和过程的监管，转向对主要业务结果和风险的监管，以及对可持续的经营模式和战略的监管；

（3）转变对由监管机构任命的人员的考核方式，注重对技术技能和廉洁情况的考核；

（4）增强用于部门和公司比较分析的资源；

（5）加大对专家技术人员能力方面（例如流动性风险的分析能力）的投入，使监管团队能利用中央专家力量的资源；

（6）对与关键风险有关的信息进行更深入的分析；

（7）注重薪酬政策，并将对薪酬政策的监督纳入整体风险体系中进行评估。

然而，尽管承认"所有银行都应实施高标准的风险管理和治理措施"至关重要，特纳（Turner，2009：93）却对银行董事会和高管层对风险管理的责任避而不谈，认为风险管理和公司治理问题，应由财政部委托的沃克委员会对这些事项进行审查评估并解决。[23]然而，有趣的是，在美国，证券交易委员会却没有这样做，最近美国证券交易委员会迫使花旗集团（CitiGroup）董事会安排外部审查，对其公司的治理情况进行评估（Guerrera，2009：1）。

与 FSA 的态度相反，英国下议院财政委员会指出："对银行倒闭的个人原因和全球整体环境原因进行区分是非常困难的。但是，相比于其他银行而言，有些银行就能经受住此次风暴的考验，这是不言而喻的，这些银行并没有借助纳税人的资金来缓解其通货紧缩问题。这些事实表明，追究银行管理层经营失败的责任并非不可能。鼓励过度风险经营的文化已经遭到了口诛笔伐。银行董事会有义务在银行内部建立风险文化以支持改革和风险管理，未履行这项义务的董事应当承担责任。"（House of Commons，Treasury Committee，2009，49）

这将延伸到特别鲁莽的行为，如苏格兰皇家银行收购荷兰银行（ABN-Amro Dutch bank）的决定。苏格兰皇家银行不顾风险，以 500 亿英镑的价款收购荷兰银行，从而使银行负债水平远远超出其可以承受的程度。这个决定是由苏格兰皇家银行董事会批准的，并且没有遇到任何大股东的反对。我们也注意到，欧盟德拉罗西埃（de Larosiere，2009）的报告，也对银行的董事会和内部风险管理提出了批评。

英国在 2009 年 7 月发布了沃克（Walker，2009）的评估规则，并就英国银行业的公司治理提出 39 项最佳做法的建议。沃克仅从狭义的角度对目前的一些问题进行了评估，并未涉及银行董事会更适当的法律职责和义务以及董事会未履行义务的责任问题（Walker，2009：107）。相反，沃克评估报告的重点在于提高银行董事会成员的职业水准和勤勉尽责的程度，并力求避免董事会成员墨守成规。沃克认为，他建议的新原则只有通过《公司治理联合准则》（Combined Code on Corporate Governance）才能得到有效的执行，该准则是对他的新原则进行解释或遵从的基础，只有遵守该准则，他建议的原则才能得到落实。沃克（Walker，2009：8）出人意料地断言："《英国财务报告委员会联合治理准则》（Combined Code of the FRC）仍然适合于该目的。"

这种将旧的自律机制纳入公司治理之中的做法令人感到奇怪，因为这些旧的自我调节机制在此次危机中对倒闭的银行没有产生任何约束作用。自相矛盾的是，尽管大多数公司的治理是失败的，它们却声称完全遵守了准则。[20]虽然是接受政府的委托，但沃克评估报告在很大程度上还是属于传统的报告，吸纳了卡德伯里（Cadbury）报告和希克斯（Hicks）等早期报告的研究成果，只是沃克评估报告更专注于银行领域。沃克评估报告建议，要重点解决下列问题。

（1）董事会规模、组成和资格问题（建议 1-5）。预计非执行董事的角色作用将更加突出，在应对公司高管层方面将发挥更大作用。

（2）有八条建议涉及董事会的运转及评估。强调董事长、非执行董事和高级独立董事的作用（建议 6-13）。

（3）九项建议涉及机构份额持有人（股东）的角色作用，采取新的管理原则，鼓励股东积极参与公司管理（建议 14-22）。

（4）通过建立董事会风险管理委员会及其工作流程，提出了五项关于加强公司风险治理的建议（建议 22-27）。

（5）12 项建议涉及薪酬问题，旨在实现薪酬与绩效之间的更紧密联系。同时建议披露非董事会成员中高级别管理人员的薪酬（建议 28-39）。

在很大程度上讲，薪酬问题已经成为引发本轮金融危机的一个重要因素，因而，沃克评估报告中，最后一组关于薪酬的建议显然显得尤为重要。FSA 清楚地看到，在这方面需要制定更明确的规则，尽管许多主要金融机构——包括那些接受政府资金的金融机构——继续支付大量奖金的趋势导致人们担心难以推动这一领域的变革。沃克将重点放在突出非执行董事和机构投资者的角色作用上是有问题的。董事会运作的动力机制使非执行董事很难有效地对抗强大的管理团队，特别是如果董事长支持管理层的话。从近年来董事会的运行历史中我们就可以看到，董事会成员是极其不愿意打破董事会的平衡状况或破坏现状的（Leblanc and Gillies，2005；Lorsch and MacIver，

1989；Huse，2007）。

关于突出机构投资者的角色作用问题，在有些时候，这种建议本身值得赞赏，但忽略了一个在该研究领域众所周知的问题，即机构投资者的被动性问题。机构投资者管理的被动性与其管理成本相关，积极参与管理将导致投资成本增加。沃克的管理原则忽视了董事会对公司的管理和控制的程度。沃克也未能说明如何推翻或控制目前在英美公司治理中普遍流行的董事长至上的公司治理结构。[25]

本轮金融危机是否能改变诱发危机的一些问题发生根本性改变，目前还难以判断。正如蒂莫西·盖特纳警告的那样，金融危机之后的改革总是来得太晚，难以有效发挥作用。人们可能会进而认为，那些确实发生的事情，比可能需要进行的改革要弱得多。我们在地平线上看到的是"太少，太晚"的前景吗？如果现在就认为改革迟缓或改革不足，还为时尚早，但改革所带来的一些重大变革的迹象确实还没有出现。[26]

为了资助金融机构，本轮金融危机耗费的成本巨大并被广泛分担，救助银行的资金成本最终由广大纳税人承担了。然而，正如税负的分担是不平均的一样，由于许多公司和富人可以通过离岸避税港避税，因而一些纳税人承担了比其他纳税人更重的成本。

金融危机的其他成本，如经济大幅下滑、破产和大规模失业，与个别倒闭银行的银行家在崩溃前获得的福利（基于短期收益和慷慨养老金的丰厚奖金）形成了巨大的反差。这是对这场危机产生的成本和收益的惊人但并不令人惊讶的分析。毫不奇怪，人们对危机前银行巨额奖金的盛行产生了一些政治关切。[27]

10.4 马多夫与庞氏骗局：金融的阴暗面

在近 10 年的金融泡沫破灭之后，许多金融诈骗行为都浮出了水面，其中很大一部分是金字塔式的庞氏骗局，在经济繁荣时期，庞氏骗局不断蔓延，但并没引起监管部门和投资者的太多关注。伯纳德·马多夫（Bernard Madoff）欺诈案成为纽约证券交易领域中最受关注的欺诈交易案。2009 年 7 月马多夫因金融欺诈被定罪，并被判处 150 年的有期徒刑，乍一看，这貌似是法律对金融不当行为进行规范取得胜利的一个重要信号。然而，美国证券交易委员会本有许多机会可以早期介入进行干预，投资者的损失也会减少，但当局花了近 20 年的时间才采取行动，这迟来的政府干预最终造成了投资人遭受了 650 亿美元的巨额损失。《经济学人》（*Economist*，2008：119 - 120）把马多夫事件称为"世纪骗局"，但它只是许多类似事件中最引人注目的一个。

对马多夫的定罪不意味着本次事件的结束，相关部门正在努力将可能参与这一丑闻的其他相关人员定罪（Master and Farrell，2009：20），并追回投资者被骗的资金。只有在焦虑的投资者由于流动性资金出现问题急需将投资的资金赎回时，类似马多夫丑闻这样的骗局才能被识破，如同人们对金融危机的隐喻："只有潮水退了才能发现谁在裸泳。"当大多数投资者发现被骗时，已经无法赎回任何资金，通常情况下，实施诈骗的人都是在表面上看起来似乎有无可挑剔的资历，并受到工商业界和监管部门广泛信任的人。[28]

马多夫声称，仅他一人应当对庞氏骗局负责，该骗局侵吞了投资人 650 亿美元的巨额资金。本案中可能还有其他一些涉案人员，比如马多夫的一些直系亲属。但与 2007 年苏格兰皇家银行用 500 亿英镑收购荷兰银行，最终导致苏格兰皇家银行倒闭的不理智收购行为不同，马多夫案不是一个大公司经营失败的案例（BBC News，2007）。虽然两者造成的损失大体相当，但法律属性完全不同。在苏格兰皇家银行收购荷兰银行案中没有迹象表明存在欺诈行为，尽管它被"胜利者的诅咒"所破坏，其收购行为给苏格兰皇家银行带来了难以承受的负担，使其经营不可持续（Thaler，1992；Anandalingam and Lucas，2004）。

流动性危机对苏格兰皇家银行来说，只是使融资不像交易无法维持（BBC News，2009；*Business Standard*，2009）。投资者投资于银行的钱和投资于马多夫的钱最终获得了同样的结局，最终他们的资产或投资严重贬值。无论是那些信任苏格兰皇家银行的鲁莽的高风险经营行为，还是信任马多夫的投资者，都遭受了巨大的损失，但法律对这两种不同类型的企业不端行为做出了不同的处理结果。

尽管多年来马多夫一直努力地将自己塑造成纽约和国际金融市场上受人尊敬的形象，但这场流动性危机也有效地吸引了人们对马多夫的庞氏骗局的关注。马多夫欺诈案最特别的地方就是，如果没有有效的监管挑战，欺诈犯罪行为就会一直持续下去。就像苏格兰皇家银行没有履行充分的监管职责致使北岩银行（Northern Rock）破产倒闭（House of Commens，Treasury Committee，2008）一样，马多夫的欺诈行为并没有引起美国证券交易委员会应有的重视。相反，马多夫常常被认为是这方面的一位专家，甚至连美国证券交易委员会有时也要征求他的意见。[29]作为纳斯达克（NASDAQ，美国全国证券交易商自动报价系统协会）的前董事长，马多夫在国际金融市场上具有很高的地位。他利用"内部"人员地位来引诱人们放心将钱交给他来投资（Gapper，2008）。[30]一些人，如杜克大学的詹姆斯·考克斯（James Cox）等，认为马多夫案是"投资者从众心理的一个最好例证"（Chung，2009b）。

马多夫的庞氏骗局起始于20世纪80年代末，一直持续到2008年12月11日马多夫的儿子向监管机构举报为止。马多夫的儿子向监管机构举报了他父亲大规模的欺诈行为。马多夫诈骗计划之所以能不断地膨胀，源于对冲基金不断地向他提供资金，并获得回报（Sender，2008）。此外，许多欧洲银行把钱借给客户，让他们投资于与马多夫相关的对冲基金（苏格兰皇家银行、汇丰银行、法国巴黎银行、意大利联合信贷银行、西班牙桑坦德银行）。日本野村控股公司的客户也受到了马多夫欺诈案的影响（Mackintosh and Mallet，2008；Clark，2008；FT Reporters，2008；Chung，2009b）。

马多夫的承诺非常吸引人，无论市场如何变化，他承诺将持续提供高额回报。中介机构收取客户佣金后将其推荐给马多夫，客户理所当然地认为中介机构会进行恰当的尽职调查（Chung and Brewster，2008）。而中介机构未开展尽职调查并非个案。许多美国慈善机构和富人都是在中介机构的鼓动下将资金投向马多夫的。马多夫采用一种时髦的、名叫"价差执行转换套利"的投资策略来吸引投资者，向投资者保证高回报。事实上，在至少13年的时间里，马多夫根本没有采取这种策略，也没将投资者的资金投向股票市场（Caldwell，2009）。

马多夫欺诈案中许多风险预警信号都被忽视了。比如，负责马多夫庞大资金体系审计工作的是一家名叫弗里林霍罗维茨（Friehling and Horowitz）的小会计师事务所。这家会计师事务所实际承担工作的只有一名会计师，这是极其反常的。这名叫大卫·弗里林（David Friehling）的会计师已经70多岁，是这家会计师事务所的唯一合伙人，其居住地在迈阿密，根本不在纽约（Chung，2009c；Wood，2009）。由大规模的会计师事务所对如此庞大的资金开展审计，才符合人们正常的预期。

对冲基金的审计也存在问题，对冲基金建议客户向马多夫投资，毫无疑问，会计师应当按照勤勉尽责的原则对此进行审计。但对会计师来说这也是一个有争议的问题，因为作为对冲基金的审计，会计师只能立足于对冲基金的审计项目本身，不能对马多夫的资金运作开展审计工作（Masters et al.，2009）。

马多夫是一位非常成功的推销员，以至于人们对美国证券交易委员会的风险预警置若罔闻。《巴伦金融周刊》（*Barron's Financial Weekly*）的埃琳·阿维德兰（Erin Arvedlund）2001 年披露，投资者对马多夫的信心未受任何影响。文章指出，据说马多夫基金在过去的十多年里每年产生的投资回报超过15%。但对达到两位数的高额回报，华尔街的一些人对此表示质疑，一位曾经向马多夫投资的人士称："任何一个经验丰富的对冲基金投资人都会明白，在马多夫的投资策略中，如果仅仅是可转换投资套利根本不可能产生如此多的收益。"[31]

其他观察家也对马多夫的投资表示怀疑。哈里·马科波洛斯（Harry Markopolos），曾经是马多夫的对手，十年来多次提醒美国证券交易委员会注意防范马多夫的投资风险，但很少引起重视（Caldwell，2009：11）。波士顿的证券分析师马科波洛斯称，针对马多夫的市场运作材料，他只用了五分钟就断定马多夫可能涉嫌欺诈，他用了四个小时左右的时间设计了一个数学模型，证明马多夫的投资回报是不可能的（Nasaw，2009）。马科波洛斯将自己对马多夫投资的分析提交给了美国证券交易委员会，但并未引起足够的重视，这可能与美国证券交易委员会工作人员对当下的市场缺少实践经验有关（Nasaw，2009：29）。在与国会议员交谈时，马科波洛斯说，由于美国证券交易委员会的委员多来自律师和行业协会，因此他们对他提交的材料完全无法做出回应（Chung et al.，2009b）。

格雷戈里乌（Gregoriou）和莱比腾（Lhabitant）认为，这些风险预警指标未引起监管部门的关注并不奇怪，也许马多夫自己声称这是一个大骗局都不会引起监管部门的关注（Treanor and Clark，2008）。

美国证券交易委员会因未能发现马多夫欺诈，未能重视风险线索而受到广泛的批评。1999 年，美国证券交易委员会就收到了关于马多夫欺诈的首例举报线索。2006 年，美国证券交易委员会执法部门对马多夫的公司进行了调查，在该项调查的几年后才使其关闭。该委员会对马多夫 2004 年和2005 年的经纪业务进行了检查，但直到 2006 年才对马多夫的投资咨询机构开展检查（Chung，2009d；Rappeport and Chung，2009）。对监管机构来说，对被监管机构提起诉讼是最后的监管手段（Hawkins，2002）。除此以外，监管机构还有许多其他策略。

尽管马多夫声称整个庞氏骗局由其一人负责运行，但很明显，这个骗局之所以能维持 20 多年，主要得益于投资者和金融业监管者的广泛支持。我们不能将马多夫欺诈案的关注点仅局限于马多夫本人的欺诈行为上。《金融时报》认为，马多夫欺诈案之所以能持续这么多年，涉及范围如此广泛，许多人都应对此负有责任。《金融时报》指出："通常情况下，像马多夫这样的庞氏骗局由于无法持续地获得新资金的注入，一般在几年内就会崩溃。但最近经济的繁荣，为这些欺诈提供了滋生的土壤。在经济向好时期，投资者一般不会赎回投资，而且由于投资产品的高度复杂性，投资者缺少对这些产品的了解，因而这一切使马多夫的高额回报看起来可行。"（*Financial Times*，2009：12）

相关评论已经不局限于马多夫案本身，而是扩展至其他欺诈案件。《卫报》（*The Guardian*，2009）评论道："直到他去年 12 月被捕入狱前，马多夫先生还是华尔街的大亨，而不是一个骗子。他甚至还担任过纳斯达克证券交易所的主席。此外，编造了这样一个大骗局而且持续了这么长的时间，没有其他人的帮助和投资者的盲目追从是难以想象的……不能将原因全部归结为马多夫的欺诈行为。问题是虽然投资和庞氏骗局存在本质的区别，但骗子和基金经理展示给人们的形象却有一致的一面——都会给投资者承诺资金回报。"

马多夫欺诈案揭示了关于金融市场信任的脆弱性问题，这是一个非常有意思的问题（*The Guardian*，2009：28）。马多夫欺诈案涉及金额如此巨大，其影响不会随着马多夫被判刑而结束，受害者通过诉讼途径挽回损失可能要花费多年的精力。监管机构还需要努力建立起公众对其能力的信心，并表明它们有能力采取有效行动。最重要的是，马多夫欺诈案颠覆了市场无须强有力的外部监管，可以自行发挥作用的观念。事实上，许多大银行都对马多夫持怀疑态度，但并未对此采取措施或表明观点，这也引发了人们对金融市场自律能力和应对侵害利益行为能力的质疑。

美联储前主席艾伦·格林斯潘（Alan Greenspan）也持同样的观点。在一次国会演说中，格林斯潘表示他对金融危机期间银行未能相互支持感到失望。他说："包括我在内，我们一直以保护借贷机构股东的利益为核心，这令人震惊。"（Andrews，2008）因此，有必要加强以金融消费者保护为导向的机构建设，加强对金融市场的监管。[20]

10.5 小结

长期以来，学术界和政策辩论中一直在努力呼吁实现公司更高水平的问责制。事实证明，刑事法律在控制金融犯罪方面收效甚微，对大型金融机构的刑事法律制裁在一定程度上具有偶然性和随意性。本章试图研究近年来公司法尤其是金融机构的公司法对市场主体适用的部分情况。本章回顾了最近的争论，这些争论揭示了在市场上实现更高程度的问责制和诚信廉洁标准的法律制度的长处和弱点。本轮金融危机将成为公司和金融机构发展史上的一个分水岭，其打破了许多市场行为者及企业发展的正常保护机制，使监管机构变得更加积极主动。但这场金融危机能否成为公司法立法史上的一个分水岭，还有待进一步观察。

本章以主要从事国际贸易的英国航空航天系统公司为例，以反贿赂法对大型公司的适用性争议为讨论的开端。我们发现，这一领域的法律改革和司法实践进展缓慢，而且强大的政治和社会力量阻碍了法律救济措施的改革进程。反贿赂监管仍然是法律法规适用的一个困难领域，公共政策因素和政治力量都可能成为这一变革中的"拦路虎"。英国的法律体系还无法有效应对企业行贿案件。

接下来我们又将研究的重点转移到金融危机上。市场丑闻和金融危机为政府加强对企业的问责和控制提供了短暂的改革机遇，尤其是对在本轮金融危机中伤痕累累的金融机构而言更是如此。此外，为了维护金融稳定，防止风险传染，政府深度介入本轮经济危机之中，如北岩银行的国有化。

金融危机引起了人们对现代金融机构内部治理机制和价值的激烈争论，这可能会影响到该领域的法律和监管策略。然而，也存在这样的危险，即危机结束后，许多市场参与者会想回到过去的老路上。这是一个非常自然且难以改变的趋势。与危机爆发前的市场繁荣时期相比，危机过后，规制公司责任、限制风险蔓延的法律难以取得先前的效果。

最后，我们讨论了近些年庞氏骗局的蔓延情况，这被认为是近代股票市场上最黑暗的一幕。金融危机的爆发使那些在经济繁荣时期未被发现的大量非法和欺诈行为得以暴露出来。这场危机源于流动性危机，流动性危机促使投资者想要赎回投资。在英国，我们经常以 2007 年 9 月北岩银行的倒闭为例子。美国的马多夫欺诈案也是由于投资者要求赎回投资，才揭开了这个造成投资者 650 亿美元损失的惊天大骗局。

马多夫与美国监管机构的密切关系，以及马多夫在证券市场上装扮出的光辉形象，成为马多夫丑闻中最引人关注的焦点。监管机构多年来对这桩丑闻处理结果的失败，引人深思。同样令人不安的是，一些在本轮金融危机中经营失败的银行和其他市场参与者，早已对马多夫产生怀疑，却没有采取有效的应对措施。这些事件告诉我们，我们的法律体系在加强大型金融机构和其他大型市场主体的责任方面，还难以激发人们的信心。

利己主义和贪婪文化的支配地位破坏了人们对银行、证券顾问等市场机构、监管机构和法律适用能力的信任。尽管马多夫已经被判决有罪，但我们仍然要反思，如果在银行的透明度监管上采取更为有效的措施，近年来发生的一些损失本可避免。更有效地监测银行透明度方面的市场行为，可能会避免一些经济损失。美国财政部长蒂莫西·盖特纳和一批学者，多年来一直在强调，制定一种更聪明的商业规程来监管和指引市场行为，要比使用监管规则本身更为重要，对一些大型银行和金融机构尤其如此。最后，正如我们前面在离岸合同签订方面的行贿方法中所看到的那样，呼吁银行和其他金融机构在内部企业文化方面做出重大变革，虽然这可能会受到强烈抵制。

第11章　打击腐败：全球背景下的媒体作用

安东尼·米尔斯

11.1　报告腐败的障碍和危险

当我们谈到反腐斗争前线时，通常我们会想到执法人员、政府和政府机构、联合国等国际组织以及透明国际（Transparency International）等非政府组织（NGOs），往往忽略了新闻媒体在反腐败斗争中的重要作用。

世界各地的媒体经常会因为报道政治人物和公司高管未经证实的腐败指控信息而备受批评。诚然，对腐败行为报道的准确性和公正性，媒体的确还有提升的空间。但记者在调查、报道腐败新闻中常常面临死亡、殴打、折磨、恐吓、骚扰、长时间的非法监禁等危险，这也是一个不争的事实。有时，新闻工作者对腐败的报道成为公众对腐败关注的唯一来源。

一般而言，我们认为，当记者在武装冲突地区或伊拉克、阿富汗、巴基斯坦、索马里以及其他一些处于转型期的国家从事新闻报道工作时，会面临死亡威胁。据国际新闻协会的死亡观察（International Press Institute's Death Watch）统计，2010年上半年死亡的记者中，有1/5是因为报道腐败行为而被杀害，腐败新闻报道已成为世界上最危险的新闻报道工作之一。①

2010年，在新闻报道的危险程度方面，墨西哥虽然未能进入上述国家行列，但也已经是世界上新闻报道危险性第二高的国家。近年来，政府武装和非政府武装之间的激烈冲突已经造成数千人死亡，墨西哥贩毒集团为了让记者保持沉默所采取的手段无所不用其极。与在伊拉克地区工作的新闻记者不同，在墨西哥，记者受到威胁、殴打、折磨和被杀害并非由于各方武装冲突。相反，墨西哥记者所面临的威胁主要来自对与毒品相关的腐败行为的报道，这些腐败行为给数十亿美元的毒品交易提供了便利，贩毒集团的触角遍布全球。意识到媒体的强大力量，毒枭一直要压制媒体的声音。在某些情况下，贩毒集团绑架记者，然后强迫记者所在的媒体播出他们指定的信息。②

在墨西哥以及其他许多国家，媒体自我审查后发现，对记者的恐吓和谋杀在不断地上升。政府必须认识到，无论是对墨西哥政府还是墨西哥人民而言，媒体的沉默都不是一件好事。了解墨西哥所面临的毒品暴力和腐败犯罪形势，以及墨西哥政府和墨西哥安全部门在打击毒品犯罪和腐败犯罪方面所做的努力，是墨西哥公民的一项基本权利。这就是为什么墨西哥政府必须尽一切力量来辨识并缉捕那些袭击和杀害记者的犯罪分子。

在美洲，另一个新闻记者被认为身处险境的国家是洪都拉斯，在那里报道腐败也是极其危险的工作。自 2009 年发生政变以后，记者在这个国家对腐败和违法行为的报道都会面临极大的危险。事实上，2010 年，洪都拉斯成为世界新闻报道危险程度排名第三的国家。③

报道腐败的记者也以其他的方式保持沉默，特别是在不民主的国家。他们在报道不公正的审判后，往往会受到人身攻击、恐吓、骚扰和枉法裁判而被监禁，甚至一些腐败行为被曝光的人，反过来通过刑事诽谤诉讼强制记者保持缄默。最近一些年来，在那些新闻报道受到严格控制的国家，此类事件还处于上升状态——尽管新闻审查机构强化了监管审查、媒体自查力度，勇敢站出来报道腐败新闻的记者在不断增多，但与此同时，受到恶毒攻击的新闻记者也在增多。2010 年底，一名调查腐败的记者被一群袭击者殴打后昏迷并死亡。同事们认为这名记者是因为调查工作而被杀害的。④

包括阿富汗在内的其他亚洲国家，对高层腐败和有组织犯罪的调查报道，可能会造成牵涉案件调查的记者死亡或被袭。⑤在孟加拉共和国，该国影响最大的周报《夏普塔希克》（Shaptahik）的通讯记者福特·奥斯马尼（Foteh Osmani）2000 年在骑摩托车时，遭到不明身份者的袭击，并在受伤后的两个星期内去世。福特·奥斯马尼因报道腐败新闻而出名。⑥

菲律宾是一个新闻媒体一般不受政府限制的国家，存在有罪不罚的文化，当然，这与建立一个稳定国家的必要性有关。例如，阳光调频电台（Sunshine FM Radio）的记者德西达里奥·卡曼扬（Desidario Camangyan）于 2010 年

6月在菲律宾南部被枪杀，袭击者骑摩托车逃走，德西达里奥·卡曼扬曾对腐败进行批评。在德西达里奥·卡曼扬被射杀的三天之后，另一位菲律宾记者被一辆摩托车上的男子枪杀，此前他对当地选举中的舞弊行为进行了报道。⑦

各种调查报告显示，俄罗斯是有组织犯罪和腐败犯罪的温床，在对待那些试图调查有组织犯罪和腐败犯罪的记者方面有着非常差的记录。自从苏联解体后，有几十名记者在俄罗斯被杀，有罪不罚是法律的悲哀。一位因撰写腐败调查报告而出名的商业编辑被打得昏迷不醒。几年前，就在该名编辑被打的同一个地方，另一名记者被打致残，失去一条腿，到现在还不能说话。⑧还有一名《福布斯》（Forbes）的俄罗斯版编辑被杀。⑨

几乎在每个大陆，记者对腐败和有组织犯罪的报道都面临可怕的阻碍。在亚洲、非洲和拉丁美洲，那些试图压制揭露犯罪行为记者的人们，所使用的一个非常普遍的工具是利用陈旧的刑事法律中的诽谤诉讼，迫使记者保持缄默。一般而言，这些国家不认为获得真相是揭露腐败官员的理由，尽管事实可能对公民的福利有很大的好处。因此，一篇关于腐败的文章或电视报道，即使是有充分的事实和证据作为支撑，作者仍会被不公正的法官或其他利益相关者以诽谤名义定罪判刑，其经济情况也可能受到影响。

任何记者都不应因诽谤的刑事指控而受到监禁。如果有人认为自己因记者的报道而受到不公正待遇或因报道失实而被造谣中伤，那么应当通过适当的专业机构或适当的民事诉讼要求赔偿。争议的解决应当通过公正的司法程序，对案件进行调查或审判的法官不应受到金钱的诱惑或其他因素的影响。

在非洲进行腐败调查的记者所面临的境况也非常困难，如一些记者被捕入狱后因无法获得医疗救治而死亡。《喀麦隆快讯》（Cameroon Express）的主编杰曼·西里尔·恩戈塔·恩戈塔（Germain Cyrille Ngota Ngota）由于缺少必要的医疗救治而死在狱中。该主编和另外两名记者因报道总统的一名助手和国有石油公司的腐败行为而在一个月前被捕，他们可能面临 10~20 年的监禁。⑩

2010 年的索马里还是一个处于无政府状态的国家，记者在调查中发现了该国将世界粮食计划署（World Food Program）的援助物资挪用为军饷的丑闻。在索马里，记者对腐败的调查和报道仍是一项非常危险的工作。⑪

在中东地区，随着 1990 年卡塔尔半岛电视台（Al-Jazeera）的成立，独立报道开始出现，通过网络媒体报道的腐败新闻在不断增加。然而，在该地区的许多国家，政府对已经发生的腐败行为采取的仍是一种掩盖的态度。在突尼斯最近的一场革命中，总统被推翻，但任何关于总统家族和其同事的腐败报道均被政府"掩盖"。法国媒体的著名记者在该国被判刑入狱，多数观察家认为对该名记者的指控纯属编造。另一位记者因报道该国南部贫困地区公共领域的腐败问题而被判处四年有期徒刑。[12]

在整个阿拉伯世界，记者与政府部门的关系被比喻为网络上猫和老鼠的游戏。对于许多记者来说，博客、脸谱以及类似的网络媒体是其公开报道腐败新闻的唯一渠道。然而不幸的是，进行这些调查的记者会经常被发现、被起诉以及被判处监禁。[13]

在欧盟和其他更为自由的西方民主国家，记者一般可以自由地报道腐败新闻，不会受到非法的逮捕和羁押入狱，也不会受到国家支持的绑架和酷刑的威胁。然而，即使是在自由民主的西方国家，新闻记者对腐败问题的报道也会面临困难。

例如，在意大利，虽然意大利媒体的报道是自由的，但最近提出的立法草案获得议会的通过，极大地缩小了新闻报告的调查范围，尤其是关于窃听活动的范围。在立法方案获得通过之前，媒体记者对一些具有重大影响的腐败案件进行了广泛的报道。即使在案件进入审判阶段时，媒体也将被禁止报道通过窃听手段所获得的信息内容。在意大利，这样的审判可能要经过数年时间才能裁定。

在意大利，对有组织犯罪和腐败报道的另一个障碍来自犯罪分子的威胁和暴力行为。在某些情况下，腐败的政府官员与犯罪分子串通一气，最近在意大利南部，一名记者因报道腐败和有组织犯罪而被打得不省人事，警方目睹此事却袖手旁观。[14]

在法国，秘密情报机构因监控调查涉嫌腐败案件的记者而被起诉，这是对法国宪法赋予记者案件信息来源隐私权的一种极大侵害。记者报道称，有人侵入其办公室和家里，偷走了他的笔记本电脑和录音笔。《世界报》（*Le Monde*）对这起"神机暗算"事件向警方报案，但至今尚未获得任何信息。[15]

在英国，也有一个引人注目的案子，涉及西非海岸的一家英国公司倾倒有毒废物事件。代表该公司一方的律师事务所成功获取了一纸超级禁令，禁止新闻媒体对该案件做任何报道。之所以出现这种情况，是因为法定的超级禁令所禁止的事项只能在议会质询时才能披露，律师事务所需要在此期间向议会报告此事。但这种做法侵害了英国长期以来的新闻媒体可随时向议会报告的权利。[16]

在斯洛文尼亚，一位芬兰记者对一起军火交易中的腐败行为进行了报道，报道涉及斯洛文尼亚前总理和一名芬兰军火商，斯洛文尼亚前总理的一名律师以涉嫌诽谤为由对该记者提起刑事诉讼。该记者被告知，如果他进入斯洛文尼亚，就将被逮捕。[17]

11.2　媒体、政治组织和司法部门间的合作

无论对于公民还是对于经选举产生的政府公务人员而言，自由、独立的新闻都是健康的民主社会的基石。对新闻报道的压制，就是对公民基本权利，即对公共利益知情权的否定。

尽管对腐败行为的报道，使记者面临受到伤害的风险，但新闻媒体对腐败行为的大胆报道仍在继续。新闻媒体没有屈服于那些为了扼杀事实真相而不择手段甚至进行谋杀的犯罪分子的淫威。在全球加强打击腐败的背景下，有必要采取多种措施，将新闻媒体纳入打击腐败的重要手段，并对新闻媒体给予尊重。但这也对新闻媒体提出了较高的要求，尤其是在职业道德和专业背景方面。

当然，新闻记者不应该与他们的信息源过从甚密，包括为其提供反腐信息的政客和反腐官员。从更广义的角度讲，在反腐败斗争中，新闻媒体实际上提供的是一种公共服务。由于记者在揭露腐败信息中的基础性作用，记者必须对其反腐败策略进行探讨。此外，尽管媒体和政府官员可能互相猜疑，但在反腐败问题上两者应处于同一战壕。但这并不意味着，在反腐败斗争中，记者应充当政府官员或反腐败官员的角色。媒体和公共官员应认识到以下几点。

（1）新闻记者调查和报告腐败问题的权利；

（2）新闻报道在打击腐败行为中的价值；

（3）记者对腐败行为的报告可能面临的死亡威胁。

这也意味着，记者对腐败进行报道的权利必须得到捍卫，政府和司法机构要加强对记者权利的保护。记者应能更好地获取新闻信息。在关系公民切身利益的相关信息的收集和报道上，法律应予以支持。各国政府必须明白，

对于民众来说政府应当是公开透明的，这种公开自然就包含了媒体有权要求政府提供信息。

执法机构及其执法官员应当认识到，对新闻媒体的信息公开符合全球打击腐败行为的利益要求，有利于反腐工作目标的实现。当然，政府的很多信息都是保密的，但对涉及公众利益的信息，公众有权知道调查的进展情况。官员们应更加清醒地认识到新闻媒体在打击腐败犯罪前沿阵地上的基础性作用，为执法机构、政府官员、公共部门和政府机构与组织打击腐败提供了帮助。

媒体与公共部门在反腐败问题上一起承受着非常沉重甚至是致命的负担。同时，媒体与司法和政府公共部门官员之间在打击腐败犯罪的关系方面往往也存在不和谐的一面。

有些新闻报道不是向民众传递有价值的事实真相，而是为了哗众取宠，并且不负责任地披露一些敏感信息，这使部分官员在一定程度上对媒体缺乏信任。记者的工作要符合社会道德价值，要坚持职业操守，唯有如此，自由而又负有责任的新闻媒体才能时刻让官员保持警惕。这也意味着对于一些涉密、敏感性信息的披露，如果违法或违背道德的要求，记者就不应该对外披露。例如，在意大利，由于新闻报道工作的职业道德要求，使意大利的新闻报道工作比较困难，尤其是在涉及窃听内容时，一些记者经常违反新闻职业道德准则报道相关信息。这也造成了一些正直的政府官员认为，新闻媒体不负责任的行为破坏了他们反腐工作的努力。

同时，承担反腐任务的政府官员也应当向记者提供可公开的相关信息，并应保证腐败调查程序和结果的透明度。反腐败调查官员不应从履行义务的角度去执行这些标准，而应充分认识到新闻媒体在反腐败工作中的角色和作用，即便是在这一过程中可能会出现记者违规披露信息的情况，但在反腐败的问题上两者的目标是一致的。

无论从事反腐败的政府官员还是负责调查、报道腐败新闻的记者，其工作都是为了维护社会公众利益，两者在反腐工作中都做出了巨大的贡献和牺牲。负责反腐败工作的政府官员应保证反腐工作的透明度，对媒体应采取接纳而非排斥的态度，与媒体建立良好的互动关系，向媒体提供相关信息，这样才能充分发挥媒体在调查和传递腐败信息中的作用，从而最大限度地提升反腐工作效能。

11.3 当前和未来的媒体角色

打击腐败和与在腐败中受益的人做斗争，需要极大的勇气、大无畏的精神和面对风险及困难时勇往直前的决心。记者在反腐工作中获取的信息应被允许以恰当的方式公布，记者公布的反腐信息应得到充分的重视，公众应当倾听他们的声音，这将有利于公众的福祉。反腐工作需要社会各方的全力配合，通盘考虑。反腐败工作的培训和教育不仅应当面向警察、律师和其他履行反腐败职责的人员，还应当面向在新闻媒体领域以及社会调查领域工作的人员。这些处于不同反腐败领域的机构和个人，要想取得反腐败工作的胜利，就需要相互信任和配合。有必要对从事反腐败工作的官员开展关于媒体运作方面的培训，官员们需要了解媒体的基本权利及职业道德要求。

即便是在欧洲，我们也会经常听到记者面临要求其披露机密信息来源的压力。强迫记者披露这些信息，从短期看能增加反腐败调查的信息量，有助于短期目标的实现。但是长期来看，这破坏了记者和其信息源或告密者之间的关系，影响了记者在反腐败工作中的作用和能力的发挥。理解信息源在记者工作中的重要作用，将有助于反腐败机构和相关人员进一步认识记者在反腐败工作中的重要角色，同时也有助于民主的发展，确保自由且负责任的新闻媒体在事关公众重大利益的事件中发挥更大的作用。

媒体必须承认和肯定执法部门及反腐败官员在反腐败工作中的作用。在绝大多数情况下，媒体及其记者圈中弥漫着一种深深的愤世嫉俗和玩世不恭的态度，很多记者在与执法部门及相关官员接触时，往往有一种先入为主的想法，认为这些官员和司法人员不会为其提供帮助反而会尽量隐瞒信息。总体而言，媒体应进一步认识到司法机关、警察以及国际组织在打击腐败犯罪中的作用和角色。

正如媒体寻求公共部门尊重他们在打击腐败方面的权利和职业活动一样，在反腐败斗争中，媒体必须尊重独立司法机构的制度基础和忠诚又专业的执法人员。只有互相尊重，才能在法律的框架下开展工作，而无须担心会遭到政治或经济上的打击报复。同时，这也是民主基石的组成部分。

显而易见的是，媒体在反腐败斗争中将发挥更大作用的势头正在增强。就在几年前，将媒体纳入公共机构以服务公共利益更广泛共同目标的工作几乎没有开展，媒体在实现公共政策目标中的作用没有得到重视。然而近年来，越来越多的人认为媒体可以发挥至关重要的作用。考虑到媒体的专业性和职业道德要求，我们应培育和促进媒体在公共政策中的作用，而不是对其进行压制和阻碍。《联合国反腐败公约》各缔约国，最近授权联合国开展促进关于反腐败专业和负责任报道的工作。[18]

与此同时，将言语转化为行动是至关重要的，也就是说将联合国的规定贯彻落实到各国的反腐败斗争实践中是非常重要的一环。《联合国反腐败公约》的签署国中，虽然许多国家认同保障记者对腐败新闻进行专业性和负责任报道的权利，但没有将他们对公约的书面承诺转化为本国的国内法规，也没有在执法和司法实践中践行这些规则。在许多国家，记者报道腐败的工作都受到了重重阻碍，有时还会受到非常残忍的对待，对记者不公正判决和长期羁押的现象仍在继续。

记者与所有公民一样，应当受到独立而公正的司法制度的保护，享有公正审判的权利。不能以编造指控的事由或以煽动、诽谤为名，对记者报道腐败的行为进行打击报复、非法羁押或刑事惩罚。任何当权者都不应当将记者对腐败行为进行如实的、专业的报道作为一种犯罪行为进行处理。然而不幸的是，许多国家仍使用过时的、与诽谤相关的刑事罪名来作为对记者，尤其是报道腐败新闻的记者的一种打击手段。恐吓、谋杀记者的犯罪分子却能逍遥法外的现实必须得到改正。令人遗憾的是，这些肇事者很难被查到，更不用说受到法律的制裁。具有讽刺意味的是，在某些案例中，正是这些腐败的政府官员负责此类案件，因而谋杀者很少被抓获也不奇怪了。事实上，在全球范围内，记者被谋杀的案件，包括因调查腐败而被谋杀的记者在内的案件最终多不了了之。[19]这使谋杀者更加胆大妄为，使反腐工作更加严峻。

11.4　小结

尽管面临困难和危险，记者尤其是报道涉腐新闻的记者，都有义务以专业和符合职业操守的方式行事，报道相关的腐败新闻和消息。那些未经证实的报道，包括那些对媒体产生政治影响的报道，为那些希望驳回所有腐败报道的人提供了弹药。他们使大多数正直记者的新闻报道的任务变得极其困难，对媒体的法定监管即新闻监管法不是问题的最佳解决之道。无论何时何地，无论是在媒体编辑部或者是在其他任何地方，新闻记者包括报道腐败新闻的其他人员都应严于律己，加强自我监督和坚持职业操守。公众必须能够相信关于腐败新闻报道的真实性。这也就是为什么对记者尤其是对报道腐败新闻的记者进行培训非常重要，关键利益攸关方应当为记者的培训提供财政资金支持。

在追究最高标准的职业精神时，报道腐败新闻的记者往往面临巨大的个人风险，他们应该得到同行在专业上的支持，同时也应该得到其他领域反腐战线上的工作人员的支持。

第12章 金融危机还是金融犯罪？ 工作能力与腐败

沃尔夫冈·黑泽尔

12.1 商人与土匪

最近对预防和惩治腐败的公开讨论看起来有些幼稚，一些腐败分子为自己的行为寻找虚伪的借口，这在部分社会、商业和政治领域非常明显。例如，一些人将自己的腐败归因于国际市场上竞争对手的腐败行为，认为不行贿在国际市场上就永远获取不了业务。同时，持此观点的人总是认为自己产品的质量是最好的，认为获取业务机会的关键在于行贿，并以此作为行为哲学。

越来越多的案例表明，腐败已经成为一种功能性的原则，甚至在经营传统业务和全球业务的商业集团内部也是这样。有些公司效率非常高，在这些公司中，有组织犯罪已成为公司经营的日常行为。这些企业中的腐败已经成为一种系统性行为，仅通过刑事法律无法对其进行控制。

腐败行为的破坏性影响已远远超过个人权益的限度。腐败是危害民主基础、造成社会落后的主要原因。对腐败的治理不应仅考虑刑事法律，有必要用更广的视角分析复杂的腐败行为，尤其是对腐败与金融危机的关系分析极具挑战性。

我们现在遭受的损失是人为的而非自然灾害的结果。问题的关键是，这场导致整个经济系统崩溃、给多数国家造成史无前例的灾难的金融危机，到底是高度专业化的"金融黑手党"一手操纵的结果，还是由于我们缺少解决问题的专业能力？

12.2　定义与不足

关于腐败，目前还没有一个十分明确并能被普遍接受的定义。无论是德国法律还是《联合国反腐败公约》，都未对腐败做出法律定义。人们从道德、伦理、犯罪学、政治、经济和监管等多个角度尝试对腐败进行定义。[①]科学地讲，腐败在商业、工业和政治领域均有发生，腐败是利益主体为获取不当利益或不当优势滥用公共权力、损害其他社会主体或社会公众利益的行为。[②]

也有人将腐败定义为"为获取非法利益而滥用权力的各类行为"，但这一定义还不够具体，它包括了侵占和欺诈交易的行为，模糊了腐败犯罪与侵犯财产犯罪的边界。原则上，腐败是负有特定职责的主体在履行职责时，追求不正当的或不公平的利益的作为或不作为的行为。这个定义指明了腐败的违法本质和固有的内在风险。在履行职责的过程中，行为人为了获取不当利益，必然违背职责，按照不当利益获取人的要求行事。由此会引发因不当利益获取者不恰当履行义务而产生的风险，并会对雇主产生危害。总之，腐败是通过非法利益交换对正当履职行为的一种侵害。

在欧盟的立法和司法实践中，没有关于腐败的统一定义。[③]这个术语通常在多种情况下使用，由于不同国家语言习惯不同，没有一个统一的定义能协调和涵盖各国有关腐败的概念。例如，根据欧盟的相关条约和有关文件，英语的 corruption 翻译成德语为 Bestechung，但 Bestechung 翻译成英语仅指行贿行为，未能涵盖腐败的所有方面（行贿、任人唯亲、裙带关系、挪用公共财产、对政党和选举工作的非法资助）。

不同的法律条款和法律体系使各国在关于议员行贿、政党的非法政治献金、公共部门和私人部门对腐败的区分、腐败的处罚种类和处罚幅度等方面的规定，都存在较大的差异。然而，在金融体系保护这个特定领域里，欧盟却提出了腐败的法律定义。根据《欧洲共同体金融利益保护公约》（Convention on the Protection of the Communities' Financial Interests）的规定，被动性腐败是指："官员的一种故意性行为，为自己或他人、直接或间接故意索取或收受他人任何财物或接受他人利益承诺，而违背其职责的作为或不作为，或违反其职责规定行使职权，造成欧盟金融利益损失的行为。"④每个成员国必须确保本国法律中所规定的腐败行为是刑事犯罪。欧盟内部打击私人部门腐败的统一方法，通过 2003 年 7 月 22 日通过的《欧盟框架决策》所确定的方式实施。

上述定义是否可行还是一个值得探讨的问题。通过进一步分析我们会发现问题变得更为复杂。以前，政府官员的腐败是典型腐败，但现在私人部门也存在这一问题。在这种背景下，作为非法律术语的"经济腐败"一词则更准确，通常在刑事政策、刑事科学与犯罪学中使用。从本质上讲，它描述了在私人部门中的不诚实行为，这与官员的传统腐败相似。所谓经济腐败是指私人经济主体为自己或为他人或明或暗地收受或索取其他主体提供的利益，或违反公认的一般标准向他人提供或给予优先利益，从而对个人或公共利益造成损害的行为。⑤如果这个关于经济腐败的定义是正确的，那么经济腐败会是一种非常不受欢迎的、不产生经济效益的竞争形式。

最后，非法利益交换是经济领域的腐败和官员腐败的另一个共性。上述关于经济腐败的定义包含了理论和实践两个因素。因各国对腐败犯罪理解不同，对腐败相关犯罪的统计及统计的真实性都受到了影响。无论是德国还是欧盟另外 26 个成员国，都能对腐败犯罪的实际情况有比较准确的把握，但由于各国对腐败犯罪定义的不同，在欧盟整体层面就难以做到准确了解腐败的整体情况。

依据德国《刑法典》的标准法律解释来判断，在德国刑事诉讼中被裁判为腐败犯罪的数量在整体犯罪中所占的比重并不大。就我们所知，腐败犯罪案件的数量本来就不多，在刑事诉讼中曝光的更少。然而，没有记录在案的腐败类案件的数量却很多，因为每一种腐败关系都涉及双方的犯罪行为，在统计此类案件的数量时，可能只统计了一方的犯罪行为。但无论如何，腐败犯罪带来的损害是非常严重的。⑥

对欧洲的腐败情况很难给出一个合理、现实、全面、有用的评估。评估应建立在对相关规定实施情况进行监测的基础之上。虽然愿望是好的，但很难做到。国际组织制定的规则在主权国家的适用自然会受到一定的限制。⑦尽管如此，还是可以通过国际准则适用情况评估来促进各国对国际准则的遵守。

评估主要有三种模式：①由有关国际组织的执行机构进行评估；②由专家小组进行评估；③由成员国进行评估（同行评估）。然而，对国际准则实施情况的评估并不一定会导致腐败犯罪的下降。尽管存在各类关于腐败案件的统计数据和指数，但在实践中，腐败案件并非很容易被监测到，因而很难在评估中得出一个确切的结论。

由于认为贿赂犯罪是无被害人的犯罪，因此也没人愿意去揭露，这是贿赂犯罪无法得到准确统计的原因之一，这是个需要公开讨论的问题。[8]然而，我们完全可以肯定地说，认为贿赂犯罪是无被害人的犯罪的观点纯属荒谬，因为我们所有人都有可能成为腐败犯罪的直接或间接受害者。与欧洲委员会和经合组织不同，欧盟没有建立专门的委员会来监督反腐败法律的落实情况。对反腐败规则的实施缺乏严密的监管，特别是缺乏与私营部门腐败有关的监管，这超出了欧洲委员会和经合组织的强制性规定。即使是《欧盟反腐败公约》（EU Convention on the Fight against Corruption）中也没有对执法情况的审查做出明确的规定。

《欧洲共同体金融利益保护公约》（以下简称《公约》）第一议定书要求各成员国至少应将公约转化为国内法，并将转化的法律文件提交给委员会。在这一背景下，2004 年 10 月 24 日，委员会通过了第一份关于各成员国执行《公约》及其议定书情况的报告[9]，并指出了议定书中关于反贿赂条款执行方面的各种不足和缺陷。这包括成员国对公约及其议定书的批准犹豫不决、对通过刑事法律保护欧盟金融利益的要求不感兴趣。

欧盟要求各成员国将《公约》和议定书的基本条款转化为欧盟框架的第一支柱的组成部分，并允许欧盟委员会将未能把欧盟公约转化为国内法的违约成员国向欧洲法院提起诉讼。根据《里斯本条约》的相关规定，这是一个可能需要讨论的问题。欧盟在其关于《公约》执行情况的第二份报告中得出的结论认为，所有欧盟 27 个成员国，无论是在形式上还是实质上，都未充分实现关于保护欧盟金融利益的文件中所确定的政策协同目标。

事实上，欧盟各国金融利益保障体系的推进速度参差不齐。由于各国法律体系的差异，在本国法律体系中落实《公约》及第一议定书的过程中会产生不同程度的困难和问题。从形式上来说，这一体系并没有产生预期的、有效的和劝阻性的刑事保护。[10]某些老成员国应该记住的是，与罗马尼亚和保加利亚等新成员国对《公约》落实情况的评估时所提出的问题一样，它们也存在同样的问题。[11]

腐败是社会、经济和国家自我管理中最古老的现象之一。[12]腐败现在是政治辩论中最经常使用的术语之一。很长一段时间以来，欧洲社会似乎认识到腐败这一古老现象，但这种现象在很长的一段时间里一直被当权者轻描淡写地对待。除了少数专家外，在德国的公共和私人部门中担任重要职务的人否认存在这一问题，有些人直到现在仍然否认腐败对国家治理的重要影响。这不仅发生在德国，在其他国家也同样如此，[13]但认识到腐败问题重要性的意愿似乎正在发生改变。腐败现在被描述为不断加剧的现象。[14]人们对层出不穷的腐败已经习以为常，不再将腐败视为一个未知的大陆。人们可以在任何地方和任何时候发现各种令人惊奇的腐败行为。只要稍加留意，就能浏览到沿途令人叹为观止的腐败活动的全景，这条路一次又一次地通向法庭。人们寄希望于法庭来解决腐败问题，但法庭也有其自身的局限，并不能解决所有问题。有观点认为，对于什么是公正的、什么是不公正的、什么是令人安心的、哪些事是对我们共同的威胁，应当在欧洲范围内形成统一的认识，对威胁共同生存的问题形成一致的意见。这种观点是在天真和绝望之间寻找平衡，本身就是一个悖论。

无论是《关于干净共和国的二十条建议》[15]还是《反腐败十项建议》，都没有提出终结腐败问题的灵丹妙药。在反腐败问题上优先使用刑事法律也不能从根本上解决问题。[16]腐败问题已在社会、政治、商业领域综合发酵，粗糙的刑法架构完全无法适应腐败的新变化。客观结构也是如此。社会机构、政党、民主和不民主的政府、司法、行政、警察、军队和商业企业，世界各地的许多国家都成立了各类组织，这些主体从事腐败犯罪的能力远远超过传统的犯罪组织。

关于可以区分经济活动中的利润和赃物的观点，现在只有在童话故事中才能继续讲下去。经济主体的谋利意图、政治家的野心、政党的融资需求和政府官员的贪婪之间的联系，变得越来越紧密，不能再被忽视了。他们的活动为腐败创造了极大的动力，相对简单的刑法概念不能适应新的情况，无法与之抗衡。[17]

当腐败成为一个社会的内在特征、遵守法律者沦为被嘲笑的对象时，试图用司法来打击腐败现象终将徒劳无功。付出与成功无关，收入不依贡献而定，这是腐败的必然结果，腐败会打破社会平衡。[18]警察和司法机构不能通过幻想来割断腐败与上述因素之间的联系，当然这也不应该是警察和司法部门所做的工作。然而，宿命论对人类本性的推测（"每个人都有其自身的价签"）[19]，绝不会导致地平线上的末日之光掠过腐败的大陆。

欧洲一体化不仅是欧洲大陆规模的变化，也使问题变得复杂，需要我们更加努力地去探究社会问题。社会变化永远不是既定的历史，它是一个永远持续的漫长过程，如早期的犯罪可能只包括谋杀和过失杀人等暴力犯罪。随着社会的变化又出现了一些新的犯罪，同时也催生了新的制度，如为防止盗窃、抢劫和勒索，产生了对经济制度的需求。经济制度的产生不是基于诚信基础上的合同，现代民事法律制度在调节货物和服务贸易的同时，很大程度上防范了制度缺失的原始暴力。再比如对公平竞争的需求来自交易的胁迫风险，种族灭绝、奴隶制度和犯罪式掠夺催生了殖民主义。

而殖民主义又催生了世界范围内的自由贸易，战争催生了共同市场。依据这个思路，对腐败问题的解决也可能催生社会文化上质的飞越，甚至带来社会、政治和经济发展的顶峰。现代人早已无须暴力消灭获取利益道路上的拦路虎，暴力的使用已经被利诱取代。

能用资金解决的问题就不需要通过战争。金钱能化干戈为玉帛。道德屈服于物质，道德原则的解释具有与资产价值相称的灵活性。权力问题可以通过协议予以解决，论据的说服力毫无意义。日常的政治事务为解放企业家精神、专业知识和民主控制提供了可能性。社会治理的工具箱里堆满了高薪工作、优厚的福利、立法倡议、补贴和养老金承诺等丰富的内容。

在一个物质繁荣已成为生活和工作的意义、个人收入的多少与其工作不再有明显联系的世界里，腐败将无处不在。这种现象会对社会产生至关重要的作用。遵纪守法不再是社区成员互相支撑和联系的一种基本生活方式。打击腐败的刑法条款可能导致一种双重悖论。原则上，由于贪婪、易受诱惑和对权力的野心等不可救药的人性，刑法规范人们行为的能力无法得到必要的保障。[20]刑法显然应该与道德相呼应，但它无力改变机构和个人行事的基本原则。刑事司法既不能取代教养，也改变不了公民、商业领袖或政客的道德状况。理论上，刑法只能通过预防和惩罚来保护合法权益。

然而，就腐败而言，可能还有更重要的因素在起作用。与腐败相关的行为总是受到道德的否定评价。只要相关人员不能理解或不能认识建立腐败关系会危及他们的尊严，所有关于反腐败的辩论都将是徒劳的。缺少对个人尊严的尊重，就会导致人的社会关系贬值，一个社会关系贬值的人的任何声明都不会给人留下深刻印象，而工作和忠诚正是建立在这种尊严的基础之上的。

通过腐败的方式获取经济利益是对尊严的贬损。任何看不到这一点的人，即使面临受到惩罚的危险，也不会有所收敛，而这恰恰是只有在腐败合法化的情况下才会出现的情形。这种情况是否会对法律、秩序和社会公正产生不利影响，我们可以静观其变。如果腐败会破坏和谐这一假设被接受，那么腐败合法化就不可能了。无论如何，通过权力的无政府状态获取经济利益的历史已经在很大程度上被经济秩序所取代。然而，腐败可能是一种特殊的无政府主义力量的源头。有朝一日，腐败的力量可能会将整个社会拉回到通过权力的无政府状态获取经济利益的原始状态。

当大多数守法者意识到，他们的尊严被颠覆了社会和经济秩序的腐败所蔑视，被那些被收买的统治者以及战略上无效的刑事司法制度所蔑视时，就有可能会出现上述原始状态。在这种情况下，选民（人民）可能会诉诸不完全基于法治的手段来解决问题。

上述讨论已经超出了关于欧盟扩大后有关腐败问题讨论的边界。[20] 总而言之，可以肯定地说，在所有欧盟成员国中，有关腐败行为的程度和风险的公开辩论，缺乏全面、可靠、定量的支撑，而且对个别耸人听闻案件的报道往往扭曲了事件的真相。

由于欧盟各国对腐败类犯罪的定义各不相同，因此仍难以对腐败犯罪进行准确和普遍有效的经验总结。术语的不确定性也会造成对腐败的误解，使欧盟难以制定一项统一的战略，以预防和起诉相关犯罪。

鉴于欧盟的扩大，欧洲一体化项目的信誉尤其取决于所有成员国对腐败的有效控制。如果要在所有成员国中有效地遏制腐败，那么无论各国实施的法律制度有何不同，必须在保障现有惩罚制度有效性的同时，进一步发展统一的控制制度（例如统一的公司惩罚和没收犯罪所得制度）。

腐败必须在刑法的范围内被加以界定和惩处。腐败是一种自利而损害社会的潜在意愿，它构成了一种态度，是一种在社会衰落时期特别普遍的心态。腐败应该被视为对欧盟和世界各国福利的一种文化和社会挑战。

显而易见的是，在所有欧盟成员国中，腐败总是预示着领导层的失败。在这些国家，经济利益、个人野心和政治目标都是相关联的。最近出现了一种新的腐败形式，即由领导层的无能而产生的腐败。超负荷的国家官僚机构依靠私人的援助，据说这些私人具有特殊的专业知识，使他们能够在立法程序框架内追求自己的经济利益。最近，关于商业领域中经济前提和腐败后果的讨论似乎呈现出一种孩子气的或幼稚的特质。尤其是关于其他竞争对手对在国外市场上行为的评论（"人人都在做""不行贿就拿不到合同"），体现了一种幼稚的心态或是非不分的堕落心态。

就像每个民主国家都能找到合适的政治家一样，每个社会都有相应的腐败问题。然而，这并不能成为腐败的借口，因为每个人在个人、职业和政治关系中都有选择的自由。不幸的是，人们往往没有正确行使他们的自由，往往利用金钱来获得他们在法律上无权享有的利益。因此，腐败关乎个人性格。

从欧洲政策制定者的角度来看，显然我们需要简化资金分配规则，特别是公共采购和赠款的分配原则。我们必须要求受益人特别是公司类政策受益人提高他们申请公共资金的标准，以防止他们利用政策实施欺诈行为，同时应简化相关手续。例如，我们不能要求他们重复提交数百页的证明文件。我们应该为公司建立数据库（白名单），列出那些已经证明了自己的能力和业绩的公司，让他们不需要不断证明自己符合相关政策的要求。

如果产品和服务提供商由于经历了官僚主义的负担而决定不申请公共资金，那么这只会助长腐败，因为通过腐败渠道获得业务的人不会因为高昂的交易成本而退缩。有必要提高这些进程的透明度，这是我们尚需努力的目标。例如，在采购领域的招投标活动中，常见的一种做法是只公开投标书的标封，但不披露投标价格。这为在招投标中进行各种操作提供了空间。这一程序应该改变，重点不应该放在低价中标上，而应该放在最合适的投标人身上。

我们应该重新审视某些直接支持个别竞争者、扭曲竞争、在审议申请时提供不适当自由裁量权的补贴计划。我们必须防止资金分配者和受益者存在利益关系，例如要考虑处理结构性基金的政府代表是否与受益者存在利益关系。我们应该继续为特定部门制定具体的战略，并进一步激励潜在的线人提供信息。我们需要对举报人、证人提供更好的保护规则，如为这些人在竞争中提供更为优厚的条件，并且必须积极向公众传导有关打击腐败企图的相关信息。

我们需要更为多样化的惩罚措施，比如经济处罚和纪律处分。我们不应该把每一个小案件都提交司法机关处理，特别是在程序冗长、结果不确定的情况下。我们必须加强欧盟成员国主管当局之间的合作和情报交流。此外，欧盟还应继续消除与国际组织和其他捐助方等非欧盟成员国之间的信息交流障碍。

12.3　市场与黑社会

了解到银行部门内存在的复杂形式的欺诈（主要是银行票据诈骗）都是由有组织犯罪集团所实施的，这一点也不令人感到惊讶。[22]黑手党不是意大利民间传说中所特有的独行侠。然而，有组织犯罪仍是一个有争议的问题，有组织犯罪是否存在甚至在社会科学和政治学的辩论中都是一个有争议的问题。我们对有组织犯罪的性质或程度的理解，还远没达成一致的认识。

2007 年，在纪念《罗马条约》（Treaties of Rome）签订 50 周年之际，欧盟成员国在柏林签订了《柏林宣言》（Berlin Declaration）。欧盟承诺将采取行动打击恐怖主义、有组织犯罪和非法移民。然而，只有满足苛刻的条件，才能实现这一承诺。在欧洲范围内，确定一个明确的、能被广泛接受的有组织犯罪的概念，就是实现这些承诺的先决条件之一。必须摆脱这样的观念，即这种犯罪形式是与毒品、卖淫、贩卖人口、非法移民、暴力和黑手党文化相关联的犯罪。上述理解使有组织犯罪形成了一种特定形式的污名化，以至在公众眼中，有组织犯罪是一个带着神秘色彩的地下世界，他们根据神秘的仪式和传统开展业务，远离市民社会和政治生活。黑手党由外国人、局外人组成，他们代表着对我们这个秩序井然的世界的外部威胁，并以暴力或腐败行为压迫毫无戒心的公民。在某些方面，这种理解是合适的。

每天浏览报纸都会看到新的争论，各种有关商业、政府和政治的各个级别的犯罪事件的新闻，应该从根本上改变我们对有组织犯罪现象的看法。犯罪学和刑法学必须改变对有组织犯罪的定义。欧盟和其他公共预算中的可用资金以及经济和监管政策的持续变化，为犯罪提供了极具吸引力的犯罪机会，导致犯罪活动的方法越来越复杂。特别危险的是，有组织犯罪分子采取了富有远见且商业化的方法。他们使用商业化的方法来识别和确定最高的利润率和最低的风险。

因此，近年来，有组织犯罪采取了一些实质性的措施进一步扩大了影响。社会结构的变化、自由市场内部对典型的财政赤字的控制、立法活动的多样化和复杂化以及各国在政治、经济和政府公务人员中存在的腐败现象，这些都为有组织犯罪侵害欧盟公共福利体系提供了可能。因此，对有组织犯罪术语的定义，只是一个荒谬的、天真的表述。

我们正生活在一个将生命的意义贬低为追求利润最大化的社会中。这为有组织犯罪的蓬勃发展提供了机会。最后，我们必须评估商业企业公平竞争的原则、政府对法律的承诺和政治家们保护公共利益的使命是否已经被"强盗原则"取代了。当然，我们可以相信，这些困难都是建立在对物质追求的本性基础之上。[23]

在定义有组织犯罪时，一般认为其具有复杂的、发散性的结构特征，是为实施其他犯罪而组建的附属组织并具有合作的关系特征。然而，这些结构存在的证据和定义缺少可靠的实证基础，往往是猜测的结果，这种定义给有组织犯罪披上了一层神秘的外纱。黑手党的缄默法则是对有组织犯罪研究获取可靠的实证结果的主要障碍。此外，参与有组织犯罪的人的一个特征是"脚踏两只船"（一只脚在非法阵营，另外一只脚在合法阵营），"身在曹营心在汉"，具有利用合法组织从事非法行为的特点，从而难以对它提起有效诉讼。

在这种情况下，必须明确的是，有组织犯罪在其发展过程中，其特征不仅限于计划性和刑事犯罪。有组织犯罪还具有广泛的关系网，其组织行为也不仅限于刑事犯罪领域。有组织犯罪在居住社区、城镇、城市区域或国家范围内发展自己的组织关系，这便于其隐匿非法活动。[24]基于对有组织犯罪少有的一些科学研究，我们可以推断，至少在意大利和欧洲的一些国家，一些传统的组织成为有组织犯罪的保护伞。

在非法市场和运营商的主要领域，科萨诺斯特拉黑手党和恩德拉赫塔黑手党必须被视为例外情况。它们是特定的历史、社会和文化条件下的产物，在任何情况下都不具有可复制性。此外，有组织犯罪人员之间的跨境接触还不能让人们合理地假定现代复杂犯罪及其丰富的金融选择，在很大程度上是由资金实力雄厚且高度组织化的犯罪辛迪加所控制的。[25]

我们有理由认为，有组织犯罪与其说是一种等级结构森严的犯罪组织，还不如说是一种拥有专业组织和网络的犯罪问题。在各个地方都有这种犯罪组织，并对法律市场、社会和政治结构产生强烈的影响。在制定打击有组织犯罪的刑事政策方面，这是一个令人欣慰的发现，有助于防范有组织犯罪。[26]

虽然人们认识到，必须采取不同的方法来评估欧洲有组织犯罪的形势。但得出的结论是，这种危害程度还不足以提出有组织犯罪直接危及人民或共同民主利益的治理建议。在这样的背景下，对于是否需要对有组织犯罪做出正式的官方定义缺乏统一意见，这并不令人惊讶。

以德国为例，《刑法》第 129 条规定了组织化犯罪的"犯罪团伙"，但并没有对"有组织犯罪"进行专门的单独规定。这与意大利和美国的情形不同，同时与欧洲一直致力于确立打击有组织犯罪统一标准的做法背道而驰。㉗德国虽然发布了打击有组织犯罪的指令，但指令中也未对有组织犯罪做出精确定义。指令中只对有组织犯罪活动的现象进行了描述。㉘该指令中规定的原则旨在帮助德国检察官将有组织犯罪归为一般犯罪行为的一个亚类，以便法院对具体的有组织犯罪行为进行定罪判刑。指令中规定的原则不仅限于某一独立的犯罪行为，指令只是为德国检察官调查有组织犯罪提供了一个宽泛的指导框架。㉙

警察刑事犯罪统计数据不能作为获得与有组织犯罪明显相关的犯罪数量的确定性证据，刑事起诉统计数据也不符合法案的要求。这些统计数据仅仅提供了已经被发现的刑事犯罪案件的数量或者已经处于侦查或法庭诉讼阶段的犯罪案件的数量。然而，自 1998 年 1 月以来，在公诉人起诉的统计数据中，包括了调查程序是否与被归类为有组织犯罪的事项有关的信息。

与德国联邦刑事调查局（German Federal Office of Criminal Investigation）编写的单独的有组织犯罪情况的报告相比，上述统计数据仅适用于单个犯罪或个人实施的犯罪。情况报告和概况主要集中于对重大犯罪案件的调查。人们认为，这种统计证据的类别不适合确定有组织犯罪构成的风险状况。这些犯罪调查的数据只是整个刑事犯罪案件总数的冰山一角。

调查程序的启动往往以犯罪行为的发生为前提，因为这似乎是启动调查程序或采取有关措施的必要前提。通常情况下，对相关犯罪活动的调查结束后，出于某些实际原因而放弃对案件进行深入的调查似乎是合理的。㉚

犯罪人员或犯罪组织通过专业的反侦察措施或支持这些反侦查措施的某些安排，可以使那些最初看起来很有说服力的侦查活动被迫终止或者陷于"无能为力"的状态。告密者或卧底所提供的信息，通常不能形成充分的证据，不能在法庭审判或审问中直接作为指控证据。这些情况和其他情况也解释了为什么已经查明的犯罪数量、被立案侦查的犯罪嫌疑人数量与被定罪和入狱服刑的罪犯数量差距如此之大。自 1991 年以来，德国联邦刑事调查局编写了有组织犯罪的情况报告。现有的统计数据最早是有组织犯罪的主要信息来源。

根据官方的定义，在报告期，未决诉讼的有组织犯罪也作为统计调查表的基数。相关数据在以电子报表的方式提交给德国联邦刑事调查局中央办公室之前，必须进行合理性检查。目前犯罪趋势报告的撰写工作正在进行中，其重点是对犯罪情况做定性分析。自从 1998 年起，为收集信息的需要，德国制定了结构化的分析模式，并将分析结果纳入情况报告中。[31]

德国在对有组织犯罪群体结构进行定性评估时，采取了结构分析法，它还将帮助研究人员识别有组织犯罪的特点及相关问题。最终的目标是要了解有组织犯罪的整体状况，并促进相关资源的合理利用。评估的目的是确定"有组织犯罪潜力"，以反映犯罪集团的组织化程度和组织成员的专业化程度。[32]

总之，还没有一个明确定义能够确切地阐述现实生活中的有组织犯罪活动。从不同的角度对这个问题进行分析，就会得出相应的不同结论。尤其值得注意的是有组织犯罪的范畴，从传统的帮派活动到犯罪团伙再到所谓的犯罪辛迪加组织，不一而足。复杂的有组织犯罪集团所从事的活动并不局限于刑事犯罪。它的特点是建立和维护稳定的个人关系和人际关系网络。目前对有组织犯罪的实证研究仍然不足以为这种形式的犯罪活动提供一个完全有意义并令人信服的说明。

尽管各种犯罪集团具有明显的专业化和国际化特征，但黑手党犯罪组织并没有成功地在德国建立一个"平行社会"，也未对国家、经济和社会的基础构成威胁。事实上，国际化的有组织犯罪确实是一个重大的潜在威胁，因为它试图使用暴力、威胁和腐败的方法创造一个没有法治的地方社会。全球化的有组织犯罪的风险也与经济全球化和市场自由化紧密相连。

科技的发展，如互联网技术的发展，[33]也在有组织犯罪的国际化中发挥了作用。一段时间以来，各国打击有组织犯罪的政策一直不足。有必要没收有组织犯罪的犯罪所得，以摧毁有组织犯罪的经济基础，防止犯罪集团建立金融基础。警方和立法机构采取的针对有组织犯罪集团实施的具体犯罪行为的刑事诉讼办法，并没有触及有组织犯罪的根源。鉴于有组织犯罪对社会构成的风险，各国政府有必要采取一种商业方法，包括对犯罪集团的结构、后勤物流以及运作行为进行分析。

必须制定新的评估战略方针，以促进风险评估。评估的实用方法也必须加强，需要警察和检察官立即进行密切的合作。考虑到需要揭露有组织犯罪的商业化运营模式以及确保其幕后的支持者受到惩处，有必要采取结构化的侦查措施。

只有独立的科学研究才能准确地判断欧洲各国在打击有组织犯罪方面的合作和协调问题上取得的成功经验以及不断增多的局限。为了获得打击跨境有组织犯罪的成功，必须进一步加强欧盟各成员国在立法和执法方面的协调，统一法律和运作条件。双边协议将有助于消除跨境起诉的障碍。

欧盟和联合国层面正在开展的举措将有助于制定对有组织犯罪实施惩罚的具体规定，详细说明国家法律要求的调查方法，并进一步促进各国调查机构在打击有组织犯罪方面的合作。有组织犯罪并不是白领刑事犯罪和其他犯罪形式重叠的唯一领域。根据有组织犯罪的定义来看，白领犯罪是不是一种有组织犯罪的形式（也许甚至是不是最复杂和最危险的有组织犯罪形式）仍然值得商榷。

德国政府在 1975 年 4 月提出了一个值得注意的论点。其在起草的《打击白领犯罪第一法案》（First Act to Combat White Collar Crime）草案中强调指出，如果某种法律体系对普通公民不当行为的制裁没有任何内心负担，但在对高智商犯罪者（intelligence offenders）操纵某项商业交易行为进行法律制裁时，总有一种不得不为的被迫感，这不符合所有公民在法律面前一律平等的原则。

随后的许多立法努力都未能取得预期的成功程度。正如有组织犯罪没有公认的定义一样，白领犯罪也没有一个公认且准确的定义。[30]从本质上讲，对白领犯罪的关注还围绕在以商业为目的的生产、制造、货物或服务贸易中的不当得利的犯罪行为上。这一过程关注的焦点主要在积极的经济活动、犯罪（例如欺诈、虚假财务报表）以及退出经济活动（如破产犯罪等）上。

一些文献试图限制这种宽泛的定义，实践中表现为德国警察和法院在适用《德国司法法》（German Judicature Act）第 74 条时，对犯罪的定义做了限制性的适用。此外，白领犯罪的形式受到经济制度、经济结构、社会结构、技术进步和经济发展趋势的制约。因此，商业和技术的创新将产生新的犯罪形式。

白领犯罪形式的清单既不完整，也不是确定性的。白领犯罪包括但不限于簿记和会计欺诈行为，偷税漏税，破产犯罪，高利贷和贿赂，假冒伪劣食品、饮料和烟草，经济间谍活动，内幕交易，非法临时雇用员工，产品盗版以及欺诈性商品期货期权。刑法和犯罪学统计中记录的白领犯罪案件仅仅是"冰山一角"，冰山的大小规模仍然未知，因为关于白领犯罪的许多研究尚未完成。传统的犯罪学工具在很大程度上还远远不够，不适合这些类型的刑事犯罪。我们只能推测，未被发现的白领犯罪的数量很大，原因是多方面的，包括：

（1）缺乏对犯罪的披露；

（2）法人成为受害者、告密者和共犯；

（3）缺少社会控制；

（4）集体受害者（国家或社会机构）的比例很大（占50%以上）；

（5）以集体为受害者的犯罪中受害感减弱；

（6）损失意识缺失；

（7）举报犯罪的意愿降低；

（8）公司受害人的比例较大；

（9）如果执行了犯罪行为，则有遭受损害的风险（例如，作为投资欺诈受害者的未征税收益持有人）；

（10）倾向于利用民事法律手段保护自己；

（11）有兴趣行使自由裁量权，但担心声誉遭到损害。

我们发现缺少有充分根据的关于白领犯罪的程度、结构和趋势的相关知识。当前流通的官方犯罪统计数据中，不允许记录白领犯罪，相关的报告也不完整。[35]结论是明确的："在官方披露的关于白领犯罪的犯罪学统计数据中，目前在刑事犯罪统计和犯罪学统计中以及一些特定的统计数据中提供的关于白领犯罪的信息，无论是从定性还是从定量的角度，都没有充分和足够可信赖的细节"[36]。因此，目前关于白领犯罪的相关信息，除了作为立法者制定立法计划的工具和信息来源外，其用途有限。

白领犯罪是一个定性问题，而不是一个定量问题，[37]欺诈是其主要的犯罪形式之一。明确区分欺诈为白领犯罪还是一般犯罪的标准仍然缺失。占金融犯罪大多数的欺诈行为，被定义为与经纪、采购和发放贷款有关的任何形式的犯罪，尤其是与货物、服务和信贷相关的犯罪。[38]

由于警方的犯罪统计数据中包括白领犯罪信息的特别记录，因此，在犯罪统计方面发生了一些明显变化，例如，白领犯罪的发生数据要基于若干案件的复杂调查才能进行统计。然而，目前还没有明确的证据表明白领犯罪有上升的趋势。一般来说，还不能基于警方记录的白领犯罪的调查数据得出结论，即未被发现的地区正在发生变化。已经被发现的白领犯罪不能代表整个白领犯罪的程度和趋势。统计中包含的白领犯罪仅限于被告发的和警方通过调查发现的。

白领犯罪的一大问题是会对社会造成巨大的危害，尤其会造成经济方面的损失，但目前还没有可靠的证据能证明这一观点。还没有足够的信息来统计证明白领犯罪对全球造成的经济损失总量或索赔造成的诉讼损失。目前对某个地区造成的损失的报告呈现较大的变化。警察刑事犯罪统计数据只提供了白领犯罪造成的经济损失的最初记录，但也仅限于特定地区发现的白领犯罪案件。统计数据记录了直接损失的价值，不包括由此造成的连带损失及间接损失。

涉及大量案件的调查程序的复杂性和涉案范围的广泛性，可能会产生异常大的工作量，事实上，对白领犯罪损失的统计也是如此，警察刑事犯罪统计数据的作用可能仅限于提供最初报告的白领犯罪情况。这一趋势是将重点集中于那些较为严重的白领犯罪损失类别，在这种情况下，相对较少的一部分案件会产生重大损失。然而，目前还没有明显的证据表明白领犯罪造成的损失呈上升趋势。这可能与白领犯罪统计的规则有关，对白领犯罪造成损失的统计数据，主要取决于警方完成调查程序的年份的记录规则。

白领犯罪所造成的无形损失比其造成的经济损失更为严重。无形损失包括：竞争扭曲的后果、对竞争对手的影响及其引发的连锁效应、通过第三方的协助引发的相关犯罪行为产生的影响、使守法的商业伙伴倒闭等诸如此类的连锁反应风险、对健康的危害、造成某些企业和消费者对某些行业甚至对整个现行社会和经济体系的信心下降。因信心下降而带来的损失是难以估计的。[39]

总之，白领犯罪与一般犯罪相比，在内容上和形式上都存在差异，白领犯罪的特征与一般犯罪的特征有很大的不同。预防白领犯罪活动的发生对于确保市场经济的效率至关重要。公众对有效指控白领犯罪表现出极大的兴趣。但在打击白领犯罪方面，目前还存在警力和法律资源不足、缺乏专业知识等问题，比如缺乏必要的审计技能以跟踪犯罪所得转移的手段。必须加强执法部门和企业的紧密合作。提高企业管理的透明度、向监管机构报告、建立内部控制的早期风险预警体系、进行有效的审计评估和建立独立的监管体系等措施能有效地防范白领犯罪的发生。国际联系和市场全球化的特殊要求将有助于减少金融犯罪。

有组织犯罪是一个独特的术语，充满了神秘的色彩，人们对它不断地揣度和猜测，甚至一度认为它是一种"商业模式"。[40]我们对有组织犯罪背景的研究，并不仅限于将黑手党作为意大利的一种历史和现代形式的有组织犯罪。[41]有组织犯罪是一个不受控制的全球化系统，是一种难以控制的力量。有组织犯罪应被解释为各种形式的权力滥用的一种隐喻，最初只是出现在结构不健全的社会中，但现在已经影响到经济、政治体系的各个方面，各层级政府、政治和经济无一幸免。对合法利润和非法所得的区分能力，其可信度就如童话故事一般。

在世界范畴内经营的商业企业中，偷税漏税、腐败行径以及系统性的违法行为造成了其与有组织犯罪的功能和结构的重叠。虽然我们不能说某些公司和政府也存在同样的情况，但大量证据表明，涉及政党资金、政客权力利益、企业利润取向和工会主要成员脆弱性的危险冲突，存在与有组织犯罪的犯罪结构和功能重合的地方。

腐败已成为经济全球化的一个重要的功能性实用原则。[42]现代社会中获取经济利益的途径众多，不需要使用武力了。现代白领犯罪的隐蔽性特征，使其成为基于国家重要性和国际经济联系以及组织的一种"资本"风险，也由于其安静效率特征，其犯罪行为往往被忽视。一些人问，白领犯罪行为是否已经成为"无政府的股东价值经济"的一部分。这种经济模式有利于投机者，但会限制长期资本投资，损害经济的可持续发展。[43]

单靠刑法工具还不足以有效打击常规的有组织犯罪或者对白领犯罪造成人们所期待的有效打击程度。对白领犯罪和有组织犯罪的有效防范，还需要建立稳定的政策指导方针和机构，包括有助于这些政策准则得到实际执行的合规行为和有效的公司治理。最后，这也将有助于公司章程变得更加明确，遵守法令规章和内部标准可以更加简单明了。[44]

　　某些人的法律和道德教育的接受能力有限，尤其是那些成功的商业领袖、以追求权力为目的的政治家和以追逐经济利益为目的的犯罪分子，刑法没有为这些人的伦理和道德再教育提供足够的机制。因此，应该采取一种对这些人有吸引力的经验证明的逻辑方法。

　　美国的研究表明，诚实不是一件坏事，诚实的人不必表现为"屡屡失败者"。美国机构股东服务公司（Institutional Shareholders Services）发表了一项研究报告，他们对 5000 多家公司的道德原则和审计结果进行了调查。结果表明，十家最负责任的公司的利润要比十家最不负责任的公司高 11%。而且他们的股票价格波动较小，股息也高。[45]

　　如果上述发现在实践中能得到推广运用，并允许它们进行自我塑造，那么自我利益与公共利益明显不融合的差异可能会降低到可管理的维度，不再是不可调和的矛盾，两者可以寻找到利益的结合点。无须引用新的理论道德规则来解决上述问题，提醒"美好的旧时光"可能就足够了，即使表面上开明和博识的时代思潮仅仅是因为它的措辞就以恐惧的方式拒绝它。从迄今为止的调查结果得出了一些结论，这些原有的道德规则可以解决上述问题。

　　不能使用官方报告中采用的这些方法，对有组织犯罪对社会、企业和国家构成的威胁做出足够现实的定量或定性评估。官方将有组织犯罪作为一种歧视手段和法律用语，其关于有组织犯罪的既定术语不够精确。社会惰性和寻求经济利益可能会浓缩成类似于有组织犯罪的结构。政党的资金需求和国家官僚机构的腐败顺从为有组织犯罪提供了发挥最大影响力的机会。有组织犯罪也是商界、政府和政界官员为获得和捍卫其权力地位而形成的极端自我主义者的一种结果。

　　由于对有组织犯罪的防控和诉讼仅仅是行政、经济、军事和政治权力平衡的一种激进表现，因此当局对有组织犯罪的有效预防和起诉往往会失败。有组织犯罪反映了社会制度的伦理和道德矛盾，反映了中产阶级体面的生活方式的谎言。白领犯罪往往是一种复杂且极具破坏性的有组织犯罪，由于定义模糊和缺乏经验数据，人们对白领犯罪的认识也受到限制。商业生活中的犯罪反映了经济制度、技术发展和国际一体化水平的特殊特征，这些特性使犯罪组织能够进行跨国经营，其中有些经营行为成为犯罪组织非法行为的避难所。

对白领犯罪的有效预防和迅速起诉是履行社会正义的一项义务和必然要求，这甚至比打击传统的有组织犯罪更为重要。但鉴于世界范围内的商业主体、政府和政治家们的个人和集体权力更加注重对自身利益的保护，这项义务常常得不到完全履行。

12.4　商业与犯罪行为

正如前面已经指出的那样，所谓的金融危机被视为某种自然灾害的结果，是不可抗拒的，没有人能够阻止它，因而也无须有人对其负责或承担罪责。正如自然事件不可惩罚，在这里讨论运用刑法惩治银行家、商人和政客的非法行为也是徒劳的。这是一种可悲的但并不令人惊讶的看法。

危机概念的背后是个人和集体的自欺欺人、经济利益和政治的算计。在很大程度上，大多数有经济学背景的观察家继续支持金融市场危机是系统性的观点。如果遵循这种解释，除了那些未能正确调节系统性风险的政客之外，没有人有过错。在分析金融危机时期刑法的发展趋势时，必须考虑通过刑法惩罚治理犯罪的问题。各国可能对刑法治理更有效的问题并不关心，因为它们认为政治利益比处理金融危机更为重要。上述情况会产生一些具有破坏性的不良后果，并最终产生危及法治和民主原则的结果。

危机已成为经济和金融政策的关键词，危机一词的滥用也表明了一场智力危机。危机被认为是顺乎自然规律而产生的结果，由此可以将危机作为免除我们责任的借口。无论如何，媒体对金融危机的报道给人造成了这样一种印象，即金融危机是一个随机的、无法预测和控制的事件。这种看法既有误导性，也是错误的，将人们引入歧途，是聪明的媒体政策的产物。

在灾难性的全球金融形势中，出现了从经济治理、政策制定到证券法律等涉及范围广泛的许多难题。我们现在所讨论的经济刑法领域中的问题则更为复杂。公众对这场危机的讨论呈现一种令人目瞪口呆的局面，这使得人们很难确定哪些人应当为给经济发展造成极大破坏负责，专家们正在敲响"敌人已到家门口"的警钟。

德国哲学家理查德·大卫·普雷希特（Richard David Precht）指出[⑯]，敌人通过国际金融大潮的涨落来破坏道德。普雷希特还指出，民主需要得到实践的验证，而且政府最高层应当成为廉洁的专家。他声称，只有在最好的政府实施最好的治理时，人们才不必挥舞权杖。此外，在德国的民主现实中，专家们被埋没在一堆堆未读的材料后面，在没有政治家阅读过的书籍上说教，或者陷入学术界的日常生活中。相比之下，我们的政治家就像是四处游荡的流浪者，他们的路标就是那些在德国议会自由出入的说客。

游说者通过向政党捐款、呈现始终如一的友好态度以及许诺提供当前或未来的工作机会来获得他们想要的东西。一些政治退休人员是"老推销员"，而不是老政治家。如果洞察力和对立的利益发生冲突时，利益必胜无疑。个人和集体的自欺欺人、经济利益和政治算计都是金融危机的幕后黑手。习惯用语将事态发展归咎于一种偶然的性质，并假装它可以在一种被称为危机管理的过程中得到控制。

政治家们可以把自己塑造成一个坚定而有能力的共同利益保护者，他们希望那些将希望托付给他们的民众对事件的记忆是短暂的，无法用语言对复杂问题进行分析，并保持他们对政治制度的内在信任。然而，商业和政治决策者的野心、无能和腐败的混合，为国际金融演变成一个由懦弱的剽窃者、不堪重负的官员、腐败的商人和一些伪装成体面银行家的罪犯统治的斗争领域创造了条件。同样，本轮金融危机的爆发并非自然事件，而是由公共和私营部门高级管理层可耻的失败造成的。

对本轮金融危机处理的失败，使各国政府将目光放在了别处。现在我们似乎突然醒来了。经济学家的能力受到质疑，尽管他们拥有丰富的专业知识，但他们在本轮危机中出现了悲剧性的错误判断。正如 2008 年希腊发生的金融动荡所表明的那样，世界经济和社会发展可能会朝着最糟糕的方向发展。目前，市场经济出现了系统性危机的征兆，整个民主制度似乎面临风险。建立一个强大国家的呼声不绝于耳。需要拷问的是我们究竟是陷入了真正的经济危机，还仅仅是一场金融市场危机？我们现在可以肯定地说，正是美国的三重失败引发了本轮金融危机：

（1）美联储多年的低息政策（甚至是负的实际利率）；

（2）拒绝对金融市场进行监管；

（3）拒绝纾困雷曼兄弟，这是一家具有"系统性"重要性的银行。

对金融危机中个人原因和责任的辩论开始时非常含混，刑法规定的罪责问题没有以任何方式得到解决。造成危机的其他一些需要考虑的因素包括：

（1）放松对全球资本市场的管制；

（2）不适当或有缺陷的监管规定；

（3）中央银行过度宽松的货币供给政策；

（4）政府通过公共和半公共银行参与贷款；

（5）管理层的疏忽和政府官员的违规操作；

（6）大规模促销房屋所有权导致大量不良抵押贷款产生，尤其是在美国；

（7）未能及时修改国家法律以适应不断涌现的新金融工具；

（8）银行利用立法空白和漏洞在现行法规之外运作；

（9）银行内部风险管理制度失灵；

（10）银行经理严重失衡的薪酬；

（11）证券化风险分散不足；

（12）新产品经验不足，风险评估不足；

（13）傲慢和几乎盲目相信数学方法和复杂评估程序的预测能力；

（14）低估风险规避。

对上述零散问题的讨论仅仅是基础广泛的经济治理探讨的一部分。显然，我们不能处理上述所有问题，但应该对经济危机中与刑法有关的一些方面进行讨论。我们可以从以下几个问题开始。

（1）金融危机造成的损害是自然灾害任意性的表现，还是缺乏专业能力、持续的政治忽视和犯罪能量的综合结果？

（2）世界金融市场中的个人和团体参与者是否相互勾结，以非法方式为自己的致富动机服务，并破坏整个货币体系的稳定？

（3）我们是否需要一个基于刑法的国际协调的风险最小化战略，还是风险主要是一个经济治理问题？

（4）国家的刑法是否做好应对这些挑战的准备？

（5）任何地方的任何制裁制度都会给那些秉持社会享乐主义文化、在全球范围内勾结的罪犯留下深刻印象吗？

（6）我们是否生活在一个有组织犯罪已成为经商之道的时代，在这个时代，政府沦为屈从于高素质的共谋者的奴隶？

最基本的问题是，刑法在其目前状态下或在实施新的惩罚策略之后，是否能够通过预防和威慑来应对风险？例如在持续的金融危机中出现的新类型的风险。

刑法以违法行为、罪责和个人归责为基础。刑法依靠其他法律领域的衍生而存在，它是法律规制的最后手段。然而，当刑法处理社会、经济和政治进程和制度的适度性以实现共同利益时，却无法发挥作用。如果有可能对这场危机中机构和个人所造成的损害进行评估，则应就刑法职能的某些变化进行讨论。法律应包括一系列制裁措施，以应对系统性犯罪的挑战。只是当发生了太多的事情，社会无法像往常一样恢复商业活动时，特别是在涉及商业和资本市场领域的一些新型犯罪时，刑法也不应故步自封，而要做出适时的调整。这并不能证明对刑法利剑的无差别要求是合理的。如果合法性原则和法治之下的刑事诉讼程序不能追究违法者责任，那么无论如何都不能听从这一请求。

合法性和刑事程序适用于所有人，包括那些在金融危机前负责并代表银行行事的人。然而，如果只强调金融危机的系统性，而不根据刑法标准来确定责任，那是错误的。要回答危机前和危机期间的某些行为是否应受到刑罚惩罚，就必须探究危机的根源，准确界定刑事制裁适用之事实和交易。

例如，关于失信行为的一般性意见，如果没有关于所发生的事情的具体细节，就没有什么帮助。在公众看来，金融危机被描绘成一种自然现象。将金融危机归因于犯罪行为协同的观点几乎没有得到认可，因此也就未对个别参与者的行为展开认真的调查。从支付给银行从业者巨额奖金和出售可能毫无价值的证券的现象中，我们提出了一个问题：银行家贪得无厌的盗窃癖心态与极度浮躁心理的结合，是不是导致金融危机爆发的原因？

区域性国有银行超出其公共目的行事的行为本身就构成违反职责义务。在管理委员会任职的州政府代表虽然代表政府行事并拥有决定权，事实上从未同意区域性国有银行的灾难性商业做法，并未有效地实施适当管理。州政府代表的任何同意声明都属于《德国刑法》第266条（受托人违反信托约定）的规制范围。滚雪球般向没有偿付能力的人发放高息贷款，形成了一个巨型的雪球风暴。低收入群体参与的房地产交易成为投机交易的基础。这个想法的初衷是把泥土变成黄金，最终让其他国家的纳税人为美国的商业活动提供了资助。

银行家是我们这个时代的将军。他们消灭的是金钱和工作，而不是外国军队。刑法是打击银行家犯罪的唯一手段，要将刑事制裁从最后手段转变为唯一手段。监事会对这些银行家缺少支配控制权，没有多少影响力。在市场上，聪明的玩家会将风险转嫁给愚蠢的玩家，这种行为是否可以作为欺诈行为进行处罚，目前还没有得到充分的探讨。在成功的初始阶段之后，住房抵押贷款证券化竟然失控到这样的一种境况，刑法成为打击此类行为的唯一武器！

根据巴塞尔委员会（Basel Committee）的指导方针，银行家不被允许承担哪怕是最低程度的风险。在从刑法角度处理金融危机的后果时，必须更加注重未来的立法，以保护利益相关者，防止其受到破产类犯罪行为的侵害。仅仅以其行为侵害了受法律保护的财产性利益和违反了信托责任就对其实施刑事制裁的论点，可能是不合时宜的。因此，在刑事归责时强调从社会的角度解释行为、受法律保护的利益可能是对新自由主义趋势的适当回应。

在分析金融危机时期刑法的发展趋势时，必须考虑"犯罪治理"的问题。各国可能不希望将刑法作为治理金融危机的有效手段，可能认为政治利益更重要。刑法必须考虑到，放贷始终是谋利和维护安全之间的一种平衡行为，集体制约削弱了人们对不公正和风险的认识，正如自治的地方市政当局实施的可疑的返租销售交易所揭示的那样。

新金融产品的发明者应对这场危机负责，尽管能否通过刑事调查确认这一点值得怀疑。这种调查超出了检察机关的能力范围。与其使刑法更加严厉，不如扩大刑法调整的范围，应将金融利益纳入刑法保护的范围。在新自由主义制度中，国家在适用刑法时存在偏见，很多刑法只适用于穷人，几乎没有一条适用于富人。金融危机证明，企业是不讲道德的，因此需要对它们的经营活动进行控制。

担任区域性国有银行监事的政客们，尽管考虑到了交易的风险性，尤其是当有大量利润流入国库时，本应该对交易模式提出异议，但他们没有这样做。显然，他们在引入和维系风险管理系统的过程中犯了严重错误。缺乏适当的风险管理构成了玩忽职守，这实质上是一种失职行为，是构成信托罪的一个要件。从刑法的角度来处理金融危机的后果时，规避交易规则与犯罪的实体要件一样是有问题的。他们往往在经济活动的形式上顺从了法律条文的要求，实质上却违背了法律精神。对规避法律行为的处罚通常缺乏可惩罚性的法律条款规定。

犯罪就像"烫手山芋"，每个涉案人员都声称自己是依靠他人的专业知识而做出的决定。目前还没有有效的刑事政策来解决该种集体共发性的风险。刑法是减轻银行家之间竞争压力的适当工具，如果监管规定得到刑法的支持，雇员在被要求承担不必要的风险时，可以向上级表明该种行为的刑事违法性。无法抵御风险必然造成财产损失，向具有系统重要性的银行引入生存风险会对整个系统构成威胁，并对功能性银行体系的法律保护利益构成损害。因此，有必要在《银行法》中规定相关刑事犯罪的法律措施。

权力与法律之间的友好关系必须终结，银行高管层必须承认并遵守刑法。仅仅畏惧刑法惩罚是不够的，因为有钱有权的人拥有更多的手段逃避法律的制裁，特别是刑法的制裁。刑事法律政策必须能够应对系统性风险，而不能简单地适用现有的法律规定解决个别问题，使其成为治标性适用工具。

我们可以从这个讨论中得出什么结论？金融危机至少在一定程度上是由缺乏控制、欺诈性地掩饰某些金融产品固有的风险，以及被称为"内幕交易"的腐败行为所造成的。因此，呼吁加大刑法的干预力度以保护金融体系的安全才是合乎逻辑的。刑法将进一步扩大到涵盖经济体系中隐含的受法律保护的集体利益。

应该清楚的是，金融危机不仅仅是由金融体系的系统性缺陷导致的，它也是由银行系统决策者的许多攻击性行为造成的，国家机构的严重疏忽也促成了危机的爆发。在德国，国有公共银行在低质量或无价值的美国次级证券上投资超过1000亿美元。在德国和其他一些地方，许多银行业和政治决策者的经济专业知识与美国原住民的水平相当，他们把曼哈顿卖给欧洲征服者，换取几个玻璃饰品，后来又用自己的灵魂和尊严换取了几桶威士忌。

迄今为止，还没有人得出明确的结论，认为金融危机既是一场政治丑闻，也是一种基于无能和腐败的持续不断的制度失灵。我们现在面临的是一种极其危险的、全球性的有组织犯罪形式，它是全球范围内的犯罪者精心策划的。事实上，商业银行决策者所做出的鲁莽决定与其享受的高管奖金完全不成比例，这实际上是一种腐败性的薪酬。

对这些来自虚幻利润的不义之财，我们没有采取有效的没收措施。相反，即使在政府纾困的银行中，确保银行高管高薪酬的做法仍在继续。不幸的是，通过法律解决银行业这些问题的唯一方法是公开的刑事调查，但这些调查并没有取得多少进展。彻底的调查将有利于银行系统安全，以消除管理层盗窃的现象。现在是时候将传统上适用于普通人的刑法惩罚措施，适用于那些对金融危机负有责任的行政人员、政客和政府官员了，事实上，早就该采取此种诉讼行动了。

风险承担的结果是显而易见的。损失的程度可能令人吃惊，但人们并不惊讶于损失发生的原因。即使是在受到严格监管的领域，银行业也是游走在合规与违规的边缘，而政治和经济决策者对此睁一只眼闭一只眼。国家利己主义、人性的弱点、法律的不健全、监管的不到位、通过腐败系统地获取利益、缺乏技术能力、社会倦息、公共精神衰败、结构性失败等，只是引发和推动近代经济史上最严重的一次财富毁灭的少部分因素。

全球经济当前和持续的灾难性发展不是不可避免的命运，而是政治错误、经济无能、系统性腐败和个人犯罪能量的综合产物。在一场公开的辩论中，"金融危机"一词被用来中和及欺骗公众，有关金融危机的讨论给人的印象是，金融危机只是全球金融市场体系的暂时失灵，而根据刑法的规定，某些决策者的责任是微不足道的。

灾难情况的起源是一些美国政府机构通过国家福利贷款政策，将低收入群体引入债务陷阱，低质量的抵押贷款支持证券和信用违约掉期，引发了过度的证券化业务。在美国，对金融体系的监管不力，催生了一个忽视理性、用不现实的数学模型来构建结构性金融产品、脱离社会实际的金融业。这助长了狂妄自大和不负责任的社会氛围。

特别是在盎格鲁-撒克逊国家，伴随着资本市场文化的兴起，传统工业生产下降，这种文化追求的是超越一切经济理性的利润最大化，这违背了市场经济的原则。收益预期、利润和某些类型的银行交易表明，创新型和结构性金融产品的交易已经退化为一种有损公共利益但能促进自身利益的体系。在德国，地区性国有银行在一些政治家的眼皮底下参与国际投机交易。这些负责监管的政治家缺乏必要的专业知识，对这些交易的监管超出了其能力范围。这些交易采取特殊的交易机制，缺少底层资产支撑，因此系统性地出现了故意违反透明性和真实性会计原则的情形。

在全世界范围内，各国政府允许设计和使用被沃伦·巴菲特称为"大规模毁灭性金融武器"的各种金融衍生产品，它们对这些产品可能产生的最小影响甚至都没有进行评估。随着时间的推移，人们对政治行为的伦理道德基础产生了怀疑。劳埃德·布兰克费恩（Lloyd Blankfein）和其他一些投资银行家认为，为了让银行的利润最大化，他们是在做上帝的工作。⑪这种说法应该引发监管审查，不仅应审查其金融专业知识，还应对金融行业中普遍存在的精神状态进行心理检查。

由于客观上的利益冲突，一些评级机构一再做出没有反映企业和市场真实经济状况的评级，评级结果受到被评级机构的操纵。事实证明，金融监管无法阻止国际金融报告中的某些做法（如错误的资产报告和经修饰的资产负债表数据）。由于主权债务的累积，许多欧盟成员国的预算政策为国际金融市场的大型参与者创造了投机机会，使整个国家经济面临真正的威胁。

在现实政治的压力下，⑱欧盟一些国家经济体的财政状况和竞争力迫使欧盟承担担保义务，这可能导致它从传统的团结共同体转变为现有条约框架之外的新的责任共同体，从而对欧洲一体化的未来造成不可预测的后果。竞争扭曲使参与者通过杠杆进行投资，而这些投资并不反映参与者真正的金融和经济实力由此产生的信贷风险正逐渐成为全球金融贸易的突出特点。一些中央银行的货币政策和众多金融机构的风险管理不力，为一些大型公司从事财务欺诈和操控创造了条件，最终产生了系统性的欺诈和腐败行为。

金融业的全球协调举措也是导致实体经济的稳定政策受到威胁的重要原因。由于其动力机制和破坏力可能太强，传统的国家和国际经济治理措施无法有效地消除这种影响。对商业、金融和政治中的个人决策者使用刑法惩罚措施是否会产生适当的预防和威慑作用，还有待确定。澄清可处罚性条件和界定有效制裁的必要性步骤的工作现在才开始确定和启动。

12.5　立法者和骗子

事实上，在所谓的金融危机爆发之后，我们处于什么状态？还要持续多久？对世界造成的影响有多大？谁应该为其负责？2008 年雷曼银行（Lehman bank）的倒闭将全球经济推到了深渊的边缘。到目前为止，这个深渊的深度还没有人能够测量，这又是谁的错？这些问题都需要考量。

有人拥有关于世界离这个深渊还有多远的确切性信息吗？在世界经济体系中，是否会出现有能力的政治远见者来应对这场危机带来的威胁？谁来承担这场近代史上对经济造成最严重破坏后果的责任？谁的利益促成了长期的财富狂欢？谁是受益者？

有人在这种情况下犯罪吗？主管部门是否履行了监管职责？哪些政客通过立法将资本市场变成犯罪现场，以传播一种特别危险的犯罪形式？

金融机构在从事没有底层交易、由投资者及其同谋的贪婪演变而来的"结构性"产品的交易过程中，采用了哪些专业标准？谁为立法者提供了建议？以及他们追求的经济利益是什么？在一个即使是最富有的人也永远得不到满足的社会中，哪些原则一直都是有效的？

当然，我们无法对上述所有问题给出满意的答案。我们只能大概地回顾一下造成当前全球经济形势的最重要原因。作为危机的后果，我们必须考虑风险管理的失败、监管政策未来面临的挑战以及可能的刑事起诉制度。发生了太多的事情，以至我们不能简单地讨论刑法在商业领域的适用问题，而不去触及经济和资本市场的犯罪问题。我们不能忽视这场毁灭性的危机，我们不得不反思，在一个宪法立法者未能在重要领域履行其指定任务的国家，谁是国家的统治者？

私人和以营利为目的的利益集团以法律咨询的方式参与到政策的制定中，特别是在资本市场的重组中，这使分权的基本概念下降到荒谬的程度。美国或英国咨询公司的雇员因起草立法提案，或为德国政府撰写经济和财政问题的专家意见，获得了纳税人数百万欧元的资金。他们在制定法律方面发挥了重要作用，这些法律成为他们日后为政府和大型商业客户提供咨询活动的基础。

通过相互协商，政府和受益人将客观利益冲突转化为一种特殊形式的不法行为。国际法律咨询机构说服德国市政当局投资高风险业务（例如跨境租赁）。在这样做的过程中，咨询机构可以有两大收获：首先是制造问题，然后是找到（假设的）解决方案。这违反了律师的道德准则。负责立法的各部的公务人员，大多具备律师资质，他们应该感到担忧，并重新考虑他们的职业形象。很明显，他们被视为无法履行职责或参与某种"劳动分工"，这显示出他们对政治意愿的蔑视和对其职位的不尊重。羞辱会成为一种管理原则吗？

在一些与资本市场有关的立法项目中，部级官员被贬斥为外部顾问的"抄袭奴隶"（copying slaves），为了能在自己舒适的办公室里制定出自认为符合人民意愿的法律，这些部长们甚至允许外部顾问使用部长办公室和相关数据材料。负责立法项目的官员只被允许对立法做一些小的修改。这种情况是滋生经济和政治腐败的温床。针对这种情况，那些被人民选举出来的议会代表也无能为力，面对这些极其复杂的法律立法程序，留给他们的只有短暂的审议时间，因此他们对法律只有"点头通过"。

也许有一天，一种由税收资助的利己主义战略将解决这个"永动机"问题，但它会以民主合法性崩溃为代价。立法外包是一种特殊类型的国家破产的部分表现形式，当政府要求公司解决在一定程度上是由同一公司为其客户谋取经济利益而所引起的问题时，必须考虑二者串通的可能性。政府的无能和商业化专家知识的结合，可能会给社会带来毁灭性的威胁，而这对社会造成的损害将比历史上所有的阴谋更为严重。

除了宪法规定的合法性因素外，良好的立法措施还需要勇气、决心、智慧、纪律和伦理道德动机。如果勇气、决心和上面列出的其他品质与多年的政府经验相结合，那么阴谋所需的共谋因素就不太可能出现。另外，就目前的商界和金融界而言，最重要的问题是其缺少伦理道德要素。

政府与法律或其他顾问的合作并不一定就意味着他们之间形成了一个侵蚀纳税人利益的"巨型黑手党"，将经济体作为由官员和私人权力掮客组成的排他性集团获取财富的源泉。但是，上面所提出的问题的确在实践中发生了，对此我们应进一步思考，谁应当对严重威胁德国和世界其他地方数百万人生计的全球经济负责。

我们面对的是拥有可怕力量的组织和过程吗？以至于我们必须以羔羊般的谦卑态度服从它们？我们目前是否正在经历一种制度化的挑衅，所有人的权利和尊严都受到金钱和法律的特殊混合的侵犯？现有的经济秩序是否会成为反社会和有组织犯罪进一步获取经济利益的机会？这将取决于对这一问题和其他问题的答案。有必要重新考虑自由、平等和无记名投票选举是否还能成为保证其他形式合法自卫权的条件。

至少到目前为止，选举未能防止政府和公司之间形成职能联盟，政府和这些公司对公共福利责任有着高度独特的看法，这并不是质疑有关民主排他性普遍教条的其他解释的唯一原因。这不是一个优先考虑意识形态立场或政党宣言的问题，选举后的部分内容并不需要在选举前通过文件的形式表现出来。这是一个专业知识和合法性的必要结合的问题，这种关联在金融危机期间甚至更早的时候就消失了。

某些疑虑仍然存在。这场危机是一个遵循自然规律的不可避免的过程，还是金融巨头做出的最终判决？我们到底是金融海啸的无辜受害者，还是全球范围内的劫掠者把我们当作他们无限贪婪的人质？是因为我们自身的利益掩盖了我们认识经济现实的必要性，所以我们理应经历这场危机吗？

一位银行高管被问及他是否考虑过自己在推动全球经济走向崩溃边缘中扮演的角色时，他说道："这与其说取决于每个人的行为，不如说取决于规则。"德意志银行（Deutsche bank）首席执行官约瑟夫·阿克曼（Josef Ackermann）给出了这一富有启发性的解释。他要么不理解这个问题的意思，要么只是不想审视个人责任。然而，在 2009 年 10 月的一次采访中，[49] 阿克曼声称自己对金融危机的原因和教训进行了反思。这一方法启发了罗伯特·穆西尔（Robert Musil）将其作品《没有品质的人》（*The Man without Qualities*）改名为《没有人的品质》（*Qualities without a Man*），并鼓励对《罪与罚》（*Crime and Punishment*）进行新的审视。

至少，阿克曼承认了几个错误的判断。他认为，市场中的每个参与者只有在其能力范围内承担风险才能保证金融系统的稳定。但他未料到的是，一些银行在其财务报表之外的大规模债务风险已远超其承受能力。据他说，银行业对风险的"集体"意识还不够深入。显然，阿克曼关注的重点是银行业存在的过失问题，而不是个人（或他自己）的罪过，因此，受损的系统得到了防卫。

有人认为，与全球金融市场的规模相比，质量差的金融服务产品相对较少，但它们也确实影响到许多人。根据这个推理，如果从规模角度对质量差的金融产品和服务的影响进行评估，很难提前发现经济泡沫。银行业务存在固有风险，这就是为什么保持一定水平的"风险纪律"或"风险道德"特别重要，特别是在经济繁荣时期。此外，人们认为虽然德意志银行和阿克曼犯了错误，但在危机的早期发展阶段，他们就指出了系统性问题，并呼吁采取适当的解决办法。没有必要进行集体性归责，让所有人为灾难性的金融危机而忏悔，因为大多数银行员工，尤其是在德国，与危机的起因无关。当然，现在必须修改"游戏规则"，以避免悲剧再次发生。然而，

"游戏规则"的改变这并不意味要消灭证券化产品、金融创新或者投行业务。未来，银行应增加资本金，并将证券化业务纳入其资产负债表。此外，衍生品交易必须在证券交易等类似的金融交易场所内完成，以降低银行之间的相互依赖。

阿克曼指出，银行是经济领域中受监管最严格的机构之一。只有在少数领域缺少相应的监管，尤其是美国的房地产融资。在一个竞争激烈的社会，诉诸个人和公司道德并不是解决问题的办法。在一定程度上，错误的激励制度是导致危机爆发的重要原因。导致本轮金融危机爆发的更为重要的原因还包括全球经济失衡、美国过度宽松的货币政策和信贷扩张等其他因素。根据这种推理，没有必要建立一个与现有金融体系完全不同的系统，我们只是需要一个更完善的金融体系。

作为危机的反思，德意志银行不仅计划将奖金与公司的长期业绩挂钩，还将引入"马勒斯制度"（Malus System）[50]，即如果一名经理的业绩达不到一定的预期，他将损失一定比例的薪资。但它似乎没有理由偏离利润目标（税前股本回报率为25%）。[51]这种思路使得与阿克曼讨论责任感和内疚感之间的区别毫无意义。

公众开始怀疑阿克曼的个人品质，他被认为是德国最有权势的商业领袖，也是最容易招致嫉妒的人。他的社交声誉以谨慎友好称著。到目前为止，还没有人指责他是个骗子或白痴。他被认为是一个能干的，甚至是在税务方面也是非常合规的人。他作为银行家的表现并不是被批评的焦点。人们对他的指责主要与他如何解释自己在本轮危机中所实施的行为相关。重要的是，他应在多大程度上对其所负责的机构陷入本轮危机承担责任。如果阿克曼对其行为理由的解释是正当的，那么在全球经济一体化的今天，其观点会影响到人们对国家和经济的看法。

然而，在获取成功的同时问题也开始出现。2009年，德意志银行（Deutsche Bank）的税后收益总额约为50亿欧元，其中投资银行业务因债券交易而实现了最强劲的增长。这让阿克曼感到骄傲，另一些人则将这视为证据，认为金融业仍在走危机前的老路，仍然在"拼命"赌博。在证券交易所，所有可以想象到的交易对象仍然在进行高风险押注。人们很可能会问，这是否合理，或者金融部门是否应该首先通过自律监管来避免新旧错误？

然而，这种纠错需要弄清楚问题所在以及谁应当承担责任。造成危机的原因是个人的失败还是整个系统的问题？看起来阿克曼带领德意志银行度过了危机，而没有给它带来太大的损失，但这并不能改变一个事实，即他所进行和支持的投机性交易影响了整个系统的稳定。

关于阿克曼的争论表明了社会对商业精英的期望，即社会能够容忍和不可接受的内容。这是一个特别重要的迹象，更为重要的是，因为有些人认为阿克曼是一个招人"仇恨的人物"，甚至是一个敌人。对他来说，纯粹的牟取暴利与关心同胞福祉之间的关系似乎没有问题。在他个人看来，金融危机甚至不是根本问题。他所负责的机构显然扭转了局面。他不应该对那些只有靠国家援助才能生存的人的错误负责任。

如果没有政府对其他银行机构的支持，德意志银行也会倒闭，阿克曼可能理解不到这一点或者对此故意忽视。无论是理解不到也好，还是故意忽视也罢，这两种方法都是拒绝所有合法或道义上合理的指控的简单方法。同样的原则总是适用的：在金融危机中个人不当行为无关紧要或根本不存在不当行为，金融危机源于市场机制失灵。

但据报道，即使是阿克曼也发现，许多严重的投机案件导致惩罚是"不可能的"。在 2009 年 9 月的一次晚宴上，㉝阿克曼与他在曼内斯曼案的辩护律师埃伯哈德·肯普夫（Eberhard Kempf）就金融危机的刑事后果进行了长时间的交谈。回顾这场讨论，被称为"真正的左翼分子"的肯普夫对阿克曼的固执性格表示同情。然而，在肯普夫的后马克思主义观点中，这种固执被称为不妥协不让步。

肯普夫在某一时刻厌倦了传播联邦德国的左翼思想，他很赞赏公众对资本市场的"参与"，认为这是资本主义的"自然法则"。例如，银行的股本回报率越高，信贷成本就越高。当成本超过一定水平，（机构的）利润限制将导致竞争对手"吞下"利润受限的银行市场。

阿克曼偶尔会解答过度的市场经济是否会导致福利损失，或者能否进行"相当深思熟虑的"竞争的问题。尽管他思虑周全，但似乎并没有成功地真正迎合他的董事会成员。一些人抱怨（当然是在离开董事会之后），阿克曼和美国银行家在其位不谋其政，允许投资银行家对金融交易定调子。

与投机收益相比，银行家们从传统业务中所获取的收益简直不值一提。阿克曼没有回答这些具有挑战性的问题，显然，联邦议会议员没有对他阻碍金融业新规的制定工作予以谴责。然而，阿克曼对这些规则也没有做出任何贡献。

我们当然可以探讨刑事和民事责任范围以外的话题，就阿克曼能否作为金融危机的典型性人物开展讨论。他或多或少的个人魅力并不能让我们对他信服。有趣的是，代表专业精英人士的肯普夫一边表达着他对阿克曼的同情，一边不停地探讨收益率和即将到来的裁员问题。

至少与许多政客不同，肯普夫知道自己在说什么。肯普夫认为任何被处罚的行为都是粗鲁的行为，但并非所有粗鲁的行为都是刑事诉讼的理由。我们无意探讨肯普夫和阿克曼家乡地理位置上的临近使两者在精神层面上有多大程度上的接近，重要的是职业精英们对阿克曼的同情将对政治和金融系统产生什么样的后果。

我们未提出可行的补救办法并不是因为缺乏想象力。然而，我们可以尝试从两个方面对财政困难问题做出一些解释。一方面是精英问题，多年来，商界领袖和政治决策者对他们的积极或消极的行为，抑或他们有意或无意参与的贪腐行为，对社会造成的损害程度缺少认知。他们误导了那些信任他们的公众，他们通过撒谎、欺骗、贪污等手段，牺牲这些人的资产来满足他们的穷奢极欲。他们费尽心机地接受贿赂，但仍期望得到其工作人员和选民的尊重——这种心态更可能从医学角度而非法律角度进行分析。

另一方面，资产所有者被近乎疯狂的投资回报保证所诱惑，他们毫不犹豫地拿自己的账户下注，从而巩固了羔羊和屠夫之间的关系。无限的贪婪和无知无畏产生了一种协同效应，而对此采用刑法调节显然是不恰当的。此外，如果宪法和刑事诉讼法没有规定这种责任，希望用刑事法律解决这一问题的呼吁也是无用的，这不受限制地适用于所有相关方，包括危机前对银行负有责任的各方。然而，如果我们事先就将金融危机归结为系统性危机，相关人员不负责任则是有问题的。

只要前述问题没有得到澄清（特别是在信任违约领域），刑事法律的一般性规范对于规制金融危机毫无作用。复杂的金融交易是滋生财产性犯罪的温床这一点无疑是正确的，但复杂性本身并不具有可罚性。新的投融资形式尽管会给相关的市场参与者带来相当大的损失，但肯定也会提供合法获利的机会。

通过复杂的产品设计将不存在回报前景的金融产品伪装成具有可靠回报的金融产品，它们的复杂性只是用来掩盖潜在风险的一种工具。金融机构可能会针对那些天真、无知或贪婪的投资者设计这样的产品。自 2007 年金融危机爆发以来，金融产品的复杂性与犯罪之间的联系一直是这场金融危机的特征。令人不安的是，在这种情况下，这一事态发展影响了整个金融市场，甚至专业投资者也无法对风险保持全面的了解，他们也成了这种复杂性的受害者。

在危机爆发之前，受法律保护的权利，诸如人们对资本市场和信贷系统运作的信心，只具有理论性、抽象性和综合性价值，危机爆发之后形成了对这些权利的具体侵害和损害形式。由此产生的冲击造成了对该系统的信心危机，其原因也非常明确。此外，通过"评级"伪装，将风险强加给其他人，进一步加剧了金融危机的发展。事实证明，评级过于激进，发行人不得不对评级结果进行调整。

是否构成欺诈，以及如果确属欺诈，以什么标准来区分评级机构的鲁莽冒险的失败和欺诈性组织的差别，这是一个尚待解决的问题。然而，投机仍然是合法的行为，也是银行经理工作的一部分，在这方面，如果启动刑事问责程序无疑是非常荒谬的。但将金融危机视为没有个人责任的系统性问题以避免追究刑事责任，同样也不是问题的解决之道。金融危机引发了经济危机，经济危机触发了社会危机。全球化产生了一种金融赌场文化，这种文化产生了巨大的后果，一方面引发了经济危机，同时也引发了跨国有组织犯罪在全球范围内的发展。

腐败在危机发展中起着至关重要的作用。缺少规则控制，政府对金融系统及其主要参与者的失控行为放任不管。由于管制规则缺失，金融家和商业领袖把金融体系变成了疯狂获利的场所。银行家和资产管理人昧着良心出卖他们的服务和灵魂来赚大钱。大量的审计师、会计师和律师成了合法和非法行业的雇佣兵，掩盖肮脏的交易，或者为他们的非法交易披上合法的外衣。评级机构和咨询服务机构教会了公司如何实施欺诈，然后给它们颁发资质证书。离岸金融中心对各种来源的资金不加审查地接受。这些活动构成了这次危机腐化堕落的核心。

如何界定抢劫和设立银行之间的区别，也不是一件容易的事。更困难的问题是，银行、企业、审计师、法律咨询团体、政党组织和政府与犯罪组织有何不同？联邦德国前总统克里斯蒂安·伍尔夫（Christian Wulff）最近指出，[53]未经授权破坏资本的行为是一种刑事犯罪。这是指非法行为的个案还是有组织犯罪的产物（目前正在讨论的最小化金融危机的专门术语）？

讨论欧盟各国政府在金融机构和私营企业合作方面的作用，将是一件非常有趣的事情。欧洲内部的紧张局势、希腊债务以及葡萄牙、爱尔兰、西班牙、意大利和匈牙利的经济局势是目前金融市场的主要问题。在希腊多年低负债的虚假数据被揭露后，市场对希腊的信心丧失殆尽。有观点认为，这场欺诈活动与投资银行提供的特殊金融产品有关。这就提出了一问题：如果这种共谋串通行为得到证实，是否应该视其为最严重的有组织犯罪形式？

到目前为止，有关上述问题的公众辩论只不过是关于诡计和贪婪（轻微）罪恶的一场琐碎讨论而已。但以诡计轻微罪恶这种措辞来评价这种行为，显然在任何方面都是不合适的。在公共财政部门，大量贷款是以美元或日元等外币购买的，在一定期限内（例如，为支付到期债务）兑换成欧元，然后在到期日之前兑换回原币种。多年来，投资银行一直在虚拟汇率的基础上从事这些掉期交易，从而在希腊和意大利的官方债务统计数据之外创造了信贷。

另一个值得讨论的问题是，那些规模庞大，以至于被视为"系统重要性"的金融机构，是否必须借助纳税人的帮助，才能从它们自己造成的困境中解救出来。在这种情况下，系统性危机源于系统性犯罪，系统性犯罪是基于经济上的无能和政治上的疏忽以及可能的犯罪意图而实施的一种特殊类型的犯罪。实际上，我们可能面临一种野蛮的行为。法治已经沦落为像货物广告一样口惠而实不至的空口应酬话，欺诈和勒索已成为高管和官员履职的一个组成部分。

在这种背景下，我们还应考虑一个问题，即允许这种情况发展的制度体系是否仍然具有现实意义。目前的全球经济危机已被描述为自然灾害的结果，人们通常将这场危机称为海啸：一种不可预测、无法控制和具有毁灭性的灾难，尽管事实上是个人和组织故意的不当行为造成了全世界的经济损失。金融、经济和政治活动的世界，有助于建立一个在公共当局和决策者同意下运作的系统，这种体系所带来的风险在其范围和潜在损害方面都是前所未有的。

这种犯罪联盟所造成的影响远比黑手党家族的影响要严重得多，它威胁到了公共福利和地区的稳定。金融业发展的结构性破坏力是显而易见的，但个人和整个组织对后果所负的责任仍然不明确不清楚，民事责任和刑事处罚问题也是如此，迄今为止的努力并不令人鼓舞。出于伦理道德或法律的考虑，全球经济中的几个重要行为体不能成为归责的目标。如果这种情况不改变，司法就会退化为一种社会自卫制度。

在决定制定"革命性"的改革措施之前，我们还有足够的时间考虑另一路径。德国联邦议院议员彼得·高维勒（Peter Gauweiler）最近呼吁颁布一项法令，打击银行业的极端分子和激进分子。根据他的说法，宪法章程规定要将财产作为一种"责任财产"进行保护。[59]然而，由于投资银行、对冲基金以及对股东价值的过度关注，责任财产消失了。在高维勒看来，银行家进行的非理性金融投机，使受托人的财产遭受了前所有未有的损失。受托理财者为了谋取利益而试图改变他人的命运，用评级取代自己对投资的尽职调查，并利用特殊工具获利。他们夸大其词地美化无资产支撑的资产负债表，然后根据夸大的数字计算出他们应当获取的超额奖金。

高维勒认为，美国总统奥巴马（Obama）结束了金融服务提供商脱离实体经济的空转现象，这种观点可能过于乐观。高维勒认为，奥巴马总统提出的禁止信贷机构从事与非客户无关的、自利的自营交易以及涉及对冲基金和控股公司的交易的建议是绝对正确的。高维勒认为，将客户财产分割、证券化和赌博的投资银行业务类型是一种"有组织的背叛"。更简单地说，金融业、政府和政治都是有组织犯罪的领域。

12.6 小结

2011 年 4 月，美国参议院国土安全和政府事务委员会常设调查小组委员会发布了关于华尔街与金融危机的报告《金融崩溃剖析》（*Anatomy of a Financial Collapse*）。小组委员会注意到，2008 年秋，美国遭受了毁灭性的经济崩溃，曾经有价值的证券全部或部分贬值，债券市场崩溃，股市暴跌，著名的老牌金融公司破产倒闭。数百万人失业，数百万家庭失去了家园，许多企业倒闭。这些事件使美国陷入严重的经济衰退，至今仍未恢复。

通过内部文件、沟通和访谈，该报告试图提供一个清晰的画面，即一些金融机构和监管机构的内幕活动促成了这场危机。调查发现，这场危机并非自然灾害。以下因素促成了危机的爆发：高风险、复杂的金融产品交易，未披露的利益冲突，监管机构、信用评级机构和市场本身未能遏制华尔街的过度行为。[55]

在一项关于华盛顿互助银行（Washington Mutual Bank）的案例研究中，小组委员会将关注的焦点放在了这家银行的规模扩张和利润增长上，该银行发放了数千亿美元的高风险、低质量抵押贷款并对其证券化，这些抵押贷款价值的暴跌，损害了投资者、银行和美国的金融体系。华盛顿互助银行自称是一家谨慎的贷款机构，但实际上，它的业务越来越多地转向高风险贷款业务。华盛顿互助银行还发行了越来越多的旗舰产品（可选可调利率抵押贷款或可选利率贷款，ARMs）。2003～2007年，这些高风险、负摊销抵押贷款占华盛顿互助银行全部发放贷款的一半。

华盛顿互助银行与长滩公司（Long Beach Corporation）联手，通过一系列手段产生了数十亿美元的高风险、低质量抵押贷款和抵押担保贷款证券，通过使高风险借款人获得超出其承受能力的贷款，高风险借款人从传统抵押贷款转向高风险贷款产品。它们在未核实贷款人收入的情况下，接受贷款申请，以短期"挑逗性"利率发放贷款，但后期利率逐步增高对贷款主体还贷能力造成冲击，推行负摊销贷款，导致许多借款人债务成本不断上升，授权存在多层次风险的贷款。

此外，华盛顿互助银行和长滩公司还存在下列问题：贷款规则在实践中未能得以遵守；允许过高的贷款错误率和例外率；对第三方抵押贷款经纪人监督不力，这些第三方抵押贷款经纪人为房屋抵押贷款的借款人提供了一半或以上的首付款；容忍以欺诈或错误的借款人信息发放贷款。他们还设计了薪酬激励措施，奖励贷款人员发放大量高风险贷款，从而将放款速度和数量置于贷款质量之上。

华盛顿互助银行的高风险贷款业务问题缠身。其内部电子邮件、审计和检查报告向管理层提供了贷款实践存在缺陷的可令人信服的证据。例如，在对华盛顿互助银行的两家规模最大的贷款中心进行内部审查时，发现了员工故意规避银行政策的广泛欺诈行为。华盛顿互助银行在对阻止向投资者出售欺诈性贷款的内部控制审查报告中称，管理层在此方面的工作"效率低下"。至少有一次，高级管理人员曾故意向投资者出售易拖欠贷款。华盛顿互助银行总裁将其优质住房贷款业务形容为他职业生涯中"管理最差的业务"。[56]

该小组获得的文件显示，高风险贷款和抵押贷款支持证券业务可以在华尔街以更高的价格出售，是华盛顿互助银行推出高风险贷款策略的主要原因。因为高风险产生的票面利率高于其他同等评级的证券，而投资者的购买价格也会水涨船高，因而这些高风险业务品种获得了更高的价格。出售或证券化这些贷款也可以将它们从华盛顿互助银行的资产负债表中移除，这似乎能使银行免受风险。

该小组的调查表明，发放不可接受的贷款和证券化的做法并非华盛顿互助银行一家。美国金融市场上的一些金融机构纷纷效仿这些做法，创造、出售和证券化了数十亿美元的高风险、低质量的住房抵押贷款。由此使许多证券价值暴跌，给银行和投资者带来了巨大的损失，经济也螺旋式下降。这些贷款机构并不是受害者，他们发放的高风险贷款是引发危机的导火索。[57] 这也导致美国储蓄管理局（Office of Thrift Supervision）叫停了这种不安全也不合理的做法，美国最大的银行之一的华盛顿互助银行倒闭。

2004~2008 年，美国储蓄管理局发现了华盛顿互助银行 500 多项严重缺陷，但未能采取监管措施督促该银行改善其贷款业务，甚至阻碍了银行的后备监管机构美国联邦存款保险公司（Federal Deposit Insurance Corporation）的监管。尽管美国储蓄管理局发现华盛顿互助银行存在大量问题，2004~2007 年，美国储蓄管理局未对华盛顿互助银行的贷款业务采取过任何强制监管措施，也没有降低银行的安全和稳健性评级。2008 年，直到该银行遭受的损失不断扩大，美国储蓄管理局才最终采取了两项非正式的非公开执法行动。3 月，美国储蓄管理局要求华盛顿互助银行同意董事会决议，9 月，要求其同意谅解备忘录。但这两项改革都不足以阻止该银行的倒闭。

美国储蓄管理局官员抵制美国联邦存款保险公司要求采取更有力措施的建议，有时甚至拒绝美国联邦存款保险公司监管人员使用其办公场所查阅记录，从而阻碍了美国联邦存款保险公司的监督工作。两家机构之间的紧张关系一直持续到最后。由于受到听命于管理层、监管人员士气低落和机构内讧的阻碍，美国储蓄管理局官员允许银行为其以获取短期利润为目标的冒险行为辩解，而未能以整个美国金融体系为背景对银行的行为进行评估。美国储蓄管理局狭隘的监管重点，使其无法分析或承认华盛顿互助银行的做法可能会对经济造成的损害，当其认识到这一点的时候却为时已晚。

美国储蓄管理局未能限制华盛顿互助银行不安全的贷款行为，导致其高风险贷款激增，对美国和世界各地的投资者造成了负面影响。其他监管机构对其他贷款主体在监管方面的失职，使这一问题在更广泛的范围内得以重复。其结果是抵押贷款市场充满了风险贷款，而负责持有安全投资的金融机构收购了充满风险抵押贷款的投资组合。当抵押人开始以创纪录的数量违约，而且与抵押贷款相关的证券价值暴跌时，全球金融机构遭受了数千亿美元的损失，引发了经济灾难。为这些损失埋下伏笔的监管失败是金融危机的近因。㊳

2004~2007年，穆迪和标准普尔（Moody's and S&P）对数万份美国住房抵押贷款支持证券（RMBS）和债务抵押债券（CDO）进行了信用评级。穆迪和标准普尔注意到华尔街公司的收入增长，对大多数住房抵押贷款支持证券和债务抵押债券发布了AAA和其他投资等级的信用评级，尽管这些证券多数以高风险的住房贷款为底层资产，但评级机构仍认为对它们的投资是安全的。2006年末，拖欠和违约率开始以惊人的速度发展，尽管抵押贷款市场出现恶化迹象，但穆迪和标准普尔仍连续6个月对住房抵押贷款支持证券和债务抵押债券进行投资级评级。

2007年7月，随着抵押贷款违约加剧，住房抵押贷款支持证券和债务抵押债券遭受损失，两家评级公司突然改变方向，先是下调了数百家住房抵押贷款支持证券和担保债务凭证评级，后又对数千家住房抵押贷款支持证券和担保债务凭证的评级下调，其中一些评级还不到一年。银行、养老基金和保险公司等按规定不得持有低评级证券，因为所持证券评级不符合规定，被迫出售降级的住房抵押贷款支持证券和债务抵押债券。金融机构持有的住房抵押贷款支持证券和担保债务证券发生严重贬值，次贷住房抵押贷款支持证券市场开始冻结，继而崩溃，全球的投资者和金融机构所持有的证券无法交易，成为无价值证券。几个月后，担保债务凭证市场也崩溃了。

不准确的AAA评级给美国金融体系带来了风险，并构成了金融危机的主要原因。此外，2007年7月规模空前的大范围信用评级下调，促成了住房抵押贷款支持证券和担保债务凭证二级市场的崩盘，这成为引发金融危机众多因素中最重要的单一性事件。㊴

该小组调查发现，许多原因导致穆迪和标准普尔发布的评级不准确，利益冲突是一个重要原因，支付给评级机构的评级费用来自华尔街被评级的机构。在这种"发行人付费"模式下，评级机构的业务依赖于华尔街公司，而且很容易受到威胁，即如果得不到它们想要的评级，这些公司将把业务转移到别处。评级机构通过降低评级标准，为被评级机构提供最有利的评级以获取业务并不断扩大市场份额，结果成为一场丧失底线的竞争。

导致评级不准确的其他因素还包括评级模型未能包括相关抵押贷款业绩数据、不明确的和主观的评级标准、未能将更新的评级模型应用于现有评级交易。尽管评级机构获得了不菲的收入，但未能委派足够的人员来履行评级职责，同时也缺少对评级工作的监督。联邦法规要求银行和其他机构购只能购买投资级证券，这给信用评级机构发布投资级评级带来了压力，使这些问题雪上加霜。虽然这些联邦法规旨在帮助投资者避免投资不安全的证券，但当 AAA 评级被证明不准确时，它们产生了相反的效果。

该小组收集的证据显示，信用评级机构已经意识到抵押贷款市场存在的问题，包括房价不可持续的上涨、发放的贷款具有高风险性、贷款标准不严格以及抵押贷款欺诈猖獗。但评级机构并未利用这些信息来调整评级，而是继续为抵押贷款证券发行投资级评级。如果评级机构发布的评级能准确反映住房抵押贷款支持证券和债务抵押债券不断增加的风险，适当调整其评级，可能会劝阻投资者购买这些高风险证券，并减缓证券化的步伐。

然而，为高风险住房抵押贷款支持证券和债务抵押债券提供准确的信用评级不符合穆迪或标准普尔的短期经济利益，因为这样做会损害它们的收益。相反，它们的利润越来越依赖于发行大量结构性金融评级所产生的费用。穆迪和标准普尔为数万只高风险住房抵押贷款支持证券和债务抵押债券提供了 AAA 评级。当这些产品开始遭受损失时，评级机构进行了大规模的评级下调，震惊了金融市场，重创了抵押贷款相关证券的价值，并引发了金融危机。[60]

投资银行开发的金融产品使投资者既能从住房抵押贷款支持证券和债务抵押凭证证券化的成功中获利，也能从失败中获利。例如，信用违约互换（CDS）合同允许交易对手对特定住房抵押贷款支持证券的价值的涨跌进行押注，或对住房抵押贷款支持证券和其他包含任务抵押凭证的集合进行押注。主要投资银行开发了标准化的信用违约互换合约，也可以在二级市场交易。它们还建立了次级房屋贷款债券价格综合指数/次贷衍生债券综合指数（ABX），允许交易对手押注一篮子次级住房抵押贷款支持证券的证券价值的涨跌，这些证券可以用来反映整个次级抵押贷款市场的状况。

投资银行有时会对交易中想采取相反立场的各方进行匹配，有时则会采取交易的一方或另一方来接纳客户。投资银行也利用这些金融工具进行自营。在极端情况下，它们所建立的结构化交易使它们以牺牲客户利益为代价获利。

对高盛和德意志银行的案例研究表明，令人不安的做法引发了利益冲突，并引发了对 RMBS、CDO、CDS 和 ABX 金融工具的担忧，这些都是导致危机的原因。高盛利用净空头头寸从抵押贷款市场的低迷中获益，通过设计、营销住房抵押凭证的方式与公司的客户产生利益冲突，有时其获利来自给客户造成重大损失的相同产品。[61]

德意志银行的案例揭示了其全球顶级担保债务凭证交易员格雷格·李普曼（Greg Lippmann）如何反复警告和建议他的银行同事和一些寻求买入空头头寸的客户，许多担保债务凭证背后的住房抵押支持证券质量很差。他将其中一些证券称为"垃圾"和"蠢猪"，并预测这些投资将遭受损失。李普曼被要求购买一种特定的担保债务凭证证券，并被告知该种证券"很少交易"，但他会接受这种证券并试图欺骗别人也购买。他还不时将该行业正在进行的担保债务凭证营销努力称为"CDO 机器"或"庞氏骗局"。

德意志银行高级管理层不同意他的消极观点，并利用该行自有资金对 2007 年面值 1280 亿美元市值约 250 亿美元的抵押贷款相关证券进行了大规模的自营投资。尽管李普曼看好房地产市场，但该行要求李普曼在住房抵押贷款支持证券市场上购买了大量自营空头头寸，2005～2007 年，该头寸总计为 50 亿美元。2007～2008 年，该行将空头头寸变现，获利 15 亿美元。李普曼称，这是德意志银行历史上单笔头寸获利最多的交易。尽管如此，由于持有大量长期住房抵押贷款支持证券，德意志银行在抵押贷款相关的自营投资中损失了近 45 亿美元。[62]

案例研究还说明了这两家投行是如何在美国抵押贷款违约加剧、住房抵押贷款支持证券贬值、美国抵押贷款市场整体恶化、投资者失去信心的背景下在 2007 年继续推出新的担保债务凭证的。停止"担保债务凭证机器"，将意味着结构性金融部门的收入减少、高管奖金减少以及担保债务凭证部门裁员（这就是最终发生的事情），这些是造成这两家银行在负面市场中不断生产和销售高风险、低质量的结构性金融产品的部分原因。

这两个案例研究还说明了某些复杂的结构性金融产品（如综合信用抵押债券和无担保信用违约互换），是如何通过允许在债务中没有所有权权益的投资者对其业绩进行无限制的单边押注来放大市场风险的。最后，案例研究表明了自营交易是如何导致德意志银行遭受巨大损失，以及高盛未披露的利益冲突的。投资银行是结构性金融产品背后的驱动者，这些产品为贷款人发放高风险、低质量贷款提供了稳定的资金流，放大了美国金融体系的整体风险。设计、销售、交易抵押贷款相关结构性产品，以及从中获利的投资银行是造成金融危机的主要原因。[63] 在这里回顾该小组报告中的一些内容再次引发了一个令人不愉快的问题：银行系统、政治机构和黑手党组织之间有什么区别？

在美国各地反复出现的一个问题是，在发生数千亿美元损失的金融混乱之后，为什么没有任何知名人士被起诉？检察官和监管机构在追查不法行为方面是否尽职尽责，这可能是一个长期争论的话题。他们都声称在困难的情况下尽了最大的努力。

本轮金融危机很大程度上源于主要金融机构不计后果的放贷行为和过度冒险的经营行为，但在金融危机开始后的几年，没有任何高管受到指控或被监禁，政府方面也没有表现出任何关注。更糟糕的是，检察官、律师、银行家和从事抵押贷款业务的工作人员表示，调查人员和监管机构忽视了过去打击金融欺诈的教训。

2008 年春天，随着危机的进一步恶化，美国联邦调查局却减小了对住房抵押贷款欺诈案调查的力度。同年夏天，司法部拒绝了关于建立专门调查抵押贷款相关案件特别工作组的建议，导致对这些复杂案件进行调查的人手和资金不足。过了很长时间，司法部才成立了一个打击金融犯罪的工作组。与此同时，监管机构也未能履行关键职责，没有建立有关金融欺诈刑事案件的统计数据库。事实上，监管不力是发生危机的重要原因，也让事后追查欺诈变得更加困难。[64]

报道援引美国前副总统迪克·切尼（Dick Cheney）的话说，没有人聪明到能搞清楚这场危机或能预见危机的到来，与他持有同样观点的人还有很多。金融界和政府机构一直在问同样的问题：谁能预见这场金融危机？他们暗示本轮金融危机类似于 2001 年 9 月 11 日的恐怖袭击，这几乎是不可能预见的。这种观点绝对是不正确的。[65]

还有很多问题尚未得到解答。政府如何对待不讲真话的人？做出虚假陈述的原因是什么？愚蠢或欺诈行为得到处理了吗？如果涉及巨额资金、权力和犯罪势力，正义能获胜吗？

2011 年 5 月，曼哈顿的检察官普雷特·巴拉拉（Preet Bharara）的声明可能表明检察官终于对导致金融危机的非法行为采取了严厉措施，但这也可能是一种错觉。巴拉拉的目标是一家名为 Mortgage IT 的公司，这是德意志银行在 2007 年收购的一家小型公司。当局对其 8 年来的欺诈行为提出了指控，但并未对实施欺诈行为的任何个人提起诉讼。看来这家不知名的公司是在没有人负责的情况下欺骗了政府。令人震惊是，尽管巴拉拉办公室的调查结论是该公司的主管"明知故犯、肆意鲁莽地向联邦政府撒谎"，但他们认为，这些高管都不需要坐牢。检方对该公司提起了民事诉讼并对其进行了罚款，但未提起刑事诉讼，相比于德意志银行 2010 年 420 多亿美元的收入，这些罚款不痛不痒。

当被问及为何没有提起刑事诉讼时，巴拉拉说："每一个谎言都构不成犯罪。"在金融危机爆发 5 年后，正确的问题应该是"是否各种谎言都构成犯罪？"这当然不能成为金融机构高管犯罪的原因。只要检察官未能对金融高管提起刑事诉讼，那便意味着犯罪是低成本的。⑩

尽管事实已经比较清楚，但只要不进行严肃的刑事调查，上述问题就不会有答案。美国成立了金融危机调查委员会来调查金融和经济危机的原因。在 2011 年 1 月发布的报告中，该委员会有意对美国金融体系和经济走向深渊的原因进行历史性的分析，并希望能帮助决策者和公众更好地了解这场灾难发生的原因。⑩报告的第一个也是最重要的结论之一就是危机是可以避免的。该委员会明确提出：

> 这场危机是人类作为和不作为的结果，而不是自然事件或电脑模型失控引发的事件。我们金融系统的关键人物和监管者无视警告，未能在一个对美国公众福祉至关重要的体系内理解和管理不断演变的风险。他们的失误不是一丁半点，而是极为严重。虽然经济有其不可避免的发展周期，但这种规模的危机并非必然。套用莎士比亚的话来说，错误并非天注定而是我们一手造成的。⑩

还有一个结论是，金融监督和管理的普遍失败对国家金融市场的稳定会产生毁灭性的影响："哨兵不在岗位上，这在很大程度上是由于人们普遍相信市场具有自我纠正的功能和金融机构对自身的行为能有效地自我监督。"[69]

该委员会不赞同监管机构缺乏保护金融体系权力的观点。该委员会认为，金融监管机构有足够的监管权力，但它们并未行使这些权力。报告明确指出，许多具有系统重要性的金融机构在公司治理和风险管理方面的严重缺陷是危机发生的关键性原因。这些机构通过收购和合并战略实现了快速增长，但这为有效管理带来了更大的挑战。这些机构和信用评级机构将数学模型视为可靠的风险预测器，风险管理反而成为风险的来源。最后，过度借贷、高风险投资和缺乏透明度的综合作用，使金融体系走上了危机之路。[70]对这场危机政府毫无准备，其缺少协调性的应对措施加剧了金融市场的不确定性和参与者恐慌。[71]

该委员会发现问责机制和职业操守出现了系统性的崩溃。[72]责任标准的削弱加剧了危机。然而，如果把这场危机归咎于人类贪婪和傲慢等的致命缺陷，那就太简单了。该委员会并未将人类的弱点作为解释危机的一个因素，这一点非常正确。委员会对导致系统性危机的人为错误、错误判断和错误行为进行了列举。

如此严重的危机并不是几个坏角色就能造就的。同时，这场危机的广泛牵连也并不意味着每个人都有过错。该委员会认为下列人员应该对危机负有特殊责任：负责保护金融体系的公共领导人、履行监管职责的人以及那些因失败而导致国家和世界其他地区陷入危机的公司的首席执行官。"高层的态度很重要，在这种情况下，我们感到失望。没人说不行。"[73]

除此以外，抵押贷款标准无底线的泛滥和抵押贷款证券化成为危机的导火索并导致危机蔓延。许多抵押贷款机构设定的贷款门槛太低，以至于他们对急于获取贷款的借款人的资格条件充满信心，而且往往对借款人的支付能力故意无视。随着利用掠夺性和欺诈性做法不负责任地发放贷款的行为越来越普遍，美联储忽视了其确保美国银行业和金融体系的安全和稳健以及保护消费者信用权的使命。美联储未能理解"亡羊补牢犹未晚"的道理，在危机发生后未能及时建立防火墙，而为了防止监管权力滥用而分设的美国货币监理署和美国储蓄管理局在危机处置上陷入了地盘争夺战。[74]场外交易衍生品也大大加剧了危机。2000 年，联邦和州政府颁布立法，禁止对场外衍生品进行监管，这是走向金融危机的一个关键点。[75]

信用评级机构滥用评级是金融毁灭车轮上的重要齿轮。该委员会认为这三家评级机构是金融危机的助推器。

> 住房抵押贷款证券化是危机的核心，如果没有评级机构的评级，这些证券不可能在市场上出售。投资者依赖评级而购买证券，而对评级机构的依赖往往是盲目的。"没有评级机构，这场危机就不可能发生。"你也可以看到造成穆迪崩溃的背后力量，包括有缺陷的电脑模型、来自被评级机构支付评级费用的压力、对市场份额的追求、尽管获取了高额收入但未投入足够的资源用于评级工作，以及缺少有意义的公众监督。你会看到，如果没有评级机构的积极参与，与住房抵押贷款相关的证券市场就不可能变成现在这样。[76]

该委员会对资本的可用性、流动性过剩以及房利美和房地美的作用等关键性问题进行了讨论。委员会发现，低利率、充裕的可用资本以及投向美国房地产市场的国际资本是信贷泡沫产生的先决条件。

> 但市场参与者、决策者和监管机构未能识别上述造成泡沫的条件。然而，委员会的结论是流动性过剩不必然引发危机。正是上述失败，包括未能有效控制抵押贷款和金融市场的过度行为，才是这场危机的主要原因。政府赞助的企业的商业模式存在严重缺陷，这些企业从事公开交易却受到具有公共职能的政府的隐性支持和补贴……就在房地产市场达到顶峰之际的 2005 年和 2006 年，这些企业决定加大对风险抵押贷款的购买和担保。几十年来，它们利用自己的政治权力来阻碍有效的监督和管理，1999～2008 年，它们在游说上花费了 1.64 亿美元。它们与许多其他金融公司一样在公司治理和风险管理方面遭受了同样的失败，它们参与了次级抵押贷款和其他高风险抵押贷款业务的扩张，在这之后，政府赞助的企业并未引领华尔街走出危机，相反其紧随华尔街和其他放贷机构开始抢购黄金。[77]

结论很清楚。政府未能及时根据实际情况抓住机会处理金融危机。在这次危机中我们再次见证了美联储和其他监管机构未能对不负责任的贷款进行有效控制。[78]在调查中，委员会发现金融机构的公司治理结构存在严重问题，对金融机构的监督管理存在严重的失误，金融体系存在近乎致命的缺陷。一系列的选择和行动导致美国走向灾难，而美国面对这场灾难却毫无准备。最后一个结论也是最重要的结论之一是："最大的悲剧将是对这一观点的认同：'没有人能预见这一切的到来，因此也做不了什么。'如果我们接受这个观点，危机就会再次发生。"[29]

第 3 篇　防范另一场金融危机：
　　　控制机制的角色

马克西米利安·埃德尔巴切尔

迈克尔·泰尔

导论　防范另一场金融危机：控制机制的角色

面对当前的金融危机和它造成的破坏，许多人呼吁采取预防措施，以确保全球金融危机不再发生。将 20 世纪 30 年代的经济大萧条与现在的情况进行对比，那时也采取了有关措施，当时的监管机构也有足够的理由相信未来不会再发生这样的金融危机。在危机爆发之前，似乎一切都在控制之中，以史为鉴，我们还能自信已经采取了足够的措施不会再发生类似的危机吗？本书的第 3 篇也是本书的最后一部分，从另一个视角对这个问题进行了思考，并提出了未来避免金融危机再次发生的诸多可行性建议。

无论是从影响上还是从引发本轮危机的原因上看，此次危机确实有特殊之处。因此，我们还没办法立即为本轮金融危机的化解开出一剂良方。尽管每个事物都有其特殊性，但我们仍然可以从抽象的角度对其本质进行理解，本部分希望能对金融危机的一般性问题做出抽象研究。

第 13 章《吸取保险行业的经验教训》中，迈克尔·泰尔将详细介绍和回顾保险公司的工作方法和保险工具。与其他经济实体相比，保险公司的核心业务是承担来自其他公司、组织、家庭和个人的风险，这些风险往往比较大，同时保险公司还要平衡自己的投资组合风险。进一步的分析表明，许多工作方法和工具完全可供保险公司使用，是为保险公司量身定制的。此外，保险公司对风险的分析和防范能力是独一无二的。因此对于非保险企业来说，不要去碰那些无法仔细分析以及没有专门的工具对其进行合理控制的风险。如果不这样做，失败将是不可避免的。

在第 14 章中，多博夫塞克和马斯特纳克提出，新闻媒体和警察作为盟友在侦查和调查有组织犯罪的过程中发挥着重要作用。根据他们的研究，无论是记者的调查报告还是警方的侦查报告，都有助于发现有组织犯罪活动。

然而两者的工作方式和所遵守的规则却存在差异。比如，媒体报告得出的结论可能不符合司法标准，但是能为警方的调查提供信息。而且媒体的报道还可能为陷入侦查困境的警方提供新的方向或者使本已沉寂的问题再次引起公众的注意。

第15章为《构建抵御金融犯罪能力的人力资源因素分析》。在本章中，费尔森莱希从"深度心理学的视野"对金融危机进行了剖析。他对权力体系中的群体、构成金融体系的个人以及金融体系腐败的可能性进行了分析。他认为安全文化是构建金融体系抵御风险能力的唯一保障。

人们常常认为，金融对政治的强大影响力，导致监管不力和政府对金融的控制薄弱，从而造成金融危机。在第16章中，努西对发展中国家加强金融监管的问题进行了研究。她对如何降低金融领域对国家领导层的影响进行了解释。她认为加强监管、强化国家对金融的管控很难实现。她认为提升金融生态的透明度是让金融机构能得到更好发展的一个良好选择。通过对发展中国家经济发展情况的分析，她认为公开透明的环境对所有市场参与者都是有利的。

在容易受到大型市场参与主体非法行为影响的领域，积极参与私营企业的"天使投资"也许会有所帮助。在第17章中，法思解释了那些在工作中接触客户并具有丰富经验的金融专家是如何对金融行业产生影响并使其能够遵循商业惯例的。这些金融专家能为那些新的企业家提供决策帮助，尤其是能够在如何避免风险方面提供咨询建议。

第18章《美国预防和控制金融犯罪的立法和相关措施》中，克拉特考斯基对"9.11"恐怖袭击事件之后美国的立法进行了讨论。"9.11"事件之后，美国国会于2001年通过了《爱国者法案》（USA Patriot Act）。其第三章的内容涉及国际洗钱和反恐融资。它对预防和控制与有组织犯罪、白领犯罪和恐怖主义犯罪密切相关的一些金融犯罪产生了直接影响。然而，许多预防和控制金融犯罪的措施还呈现一种零散性的特征，在贯彻和执行方面还缺少整体性，因而还需要在打击金融犯罪的总体规划和框架下对其进行修改和完善，否则有些措施的价值将大打折扣。克拉特考斯基对在打击金融犯罪方面的进步进行了肯定，同时也指出了某些措施所产生的负面影响。

埃德尔巴切尔、泰尔和克拉特考斯基共同撰写了第19章，在本章中，他们对金融犯罪的历史、现状和未来趋势进行了总结。通过详尽的材料说明了自然和人为的风险打乱了我们日常生活和安全的正常模式，并提出了使社会从风险中恢复常态的相关建议。过去的经验和教训可以帮助我们克服和调整目前的危机，无论这种危机来源于自然灾害（洪水、地震、飓风和干旱）还是人为的因素（战争、经济萧条和金融危机）。

我们目前拥有的技术和广泛的信息来源，可以帮助我们相对精确地预测未来的灾害。我们可以确定政治或金融活动过程中可能出现的积极正面和消极负面的结果。我们可能无法防止自然灾害，但如果我们能进行适当的研究、规划和使相关项目能在实践中得到贯彻实施，人身灾害和经济损失可能会大大降低。

第13章　吸取保险行业的经验教训

迈克尔·泰尔

13.1　引言

在最近的金融危机中，投资股票和其他金融产品的投资者对其发生经济损失的速度表示震惊。危机之后，投资顾问向这些投资者提出建议，建议他们应该对风险有更多的理解并知道如何处理风险。本章我们将揭示投资者应该如何审慎地对待风险以避免投资损失。

承担风险是企业的主要特征之一。保险公司对这一概念的理解尤其深刻，其主要的目的就是承担其他经济实体不愿意承担的风险，通过长期的投资积累形成适当的组合来均衡风险，是保险公司经营的首要原则。以上两个特点使保险公司可以成为风险分析的蓝本，分析保险公司的风险，能使其他企业更好地了解风险的本质和更好地利用所掌握的优势信息。

在本章中，我们首先讨论保险业务的特点。对风险与投机的区别是讨论的一个重要起点。其次，我们将探讨保险定价原则，揭示保险产品的成本动因和机制。由于不同的被保险人转移给保险公司的风险种类繁多，因此，此处我们仅对一般性的保险产品进行讨论。对保险监管动机的了解一方面有助于说明保险行业的健康发展对社会和经济发展的有利之处，另一方面也有助于说明其负面影响。虽然在大多数情况下保险市场能够有效地发挥作用，但在某些情况下，如强制保险，法律的干预也是必要的。对理想化的可保风险的特征的研讨不仅能揭示出本质特性，更为重要的是，还能说明在哪些条件得不到满足的情况下会出现何种问题。

值得注意的是，所有保险公司都是大型机构投资者。所有保险产品的保费通常都是预先支付的。因此在投保人要求理赔前，保险公司需要对这部分资金进行投资。然而，投资并不是保险公司的核心业务。此外，由于安全是一项重要目标，保险公司的投资不能与其他投资者的投资相提并论。本章讨论了非保险公司可以从基本保险业务中学习到什么。最后一节是专门总结性评论和展望。

13.2　基本原则

13.2.1　风险分摊原则

保险是对意外损失成本再分配的一种财务协议（Dorfman，1994；Trowbridge，1975）。保险人（保险公司）与大量的当事人（投保人）签订合同（风险转移），并以大数法则作为运营的基础。大数法则的核心是减少不确定性，从而使保险公司能计算未来可能发生的赔偿费用。由于保险在社会中扮演着重要的角色，因而保险在市场准入、报告制度和监管等方面都有特殊的规定。

保险涉及的风险包括纯粹风险和投机风险。纯粹风险是只有损失可能的风险。相反，投机风险则既可能产生收益也可能产生损失。不赞成对两者进行区分的观点认为，在两者之间很难找到一个明确的区分临界点。某种结果到底是损失还是收益要依据具体的情况而定。泰勒和约翰逊（Thaler and Johnson，1990）发现，对于去赌场的赌客来说，其获取收益后又发生损失的感受与一开始赌博就发生损失的感受是不同的，这两种不同的感受会影响行为人做出两种不同的决定。

特韦尔斯基和卡尼曼（Tversky and Kahneman，1981）阐述了这种风险抉择的理论基础，称之为框架效应。例如，对半杯水的表述，无论说这个杯子里的水一半是空的还是说一半是满的，实际上说的是一回事。特韦尔斯基和卡尼曼在 1979 年提出了预期理论，作为解释人们风险抉择模式的一个基本理论。

然而，这种理论对保险来说则不然（Theil，2002）。在大多数情况下，投保人面临两种选择，要么支付保费要么承担不确定的损失风险。也就是说，对纯粹风险和投机风险的区分，对保险来说是有意义的。

13.2.2 定价原则

风险转移影响保费。保险费由特定因素构成：①根据个人损失风险计算的净风险溢价；②覆盖不确定性的安全附加费；③与非直接风险相关的成本附加费；④利润率；⑤税负。

13.2.3 公平的保险费用

公平的保险费用是根据个人预期损失计算的保费。根据这一原则计算出来的保费对保险人和投保人都有利，但据此原则对保费进行精算并非都是可行的。在不能依据公平保险原则计算保费的情况下，投保人所缴纳的保费可能高于或低于其风险预期，保险公司也难以预计未来的损失赔偿金额超过或低于个人的相关风险，风险池可能变得不可预测。如果不能对风险进行合理的分配可能会导致保险公司破产。

下面的例子经常被用来说明公平保费的重要性。假设市场上存在两家保险公司，并且存在大量的投保人。A 公司根据个人的预期损失收取保费。B 公司以集体的预期损失为基础收取平均保费。假设最初投保人是随机和均匀分布在两个公司之间。在每一阶段结束时，必须重新签订合同。如果投保人认为他们支付的保费超出了他们的风险预期，B 公司的投保人可能会转而投向 A 公司（A 公司的投资组合被称为结构中性）。A 公司没有因此而受到负面的影响。B 公司却受到了影响，因而继续在 B 公司投保的都是预期风险损失相对较大的投保人，这就迫使 B 公司不得不提高保费。上述例子会循环往复地发生，最终 B 将不得不离开市场或破产。

以个体的预期损失作为保费计算的起点还可以引导投保人降低或规避风险。事实上，作为风险管理的起点，保险公司在通过降低保费鼓励投保人规避或降低风险的同时，也能从中获得收益。显然，这种机制在保费与投保人预期风险大致相等时能发挥最大的激励作用。

通过确立免赔额，将较小的风险排除在理赔范围内也是引导投保人规避或降低风险的一种方式。免赔额的确定意味着被保险人应自行承担较小风险所造成的损失。这种技术仍然要求在个人风险预期的基础上计算保费。

另外，一般认为如果被保险人的风险完全转移给保险公司，会带来一些额外的风险，通常会涉及道德风险，这意味着投保人有较高的风险预期。目前的经验还无法充分说明上述观点，保险公司一般会通过在保险合同中规定免赔额等措施避免这种消极影响。应该指出的是，这一概念也适用于再保险合同的再保险人和原保险人之间，与其他保险合同不同的是，再保险合同双方在风险和风险转移方面都具有丰富的知识。

13.2.4　安全附加费

安全附加费是为了覆盖每一投资组合中不可避免的损失。如果缺少安全附加费，保险公司可能面临破产的危险（Karten，1991）。其原因在于所谓的长尾风险，其发生的概率很低，一旦发生就会造成巨大损失。安全附加费可以用计提准备的方式替代。相比于已经计提充足准备的老保险公司来说，新保险公司需要更高的安全附加费。

13.2.5　保险形式

将全部风险都转移给保险人可能会产生违背保险目的的结果，此外也会造成保险费过高的问题，因此将全部风险都转移给保险公司的全险是不现实的。为了解决这一问题，寻找适合保险合同双方的解决方案，实践中形成了多种类型的保险形式，来满足不同的风险转移需要。

全额保险——如上文所述，全额保险意味着将风险完全转移给保险人。在合同中可以规定免赔额，对中小规模的损失保险公司可以不承担责任。规定了免赔额，也就意味着风险不是完全转移了。

有限的风险转移——通过设置最高赔付金额，限定风险转移的最高上限。通常有两种方式。第一种方式是规定具体的理赔金额，无论实际发生的损失有多大，保险公司都按照保险合同事先规定的金额进行理赔。由于这种方式对损失的处置方便易行，能减少处置成本，因此可以起到降低保费的作用。第二种方式是根据被保险标的的损失情况，按比例支付赔偿费用。

13.3　监管

为了保证保险公司可以在非常长的时间里持续地提供服务，保护消费者的权益，保险市场是一个受高度监管的市场（Dorfman，1994）。在实践中，企业必须满足特殊要求才可开展保险业务。在获许经营保险业务后，保险公司必须按要求向监管部门提交相关报告，其所报告的信息要远多于其他类型的企业。一旦出现问题，监管部门有权关闭该保险公司，如果关闭保险公司不利于保护消费者的合法权益，监管部门可以接管该公司并继续经营。为防止保险公司经营中的舞弊等行为，消费者权益保护组织和相关国家机关可以对保险公司提起共同诉讼，这种情况一般不适用于其他类型的企业。

13.4　强制保险

对某些风险必须投保，会有很多理由（Dorfman，1994）法律要求某些活动必须投保。其中最广泛的一个例子就是汽车司机的责任保险（即我们所谓的交强险）。我们可能会问，为什么司机不自愿购买保险（Theil，2002）。艾森菲尔和韦伯（Eisenführ and Weber，2003）对机动车辆驾驶员责任险的立法动因进行了解释。首先，许多司机高估自己的能力。简而言之，他们承认开车有风险，但他们总是认为其他人更容易发生事故。这种行为被称为"控制错觉"和"过度自信的偏见"，这种现象是比较普遍的，而且很难改变。其次，交通事故可能涉及直接和间接损失。直接损失可能比较明显，间接损失虽然可能更为严重，但一般都会被系统性地低估。其原因可能是一种在进一步的索赔请求中消除间接损失赔偿后果的心理机制。

上述两个原因是共同起作用的，而且在实践中难以克服。虽然有证据表明，上述两个原因也许可以降低，但程度非常有限，而且也只能是在短时间内克服这种心理。这两个因素都被认为是保险领域市场失灵的原因。

13.5　理想的可保风险

为确定特定风险，必须明确风险的特征。关于风险的特征已有很多研究（Berliner，1982）。由于本节主要是阐释风险的基本原则，而不是研究如何通过保险覆盖这些风险，因此，我们只简单地对五个风险特征进行讨论，这五个特征分别是偶然事件、独立事件、评估损失的概率和范围、具体性和规模。相反，保险公司必须决定在何种程度上的偏差是可以容忍的。在下一节中，我们将讨论非保险公司对风险的容忍水平。

13.5.1　偶然事件

可保风险必须是偶然的，而不能是故意引发的。这意味着保险合同的任何一方都不能故意促成损失的发生，也无法完全将风险排除在外。如果一方能影响风险，那么对另一方来说这就是一种不公平的优势。真正的偶然事件是罕见的。事实上，纯粹的偶然事件只能发生在特定和理想的环境中，例如，掷硬币或玩骰子、轮盘（以公平的方式，我们必须补充）。绝对的非偶然性事件不属于可保风险范围。只要合同双方都不能控制损失的发生或影响损失的特性，那么这种风险就属于可保风险，如某些寿险产品以身故为赔付条件。死亡是人类不可避免的结局，但每个人的身故时间是不确定的，这就符合了保险风险的偶然性特征。

在某些情况下，事件是否发生是不确定的，但一旦事件发生损失的大小是可以确定的。然而，还存在不完善的地方，例如，一方能对可保风险获取更多信息并隐瞒其从第三方所获得的信息（非对称信息）或保险欺诈。

13.5.2　独立事件

显然，如果风险之间不是独立的，那么就增加了风险的人为因素。我们举两个例子来说明风险的独立性。一个例子是疾病传染。如果一个人生病了，可能会增加其他人感染疾病的概率。另外一个例子是同一事件影响多个被保险主体。如多个被保险的机动车在同一场雷暴中受损。换句话说，对于单个被保险主体来说无论是损失的范围，还是损失概率都独立于其他个体的风险。

违反独立性会使损失无限制地蔓延，造成危险的局面。可以采取分化性的措施防止这种局面的出现，如将某些特定的群体或风险，如一些病人，独立出来，允许多家保险公司参与保险市场，修改保险机制等。

13.5.3　评估损失的概率和范围

对保险公司来说，风险评估是必要的，只有这样才能确定某种特定的风险是否在其规定的风险池范围内并据此确定保费。另外，对于投保人来说，是购买保险还是采取其他措施，也依赖于其对风险发生概率和损失大小的评估。可以采取点估计和整体概率分布的方法进行评估。[①]

当然这种评估非常困难,并会出现一定的错误和偏差(Theil, 2003)。但对于保险公司来说,由于其手上握有数据,并且有可利用的风险池,还能从再保险人处获得建议,因此这种评估相对容易,其能够对这些鲜为人知的风险做出分析。

13.5.4 具体性

具体确定风险是特定风险还是一般性风险。保险合同最重要的功能之一就是明确界定转移的风险。为实现这一目的,双方可以在合同中对风险的质和量进行协商,如损失的类型、排除条件、免赔额和限制以及其他因素。在保险合同中,保险公司不愿意将条款规定得过于笼统。这使一些风险几乎成为不可保风险,最典型的例子就是创业风险。

13.5.5 规模

因自身资本及再保险合作能力有限,保险公司的风险规模也会受到限制。如果超过了规模,保险公司可能会遭受技术损失甚至破产。即便保险公司有能力承保特定的巨大风险,但造成损失预期索赔的高度不确定性会对保险公司风险分散的有效性造成影响,对此种业务保险公司也应拒绝。许多风险大到让人无法承受,除非不必要,投保人一般都希望将这部分风险转移,从本质上说,这是投保人购买保险的最重要动机。保险公司可以通过进入再保险市场的方式解决承保风险规模的问题。

13.6 从保险中吸取经验教训

13.6.1 风险管理

今天,"风险管理"一词被广泛应用于金融领域,以描述处理金融风险的方法。风险管理的最初目的与现在明显不同(Mehr and Hedges),1963,1974)。风险管理最初专注于纯风险领域,是保险公司在通过降低风险进而降低保费的过程中引入的一个概念。现代的风险管理概念旨在消除、减少或转移风险。保险是风险转移的典型,可以通过投资组合的方式消除或减少风险。风险管理最重要的特点，也是它的原始特点，即对纯风险的关注。

后来，风险管理的概念扩展到投机风险。乍一看，这似乎很有吸引力。大量的风险分析和管理工具似乎已经准备好用于投机风险。应该指出（Theil，1995），即使在 20 世纪的第二个十年，德国理论界提出了一个与此类似的风险理论——风险政治。这一理论认为，企业可以从风险管理的角度避免对其最有害的风险，在适度风险中实现创业的成功。然而，这一理论在实践中尚未得到完全证实。

将风险管理的对象扩大到投机风险带来了一系列的问题。风险管理被广泛地应用于可以用资金衡量并可以通过资金措施处理的财务风险中。在这方面，需要关注两个问题。将风险管理技术合理地应用于纯风险管理领域已被证明是很难的。例如，有一些风险可以用金钱来衡量，很容易分析，但还有一些风险，如死亡、疾病和伤残的损失以及对善良的损害就很难进行分析，这些风险要么被不恰当地评估，要么甚至被忽略。

类似的问题，还包括比较风险，虽然在这方面我们有良好的统计知识，但还缺乏某些知识和洞察力。此外，由于许多风险必须同时处理，复杂性很快就变得压倒一切。最后，尽管我们仍然不完全理解这种现象，但在知觉上似乎有着深刻的差异，因此对纯粹风险与投机风险的处理有着深远的意义。主要的问题是，风险管理作为一种管理工具给人造成了一种似乎所有风险都是可控的印象。如果风险管理扩展到投机风险，这一印象就更为显著。

13.6.2 风险沟通

风险管理适用于大型公司，只有这些规模相对较大的公司才能承担起风险管理所需的大量知识储备。较小的企业和家庭的风险管理依赖于其他人的建议。即使建议者出于良好的目的，提供风险建议也不是一件容易事。即使是对纯风险的控制，也可能产生错误或有偏差的建议（Eisenfuhr and Weber，2003）。

上述情况在保险理论和保险实践中是众所周知的，当风险损失的震源扩大时，希望这些问题轻易地消失是一种天真的想法。相反，由于复杂性和不兼容性问题的规模不断扩大，相关问题的重要性也随之增强。财务风险管理现在已经逐渐落后，它集中于金融风险和金融措施。核心问题依然存在：

（1）由于风险数量的减少，复杂性很可能会减少；

（2）以资金作为衡量风险的标准，导致那些很难或无法用资金衡量的风险被忽视，因而这实际上可能造成风险增加；

（3）正面和负面发展的看法差异。

一个关于人们如何处置风险的简短调查显示，一些类型的风险通常被忽视或低估。如上所述，这是强制保险的核心原因之一，即强制人们购买保险是为了保护他们和其他人免遭严重损失。非专家在购买保险产品时理所当然地认为其购买的产品已经能够涵盖全部损失。这时立法者有责任让那些购买保险产品的人知道其还必须承担一些可能的负面结果。

由于承担这一责任是困难的，消费者需要更多的保护和更多的信息。这种方法是幼稚的，因为证据表明它不会达到预期的目的。例如，特韦尔斯基和卡尼曼（Tversky and Kahneman，1981）认为，决策者对替代方案进行简化比较，即所谓的最小账户，以减少认知压力。决策者在其专业知识有限的情况下，采用特别激进的简化方法（Hogarth and Kunreuther，1997，Kool et al.，2010；Croy et al.，2010）。因此，风险沟通具有不容忽视的重大局限性。

13.6.3 风险转移

如上所述，风险在从被保险人转移到保险公司的过程中，并不一定是风险的完全转移，在很多情况下，风险的转移受到一定的限制。虽然如此，大部分风险还是发生了转移。其他金融协议也涉及一些风险转移，但这不是协议的核心要素，也不是协议双方协商的最重要内容。如银行的贷款客户，一旦该客户破产，那么其贷款的部分风险就可能转移到银行。再比如某家公司的股票持有人，一旦该公司破产，那么一部分风险就会转移到股票购买者身上。风险转移的方向取决于金融协议的性质。

13.7 保险定价

保费的核心要素是个人的期望损失。如何确定投机风险是计算保费的核心要素，这还真是一个难以回答的问题。许多实证研究发现，以损益作为参考点的正、负偏差被认为是不对称的。预期理论中的价值函数对此做了描述，人们对损失比对获得更敏感（Kahneman and Tversky, 1979）。此外，特韦尔斯基和卡尼曼（Tversky and Kahneman, 1992）提出，决策权重取决于损失或收益发生的不同概率。艾因霍恩和贺加斯（Einhorn and Hogarth, 1987）以及泰勒（Thaler, 1985）等人对这一发现进行了深化，将其扩展到在损失和收益同时发生的模糊概率的情况下。

总之，他们的结论一致认为，参考依赖性是评估的关键因素，也就是说，损失与收益的比较方式取决于给定的情况，因此人们的观点可能有所不同。因此，缺乏单独和一般的标准来衡量彼此之间的得失。如果一个人停留在只收益或只损失的领域，从而使纯粹风险（那些只有损失潜力的风险）比投机风险（那些有损失和收益潜力的风险）更容易感知，这些关切就不是关键。除了下面讨论的统计基础外，为保险找到合适的价格要容易得多。

然而，金融产品的定价是不同的，主要是通过利息、风险分担和费用（Geneva Association, 2010）。[2]如在一些例子中，借款人需要偿还贷款本金和相关利息。[3]在另一些例子中，借款人除需要偿还贷款本金和相关利息外，还必须支付相关费用。[4]投资者购买股票的价格是其所投公司风险的分担。支付给中介机构的费用也是金融产品价格的组成。费用和利息也部分包含风险的反映，并与风险成正比。下面我们将讨论保险产品的定价是否也是如此。众所周知，风险的考察需区分纯粹风险和投机风险的区别。关于风险的其他性质，我们将从理想可保风险的特点来分析风险。

13.8 保险公司

保险公司存在的主要原因是其独特的处理风险的能力，其他经济实体是无法或几乎无法处理这些风险的。特别是保险公司经营风险的核心技术是风险选择、风险池、储备的建设和风险的进一步转移。

非保险公司主要由其他公司、组织和消费者组成的，从事保险业以外的活动，它们无法获取相关保险数据。因而，其应对风险的能力从总体上看弱于保险公司。一些非常大的组织可能会与保险公司有些接近，可以利用大数据对风险进行分析。例如，它们的销售量可能足够大，有足够的现金流支付损失赔偿，但即使是最大的公司也不可能采取这种方式来自己承保其产品责任。

然而，无论多大规模的非保险企业都不可能像保险企业一样建立风险池（Mueler，1979）。规模较小的组织、公司、家庭和消费者更不具有这些能力，因而也无法分散投资组合中的风险。相反，这些主体如果想通过投资组合的方式合理分散风险可能会产生过多的负担。

13.9　偶然事件

在某些情况下，合同一方对未来的发展能够产生较大的影响力，虽然有些事件很难说是偶然事件，但我们仍可将其假定为金融风险。比如说，对大公司很小的投资，投资者对公司的业务难以产生影响，对公司的活动也只能获得有限的信息。公司管理层所做出的影响公司未来发展的决定信息属于不予公布的内部信息，小投资者无法获取这些信息，对其来说也是一种风险。

也许有人会说从公司一方来说不能认为这是偶然风险，因为这里有很多人为因素。如果只有一方能获得风险信息并据此做出决定，那么有可能会引起诉讼（一方当事人声称有关资料被另一方隐瞒）。虽然法律要求对相关信息进行披露，即使能对这些信息做出恰当的理解，我们也有理由怀疑，信息可能存在重大错误或偏差。

除了提供信息的差异，泰勒和约翰逊（Thaler and Johnson，1990）发现，资金的归属不同也会影响行为模式。他们对决策者使用自己的资金和使用其他人的资金的行为模式进行了分析，发现当决策者自己的资金有风险时，他们的决定将更加谨慎并会采取低风险的决策，但在运营他人资金时，情况则相反。

13.10　独立事件

关于独立性，我们注意到很难确定风险是不是独立的。由于保险公司设立了风险池，因而这个问题对保险公司来说非常明显，但对非保险公司来说也同样是一个问题。假设社区发生了火灾或者雪崩、泥石流致使整个社区毁灭。如果不能消除这个问题，保险公司可以采取多项措施来降低风险。

保险公司是风险领域的专家。它们系统地收集有关风险的信息，特别是投资组合中的风险。一般风险信息对其他经济体也可适用，但投资组合风险信息其他经济体无法适用。此外，保险公司可以根据事件的性质限制自身的责任。例如，保险公司可以通过对特定期限的事件承保排除自然灾害的承保责任，或通过限制赔偿金额的方式限制自身责任（设定限制范围，实施免赔额）。所有这些限制都包括在保险合同中，相对于被保险人来说，保险公司处于强势地位。从技术角度看，风险也只是部分转移，大多数情况仍有一小部分风险由被保险人承担。

保险公司也可以通过再保险合同将全部或最危险的部分转让出去。再保险市场为保险公司提供了这种风险处置的场所，其他经济实体在风险处置中则没有这种工具。

如果风险不是独立的，我们又缺乏必要的工具，风险很快就会趋于失控。在进行企业内部评估时我们发现，如果风险缺乏独立性，那么这种风险所造成的损失可能超出企业财务的承受能力。此外，缺乏独立性除了可能会导致直接损失外，还可能导致间接损失。这种因果关系链分析起来比较困难。此外，在实践中试图通过适当的规定避免这种损失也几乎是不可能的。由此导致的结论是只有在孤立的系统中风险才具有可测量性（Haller，1975）。从本轮金融危机中我们发现风险不是孤立的，风险的交叉是导致本轮危机的重要因素（Geneva Association，2010）。日内瓦协会 ACCE 工作小组在对信用风险的研究中表明风险受多个因素影响。

　　信用风险——虽然处理尾部风险是保险公司的核心竞争力，但尾部风险仍被低估。这一错误受结构化信贷市场中金融产品多层嵌套和信贷杠杆的影响，同时被评级机构过于乐观的评级进一步放大。

　　流动性风险和到期风险——与普遍的假设相反，市场缺少流动性。缺少流动性给资产的变现等带来困难。保险精算和充足准备金是保险公司维持流动性的两个主要手段。评估系统中的保险甚至可以对国际收支平衡产生作用。

　　交易对手风险——对交易对手风险目前给予了充分的重视，引发了对大规模信用违约互换⑤市场的关注。我们有把握认为，纯风险感知中的固有错误和偏见在误解的背后同样存在；针对这样的问题，保险公司必须在健全统计的基础上营业。

　　市场风险、系统性风险和集中度风险——这些风险彼此具有相关性。

保险公司可以通过再保险的方式分散积累的部分风险。

相关性风险和波动性——过去关于相关性的假设被认为是完全无用的，同时价格会发生逆周期的变动。

声誉风险、法律风险和操作风险——在表外业务和结构化投资中的暗示或明示的承诺会使银行暴露在声誉风险和法律风险之中。

仓储和传输渠道风险——无法通过其他金融机构转移风险。这与没有再保险市场的保险公司风险大体相当。通常情况下风险不会完全转移给再保险公司，其他金融企业在通过通道转移风险时也面临同样情况，需要谨慎。

企业风险——复杂金融工具的爆炸性增长使大型、复杂的金融机构大而不倒。这种增长率在保险领域是不正常的。

上述风险即使是在单独出现的情况下也很难处理，更不用说考虑到交叉影响了，这更加剧了解决问题的困难。分离风险是保险公司带来的经验启示之一。

13.11 概率和损失规模的评估

对损失概率和损失规模的估计有一系列的问题需要解决。对这一课题的深入研究显示，无论是民众还是专家在这一问题上都容易出现错误和偏差（Theil，2003）。

损失分布的各种不对称性进一步加剧了这一问题。我们将损失分布的不对称性称为长尾分布，对损失的期望通常都是较小的或中等程度的，很少会有较大的期望损失。如果分布是对称的，错误和偏差就会相对均匀地分布在均值附近，从而平衡误差。然而事实并非如此，大规模损失非常危险，虽然大规模损失极为罕见，但是一旦发生就会给整个经济系统带来风险。

相比于其他企业，保险公司有自己的优势，它们比其他企业有更多的处理损失的经验，进而可以估算出被保险人可能面临的损失规模。然而保险公司也面临额外的风险。风险分为三部分：①剩余风险，这是任何损失分布都不可避免的一部分；②与损失分布的决定性特征相关的风险（风险原因和后果）；③由改变合同期限引发的后果。

为了克服这些保险技术风险，保险公司会对风险进行研究以了解更多的风险。然而部分风险将会永远存在，只能通过安全附加费和准备金来覆盖这些风险。如果不采取这种措施，保险公司会破产几乎是肯定的。为了使保险公司能持续经营下去，法律对保险公司的准备金和资本做了专门的规定，对资本的适用做了严格的限制。

在应对风险方面，只有大型和专业化的机构才有足够的应对风险的专长。保险公司可以从再保险公司处获得更多关于风险的知识。一定要记住这一点：认为其他经济实体能够正确判断金融风险是幼稚的。

13.12　具体性

具体性是保险合同的一个特点，这使保险公司具有相当大的优势。我们已经指出，创业风险通常是不可保险风险，需要对纯风险和投机风险进行区别。纯风险承担一定的损失概率，投机风险则既包括获取收益的机会也包括承受损失的风险。这种区别看起来可能比较主观。然而，保险的目的和功能是保障安全而不是从保险中获取收益，因此，保险法将从损失中获取的收益排除在调整范围之内。

正如上面所讨论的，投机风险存在人为因素。暂且把这个话题放在一边，只关注当事人对合同设计和条款的影响。我们可以预见，由于其他经济主体在风险知识上面的匮乏，其在保险合同签订中处于不利的地位。这是保险经纪人被广泛认为是中介机构的重要原因之一，保险经纪人必须向投保人履行告知义务。"最好的忠告"原则也构成了保险经纪人的法律责任，其他经济主体则不存在这一义务。

13.13　规模

企业规模大小对于保险公司和非保险公司来说同样重要，规模是企业存在差异的一个至关重要的因素，保险公司的规模通常都很大。因此，它们的风险承受能力通常都比其他许多经济实体强。

许多大型的非保险类企业也有相当的风险承受能力。然而，即使它们能像保险公司一样进行风险权衡，但在技术上仍然缺少建立储备金和向再保险市场转移风险的能力。哈勒（Haller, 1975）提出，可以从以下视角来考虑风险的大小：如果没有合理的方式来处理这些威胁到个人或组织生存的风险，那么必须避免这些风险。

13.14　小结

要成功地应对风险，就必须有客观的数据并了解经济实体的规模。在这样的背景下，应当将对纯风险和投机性风险的区分作为风险管理政策的基础。在极端事件情况下，有效的风险管理可以避免企业走向死亡，有效的风险管理也可以避免企业在发生较小损失的情况下对原有计划进行大幅度的修改。对风险的判断需要专业知识，同时风险判断也可能发生错误和偏差。因此，加强风险知识的积累是规避风险的重要基础。最后，企业规模大小对保护资源和平衡风险起着重要的作用。

进一步而言，上述因素都是相关联的。孤立的企业规模因素在风险管理中不具备优势，而且可能出现企业规模越大风险偏差越大的问题。保险公司有其独特的风险管理手段和措施。其他领域的企业不具备建立风险池和平衡风险的核心技能以及针对特定问题计提准备金的能力。而且只有保险公司才能进入再保险市场。除此以外，保险公司具有强势的市场地位，在业务的选择上它们可以拒绝承保那些不符合其风险投资要求的客户。

虽然我们可以从保险公司的风险管理中得到相关启示和借鉴，但试图复制保险公司的风险管理模式则是不可行的。投资者模仿保险公司的投资也是不可取的。其中一个原因是保险公司处于经济安全结构的顶端，这是其他经济主体所不具备的。此外，保险公司专注于保险领域，其成功的模式不适合其他领域。事实上，虽然很少发生保险公司经营失败的案例，但对经营失败的保险公司而言，失败的原因通常是风险投资决策的结果，而不是因为它们承保的风险。

作为世界上最大保险公司之一的美国国际集团（American International Group）就是一个例子。一些大型公司也能建立风险池并采取平衡风险的措施来处理一小部分风险，这些企业在风险管理方面也具备一定的知识，然而，因为它们不能建立足够的储备，也不能将风险转移给再保险公司，而这恰恰是保险公司在风险管理中的两个核心能力，因此非保险企业仍然要面对一部分相对较高的风险。

与保险公司类似，一些大型企业具有较大的市场影响力，因此它们可以完全或部分地避免某些风险。对保险公司的分析表明，纯风险和投机性风险的区分是主观的，对两者需采取不同的风险应对措施。实践中，这种对风险的区分往往是在合同谈判时进行的，因而市场的影响力对确定风险的类型还是很有帮助的。

大型企业在许多方面也存在短板。风险管理体系的运用并不一定意味着大型企业能实现较低水平的暴露。它们的风险识别和评估仍然可能受到错误和偏差的影响。大型实体的复杂性进一步加剧了这个问题。与规模较小的经济实体不同，大型企业的决定是集体做出的而不是个人做出的。有迹象表明，群体决策可能比个人决策更为冒险。此外，在现代世界，股东对利润的渴望是非常迫切的。这种压力可能导致管理的高风险经营，而且为避免利润降低，管理层可能会拒绝实施成本高昂的风险评估机制。

对风险的忽视还可能由于大型企业的短视而加剧，大型公司至少每年都会对其经济状况进行披露，通常情况下是每季度进行披露，但长尾风险通常需要较长的时间才能暴露。

正如我们最近看到的，规模对大型企业是有益的，当公司变得"太大而不能倒"时，这意味着它们的风险投资和其他活动的风险将转移到其他公司或纳税人的头上。爱尔兰最近的一个案例说明了这种风险是如何蔓延的（*Economist*，2010）：爱尔兰政府对受不良贷款影响的银行给予了救助，这部分救助成本最终还是要由纳税人来承担。由于救助负担过大，只有通过"国际保护伞"才能覆盖这部分救助成本，结果是由爱尔兰银行业引发的大部分风险蔓延到整个欧洲的纳税人身上。

基于风险处置能力的分析，小型经济实体（小企业和家庭）仍然处于风险链条的底端。它们缺乏应对风险的专业知识，而且也没有足够的市场力量来通过合同谈判消除风险。同时，相当大的风险会转移到这些群体上。例如，人们可能还记得，在英国的撒切尔政府时期国家退出了养老保险体制（Schulz，2000）。私人经营的养老基金并不一定能更好地为那些在未来退休的人服务。基金有可能会破产，从而破坏了在系统下退休的人的收入预期。类似的考虑适用于类似的结构。

对于灾难性风险——一种可能危及经济实体持续存在的风险——马蒂亚斯·哈勒（Matthias Haller，1975）制定了一项明确的战略，从根本上来说是必须避免这样的风险，但正如我们所看到的那样，规避风险并不容易。目前还不清楚受巨灾风险影响的主体是否能识别出这种风险的巨大灾难性。但有理由相信人们还无法识别出这些风险。此外，由于股东的短视行为与管理层需要着眼于长期的风险控制之间存在冲突，风险管理人员应引导个体选择安全的手段，不要追求短期的获利行为。

第14章 警探和调查记者携手打击有组织犯罪

博扬·多博夫塞克

马蒂亚·马斯特纳克

14.1 引言

由于技术的快速进步，现代社会控制机制在应对社会病理方面显得无能为力。法律不是规范社会或个体不良行为的最有效工具。单靠警方和检察官无法遏制某些形式的金融犯罪，如有组织犯罪和腐败犯罪。例如，经验表明，一般的执法机构在遏制腐败方面的成效并不显著，但记者则可能是进行腐败调查最适合的人员（Dobovšek and Mastnak，2009）。

跨国有组织犯罪——精英有组织犯罪和犯罪网络——有时也可能渗透到国家机构之中。经济和政治领域都可能受有组织犯罪的影响（Dobovšek，2008）。调查性新闻作为规范社会不良行为的一个非体制内机制，对控制机制、政府和政治可以起到监督的作用（守门人的角色）（Pečar，1994），它也可以揭露与犯罪和犯罪网络有关的腐败行为。因此，在良好的调查性新闻中，记者或媒体应该免受政府机构影响进行独立调查（Besker，2004）。

相比于其他类型的新闻，调查性报道是民主社会实现权力限制的一种典型手段。随着政治制度的民主化，采用调查性新闻报道的特殊方式进行新闻调查成为可能（Košir，1995）。民主是建立在一系列原则基础之上的，这些原则包括民选代表向人民负责、政府公务人员为人民提供服务等。在理想的情况下，有多种机制来保障这些原则的实现，但即使是最好的机制也可能存在被滥用的危险。经验表明，当不法行为发生时，新闻调查记者是最有资格揭露社会丑闻的人，是确保正义能得到伸张的重要力量（Knight，2001）。因此，在司法体系和其他政府机构对社会不良行为不作为的情况下，调查性报道是或应该是社会安全的最后保障网。

14.2 调查性新闻报道与刑事犯罪侦查

新闻调查记者的首要任务就是揭露隐藏的信息。结合已有的一些定义（Dobovšek and Mastnak，2009；Gaines，1994；Šuen，1994；Benjaminson and Anderson，1990；Ullmann and Honeyman，1983），我认为调查性新闻报道应具备以下特点。

　　（1）调查主体是记者而非政府机构，并且调查报告具有原创性；
　　（2）它揭露了被故意隐瞒且对社会公众非常重要的一些信息；
　　（3）记者或媒体开展的调查具有独立性；
　　（4）记者运用特殊的调查方法。

　记者开展的调查工作与警察、律师和其他监管机构所开展的调查工作存在明显的不同，记者的调查不受调查范围和法律程序的限制、也不受公开透明原则的约束（de Burgh，2000）。另外，记者在调查中也可以使用与警察在正式的刑事犯罪调查中使用的相类似的方法和手段，而且两者在调查计划方面也存在相似性（Dobovšek and Mastnak，2009）。

当记者得到线索后，第一个任务就是对线索进行核查。在开展实质性调查之前，无论是记者还是侦查人员都必须进行初步调查。当然，记者开展的初步调查与侦查人员的初步调查存在差异。记者的调查始于对调查对象的评估，以消除明显的错误（Obad，2004）[①]，刑事初步调查包括三个任务，即协调、收集证据以及其他侦查等活动（Brandl，2004）。只有当记者搜集的事实满足刑事犯罪调查指南的七个基本问题（7W）时，记者的调查才能结束，这七个基本问题为：是谁？是什么？什么时候？在哪里？为什么？如何进行的？使用什么工具手段？（Šuen，1994；Žerjav，1994）。

与记者开展的调查相比，刑事调查中的调查行为受到严格的限制。刑事调查与新闻调查存在明显的界限，应明确界定新闻调查的方法。

新闻调查未取得法律的授权，因而也不会受到法律的限制，这种调查行为更为自由，这似乎是一个悖论。为了解决这个悖论，我们的观点是新闻调查应当在刑事调查已经无路可走的情况下才能介入。如果这个观点是正确的，那么记者与警察和其他执法人员应采取何种合作形式？我们还要指出，开展调查工作的记者只有具备足够的阅历和技术才能有效地进行调查。

14.3   调查方法

2010 年 8 月我们开展了一项试验性研究，对新闻记者和侦查人员各进行了五次深入访谈，访谈均需本人参加，访谈地点由接受访谈者确定。每次访谈持续 30~45 分钟，并进行录制。

接受访谈的记者分别来自不同的媒体。第一位来自公共电视台，第二位来自 POP 电视台（该台在斯洛文尼亚有最高的收视率），第三位来自《德洛日报》（Delo，斯洛文尼亚发行量第二大的报纸），第四位来自《德内夫尼克日报》（Dnevnik，斯洛文尼亚发行量第三大的报纸），第五位来自姆拉迪纳杂志社（Mladina）。接受访谈的侦查人员中，前两位侦查人员主要负责调查金融领域犯罪；第三位侦查人员负责调查有组织犯罪；第四位侦查人员主要负责调查人员财产犯罪；第五位侦查人员主要从事特种技术的运用。

这项研究主要集中于记者和侦查人员之间的相互影响及其调查方法、时效和工作过程，并通过解释性的方法对所收集的数据进行分析。

14.4   访谈结果

14.4.1   斯洛文尼亚调查性新闻报道的发展状况

问题：按照你的观点，斯洛文尼亚调查性新闻报道发展得如何？

新闻调查记者一致认为斯洛文尼亚的调查性新闻报道欠发达。一位受访者说，斯洛文尼亚的调查性新闻报道与西方国家不同。"在最好的情况下，我们所披露的信息具有新闻调查报道所要求的一些要素，但这种新闻还不符合新闻调查报道的要求。受斯洛文尼亚新闻媒体经济不景气的影响，新闻调查记者没有足够的资源，尤其是没有足够的时间进行适当的新闻研究。"

有两名受访记者揭露了斯洛文尼亚新闻调查报道的造假情况。一位受访者说，很多报纸或广播电视里的新闻貌似来源于新闻调查，但在现实中，这些信息大多数是由一些党派提供的。

相反，有四名受访的侦查人员相信，斯洛文尼亚的新闻调查事业发展良好。两位侦查人员认为，调查性的新闻"在最近几年蓬勃发展"。但也有一名侦查人员认为斯洛文尼亚没有真正意义上的调查性新闻报道："非常遗憾的是我们没有新闻调查报告。一些记者表示自己是调查记者，但我认为他们不是，至多也只是刚刚入门。我们的调查性报道与普通的新闻报道没有太大区别。"分析表明，其他几位侦查人员将新闻调查报道理解为小道新闻。

所有接受采访的侦查人员都认为新闻调查报道非常必要，并给出了不同的理由。一个常见的回答是，没有调查性新闻报道，有些丑闻将无法被揭露。我们注意到一个特别有趣的回答："因为法庭对证据的要求非常高，有些案件无法定罪。而伸张正义的唯一途径，就是将这些污秽行为通过调查性新闻报道公之于众。"

14.4.2 新闻调查记者和侦查人员的调查方法、技术及工作程序

问题：你使用什么方法进行调查？

对问题的回答涵盖了新闻调查记者和侦查人员的调查方法、技术和工作程序。我们分析这些答案，并将它们绘制成两组工作过程树（见图 14.1），新闻调查与刑事调查有许多显而易见的相似之处。

这两个进程都始于信息获取。警方侦查人员用以下两种方式收集信息：①通过巡逻等行为获取信息；②通过举报人、被害人、有关国家机构以及其他主体获取信息。新闻调查记者遵循相同的信息收集过程，有时记者在浏览其业务数据库时也会发现一些可疑线索，或者来源于线人，如来源于警方的侦查人员或其他渠道的信息。

在"实质性"调查开始之前，必须核实信息，新闻调查记者可以与专家核实信息，或者与警察、其他国家工作人员（检察官、监管者等）进行

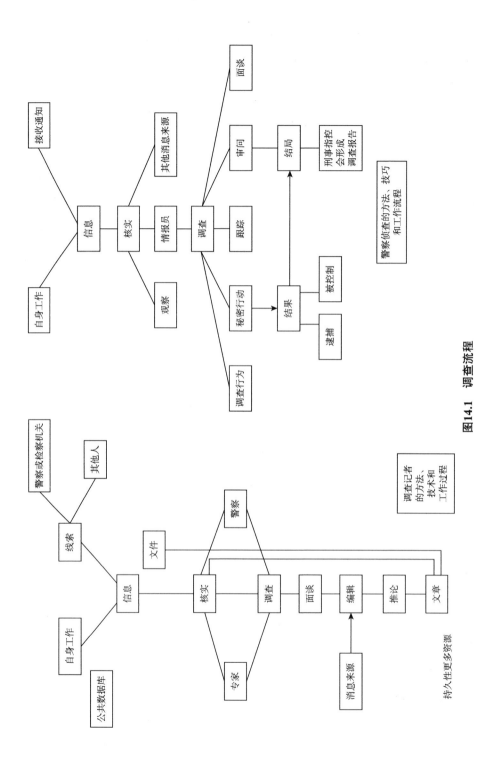

图14.1 调查流程

非正式接触。警方侦查人员还可以通过观察嫌疑人来核实信息，也可通过线人的渠道核实信息。

初步调查之后的程序中，警方和记者的调查程序就有比较大的差异了。记者没有采取秘密行动或审问嫌疑人的权力。然而，在摄像机前，记者对政客们的采访就如同审讯一样。新闻调查记者和警方的侦查人员都采用了会见的调查方式，两者均认为这是一种非常有用的调查工具。

此外，还存在其他一些差异。例如，警方有逮捕权。侦查工作通常比新闻调查所花费的时间长。新闻调查有时可以通过发表妥协文件的方式结束。为了更好地理解调查记者的工作过程我们援引了下面一段访谈记录。

一旦你成为新闻调查记者，你的信息源就会来自四面八方。首先你要对这些信息进行甄选，选择那些对公众来说相对重要的信息。然后与警方侦查人员进行非正式的接触，对信息的真实性进行核实。最好向两名侦查人员分别进行核实，但他们彼此不能知道信息核实这件事情。接下来就是对"目标"（调查报告的对象）进行采访。对目标对象采访完之后，可以对目标对象的政敌等对立面人物开展一次采访。然后再对目标对象开展一次采访。在这些新闻发布之后，你会发现采访对象对问题的回答无法令公众满意，此时，可以开始编发社论了。社论发表后，会有更多的告密者与你联系。能够获取相关文件对记者来说永远都是好事，但也会面临一些问题。某些文件发布后，你的信息源可能会暴露。而信任则是你的一切，你没有权利出卖别人的信任，特别是警方的侦查人员。

14.4.3 新闻调查记者与警察侦查人员的互动

问调查记者：你如何与警察联系？问警察：你熟悉调查记者和警察之间的非正式接触吗？

为了有效地研究这个主题，需要对许多子问题进行研究。在斯洛文尼亚，警察和记者没有非正式的接触渠道，警方与记者的接触都是通过公共代表进行的。

接受采访的五位记者均表示这种接触非常少。一位受访者称，在斯洛文尼亚有关信息对媒体封锁。与警察的非正式接触是了解某些问题的唯一途径。受访的五位警察表示，对非正式接触他们有所了解，但没有经历过。警方的侦查员警告我们说，未经授权将相关信息透露给记者的行为是违法的。另外，参与调查的一部分记者认为没有与警方的非正式接触就无法开展新闻调查工作。警方和记者都认为，警方与告密者有着频繁的非正式接触（见图14.2）。

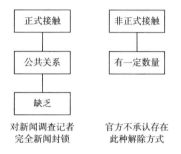

图 14. 2　警方与新闻记者之间的联系

警方与新闻调查记者在互动中的目的不同。调查记者与警方的非正式联系通常是为了获取信息。三位受访的记者表示，他们与警方接触主要是为了核实信息和相关文件的真实性。

向调查记者举报的告密者可以分为四类。第一类是出于报复动机的人，包括因未晋升等而心有怨气的警官；第二类是出于高尚的正义感、无法容忍社会不良行为的人，调查记者认为这些举报信息最可靠；第三类是出于政治动机的人；第四类是一些侦查人员，这些侦查人员认为，法律制度的设置不当使得某些他们确定有罪的人能逃离法律的惩罚，而侦查人员却无能为力，因而，只有将这些违法犯罪的信息公之于众才能满意。

在第一类和第二类情况下，如果检举人发现警察与腐败案件有牵连或者对腐败案件的调查由于上级的压力而终止，检举人将不再提供信息。在这些情况下，正直的警察对其所面临的道德困境必须做出处理，在向媒体提供信息（由于没有授权因而是一种违法行为）和报告违规行为（也可能面临徒劳无益的风险）之间做出选择。警察和调查记者之间长期互动是建立在信任基础之上的（见图14.3）。

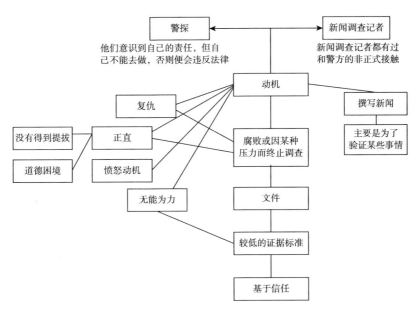

图 14.3　警探与调查记者的非正式互动：相似性与差异性

14.4.4　相似性与差异性

问题：问警察：与新闻调查相比，你的优势和劣势是什么？问调查记者：与刑事调查相比，新闻调查的优缺点是什么？

警方说，调查权力的法定性是其最大的优势，同时也是最大的劣势。法定权力的行使受到严格的监管（见表 14.1）。

表 14.1　警察侦探与记者调查的优劣势比较

	警察侦探	记者调查
优势	法定权力	证据标准较低 更信任证人 更快捷的记录取证
劣势	法定权力 缺乏资金	法定权力 缺乏资源（资金、时间和数据库） 法律知识和刑事犯罪侦查技能不足
主要观点	相同	相似

警察侦探受访者认为，调查记者在调查中有更多的资金可供使用。调查记者则认为，相比于警察侦探，他们可用的资源如资金、时间和数据库等更有限。新闻记者调查的另一个不利因素是他们缺乏法定权力。其中有四名受访记者表示他们存在法律知识和刑事犯罪侦查技能不足的问题。

受访警察的回答显示了新闻调查的某些优点。目击证人往往相信记者在获取证明文件方面有更快捷的途径。一位受访者说："比如说，在海外公司工作的员工想揭发上级的违法违规行为，与记者联系可能是更快实现其目的的一种方式。警方侦查行为的每一步都必须依法进行，但记者则可能在接到相关材料的第二天就将其公之于众。"一位记者说，警察证明违法行为的证据必须符合司法标准，而记者则不然，记者可以自由报道其所了解到的东西，即便缺乏符合司法标准的证据。

警察受访者说，调查记者与警察的工作目标相同。调查记者认为，他们与警察侦探的目的是"相似的"。

14.5　小结

缺乏法定的调查权力是新闻调查和刑事调查的主要区别，虽然没有法定调查权力使得新闻调查受到一定的限制，但相比于警方而言，新闻调查记者仍有更多的行动自由。政府的调查人员必须以发现犯罪证据为核心，即便新闻调查缺乏司法标准的证据，记者也可以自由报道他们所了解到的内容。后一种区别可能比前一个更为重要，后者表明新闻调查也可能会对社会造成危害（尽管它可能并不违法）。

研究结果表明，刑事调查走进死胡同是新闻调查的开端。这是一个推测性的陈述，为了证实这一假设，我们在记者和警察之间进行了更为广泛的调查。然而，我们认为需要考虑调查记者和警察之间的非正式接触。受访的记者认为，正式接触基本是无效的，非正式接触是调查记者通过警察了解某些问题的唯一方式。

经验表明，普通执法机构在遏制腐败等复杂犯罪方面缺乏有效性。调查记者可能是有效预防犯罪的人员中的一支力量，但试点研究表明，在斯洛文尼亚，新闻调查记者在资质和技能方面还存在不足。

　　另一个有趣的研究课题是新闻调查报告的经费问题。新闻调查花费是很高的，世界上仅有几家媒体愿意为深入调查提供资源。在斯洛文尼亚，一般认为，公共电视应该加大对新闻调查的支持力度，但这可能增加新闻传播政治影响力的危险，使新闻调查沦为政治宣传而不是客观地提供信息。

第15章 构建抵御金融犯罪能力的人力资源因素分析

克里斯蒂安·费尔森莱希

15.1 引言

2007 年金融危机带来了金融市场的巨大变化，但这一巨大变化却并非始于 2007 年，而是始于过去几十年就开始的市场自由化。比如，随着全球化的推进和技术变革的日新月异，自 1919 年经济危机以来被禁止的一些投机性金融工具开始复苏，这使整个经济体系处于一种非常脆弱的境地。货币供应量的超额供给导致金融市场的划分背离了保守的传统和"无聊"角色，在这个以赚大钱为目标的年代，金融市场已不把自己作为可持续发展的守护人了。

角色的转变并不是一个巧合。大多数社会都需要自上而下的变化，这种变化会改变"有胜利希望的游戏"（winning game）的规则。另一个因素是20 世纪 80 年代末东欧社会主义国家的剧变，这在意识形态上推动了经济自由化进程。传统经济学受到质疑并被认为是失败的，并被一种新的分析体系所取代。这种变化对那些具有创新精神的人、市场赢家、冒险家和不道德的营销者（是否道德取决于分析视角）来说永远是一种激励。这些人被认为是时代的领导者，决定新的目标和竞争水平。成千上万雄心勃勃的、聪明的年轻人看到了金融领域产品创新的机会，其目标只有一个：利润最大化。

要解释金融组织的侵蚀，就必须对其整体情况进行检讨，特别是人的因素。人的因素是金融侵蚀的主要谜题，它显示了各级金融体系中各类主体的动机。一种观点认为，次贷危机、雷曼兄弟破产只是金融领域问题的表征，而非问题实质。金融业向一种"有毒的结构体系"（toxic structure）转变才是问题的根源，这种转变形成了多米诺骨牌效应进而影响了整个系统。

几年前，一些不良投资被捆绑销售给一些较小的组织，这些组织对投资可能牵涉的问题一无所知。这些金融产品被评为 AAA 级，而投资者就像"皇帝新衣"里的市民一样。

奥地利著名经济学家斯蒂芬·舒尔迈斯特（Stephan Schulmeister）将这些金融界的大鳄称为"金融炼金术士"。其中最著名的是伯纳德·马多夫（Bernard Madoff）。像所有的炼金术士的传说一样，故事开始时他被认为是金融天才，而事实上他只是一个骗子罢了。他所操作的庞氏骗局制造了美国历史上最大的金融丑闻，这位 72 岁的前纳斯达克主席被判处 150 年的监禁。新闻界现在称马多夫为"华尔街的撒旦"。

马多夫骗局导致杰弗里·皮考尔（Jeffrey Picower）的死亡，他是马多夫的一个朋友，涉嫌参与了马多夫的整个金融计划。马多夫的儿子，同时是马多夫的交易员，也自杀身亡。比尔·福克斯顿（Bill Foxton），一名英国士兵，在马多夫的这场骗局中损失了一生的积蓄，最终开枪自杀。[①]此外还包括一些名人、退休人员以及相关组织和个人，也在这场骗局中损失惨重。马多夫编制的这场骗局比莎士比亚的悲剧还要让人悲痛。

这样的事情怎么会发生？有人怀疑吗？美国证券交易委员会在做什么？总之，马多夫犯下了严重的罪行，他的被捕入狱是罪有应得。但是，我们的反思不应只停留在这里，这种反思本身就是一个问题。金融危机的全貌仍没有被揭示。很少有人（包括金融机构的高管和政府首脑）能够看清楚"马多夫精神"已经渗透到金融领域的大鳄和骨干成员身上。

马多夫编造的投资神话是他和他的盟友们通过日常业务建立起来的。欧文·皮卡德负责监管马多夫被扣押的资产，其所监管的财产中有来自奥地利方面的投资。马多夫骗局给奥地利带来的损失超过 90 亿美元，包括直接参与其中的维也纳私人银行美第奇家族的先驱基金（Herald Fund），还包括奥地利最大的银行——奥地利银行，以及奥地利银行的控股股东、欧洲最大的银行集团之一的意大利裕信银行（UniCredit）及其股东。开曼群岛等逃税天堂在这一骗局游戏中也发挥了作用。

据皮卡德的观点，奥地利银行的信誉和影响力在奥地利一直处于领先的位置。为了使美第奇银行能在 2003 年快速取得银行执照，格哈德·兰达（Gerhard Randa）亲自介入此事。皮卡德还声称，该银行缺乏基础设施，是奥地利银行"事实上的女儿"（de facto-daughter）。当然，各方均否认参与或涉嫌不法行为，"我们对指控表示强烈的反对，我们做的是正常的银行工作，我们也是马多夫犯罪行为的受害者！"②

成立于 1999 年的中非国家开发银行（The Central African-Bank for Development，BDEAC）根据奥地利银行的建议，投资约 1600 万欧元向奥地利银行购买基金。中非国家开发银行是一家非营利性的扶贫机构，为最贫苦地区的基础建设提供资金支持。2009 年，中非国家开发银行接到其"共同受害人"奥地利银行的通知，得知其投资的资金全部损失了。③

中非国家开发银行的行长阿尼塞特·G. 多洛盖尔（Anicet G. Dologuélé）一直在向奥地利政府申请要回这笔资金。在赢家和输家共同体的另一端，约翰·保尔森（John Paulson）领导的一个对冲基金却"赚"了约 40 亿美元，这其中包括被一些声誉良好的金融机构认为是"垃圾"的交易。约翰·保尔森与高盛的客户进行了一场对赌交易。约翰·保尔森是高盛的长期商业合作伙伴，在他的"帮助"下，高盛开发了多种金融产品。约翰·保尔森把他的赌注压在了不良贷款上。在这场对赌中，人们严重怀疑高盛欺骗了客户。2010年夏，在与美国证券交易委员会的和解诉讼中，高盛集团因未能向客户披露完整信息（而不是不道德行为）被证券交易委员会处以 5.5 亿美元的罚款（这是一个创纪录的罚款，但在此背景下这种处罚理由相当滑稽）。约翰·保尔森所设计的交易机制属于违法行为，应当受到司法诉讼的制约，但无论是高盛公司还是约翰·保尔森本人，都认为自己只是做了正常的银行业务。④

世界面临复杂的问题，首先是内幕交易犯罪和白领犯罪的可侦测性和不明确的定义。我们不可能将所有资源都用于起诉这些可疑的刑事犯罪活动，并堵住导致危机的所有漏洞。加强执法机关的权力和改善法律结构也不能解决这些问题。从本章的角度来看，我们的第一要务不是发现造成这种巨大损失的罪魁祸首，而是要探寻其责任机制、价值观和社会责任。

系统的方法是必需的。阿尔伯特·爱因斯坦指出，作恶的人不是问题，（制度）让多数人作恶才是问题所在。注重司法和执法体系的改革只是应对已有违法行为的一种被动方法。需要采取更为积极主动的方法，这意味着应当加强对金融体系的了解，修正金融体系的不足。

近些年，金融市场经历了多次危机。例如，1997 年亚洲金融危机和2000 年的互联网泡沫。这些事件已经清楚地说明信用恐慌意味着什么，但我们并未从中吸取教训。在银行救助方面又出现了一种新的方式，由于一些大银行具有系统性地位，对政府非常重要，因而出现了"大而不能倒"的现象。问题最终转嫁到纳税人头上，银行已不再仅是私人企业的问题。

能被整个金融界认可和接受的唯一答案可能是金融基本范式的转变。金融行业应当如同化工生产和核电厂一样被归为高风险行业，一旦出现问题必然对社会自由造成破坏。在金融领域，风险管理已不是一个新问题，监管和法律等外部风险控制机制也没有发挥应有的作用。

内部风险管理活动，包括评级机构的参与和使用数学模型，只是提供了一种虚幻的金融安全感。金融业的保护工具非常少，金融部门的保护工具不过是一种非常复杂的无花果叶。类似的情况曾在航空业出现，直到 20 世纪70 年代，航空业才被认为是一个高风险行业（目前航空业仍被视为高风险行业，但航空业不断开展的人力资源改革创新，正在使该行业从高风险行业向高安全行业转变）。技术创新没有在飞行安全领域取得足够的进展。该行业采取了一种安全文化，其中包括系统性的和基于人为因素的风险管理程序。在这样的安全文化环境下，空中交通运输将成为一个非常安全的行业。当然，认为这些措施可以直接运用到金融领域是不现实的，但其中一些原则是可以借鉴的。

金融业被用作（或被滥用为）政治工具，因其占据强大的权力地位，它们能够以支持其利益（或利润）的方式影响政治。追求利润最大化是金融业变革最大的绊脚石。变革的意图不是打击金融业，我们必须支持开展公平交易的金融业务。当前的灾难是人为的，而不是自然或神的行为。因此，我们有责任寻求解决问题的方案，我们必须开始让金融世界变得更有可恢复性。

15.2　可恢复性

根据维基百科的解释，可恢复性是指面对冲击、侮辱或干扰的一般性恢复能力或免受影响的能力。复原力工程描述了人类因素和系统安全领域的最新发展。埃里克·霍尔纳格尔（Eric Hollnagel）被视为该领域的意见领袖，在他 2006 年出版的一书中指出，个人和组织的表现必须随时适应当前的条件。这意味着一个组织必须能够找到应对外部威胁和内部错误的积极答案，并采取措施改变这种常常被视为不可转移的约束的现实。

根据系统思维，组织的重大变革很少来自组织外部。变革是通过内部实现的，通常适用于组织的内部结构。复原力工程的力量来自组织内部。它关注的重点是一个组织的内成长——组织内人员的个人成长。这需要检视等级制度结构（领导者和追随者）、群体动力学、个性风格、群体现象、反馈文化、动机以及构成所有这些标准的潜意识驱动因素的心理学和社会学因素。

启动复原力工程的一个基本前提是，组织内部已经意识到威胁和错误的存在。陷入失败⑤和偏差正常化⑥是非常重要的概念。如果不能从系统的角度来检测并消除威胁，社会侵蚀便会发生。陷入失败是指组织缓慢地被他人或自己推向失败的深渊。偏差正常化是一种潜意识的社会过程（群体推动），涉及的相关人员将陷入失败的过程视为一种正常的程序——另外与此相对应的现象就是所谓的"皇帝的新衣"。

其他重要的概念也是错综复杂和紧密耦合的，且相互作用和相互影响。⑦首先是那些能给组织内部带来挑战的操作线程的分类。其次是固有的多米诺效应和多米诺效应产生影响的速度。复原力包括两个问题的组合。风险专家知道金融行业是具有高度复杂性和耦合性互动影响的行业。

次贷危机导致了一场国际金融危机，这场危机造成了世界经济危机，现在又成为国家债务困境。我们尚未看到这场危机何时结束。这场危机更证明了金融业可以被归为人为因素造就的高风险行业。这种标引也有助于实现相同的共享心理模型。⑧由于合作伙伴和客户的利益不同，彼此之间缺乏实现金融安全的共同目标，这也是金融行业走上自我修复之路的一大绊脚石。

创建一种远见卓识，⑨以克服事后聪明式偏差⑩，同时避免产生低估保护或伪风险管理的生产文化⑪，这种文化否认人为因素的重要作用，防止这些人为因素产生影响非常必要。复原力工程的主要力量来自对组织内社会现实的分析和优化，在被称为协同等级制度的过程中，领导者发挥着主导作用。

西德尼·德克尔（Sidney Dekker，2007），复原力工程的另一策划者，强调需要知道在组织内部谁是权力的拥有者。领导者既决定组织文化，也是下属和组织周围环境（社会和政治制度）的社会和情感纽带的象征。领导者和管理层承诺将安全置于优先地位是使金融业更加安全的关键和当务之急。安全文化是为实现安全所涉及的所有活动的总称。安全文化与生产文化不同，安全文化应避免组织陷入失败或偏差的正常化。

安全文化也可以被定义为优化结果的空间，并可以作为一种积极主动的路径，以实现与生产和安全保护的适当平衡；安全文化本身必须是公正合理的。[12]这种文化须积极主动，并在意外事件发生时追查责任。

这一点在金融行业尤其是在当今的行业发展背景下至关重要。虽然安全（公正）文化是一种非惩罚性模式，但这种文化并不反对一般的惩罚；安全文化的主导思想是热情的呼吁，并把司法或监管活动视为预防性的安全机制。对金融犯罪等不公正行为的聚焦，对社会侵蚀行为来说是一种不幸的终结，这种社会侵蚀过程可能会使整个行业陷入失败。

然而，快速复原力的思维模式和实施安全文化所需的过程，不仅仅是抓住关键词和重要的流行语，它需要深入研究人的因素和系统安全的理论与哲学，其根源在于高可靠性理论和正常事故理论的"宿怨"。复原力的路径可以被看作穿过这两个信仰阵营发现的一条小径。分析生产和保护平衡过程的是描述动机陷阱的控制价值模型（见图 15.1，Felsenreich，2007）。

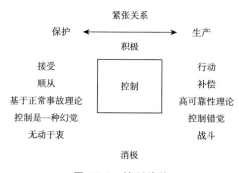

图 15.1　控制价值

15.3　高可靠性理论和正常意外理论

高可靠性理论可以被看作一种补偿性理论（一个人如果足够聪明并且有真正的欲望，是可以取得成功的）。高可靠性理论注重人的意志、动机和取得成功的能力。在强烈的欲望推动下，基于努力的工作和学习是能够取得成功的。这一概念似乎是有益的，因为它肯定积极的态度，并能给员工、组织和社会带来益处。但存在的问题是，这个概念的一维特性可能导致控制错觉。

正常事故理论可以解释为一种顺从理论，它不仅带来了不可能、失败、命运，甚至在潜意识中植入了这些想法，在我们没有意识到的情况下驱动行为进入游戏，而且使这种状态保持活跃。它诱导快速的恢复能力，因此被认为是一种抗拒性的——作为高可靠性理论追随者采取报复措施的一种形式，旨在将正常事故理论的控制作为一种幻觉来对待（见图 15.1）。[13]

15.4　控制值广场

控制值广场（Control Value Square）[14]理论认为，两种积极的控制态度（基于正常事故理论和高可靠性理论）是行动和对环境的无怨接受（见图 15.1）。这两种态度彼此对立。要实现价值广场的思想，必须使正负电荷成为一体，并且必须在补偿与顺从之间取得平衡。如果其中一个值变得太强，这个组织就走到了连续体的尽头。行动和接受退化为冷漠或斗争。这个概念可能显得奇怪，例如，什么是积极的顺从和什么是消极的战斗？顺从会产生积极的影响。例如，航空公司飞行员可以决定不起飞或降落，在侧风造成误进后绕航，或者出于安全原因转向另一个机场。最初的意图被放弃了，但接受（顺从）导致驾驶员寻找替代方案并采取行动。从本质上讲，他在两个积极的对抗者之间取得了安全的平衡。

定义和实践中的问题深深植根于西方社会以取得最大成就为导向的思想，这就导致了一种战斗导向。成功者是榜样，他们被定义为有坚强的意志和非凡的能力。那么，总的趋势是把战斗看作积极的，把放弃看作消极的——只有失败者才会这样做。根据这个社会概念，成功者只想关注什么是可能的。

15.5　动机陷阱

动机陷阱是基于单一维度的概念，"一成不变"最终会适得其反。在某一点上，动机（拥有控制的假设）是有帮助的，因为它赋予一个人或一个群体相应的权力，赋权行为为在行动中追求成功和避免失败的主体带来了积极的能量，但动机仍然是一维的。由于接受不确定性因素（技术、组织和社会）不是概念的一部分，因而，积极的态度最终会适得其反。

是什么因素导致人们否认实际存在的极限，驱使人们挑战客观规律并最终走向失败。动机陷阱是将人的积极性予以神话的一种内部机制，主张通过努力可以把不可能变成现实。整个金融行业深深地陷入了动机陷阱。

德意志银行约瑟夫·阿克曼就是一个很好的例子。他坚决要求银行的利润率应保持在 25% 以上，并拒绝将客户经理的年薪限制在 50 万欧元以内的建议。他在接受某经济学刊物采访时说："这一利润率要求并非说明我们贪婪，而是德意志银行希望能进入世界最佳银行俱乐部的一份声明。"他还说："如果达不到这一要求，那么他就不是最好的管理者。"[15]然而他没有提及如何实现 25% 的回报，进一步而言，我们的疑问是，什么样的银行才是最好的银行？什么样的管理者才是最好的管理者？

这种单向度（一维）的方法需要风险管理，以维护银行业的自我形象（自身利益）。银行业在内部和外部都采取了相关的风险管理措施，这一切都是为了保持其高度可靠的形象，但这是典型的高可靠性理论的方法（控制幻觉），所谓的现代银行风险管理更多地停留在高度机械化和沉溺于（额外的）自动化之中，否认风险管理中的人性因素。如在风险管理中注重更多、更精确的数学模型，更多高学历的风险管理者，更多复杂的计算机硬件和软件（风险管理计划），等等。

2008 年金融危机提供了许多例子。雷曼兄弟在上一个周五还获得 3A 评级，到了周一就发生了倒闭。法国兴业银行（French Societé General bank）因其业务员杰罗姆·凯维尔（Jérôme Kerviel）违规操作，损失了大约 50 亿欧元。法国兴业银行声称其没有想到自己的高级交易员竟会做出这种行为，并将凯维尔称为"恐怖分子"。凯维尔在法庭上作证时声称，银行的行为"像皮条客一样，让他们的下属去卖淫"。[16]

因为早些年在加勒比海的疯狂投机，奥地利最大的银行之一——巴瓦克银行（BAWAG PSK）不得不被卖掉。2009 年，由于混乱的贷款管理和政治原因，奥地利政府将 Hypo 集团阿尔卑斯-亚德里亚银行（Alpe Adria Bank）收归国有。该银行的不良贷款总额达到 85 亿欧元，奥地利纳税人最终承担了这部分成本。[17]在德国，巴伐利亚银行（Bayerische Landes bank）原风险管理部主任、银行管委会成员格哈德·吉布罗夫斯基（Gerhard Gibrovsky）在 2011 年 1 月因卷入一桩银行与一级方程式赛车公司总裁伯尼·埃克尔斯通

（Bernie Ecclestone）的交易丑闻被判入狱。吉布罗夫斯基从毛里求斯和加勒比海银行转移了 5000 万美元到他在奥地利的私人阳光基金会账户上，给风险管理经理的头衔赋予了一个新的含义。[18]最后，基于欧盟的压力测试结果，盎格鲁—爱尔兰银行（Anglo-Irish Bank）在 2010 年在 7 月才有了充足的资金基础。2010 年 11 月该银行倒闭，大约需要 350 亿欧元才能对其进行资本重组。这一巨额资金数额相当于爱尔兰 GDP 的 1/5。有评论员将这种情况描述为"真正的曲解"。[19]

维护安全与生产的性质不同。不可能将安全保护作为一次性的偶然事件嵌入到组织系统中去。维护安全需要一个持续而全面的方法，并由所有各方的集体意志推动，而非少数领导人的愿意驱动。维护安全应允许对不确定性和威胁进行检测。

回想一下西德尼·德克尔所说的必要性，应当把注意力集中在那些掌握权力的人身上，以及他们在实践中对权力的分配。金融领域的情况并不乐观。权力持有者，包括德意志银行的阿克曼、雷曼兄弟的理查德·福尔德（Richard Fuld）、高盛集团的亨利·保尔森（Henry Paulson）。在雷曼兄弟破产时，保尔森还是美国政府的一名官员，正是他将其老对手理查德·福尔德绳之以法。高盛集团的劳埃德·布兰克费恩说出了"银行干的是上帝的活"这样的话。[20]肖恩·菲茨帕特里克（Sean Fitzpatrick）使盎格鲁—爱尔兰银行成为爱尔兰最富有群体的自助服务通道，并将整个国家推向灾难的深渊。[21]

所有这些领导者都或多或少地进行着一场"独角戏"。

我们并没有责怪这些人的意思，对权力的贪婪和眷恋不是犯罪行为。这只是一种个性特征，但这种个性特征如果发展成极端情况，就会形成人格障碍。我们应该对这种由全能的领导者和盲目崇拜的追随者组成的等级制度的形成机制进行分析。分析必须涉及个人和集体的心理以及内在固有的群体动力学[22]。专注于（个人和集体的）潜意识驱动的深度心理学视角的分析是必要的。

15.6　深度心理学视角[23]

加雷斯·摩根（Gareth Morgan，1986）写了一本关于理性迷思的著作，该著作"有助于我们判断某种具体行为是否合法、可靠和正常，从而避免构成我们基本价值观和行动基础的不确定性和模糊性带来的争吵或争论"。[24] 从心理学的角度看待个人和集体深层意志的理性迷思（幻想的控制）是很容易理解的。它有助于稳定与构建我们的内部和外部世界，但也可能适得其反（见图 15.1）。[25] 它否认和排斥个性人格、群体动力以及理性的对应物：情绪性。[26] 情绪性的整合意味着遵循一种整体的方法，它不仅是一条认知意志的路径，也是一条创造情感空间的路径。深度心理学视角加深了对正常事故理论的理解，有助于我们理解两个强烈对立的信仰阵营（正常事故理论和高可靠性理论）并克服激励陷阱。为此，有必要将关注的重点放在个人和集体潜意识的层面上。

个人层面——要想理解防御机制就必须理解潜意识（Freud，1937）。[27] 当人面对精神压力时，防御机制（如压制、否认和其他不必要的认知和情绪反应）就变得更加重要。内在的压力源于个体文化中的信仰系统[28]，这两种类型的压力在现实中都是至关重要的。假设压力与组织背景下的层次结构相关联，等级结构的梯度越陡，个体就越可能恢复他或她的防御机制。人类在保护自身的完整性、安全性和地位时，"心灵的智慧"促使人们在其他情况下（协同层次结构），会遵循自身正常的健康冲动来抵抗矛盾（如各种威胁），他们会保持沉默（使用防御机制），而不是公开站出来说"不"。正如费尔森莱希（Felsenreich，2007）所说，我们只有在知道后果的情况下才会站出来反对。

集体层面——瓦茨拉维克和比文（Watzlawick and Beavin，1980）曾指出"人需要沟通"。将这一论断进一步扩展到群体则是"人不能脱离社会关系"。社会关系包括个人关系和工作关系。这些关系的性质与主体活动的固有空间有着内在的密切联系。如果允许人们自由地向对方表达他们的思想与情感，那一定是成人之间才会发生的事情。

退行和移情是深度心理学的两个重要术语。在群体层面，当一个人进入父母的角色而其他人处于孩子的角色（退行）时，非功能性的成人与成人之间的关系就会受到影响。回归触发防御机制，理解这一点非常重要，因为上面提到的不必要的认知和情感反应都存储于潜意识中。这种潜意识并没消失，只是潜移默化地发生作用，我们称这种作用为移情。[29]

在深度心理学当中，移情是有问题的，因为消极思想和情感无法消失。因此，思想和感情（潜意识的）会转移给其他不相干[30]或相干人[31]的身上，而这些人不会对主体的诚信、安全和地位产生威胁。

"心灵的智慧"变得更加麻烦。除了向错误的人表达感情和想法外，情感转移还会潜意识地逆转这种情况。这意味着积极的想法和感情被转移到那些扮演家长（父母）角色的人身上，而消极的想法和情感被转移到那些试图无所作为并驳倒其发言的同事的一方。这种情感转移的结果产生"恶性循环"，领导的权力和控制（父母）会增加，而下属的权力（儿童）会降低。由大量的移情作用而引起的自我保护不平衡，我们可以将其定义为一种集体潜意识的因循守旧，这就导致了先有鸡还是先有蛋的循环问题：人们之所以顺从是因为他们面临强大的层级制度，还是因为他们的顺从行为催生了强大的层级制度？从本章的角度看，这些消极负面的群体动力的触媒剂就是一种外部约束。本章的目标之一就是揭示人类的互动，并解释产生领导者和追随者的心理背景的原因。

15.7　沟通分析

沟通分析理论是心理学家埃里克·伯恩（Eric Berne）在 20 世纪 50 年代末期提出来的一个基本的深度心理学理论，他在心理学模型中描述了这个理论的内容。这一理论专注于人际关系，并对自我状态下的人际互动交流进行分析。②互动交流包括由个体或群体的情感和思想引起的信息交流与行为交流两部分。埃里克·伯恩将自我状态分为三种形式，即成人型、儿童型和父母型。成人型自我状态的特点是可以对意识层次的思维和情感进行整合，儿童型自我状态的特点是以情感（情绪）为基础，父母型自我状态表现出一种（理性的）思维水平。

代表成年人之间正常关系的互动交流，应当独立于他们作为领导者或追随者的角色，而是作为成人进行互动交流。这并不是对组织内部层级结构需求的否定，也不意味父母型或儿童型自我状态就会产生消极影响。相反，组织内部的层级结构对下属的控制和监管是必不可少的。一定程度的基于儿童心理的幼稚性信任也是一件好事。然而，在成人的自我状态中，领导和信任应该进行整合。

整合意味着内在的思想和感觉（甚至是消极负面的思想和情感）是有意识的，情境中的双方都表现出对不同角色的认可并分享各自对对方的定义。这代表了反思的空间（没有移情作用）。[33]领导地位是通过能力而不是通过个人自我意识获得的（领导地位是一种能力赋予的形式），这种相互作用机制被称为协同等级制度（见图15.2）。

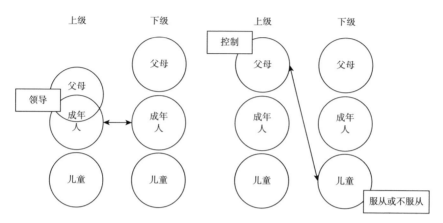

图15.2 协同等级与梯度等级的对照比较

陡峭的梯度等级是通过移情来确定的，并且不允许有反思空间的存在。上级对被迫服从或反抗领导和制度的下属拥有（无限的）权力和控制。反叛意味着面对冲突，在一个陡峭的梯度等级中，这需要巨大的（个人）权力和拥有正直诚实的品格。[34]

如果被认定为检举人，其后果是非常可怕的。德国心理治疗学家和作家海因茨·彼得·罗尔（Heinz Peter Rohr，1999）指出："一个人所面临的对手不仅是老板，还包括整个体制。"[35]因循守旧者会完全按照上级的意志行事，他们不但不会去揭露问题，还会对揭露问题的检举人进行打击报复。如果组织内部层级的梯度很陡，那么检举人不可能成功。而墨守成规者由于与领导保持一致因而最终会取得成功。如果检举者身处高位，那么一旦这种内外部矛盾达到一个临界点，检举者将不得不辞职或被解雇。

在雷曼兄弟公司破产时，其债务已超过6000亿美元。尽管如此，它的评级仍然是AAA评级，这与安永会计师事务所在雷曼兄弟公司审计中的造假不无关系。（安永会计师事务所是一家世界领先的知名会计师事务所，它的座右铭是"质量是我们一切行为的生命线"，以"致力于建设更美好的商业世界"[36]为宗旨）。安永会计师事务所因帮助雷曼兄弟造假而受到指控。值得一提的是，2001～2008 年，安永会计师事务所从雷曼兄弟公司获得了 1 亿美元的业务收入。缺少内部的批评声音是雷曼兄弟的主要缺陷之一。2008年 5 月，高级经理马修·李（Matthew Lee）对"回购 105 交易"（repo-105）㊲向公司管理层提出了警告。根据美国证券交易委员会的报告，安永会计师事务所参与了此事交涉处理的整个过程，安永会计师事务所的代理人亲自与马修·李进行了交谈。安永会计师事务所和雷曼兄弟管理层都认为，马修·李的警告是毫无根据的，李必须在几天后离开公司。㊳

自我反思文化是对非相容性问题的一种自我提问。没有这种提问的反思文化是一种伪反思文化，在伪反思文化下，偏差的正常化和陷入失败陷阱将成为逻辑上的必然结果。所有这些戏剧性的驱动因素根深蒂固地存在于社会之中，并深深地嵌入到集体潜意识中。这种现象在组织内的领导者（业主、管理人员、政治家和体育明星）与低级别的被领导者（雇员、选民、观众和求职者）之间的互动交流中随处可见。

深度心理学专家埃里克·弗洛姆（Erich Fromm，1968）对这些常常自相矛盾却稳定的关系的核心进行了解释。健康的人（有自我怀疑的倾向）对那些拥有无所不能的自我形象的人拥有更为卓越的信任。㊴㊵

现代社会的飞速发展和复杂性也造就了社会的不稳定性，我们看到了英雄人物（强有力的领导、救援人员和榜样）与非英雄人物（告密者、罪犯、受害者和代人受过的替罪羊）以及希望、梦想、挫折、愤怒、仇恨等情感转移（投射）的强烈的二元移情现象的复兴。㊶现代社会需要领导、救援人员、榜样（超级父亲形象）。超级父亲形象也包含在相互作用的互动交流理论之中。该理论的主要代表人物托马斯·哈里斯（Thomas Harris，1967）对所谓的心理地位理论㊷进行了解释。作为功能性的（和谐稳定的）成人关系基础的生活状态应该是"你好—我好—大家好"。然而，哈里斯指出，大多数人缺乏自尊并表现出缺乏自我感觉的能力，他们总是认为别人更好、更聪明、更漂亮、更成功等。他们的生活状态总是表现出一种"你很好，我不如你"的心态。对个人层面来说，这可能是一件非常痛苦的事情。这种心理是无害的，实际上会产生积极的作用，这会使主体产生从儿童心理向英雄看齐的持续的情感转移，并能诱导产生希望。

但问题是这会使少数人在互动交流中受到英雄主义的驱使而扮演英雄的角色，并将其内化为截然相反的生活状态，例如，总是产生"你不如我"

的心态。互动交流理论指出，发展形成这样一种生活状态是非常基本的反应。一个小孩子可以下意识地根据他或她是否受到良好的对待来发展这种生活状态。一个心灵受到过创伤的成年人就不会采取一种正面的态度对待其他人。这可以被看作对集体痛苦的一种报复，也是对永远不要再经历童年的（痛苦的）依赖的一种心理补偿行为。"我"是重要的，而"你"只有在支持"我"的利益时才会变得重要。在这样的关系中，信任不复存在，真实的人际关系不再可行，这被称为反社会脚本。[43]这种脚本会导致自恋人格，并成为成熟人格的障碍。

奥托·F. 克恩贝格（Otto F. Kernberg）是一位非常著名的人格障碍研究专家，他是一位精神病学教授并兼任纽约长老会医院（Presbyterian Hospital）的院长（2004 年），他认为患有严重自恋型人格障碍的人对他人缺少同情心，态度极为冷漠。这种人的内心空虚，夸大自我，有着不断提升自我的需求。然而，这种自我提升的需要永远难以满足。自恋型人格从竞争中而不是从团队协作中获得权力。

自恋者表现出非凡的自信并且毫无亏欠感。在他们的心里，权力就是用来命令和欺骗他人的工具。在一个极具吸引力的外表下掩盖的是一颗冷酷无情的心和铁面无私势不可挡的个性。[44]基于这种真实情感的断裂，这种具有自恋个性的人没有恐惧感和怜悯心，情感被想象所替代，不一致被视为无知所带来的挑战。自恋型人格的人在展现自我和解决疑惑方面能显著地令他人信服，这种"非常良好的自我感觉"使他们不断追求诸如财富和名誉等最高级的目标，他们完全是目标导向型的人格。自恋型人格的人对忠诚的要求是绝对的，并且不允许任何不同意见的表达，因此，他们的熟人和朋友最终都会被这种性格"吓跑"。

15.7.1 组织和社会背景

前述的一些特征同样也可以适用于组织。没有恐惧感和高度自信的强有力的领导者也是目标导向型的，这些人被认为是理性和积极的。他们通常都会承担起与变革和创新相关的艰巨任务。矛盾的是，这种在"现实世界"中被视为铁腕人物的人，从心理学的视角看是有缺陷的。心理学家认为自恋作为一种个人风格可以成为创新的源泉，表现出巨大的创新力量。事实上，这些极度自命不凡的人，遵循自己的"奇妙"想法，会给社会带来积极正面的发展进步。[45]

痛苦是创新的主要动力，还是我们有其他选择？答案可能在于我们的集体潜意识中，那里储存着数千年的痛苦。竞争和胜利是我们职业生涯中的主要驱动因素，输家必然成为别人的陪嫁。海因茨·彼得·罗尔（Heinz Peter Röhr，1999：155）指出，我们生活在一个自恋的社会，自爱——自恋的健康本质——受到了严重的损害，这在两个方向上都有效。缺乏自尊和过度的自我一样，都是有问题的，夸大其词的自我是对潜意识的自卑感的一种补偿。从这个角度来看，自恋的领导人和墨守成规的追随者似乎都是这个男性主导的社会中更大的系统失衡境况的产物（因此也是其受害者）。

本章的主要目的不是关注文化历史，尽管它是有意义的，因为人类因素和系统安全通过安全保护将女性原则带入游戏。[46]这些保护生命的努力在给予和肯定生命的母系传统中是陈旧过时的。因此，遵循父权制的狩猎、征服和附带损害的传统，生产活动可以被归类为男性的对应物。人性因素遵循的是罪犯和受害者、赢家和输家的二重制方法[47]，而保护则遵循整体方法。[48]

从深度心理学的角度来看，基于人为因素和系统安全的复原力原则上是分类高风险环境的一个工具。这一观点回答了关于组织的互动复杂性和当今整个社会关于交流的各种问题。从这个角度看，不平衡的男女力量是导致群体动力问题日益严重的原因，不公正的行为决定了不公平的目标和竞争的程度。它使魔鬼的怪圈[49]可见且可理解：不断地自我保护，失去信任，缺乏反思性，反社会行为变成一种标准的规范行为。

从这个（人本主义）视角来看，很容易理解为什么失败陷阱也被称作"反社会陷阱"。我们在了解组织失败的原因后自然就会引向更为深入的社会问题：组织失衡也是社会失衡。在金融领域发生的事情（以及正在发生的这些事），我们可以将其看作一种强烈的自恋型人格障碍。近几十年来，华尔街建立了一套与现实世界需求完全不同的自我规则和价值体系。例如，套期保值的设计初衷本来是一个风险管理工具，但现在已经被滥用成不正当的赌博工具。

金融的这种发展是否属于犯罪不是本章讨论的内容，但在金融界，正常的竞争行为正在被金融犯罪行为所取代则是肯定的。金融行业的领导者和黑手党显现出一些相似之处：他们自信地活在自我的世界中，在意识和行为上呈现出反社会性。他们依靠手中的权力经营自我的王国，他们在获取利润最大化的同时却很少或几乎不会反哺社会。核心圈内的少数人享受着通过不正当的手段获取的财富和日益集中的权力。

与其他白领犯罪一样，金融犯罪是一种披着合法面纱的犯罪活动，而不是刀光剑影的攻击行为。犯罪者通常都受过良好的教育、彬彬有礼，而且通常仪表堂堂、口若悬河、穿着得体。金融方面的能力、内部关系、被游说而坚定地支持他们的法律以及洞悉法律漏洞的法学家，都是他们犯罪的武器。[50]

正如在黑手党组织的顶层一样，在金融行业的顶级职位上也有教父级的人物。虽然这些高级管理人物会对公众意识和外交有影响（相比媒体的羞羞答答，他们才是"真正的"教父），但是除了假借"上帝的工作"之名外，他们往往采用软硬兼施、恩威并用的手段处理组织的内部关系。亚当·斯密的理论缩短为第一部分，[51]他们表现出一种愤世嫉俗（信奉达尔文主义）的理念，比如，在他们的眼里"那些社会浪漫主义者永远都不会理解商业世界是如何运行的"或"吃掉别人或被吃掉，现实就是如此"，"那些批评我们的人更应该关注他们自身的问题，不要让嫉妒蒙蔽了双眼"，"没有风险，就没有乐趣。顺便说一句，我们就是这样的行事风格，你管得着吗？"

"超级父亲"类型的人，包括那些扮演严厉的慈父的人也是教父形象的一个方面。他们认为自己肩负着推动事业发展的重任，他们扛起了整个公司发展以及成千上万个工作岗位的重担，甚至承载着国家偶像的压力。他们不理解普通人的悲哀与不快，他们的态度是：一个领导者必须做其该做的事情，商业上的成功对他们来说非常重要……或者已经成为这个领域里的其他人仰慕的对象……

可以说，第一种类型的教父形象更接近我们所定义的金融罪犯。之所以这样认为，主要是因为他们的自恋型和反社会的人格类型，而后者（严厉的慈父型教父）则是对前者造就的现实的一种反应。从这个角度来看，就比较容易理解现实中的商业（不仅在金融世界）是如何构成的，以及魔鬼的怪圈是如何开始运行的。来自顶部的压力导致了更强烈的威胁和限制，直到每个人都成为"该游戏的一部分"。随着时间的推移，较小的金融机构被迫（或感觉被迫）承担额外的风险（自相矛盾的悖论）来拯救自己的未来。

然而，对极权主义领导者及墨守成规的追随者和人格问题的讨论，不应该采取道德说教的态度。这不是一个对人污名化的问题。尤其是第二种类型的教父，不能被贴上完全反社会的标签。也不能说其跟随者（作为一种个人风格）的"软弱可欺"。可以说，处于高度约束（或置于假定约束下）的组织，在潜意识中有将财富分配给处于陡峭梯度等级上的问题人物的倾向。这种配置大多出于崇高的意图，即为了整个组织的最大利益而采取的行动，并希望获得对限制约束和威胁的控制。因此，这就是理解作为一种群体动态的非建设性为何及如何得以适应，以及在一种关系级别上，这种非建设性的合理性为何及如何自动（潜意识）地得以证明。

这种一般的（系统性的）极权主义倾向，也可以在最近由德国比勒费尔德大学（University of Bielefeld）进行的一项全欧洲范围的调查中看到：约1/3的德国人喜欢威权类型的政府；在英国和法国，这一数字超过40%；在葡萄牙和波兰超过60%。[52]这一令人震惊的结果表明，人们内在的儿童型希望心理正在不断增加，如果有一个超级父亲形象的领导者愿意承担责任，他们目前面临的问题就有望得到解决。这种对现实的希望，在历史上也曾发生过。

解决金融问题的政治方法是非常敏感和令人震惊的。2008年1月，保尔森对冲基金公司（Paulson&Co. hedge fund）聘请美联储前主席艾伦·格林斯潘作为其分析师。[53]危机发生后，国会邀请约翰·保尔森就如何处理本次金融危机提供建议。国会和新闻媒体把他视为明星。却没人问及这位教父级大师在几个月前是否"赚"了数十亿美元。[54]

这使我们想起了找贼来抓小偷的以盗治贼原则。约瑟夫·阿克曼就是一个非常有说服力的鲜明例子。他和约翰·保尔森共同设计了一款金融产品[55]，并在2007年7月与格林斯潘签署了一份协议，由德意志银行聘任格林斯潘担任这家投资银行的分析师。[56]说得好听一点，阿克曼和格林斯潘在向欧洲共同体组织提供咨询方面所扮演的角色是有问题的，因为阿克曼没有说明全心全意提出的咨询意见不适合于爱尔兰或希腊：欧洲央行以所谓的救援降落伞的形式提供的数十亿美元，应该再次拯救那些通过冒着令人毛骨悚然的风险将整个问题带入世界的人。[57]

上面所说的不能成为欧盟伙伴国或其银行体系破产的借口。我们应该对其背后的心理和社会学问题进行检讨。银行从危机中吸取的教训对过去于事无补，对将来恐怕也不会产生什么影响。当让-克洛德·特里谢（Jean-Claude Trichet）和安吉拉·默克尔（Angela Merkel）将那些制造灾难的帮凶介绍给寻找危机出路的策划者时，那些不得不为此付出代价的人能学到什么呢？一位评论家说"我们是银行的人质"。[58]然而，只有像交易员杰罗姆·凯维尔这样的中层员工被带上法庭，并被判刑。33 岁的凯维尔被判 5 年监禁（缓刑 2 年），并被要求补偿其前雇主法国兴业银行 49 亿欧元的损失。

社会学家黛安·沃恩（Diane Vaughan）说，这种现象是生产文化的一种典型现象。"中层管理者最有可能被追究责任，因为他们做出了决定……并让上层管理者的责任随风而去……而危害的后果却是上层管理者多年前的行为造成的……在这一组织结构中处于上层和底层的人都逃避了制裁。"[59]当法庭的证词揭示了兴业银行的工作实践和组织文化时，这个发现变得更加有趣。

目击者报告说，安全缺陷、失控的增长和过度的需求令人震惊。《明镜周刊》（Der Spiegel）的一篇文章指出，关于凯维尔鲁莽交易的 70 多条明确警告被忽视了。[60]还有迹象表明，企图让反应性的司法系统[61]在应对金融危机中发挥作用似乎是不太可能的事情，正如《华尔街日报》（Wall Street Journal）的一篇文章所分析的那样：

> 美国政府对雷曼兄弟控股公司破产案的调查遇到了令人却步的障碍，这可能导致无法对该公司的前高管提起民事或刑事指控……令美国证交会越来越烦心的是如果提起诉讼可能会败诉，关键的绊脚石是：回购 105 的会计举措虽然有争议，但并不一定是非法的……安永会计师事务所在一份声明中说，该公司"支持我们对雷曼兄弟的审计工作，我们的财务报表是按照当时的美国会计准则所做出的公允意见"。律师此前也否认雷曼兄弟四位前高管与回购 105 的任何不当行为有关。福尔德（Fuld）告诉立法者，在交易时，他"完全不记得听到过任何关于回购 105 的消息"。[62]

福尔德声称，他不知道公司发生了什么，也不应当承担责任。根据这两种说法得出的合乎逻辑的结论就是雷曼公司必定会有中层管理人员作为替罪羊被起诉。虽然结果令人感到讽刺，人们对此感到愤懑也是完全可以理解的，但无法从根本上解决问题。这是"关于人的错误的新观点"（Dekker，2005）中最难理解的部分之一。这种观点强烈主张不要受到两难的太大影响。维也纳心理学家和心理治疗师卡尔·克里希鲍姆（Karl Kriechbaum，2010）指出，尽管人们做出了一些可怕的事情，但他们"没有恶意"，他们也是别无选择，只是按照自己的人生剧本行事。如果 个剧本有很强的自恋（自私自利、权力上瘾）成分，他们就会反社会。我们不能期望一个自恋的人"感受"责任感，因为责任感不是自恋人格的一部分。

这并不是为了给像福尔德或凯维尔这样表现出病态赌博行为的人开脱。毫无疑问，有必要建立法律制度来保护社会免受这些罪犯造成的伤害。更重要的是，尤其是在高风险环境中，应尽一切可能根除允许犯罪分子（根据自己的人生剧本）运作的有缺陷的系统。必须制定和实施结构化的方法，这样就再也没有必要像兴业银行那样需要通过发出70多条警告来帮助该机构认识到自己正处于灾难的边缘。

上面提到的"新观点"并没有把重点放在过错上。基于此，金融危机的发生源于系统性问题。对金融犯罪、法律体系和社会失衡问题的讨论就成了到底是鸡生蛋还是蛋生鸡的问题。如果问题出现在社会最高层，该怎么办？如果整个组织或社会各阶层都采用黑手党式的结构，该怎么办？

这些由反社会自恋人格者组成的自我保护圈子有能力控制那些墨守成规的追随者，克里希鲍姆称之为被动自恋者，因为这些人在他们强大的主人的保护伞下寻求安全。⑬即使是身居高位的人也会对社会目前的发展状况感到不满。人的因素和系统安全的观点将重点关注商业的健康发展方面，并支持那些愿意改变的人。

银行、监管者和评级机构等组织应当具备相当的可恢复性，以便能够发现并消除角色和忠诚度冲突。这需要文化变革，尤其是决策者们必须以积极的方式利用自己的主导地位和自信，主动加入变革中。金融业必须从协同的层级结构中重构责任制。

15.7.2 协同层次与严格的等级制度

构成和运行严格等级制度的潜意识过程普遍存在，其代表了意志和纪律的黑暗面。约束被认为是对组织的威胁，并令人担忧。集体性焦虑产生了对一个坚强、自信的超级父亲角色的需要，如果所有的下级都听从他的指示，那么无论面临多么大的困难，他都会取得成功。他主张团结一致，把实现目标作为最高最优先事项。花费在反思或其他非目标观点上的时间被视为一种资源浪费。

在领导者设定的目标基础上发展起来的反思是一种伪反思。吹哨人被视为一种负担——是集体为成功而奋斗的障碍，也是对道德的威胁。这种制度所促进的社会亲密性具有恐惧性、一维性和二元论的特征——一种盲目因袭的守旧文化。[64]

构成和运行协同层级关系的有意识过程（意志和纪律的积极方面）也是普遍存在的。即使在高度约束下，组织也会意识到"控制的错觉"，这意味着集体能对"封闭的队伍"进行感知并快速找到解决的方法。在协同层级中，其认为实现可持续目标最需要的资源是基于"是"和"否"的关系，鼓励和赞赏一定数量的异议。人与人之间的关系具有保障，人们会受到重视。赋权和权力分享被认为是创造积极的行动体系的关键，在这种体系中，个人的优势得以激发，并能通过将健康的社会情感"捆绑"在一起，为所有相关方的利益提供支持，并可以平衡不同利益，这就创造了公平和集体责任。

协同层次理论遵循这样一个悖论：匆忙的人应该慢行。换句话说，在高压情况下，好的决策是听取不同意见和协商的结果。权力分享被视为知识共享的有效工具。尽管如此，在协同层次结构中，组织的层级结构仍然存在（这个概念涉及平衡权力，而不是消除权力）。因为领导者需要负责，因此决策权仍然掌握在领导者手中。决策应尽可能透明，持怀疑态度的下属应接受决策，并付诸实施。这个系统促进了自我价值的实现。社会亲密度以信任为基础，并通过多维性、整体性和层次清晰性来确定，从而构成一种弹性文化或安全文化。

15.8 安全文化

组织错误会对人的生命和健康、生活质量、经济和环境造成巨大的损害。组织错误会给组织本身带来可怕的损失。昂贵的法律和解、信任和善意的丧失、经济损失、名誉受损和其他负面影响都可能是毁灭性的，如 2010 年英国石油公司在墨西哥湾的漏油事件。[65]

航空是一种非常安全的运输系统。根据里程计算，商用飞机事故的发生概率与铁路运输基本相同。根据欧洲运输安全理事会（European Transport Safety Council）2003 年的数据，尽管商业上做出了很多复杂性的努力，道路交通事故对生命的威胁要比航空运输高出 20 倍。

航空业是受到严格监管并采取高标准的安全保护措施和先进的自动化技术的行业。与这些努力相比，80%的飞机事故是人为失误造成的（其余是技术故障造成的）。这一统计数据清楚地表明，只有了解人的因素，才能保证取得好的成绩（生产和保护的最佳平衡）。除技术因素外，社会学和心理因素在生产和保护的最佳平衡中也起作用。人的因素，如对休息的需求、代表责任的组织结构、团队动力、个性风格、反馈机制和动机等，也是必须考虑的一部分。

总的来说，航空业遵循了一种兼收并蓄的方法（并不简单地遵循某种单一的心理学或社会学学派而使其在思想上变得狭隘）。航空业的飞行培训包含了人的因素和系统安全培训，大多数国家的监管当局强制要求针对飞行人员和其他人员（如空中交通管制员）开展专门培训。此类培训包括事故统计、新科学发现、安全相关技能、团队建设和个人互动等项目。培训成员会分享他们的经验，参与者能从别人的失败中吸取教训，这也表明了公司和行业的透明度水平。我们可以把航空业看作榜样，尽管它也提倡竞争理念，但事故信息是向社会公开的。

"无人不犯错"（*Errare Humanum Es*）。这个拉丁短语的意思是"人非圣贤，孰能无过"。最坏的情况出现在人为错误金字塔的顶部（见图 15.3）。金字塔顶端最小（最坏）的群体对严重事故负责，向金字塔的底部延伸，随着严重程度降低，犯错频率增加。与西塞罗的观点一致，现代错误管理理论认为，人的错误是不可避免的。如下面的错误金字塔所示，在最上面的最糟糕的事故出现之前会有许多较小的或未遂事故发生。利用小事故和未遂事故的知识来避免最坏情况的发生是错误管理程序的主要目标。虽然错误是不可避免的，但如拉丁谚语所说，"坚持错误是可怕的"（*Sec In Errare Perseverare Diabolicum*）。

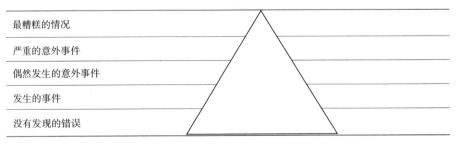

图 15.3　错误金字塔

系统方法论。要实现企业的零事故目标，有必要重构错误处理体系，实现由对个人惩治向系统解决问题的方法转变。将个人归结为事故的主要原因并对其处理是一种治标不治本的老套的问题解决方式。在这种理念下，事故的始作俑者造成了生产损失，因此必须查明事故的罪魁祸首，并对其采取警告、强制进修培训、停职或其他惩罚措施，同时采取更为严格的规章制度和控制机制，这是合乎逻辑的结果。惩罚性措施是人类对错误（缺乏控制或失去控制）的一种可以理解的反应，但通常并不成功，因为它没有解决导致意外事件的基本动因。

系统方法论将人为错误视为症状，而不是原因。事故是组织潜在问题的后果。问题的解决需要关注整个系统的硬件和软件设计、流程和规则的有效性、角色和目标的冲突以及生产压力。

法国航空航天医学研究所（France's Institute for Aerospace Medical Research，IMASSA）的雷内·阿玛尔贝尔迪（Rene Amalberti）教授在 2005 年马德里空客人因会议（Airbus Human Factors Conference）的演讲中指出，10^{-4} 的（致命）风险标准必须向系统方法过渡。为了澄清他的观点，我们需要对相关风险值进行解释，10^{-4} 的（致命）风险大致相当于道路交通事故和一般药物的风险。值为 10^{-2} 的风险属于非常不安全的风险（相当于攀登喜马拉雅山的风险水平）；10^{-6} 是超安全性风险（相当于核工业风险）（见表 15.1）。民航业的风险水平在 10^{-5} 和 10^{-6} 之间。根据雷内·阿玛尔贝尔迪的风险标示水平，10^{-7} 是不需要干预的风险水平，因为没有机会对其进行干预。换句话说，总有"命运的空间"——没有任何形式的干预能使一个企业做到零风险，这种目标是一种控制错觉。

表 15.1　信息报告系统的重组和使用模型

发生事件的频率				
10^{-2}	10^{-3}	10^{-4}	10^{-5}	10^{-6}
下一次事故将要重复发生，预防事故的发生		下一次事故使用同样的先兆重新组合了过去的事故或事件的部分		下一次事故是独一无二的，发生的背景是崭新的，细节可能会唤起在过去不被认为是重大后果的"微型事故"

非惩罚性。系统方法的核心要素是非惩罚性。这意味着，处于错误链末端的个人不会机械地被追究责任。一方面，这有助于解释造成困境的相互关系，这是避免未来再发生事故的必要条件；另一方面，它具有意识形态上的影响，因为理解过程比惩罚（据称）造成事故的人具有更高的价值。

被问责者和惩戒者之间存在一种天然的敌意，被问责者会努力推脱责任，彼此之间的敌意在很大程度上会导致信任的丧失。愤怒、恐惧和耻辱（被惩戒者被认为是害群之马的这种现象）会阻止任何形式的合作。当被问责者被迫离开或受到其他惩罚时，谈论问责制本身就是自相矛盾的。即使因为该事件辞退相关责任人员，但人员的更换也可能会产生一些问题，例如企业无法再利用该人员的专业知识、继任者的不确定性以及潜在的忠诚度等。通过系统方法进行问责具有可持续的意义。信仰体系侧重于个人的责任，而随后的惩罚缺少成效。一致的恢复措施和防止错误再次发生的预防活动对所有相关方都是有意义的。

事件报告系统。在接受了自上而下的控制是一种控制错觉的概念之后，尤其是在大型组织中，制定事件报告系统是其合乎逻辑的下一个步骤。只有当下属报告事件的必要性变得合理时，管理层才能获得有效的与安全相关的信息。事件报告系统可以是开放的、匿名的或部分匿名的。事件报告系统在实施中需要有一个各方都参与的互动阶段，在这个阶段揭示实施事件报告系统的意图、可能性和存在的不足。事故报告系统应与所有相关人员的需求相关，报告内容应包括已发生的事故和未遂事故，报告系统应能够识别并消除威胁和错误。需要安排负责安全的经理处理报告的事件，大型组织需要设立安全部门处理报告的事故。

金融业安全文化。安全文化的积极效果是通过识别威胁和错误以及对已犯错误进行可持续和透明的修正来实现的。其他积极的效果包括加强团结和员工对使命和组织的认同感，从而提高工作积极性，改善生产力和工作环境，使可持续繁荣获得保障。

组织的目标是创建和维护一个将错误风险最小化的环境，这需要各级人员对日常和其他操作进行批判性提问和反思。组织需要确定为确保安全需要多大程度的集权或分权。结果应该是一个相同的共享心理模型，通过这个模型，组织中的所有人都遵循最大化的一致沟通和操作方法。执行工作的主要挑战来自最初对这些项目的真实意图所持的怀疑态度。互信的建立需要时间，管理层应对变革做出承诺。

金融行业别无选择，不注重人的因素必将导致安全措施失效。现行的风险管理实践显然是无效的。对人的因素的考虑和系统安全方法的应用应作为风险管理数学模型产生预期结果的基础。但这种做法可能会危及强大的精英阶层，遭到他们的抵制。还有一个挑战是保护敏感数据的银行保密性与风险管理所需透明度之间的平衡。

管理承诺是实施安全文化的先决条件。管理层做出承诺后，需要实施以下六个方面的工作。

（1）传递有关意图、目标和概念的信息；

（2）根据复杂性/耦合性对组织结构进行分类并做出集权或分权的决策；

（3）对错误进行分类并对威胁进行定义；

（4）确定应消除哪些威胁和错误及可以提供并将产生投资回报的资源范围；

（5）建立非惩罚性的组织文化，致力于团队活力、层级、沟通、反馈和激励；

（6）执行报告制度，指派（或雇佣）安全经理或建立安全部门。

15.9　小结

佩尔·施泰因布吕克（Peer Steinbrüdc）在一次采访中表示："我们只能死马当活马医，我们已经没有机会，整个经济体系将面临崩溃的危险。"[⑥]施泰因布吕克是德国财政部长，雷曼兄弟破产时，他也是 GS 紧急谈判小组的成员，他应该知道，到目前为止经济体系还没有崩溃。但如果施泰因布吕克是正确的，那么目前的灾难将是全球经济最坏情况发生之前的最后一次严重事故。

尽管全球经济安全受到严重威胁，但那些在防止变革方面有切身利益的人仍在继续获利。例如，据媒体报道，约翰·保尔森在 2007 年打破了自己年收入 40 亿美元的纪录，2010 年赚了 50 亿美元。其收入来源是"这位不愿接受媒体采访的害羞明星的最高机密"，但可以肯定的是其收入应该主要来自对黄金指数基金的投资。[67]政治家和公众似乎忘记了尼古拉·萨科齐（Nikolas Sarkozy）在 2010 年世界经济论坛的开幕致辞中要求金融业"彻底改变"的诚挚恳求。[68][69]

国际货币基金组织首席执行官多米尼克·斯特劳斯-卡恩（Dominique Strauss-Kahn）在 2011 年因个人丑闻被迫辞职，他将目前正在进行的金融改革的退税实践描述为"诱使金融部门从事（新的）白领犯罪"。[70]虽然很多人对金融的未来发展一如既往地不感兴趣，但我们正在用数十亿纳税人的欧元和美元来"拯救"金融机构，这些机构的领导人却继续通过投机制造人为经济泡沫。这给人的印象是，无论是个人还是大众都在不经意地忽视这些问题，从而使这些金融机构的领导者能将这一代人和下一代人的未来玩弄于股掌之中。因此，每个人都有预防危机发生的责任。

一个可能的结论是，在金融风险治理中我们只关注了银行家和政客。本章揭示了公众（普通人、雇员甚至更小的金融机构）陷入了魔鬼的怪圈。他们是在个人和组织层面上对抗这些威胁的一部分，同时也是约束这些权力过大的"精英"的有生力量，这些精英跟随自己的团队来到这个世界，同时还是保持高绩效者的自我形象人群的一部分。除了对可能的犯罪问题的讨论外，本章表明，这些社会现实（不平衡状态）的持续构成状态，不仅仅是人性使然（无论如何是不可避免的），而且还是一种社会侵蚀，这种侵蚀被称为失败陷阱和偏差的正常化。这也意味着，我们应该对"某些事情"做出改变。

首先需要将金融业归类为高风险行业，其次要树立安全文化。本章的例子说明了当安全被忽视、监管有缺陷、风险管理模式否认人的因素时将产生的后果：该行业在遵循控制幻觉并陷入动机陷阱后将走向崩溃。尽管"现代"银行风险管理理论认为，生产和保护缺失是造成事故的原因，但另一个迹象表明，金融机构迫切需要关注人的因素和系统安全。

对人进行污名化是没有意义的，这是本章的核心内容之一。本章的主要内容就是理解金融机构构造的如同黑手党一样的内部组织结构的工作机理、它们的全能领导人的工作开展方式，以及如何遵循一种对社会没有积极意义的严格的等级人际关系。发展人际关系是本章反复出现的主题，这需要了解他们的感受、想法和信仰以及人们的反应。深度心理学的研究对解释社会技术问题、组织内部的互动以及事故信息的提供具有价值。

带有适当敌意反思的忠诚是一个安全小组建立和保持良性运转的非常重要的条件。接受"理性迷失"的存在将使组织顺利运转,并允许它们从其他角度进行反思。建立具有安全文化特征的综合安全部门（具有心理学知识）是对未来的良好投资。拥有足够资源的安全部门可以发现并避免组织面临一个最大的社会威胁:由于视野狭隘和伪反思滋养而造成的墨守成规。在安全文化中,人们选择能接受约束并致力于可持续发展的领导者,而不选择那些为满足个人需求而滥用职权的领导者。

我们的社会正处在这样的时刻,我们应该公开而明确地讨论世界应该遵循什么样的原则方向,无论是在意识形态还是在实践道路上,究竟该何去何从。过去,我们对业务增长速度和商业复杂性的渴望危及了整个系统和国家的安全。本章试图对人与技术发展的关系进行阐释,技术的每一次进步都必须适应人类（心理、社会和政治）的需要。遵循人本主义心理学的观点,我们认为社会发展的下一个必要和有用的阶段不在于外在技术的提高,而在于内在的个人成长。我们必须解决最严重的现代威胁:人们普遍认为需要全速运转金融市场并使其无限自由化,这导致信任和人际关系的集体崩溃。我们正面临着弗洛伊德所说的"自杀狂",在这种情况下,我们建造的每一个体系都将面临危险,并最终被摧毁。

在这一章里我们呼吁建立一个强大的公民社会,在这个社会里,我们不再把对更美好和更安全未来的追求寄托在某种程度上具有反社会人格的自恋者身上。我们应该遵循弗洛伊德的方法来挖掘个体和集体的潜意识驱动力,并使他们意识到其与整个社会利益的相关性。

如果当前的金融业不进行重塑,并重新平衡保护和生产者之间的关系,同时远离利益最大化的追求,实施可持续性的优化,就会破坏二战后西方世界所创造的稳定和社会平衡。希望冰岛"烹饪锅革命"（cooking-pot revolution）的作者和发起者埃纳尔·马尔·古德蒙德松（Einar Mar Gudmundsson）的观点是错误的,他曾将冰岛作为世界经济危机的实验室。如果古德蒙德松是正确的,那么世界各国领导人将不得不面对冰岛总理 2008 年秋季宣布冰岛因债务负担超过国家预算 12 倍而崩溃的请求:愿上帝保佑冰岛。[27]

第16章　加强对金融部门的监管：
发展中国家体制改革的
经验教训

凯塔琳娜·努西

　　"记住！这场危机开始于受监管的实体……这件事就发生在我们的眼皮底下。"

　　——保罗·S. 阿特林斯（Paul S. Atlrins），美国证券交易委员会前委员，2008 年（Wilmarth，2009：967）。

　　"我们必须从金融危机中吸取的教训是明确的：我们需要一个新的金融市场监管框架，这将有助于所有金融市场参与者采取更负责任的行为。"

　　——沃尔夫冈·萨布尔（Wolfgang Schäuble），德国联邦财政部长，2010 年 5 月 19 日。[①]

16.1　引言

　　目前，全球经济面临多重危机，这对全球的贫困地区影响深远。[②]现在迫切需要采取协调一致的行动和政治承诺，以实现全球、区域、国家和地方各级的体制改革。然而，许多观察家都认为，涉及金融监管、气候变化、贸易政策或民主问责制的改革非常艰难，相关改革举措很难落地，往往包含太少的实质性内容，而且各种改革措施见效太慢。

本章将以 2008 年金融危机后金融监管改革为研讨内容。然而这些经验和教训同样适用于其他有争议的改革进程，如气候变化、贸易政策和民主化。本章首先将简要回顾全球金融危机的起源、改革方案和应对金融危机所取得的成果。其次将独辟蹊径，对发展中国家国有金融领域的改革与发达国家的私营领域金融改革进行对比研究。再次还将对民主化与国家建设理论，特别是理性选择制度主义理论进行研讨。最后，本章还提出了以人权为基础的开放发展模式，并对金融改革的前景进行讨论。

16.2　金融市场危机：危机起源和改革的必要性

全球经济正在经历大萧条（Wilmarth，2009：966）以来最严重的金融危机。这场危机摧毁了全球金融市场，引发了全球范围的经济衰退（Wilmarth，2009：967）。2008 年，全球股票市场市值下降了 35 万亿美元，截至 2009 年 3 月，银行和保险公司报告的损失达到了 1.1 万亿美元（Wilmarth，2009：963、966）。17 家全球性大银行的损失占了这些损失的一半以上，其中 9 家银行经营失败，要么被国有化，要么需要政府注资才能维持生存（Wilmarth，2009：963、968）。

美国和欧盟的中央银行与政府对危机迅速做出反应，并向这些银行和其他金融机构提供了 9 万亿美元的支持（Wilmarth，2009：963、966）。人们普遍认为，大型复杂的金融机构是导致私营部门破坏性信贷繁荣的最主要因素，正是破坏性信贷繁荣导致了本轮金融危机。金融机构的巨大损失揭示了金融监管机构令人震惊的严重失败（Wilmarth，2009：1046）。监管机构对商业银行实施轻监管政策，对投资银行更是放松管制，对"影子银行系统"、对冲基金和私募股权基金以及银行创建的特殊投资工具（即所谓的结构化投资工具），很少或几乎没有监管（Crotty，2009：564）。

人们普遍认为，当前的全球金融危机在很大程度上源于重大的系统性失败："没有恰当的系统，系统不能正常工作，未能培养完整的系统。"（Thynne，2011：1）根据金融稳定委员会（Financia Stability Board，FSB）的分析：[③]"危机表明，金融监管机构，尤其是涉及对所谓的具有系统重要性的金融机构的金融监管，必须在以下四个关键领域进行改革。"

（1）明确监管任务，保持独立性并能保质保量地获取相关资源；

（2）赋予所有监管者履行其监管任务以充分的权力；

（3）改进监管标准，监管标准必须反映金融体系及构成金融体系的金融机构的高度复杂性，应能更有效地整合微观和宏观的风险识别过程；

（4）更严格的评估制度，能不断推动监管者开展高质量的监管工作，并能对监管当局监管过程中的不足实现早期预警（FSB，2010b：7）。[④]

本章所提出的问题是，为什么这些监督体系在危机发生前不到位，以及在改革中取得成功的关键因素是什么？托马斯克（Tomasic，2011：7）认为，危机中暴露的大量财务欺诈和不当行为长期存在于我们的市场之中，其发生的缘由与白领犯罪起诉困难有关。[⑤]对那些最有权力的个人和公司来说，对他们起诉或监管似乎不太可能，在经济繁荣时期，这种不可能性进一步加剧，政治势力的支持更进一步推动了高风险经营。一段时期以来，人们认为此次金融危机是金融自由化终结的标志，[⑥]但随着世界经济的复苏，金融参与者会再次对监管改革提出质疑。

2010年5月19日，德国联邦财政部长沃尔夫冈·萨布尔[⑦]指出：

> 然而，危机后的经济复苏加大了改革的风险。一些金融机构又开始能够获取巨额利润，这应该感激政府对它们的救助。结果却是市场主体越来越质疑监管和监督改革的必要性。

托马斯克（Tomasic，2011：7）指出，银行家对政府和市场意识形态产生了巨大的影响。他还特别提到了英国政府和伦敦金融城之间的密切关系，比如任命高级银行家和商业领袖来主导政策的制定过程。有时，英国金融机构的高管会成为政府的领导人或高级监管人员——这种现象在美国也很常见，正如爱泼斯坦和卡里克-哈根巴特（Epstein Carrick-Hagenbarth，2009）在分析学术机构、私营金融机构与公共机构之间的关系时所证明的那样。克罗蒂（Crotty，2009）同样指出，在1998~2008年，美国金融业在联邦竞选中的捐款多达17亿美元，在对联邦政府官员的游说上花费多达34亿美元（Crotty，2009：577）。

政府也为银行施加政治压力提供了便利，尤其是在竞相建立商业友好型金融中心的工作中，如伦敦和纽约金融中心的建立过程中，银行施加了较大的政治压力（Tomasic，2011：8）。因此，金融业在政治上的影响力是不可低估的。托马斯克对此进行了尖锐的总结：

> 这些政治压力可以直接钳制或弱化政府机构的行为，也可以通过削减资源等方式间接影响政府行为，并可以通过将思想意识转化为立法的方式使政府对市场的干预最小化，推进行业自律（Tomasic，2011：7）。

为了解释监管机构不可能挑战主流政治势力，托马斯克（Tomasic，2011：8）引用了英格兰央行行长强调监管机构弱势地位的一段话：

> 因高风险而受到监管机构干预的银行，会不遗余力地动用公共关系，议会和政府长期受金融机构的游说，使监管机构处于一种独木难撑的境地。[8]

由此可以得出结论，实施更为严格的金融监管以及在银行等金融机构内推行深层的文化变革将是一件非常困难的事情，因为它将受到市场主体和在现行制度中受益的政治势力的强烈抵制。

克罗蒂（Crotty，2009）[9]对新金融架构（New Financial Architecture，NFA）的基础理论[10]的假设和实证证据进行了分析，他认为新金融架构背后的基础理论是造成本轮金融危机的根源之一。[11]新古典主义金融经济学认为，自由的金融市场可以减少金融危机发生的可能性，降低对政府救助的需求。[12]尽管有人认为本轮金融危机否定了这一理论的合理性，但是否能这样说目前还不明确。一方面，克罗蒂（Crotty，2009）认为，包括艾伦·格林斯潘在内的许多新自由主义金融体系最有影响力的支持者改变了他们的立场。另一方面，克罗蒂引用诺贝尔奖得主保罗·克鲁格曼（Paul Krugman）所提出的问题，对奥巴马政府进行深层次金融改革的承诺提出了质疑，毕竟作为总统顾问的那些人都是因为反对加强监管而声名远扬的，他们的"整个职业生涯都在反对"加强监管（Crotty，2009：577）。

当然，改革者们绘制了一幅美好的蓝图。金融稳定委员会秘书长斯文·

安德烈森（Andresen，2010）认为，目前一些地方正在进行不同层次的"监管改革"。美国金融服务监督委员会、欧洲系统性风险委员会、国际货币基金组织都建立了"新的全系统监管安排"——金融稳定委员会的早期预警测试以及正式建立金融稳定委员会，这些改革举措现在均已经落实到位。"主要国家和地区正在进行监管结构改革，以进一步加强对系统性风险的应对和监管协调，弥补监管漏洞"。扩大监管范围，将对冲基金、场外衍生品和信用评级机构纳入监管的原则在国际上取得一致意见。最后，对具有系统重要性的金融机构实施"跨境监管"的要求也落实到位（Andresen，2010）。

总体来看，自国际金融危机爆发以来，G20 发起了前所未有的全球合作和改革承诺。[13]但是，金融稳定委员会最近在向 G20 提交的一份报告中也承认目前仍然存在许多挑战（FSB，2011）。彼得森国际经济研究所高级研究员、英国央行英格兰银行货币政策委员会外部委员亚当·S. 波森（Adam S. Posen）在德国财政部举办的一次国际会议上指出，改革能否超越金融市场参与者的影响力，还有待观察。这一观点也将是本章的主要内容，

> 这是一种不同的金融监管的整体理念。我们需要更多的规则和更少的自由裁量权。为什么这么多监管机构会出现不同的监管失败，我想原因可能在于我们没有一种方法能使监管者免于被俘获或者使监管者对其监管失职的行为害怕。最好的办法是能有非常严格的不受监管人员意志左右的监管规定。无论是宏观审慎管理还是微观监管都不应给监管者留下过多的自由裁量权。在欧洲中央银行体系、美国以及其他许多地方，很多人都建议建立系统风险委员会。试想一下，这些委员会将会面临怎样的游说，金融市场将会受到怎样不确定的威胁。（Posen，2010：22-23）

二十国集团将政治注意力集中在技术层面，即建立监管者"协会"，以保密的方式实现跨境共享信息，从而建立预警系统（Matthews，2010：564-565，引自 G20 和 FSB 的公报）。然而，由于没有强制执行的义务，这些非正式机制未能解决执行问题。本章所要解决的一般性问题，是如何在国家和国际政治层面达成真诚的改革意愿，以便设计和实施具有约束力的监督制度

和规则。

归根结底，金融部门改革的根本还是要加强公共问责制和控制，而这一点就其本质而言，将受到在现行制度中受益的团体的抵制，因为权力的拥有者很少愿意放弃权力，因而现有体系的既得利益集团会抵制改革。本章将对发展中国家的公共财政问责制改革经验进行研究。这种想法有些不太寻常，但这些国家备受争议的改革可以为我们提供经验借鉴。许多发展中国家都处于半独裁政权控制之下，其社会秩序是建立在腐败和恩庇-侍从（赞助人-客户）网络关系之上。从理论上看，引入严格的公共财政监督制度在这些国家肯定会受到坚决抵制，在这种情况下，改革的努力能成功吗？

16.3 发展中国家的公共财政监督

腐败和滥用公共资金威胁人类安全。从广义的人类福祉的角度看，政府俘获、偏见、监督机构功能障碍是对人类安全的一种威胁。《联合国反腐败公约》（United Nations，2005：ii）在前言中指出：

> 腐败是一种潜伏的瘟疫，对社会有广泛的腐蚀性影响。它破坏了民主和法治，侵犯了人权，扭曲了市场，降低了人们的生活质量，使有组织犯罪、恐怖主义和其他威胁人类安全的犯罪更加猖獗。

当公共财政转移或丢失，不是用来改善教育和卫生服务，就会破坏与贫困做斗争的能力，尤其在贫穷的国家，会使大众的不安全感增加。对公共问责、透明度和民主改革的更多要求，可能会直接导致各种形式的暴力事件，正如我们最近在北非和中东地区所看到的那样，那里发生了大量的暴力事件。

《联合国反腐败公约》还强调腐败会破坏民主。毋庸置疑，公共财政监督是民主制度的重要特征。民主的概念可以从极简或广义的角度来界定，无论是广义还是狭义的定义，都遵循一个共同的基本原则，即民治原则。[14]就目前的目的而言，我们需要一个广泛的定义，如：

民主是一种维护公民利益和防治腐败的社会制度。因此，民主不仅需要选举，而且要有有效的政治机构（North et al.，2009a：56）。

公共责任是现代民主治理的标志。如果当权者不为他们的作为、不作为、决策、政策制定以及支出承担责任，那么民主只能是一纸空文（Bovens，2007：182）。

过去十年，向发展中国家提供援助的模式和援助的目标都发生了重大的变化。在 20 世纪 80 年代和 90 年代，向发展中国家提供捐赠是为了减少国库开支、减少公共服务促进私有化、精简政府机构。而现在的援助则是为了满足改善国家治理、提高公民主体意识、加强政府职能建设的需要。因此，在 20 世纪 80 年代和 90 年代，资助的重点在于精简国家机构，而现在的资助目的则在于加强国家机构建设。

特别是，民主机构应当确保横向和纵向的问责，如果这种机制不能正常运转的话，就面临改革监管问责的重任。然而，这些机构的改革面临艰难的挑战。约束强权是它们的任务，但强权者必然要维护自己的特权，维持白领犯罪难以被发现的现状。监督机构（反腐败机构、最高审计机关、司法机关和调查官员舞弊情况的监察人员）由于被俘获或者政治偏见等原因，在对公共领域或私人领域滥用权力的行为进行调查时，往往难以正常履行其调查职责。[15]预算过程特别容易被俘获和寻租，[16]这些因素使公共财政控制变得非常困难。

最高审计机构如总审计师和审计法院负责对公共财政进行外部审计。外部审计不是公共财政审计的唯一手段，它只是公共财政监督体系的一个组成部分，这个体系还包括内部审计、议会审查，由媒体推动的公共辩论、司法诉讼和其他机制。独立性是最高审计机构开展工作的最重要保障。奥地利审计法院院长、世界审计组织（International Organization of Supreme Audit Institutions，INTOSAI）秘书长约瑟夫·莫泽（Joseph Moser）表示：

政府审计机构的独立性、审计人员的专业性、审计方法的科学性是确保审计结果公正、可靠、客观的三大要件。最高审计机构的独立性对公共行政的透明度至关重要。此外，还应保障和维护议会控制功能的效率，从而加强公众对政府机构的信任（INTOSAI，2009：1）。

2011 年 12 月通过的联合国大会决议（United Nations General Assembly Resolution A/RES/66/209）也反映了最高审计机关独立的重要性，它强调说审计机关需要独立，防止外界妨碍审计机关客观有效地完成审计任务。虽然大多数国家都有最高审计机关，但最近的研究和数据显示，许多国家的政府审计都存在不足。例如，德伦齐奥（De Renzio，2009）对公共开支和财政责任⑰的数据进行了分析，并指出："尽管多数国家在财政预算程序的最初阶段执行得都很好，但在财政预算执行的控制、审计、记录、报告、外部审查和审计阶段会出现问题。"

国际预算伙伴关系组织的一项问卷调查（International Budget Partnership，2010：6）结果，证实了最高审计机构的监管无力状态具有普遍性："从整体上看最高审计机构的实力相对较弱。在 2010 年调查评估的 94 个国家中，采取百分制的评分方式，在关于审计机关工作力度的调查上，平均得分为 49 分。其中，只有 24 国家认为本国最高审计机构工作有力度，有 32 个国家表示本国最高审计机构处于弱势地位。"

安德鲁斯（Andrews，2010）在他关于公共财政管理的研究中，对非洲各种各样的公共财政管理执行模式的改革进行了对比。研究表明，有一些国家的改革比其他国家明显具有进步性。但安德鲁斯指出，在大部分非洲国家也存在某些共通性问题。

（1）在所有的非洲国家中，相比于预算执行和监督过程，预算编制过程相对较强；

（2）非洲公共财政管理执行不足是一个普遍性问题，有法不依的现象比较严重；

（3）多部门参与的协调性不足。

这些研究结果与许多其他研究者的研究结论是一致的（Allen，2008，2009；Santiso，2006，2009；Pretorius and Pretorius，2008；Shah，2007；Stapenhurst，2008）。他们都对双边和多边发展机构在对贫困国家预算机构改革时采用的主要技术方法进行了批评。积极的改革经验往往来自强调系统性改革的政治经济实践。

如果最高审计机构缺少独立性，那么就不能将改革的重点仅仅放在提高最高审计机构内部治理上，"现有改革面临的瓶颈，只能通过调整改革方法来克服。我们越少关注改革的技术问题越会为改革提供更多的创新空间，越少关注微观主体的协定，就越会获得越大的发展空间，越少强调复制相同的改革模式，就越能对因地制宜的改革有更好的理解"（Andrews，2010：II）。

总之，目前学界以及世界银行在中东和北非地区的调研都认为，政治经济改革是最高审计机构能否成功履职的关键。"最终，审计机构能力的建设努力能否成功，将取决于议会对审计报告的利用"（World Bank，2010：33）。

奥唐奈（O'Donnell，1993、1998）认为，从责任制/问责制的起源上看，在某种程度上，对政府清正廉洁和透明度的要求，需要政府机构的问责制以系统性的方式相互衔接，避免责任链断裂。戴蒙德（Diamond，2009：303）进一步阐述了奥唐奈的说法："相互衔接的责任能够更有效地发挥不同国家机关的职责，例如，审计机构发现欺诈，反腐败委员会按规定对欺诈行为进行民事处罚，司法机关会对其进行刑事制裁，如果在这一链条中任何环节发生故障或需要帮助，负责调查官员舞弊的巡查人便会以调查或报告的方式介入。"

本节对公共财政监督进行了概述，公共财政监督被认为是社会发展和民主的一个重要特征。综上所述，我们得出的结论是，虽然有些机构在法律上已经设立，但事实上它们往往难以发挥作用。此外，改革的经验表明，尽管改革的技术方面的确很重要，但改革的政治意愿将最终影响改革的成败。下一节我们将讨论良好的政治环境所需要的元素。

16.4　机构建设理论

了解发展中国家的机构建设主要有三种方法（Krasne，2009）。第一种方法是现代化理论（Lipset，1959；Przeworski et al.，2000；Boix and Stokes，2003；Sachs et al.，2005；Sachs，2008；Inglehart and Welzel，2008），它认为，城市化推动经济和社会发展、价值观改变，教育会促进人们对民主的需求。从这一理论中我们可以看出，社会经济的发展将促进社会对公正问责的长期需求。

第二种方法强调，要想发展，各国必须首先建立有效的民主机构。在林茨和斯特潘（Linz and Stepan，1996）对民主转型进行有影响力的比较研究、世界银行发布《处于世界变革当中的国家》（World Bank，1997）和福山发表有关国家构建的文章（Fukuyama，2004）之后，关于民主机构能力的争论开始出现。福山认为，在贫穷国家，有必要限制国家的职能范围，但不能因此而降低政府的能力。这种思想是基于亨廷顿（Huntington，1965、1968）和蒂莉（Tilly，1992）关于国家的早期理论基础之上的。

机构能力理论认为，建立有效的自治机构使政治有序运行是实现发展的前提。因此，建立问责制和有效的监督制度被视为社会经济发展的先决条件。今天，主流的发展政策遵循这种机构能力理论，强调国家机构的能力建设。对那些依靠援助、横向和纵向问责制落实不佳的国家，尤其需要机构能力建设。对这些国家的机构能力建设援助可以采取如教育培训等技术援助和基础设施援助等方式。然而，采取技术手段加强机构能力建设能否取得成功是有争议的。有些人认为，在改革过程中，虽然能力建设是至关重要的，但这种能力建设不能脱离政治环境，否则建设起来的机构也只是一个"空壳机构"。

第三种方法认同机构能力理论，认为机构能力建设是发展的先决条件，但批评机构能力建设的方法。这些学者强调政治机构背后的政治因素（政治过程和权力游戏），以及机构在贫困国家发挥有效作用的困难性。被克拉斯纳（Krasner，2009）称为"理性选择制度主义"和其他被称为"政治经济一体化"（North et al.，2009b：269）或"新结构主义"（Iversen，2006：617）的一些理论，运用关于民主和资本主义研究的最新成果来解释机构是如何发展的。这些理论一般认为，要想了解机构创立和机构职能模式选择的原因，必须了解其背后的社会经济条件。典型的问题是，为什么有些公共问责机构能够有效地开展工作，而另一些机构则不能有效地履职？以及什么样的社会结构条件能促进民主改革的可持续发展？

在论述"理性选择制度主义"理论的主要观点之前，本章会对如何在新的金融框架下建立有效的规则和监管体系进行一个概括。根据现代化理论的启示，一个开明的、高要求的政府是有效改革的前提条件。当然，这也是当前学术争论的一大主题。

有学者认为，当前资本主义的金融系统失去了其合法性。由于严重的金融危机和经济衰退的周期性发作，公众对监管、问责、财产的重新分配提出了更高的要求，甚至可能要求结束资本主义制度。其他人对此则持怀疑态度，并提出了两点反对理由。首先，政治和媒体往往受到金融精英群体的严重影响，因此，现状的完全改变是不可能的。其次，即使大多数人对目前的金融体系持怀疑态度，他们也可能不一定会相信一个不同的系统会表现得更好。

2008 年金融危机引发了公众的强烈不满，并呼吁进行改革。G20 被迫刺激经济复苏并将构建新的金融结构作为改革的首要任务。但是，由于经济的逐步复苏，改革的进展也就只是停留在媒体的报道中，公众也渐渐失去了对改革的关注。我们可以清楚地看到，强化金融监管和优化再分配制度，如引入金融交易税，已经不是技术层面的问题，而是一个政治问题。权力的控制者很少会放弃对穷人和弱势权力主体的控制权。因此，与制度能力理论的假设相反，金融监管改革不可能自主发生，现有监管体系的既得利益者会想尽办法让现有制度安排能持续地存在下去。那么在什么条件下特权阶层才会做出让步，接受交易？

本章将尝试基于理性选择制度主义对上述问题做出进一步阐释。而现代化理论和机构能力理论认为，只要提供援助就能促进发展中国家经济和政治的发展，这是对政治发展是一个线性过程的否定。这一思想流的本质是，个人和团体根据自己可选择的空间行事，因此政治交易的结果总是公开且没有线性定义的。诺斯等（North et al.，2009b）所著的《暴力和社会秩序》是关于这一理论的最新著作之一。作者以阿西莫格鲁和鲁滨孙（Acemoglu and Robinson，2006）的部分理论为研究基础。

阿西莫格鲁和鲁滨孙设计了一个模型，解释了在什么样的情况下，精英阶层将以何种方式发现自己的利益并让渡部分权力给非精英阶层。诺斯等（North et al.，2009b）进一步认为，精英阶层并非一个统一的集团，相反，他们之间也有竞争甚至相互"开战"。因此，他们不能有意识地决定做什么，更不用说与非精英阶层分享权力。诺斯等对民主和过渡期国家理论研究的贡献在于提出了发展中国家腐败和个性化的政治和经济制度，维护了政治秩序，防止了发展中国家的精英群体之间的暴力。因此，对问责制度的改革需要政治上的深耕细作而不是技术上的改进。一个社会的政治秩序必须改变，而这一变化必须在精英团体和永久组织之间进行政治交易，以发展可持续的民主。

基于广泛的历史分析，诺斯等（North et al.，2009b）认为从专制到民主的过渡结构必须与当前社会秩序的逻辑性相一致。要改革，第一步是创造条件，让精英们相信，改革的目的是将个人的利益和特权以法律的形式固化，以使得整个精英阶层的每个人都能得到公平的对待。第二步是将精英阶层的权利转换为所有公民都享有的权利。诺斯等（North et al.，2009a，2009b）将增加非个人的权利交换的这些先决条件称为"门槛条件"，包括以下三点。

（1）精英之间的法律规则（目的是从特权中分离个人身份，从而为整体利益的获取做出贡献）。

（2）精英阶层在私人和公共领域的发展（这使精英阶层能持久性地存在并不依赖于个人。这增加了精英阶层的整体利益，个体可以依靠整体获得发展，因此他们也更愿意做出利益交换或者接受新的制度）。

（3）巩固对军事力量的政治控制权（以防止各群体间的暴力行为，实现稳定的投资和政治发展）。

民主国家也可以通过革命等方式获得发展，但这不是一种稳定的发展方式。自我强制和帕累托改进是可持续的政治秩序的主要特征。民主只有在自我强制的情况下才能获得持续的发展。民主不是合同，在实行的过程中没有第三方来强制执行。为了生存，民主必须处于均势状态，至少对于那些能够推翻民主的政治力量来说是这样的，"鉴于其他人尊重民主，每个人都必须更喜欢选择民主而不是可行的替代方案"（Przeworski，2006：300）。民主必须是一种能够至少推翻民主的政治力量的一种均势状态。

这种自我强制平衡的逻辑否定了民主来自宪法的定理。[18]宪法是必要的，但就协调意义而言，宪法是诸多力量的一个平衡点（Przeworski，2006：321）。民主的存在不仅受外部性因素的影响，也受其内生性因素的影响。民主的自我强制来自现有利益各方的利益协调，否则，各方将面临利益的重新划分，甚至面临叛乱的威胁。[19]

可汗（Khan，2005、2006）、菲斯曼（Fisman，2001）、迈泽尔和奥尔德·奥迪娅（Meisel and Ould Aoudia，2008）等人对精英阶层以及其在发展中的作用也做了大致相似的论述。哈伯（Haber，2006）和玛加罗尼（Magaloni，2008）对权力主义进行了新的研究。总结一下，作为新制度主义三大主要流派之一的理性选择制度主义认为，政治是发展过程的核心。[20] 根据克拉斯纳的分析（Krasner，2009），目前学者对根据这一理论提出的政策选择还有很大的分歧，这些分歧包括完全废除援助（Moyo，2009）、改变外部激励（Collier，2009）和支持地方创新（Easterly，2006）。

本节从民主化、国家建设、提供援助资金三个方面对机构建设理论进行了回顾。第一种理论可以归入现代化理论，主张加强公共问责。第二种理论注重机构能力建设。第三种理论把政治放在问题的核心，并得出结论认为，持续的民主改革只能是自我强制和帕累托改善。否则，将不能被接受。在民主化进程的背景下，如果精英阶层不接受改革的要求，将导致暴力、镇压甚至革命，这将导致新一轮的独裁。

公众对于加强制度建设和改革的需求，还不足以成为一股加强金融市场监管的力量。改革必须采取帕累托改进方式，只有这样改革才能被强大的既得利益的机构和集团所接受。否则，将不会被接受，也不会像一些观察家所认为的那样太过肤浅，或太少、太晚。[21] 在经济合作与发展组织中的民主国家，不会出现公开的政治镇压和暴力，但是我们已经看到了极端主义势力和社会运动（包括左派、右派和宗教恐怖主义的崛起）。这一章已经表明，公众对加强金融监管的需求是改革能够取得成功的关键，但持久性的改革必须是逐步的。不幸的是，改革要想取得成功必须获得精英阶层和世界上主要金融机构的支持。金融稳定委员会秘书长斯文·安德烈森认为：

> 对我们看清形势来说，以下三条非常重要。第一应当认识到，在一个紧密集成的系统中，我们都坐在同一条船上。第二，政治领导同意进行实质性改革的目标和时间表，包括二十国集团通过的进程。第三，建立机制，如金融稳定委员会以加快和协调实现这些目标所需要的政策制定。基于这些支柱，并在持续而坚定的政治领导下，我们坚信，在加强全球金融体系的工作方面，我们一定能够向前迈进。（Andresen，2010：41）

最后，虽然监管机构的履职信心和勇气受技术和组织能力，包括监管资源保障的影响，但政治经济因素，如公众的改革需求与金融机构合法性的关联、改革为各类特权群体提供的可选择空间，将最终影响改革的成功。根据诺斯等的观点（North et al.，2009b），改革能否成功，至关重要的因素是对各种金融市场参与者之间关系的理解。

仅仅从精英与群众之间的冲突来理解这个问题是不够的（Acemoglu and Robinson，2006）。各种精英群体之间的冲突同样会影响变革。因此，主要的问题是金融改革的帕累托改进和自我执行如何进行。也许只有在系统重要性金融机构发现做出让步有利于自己时，改革才会取得成功并持续下去。

16.5　基于人权的发展路径

一种符合政治对发展至关重要的思想的全面方法，就是所谓的基于人权的发展路径（human rights-based approach to development，HRBA）。这一概念是由联合国前秘书长科菲·安南（Kofi Annan）在1997年联合国改革时提出，他呼吁联合国所有机构"在其职责框架范围内，应将维护人权的理念贯彻落实到其各项活动和议程当中"。[22]

本章认为，基于人权的发展路径是基于理性的视角对机构建设的一个恰当的政策回应。基于人权的发展路径考虑到了政治在发展过程中的核心作用。一方面以个人和个人的选择作为理论假设的前提和发展干预的出发点，另一方面又以加强人权在国际、国家和地区事务中的重要性为立足点。基于人权的发展路径致力于提升权利人的能力（尤其是受歧视的群体），使权利主张的相对方和责任承担者（尤其是国家机关）履行义务。

基于人权的发展路径将实现发展和保护人权作为同一过程的两个方面。它通过将需求转化为权利，增强了发展目标的合法性。它还介绍了各种行为者的责任分析，并要求在制度的框架内对履职失败者进行责任追究：

> 基于人权的发展路径是人类在发展过程中，基于国际人权标准与以促进和保护人权为目的的操作实践建立起来的概念框架。它旨在对不平等的问题即影响发展的核心问题进行分析，并纠正阻碍发展的歧视性的做法和不公正的权力分布。（OHCHR，2006：15）

基于人权的发展路径和以经济为基础的发展方式之间，存在显著的差异：

　　许多经济学家认为基于人权的发展模式只是一种幻想，实施起来可能会适得其反。人权理论家则认为经济学家过于注重经济发展速度以至于无法认清现实问题，尤其是在经济和社会权利方面，很多情况下，违法行为主要是政治决定的后果，而不是资源稀缺或其他物质局限、制度局限的结果（Seymour and Pincus，2008：388）。

　　尽管存在严重的分歧，但加里（Gauri，2004）、西摩和平卡斯（Seymour and Pincus，2008）认为，两者还有一些相似之处，具有互补性。这两种方法都源于启蒙思想，都致力于个人和他（她）人选择的自主性。[23]通过经济促进人权发展是国际法中阐明的内容，基于人权的发展路径的完善也可以作为指导经济发展的工具。另外，对经济的理解和对经济工具的运用对有效实现维护人权的目标也非常重要（Seymour and Pincus，2008：404）。这两种不同的观点甚至可以调和关于"问责制"的概念。

　　经济学方法从工具的视角，对援助在发展中的作用进行解释。基于人权的发展路径则认为，援助提供了便利的发展过程，也是发展目标本身的一部分。另外，扩大消费者的选择是规范的微观经济理论的目标，因为选择会直接提高效用，同时提供者之间的竞争会增加社会福利。因此，援助在经济学领域中被视为支持发展至关重要的因素，但其并不具有内在价值。如果援助的目标与权威统治的目标相一致，两者可以相协调（Gauri，2004）。

　　然而，无论是基于人权的发展路径还是从经济视角看待发展，两者都对仅靠选举政治和市场规则，就能为主体在有效和公平地提供服务时匹配足够的问责制，表示怀疑。这两种方法都建议更广泛地获取信息，加大宣传，政府要做出改变，提高被服务主体的地位和对权利人的尊重（Gauri，2004）。

　　根据基于人权的发展路径理念，在一些备受争议的领域进行有效的机构改革，如金融监管领域的改革，必须使民众意识到其权利并提出权利主张。唯有如此，改革才能取得成功。进一步而言，国际金融监管领域的改革必须根植于以国际法为基础的公共问责体系。然而，我们需要什么样的国际法？我们需要的是在跨境国际金融领域里权利更加清晰、责任更加明确的国际法律体系，尤其是对于经营失败的金融机构，这一点是非常明确的。

　　马休斯（Matthews，2010：557）指出，目前的国际银行法是按照G20的要求并将其标准化后发展起来的。换句话说，G20创造了一个将非正式的标准转化为具有强制力的法律的一个途径，G20 通过建立以国际条约为基础的国际组织，并将非成员国纳入其中的方式，使其主张能在全球范围内实施。最后，作为 G20 执行机构的国际货币基金组织正在制定一系列的制度使其规定能在成员国内得到强制执行。只有这样，政府和系统重要性金融机构才能承担责任，而不是依靠监管者和同行的警告。

16.6　小结

本章以金融犯罪引发本轮金融危机的研究假设开篇，并对金融危机对全球的经济影响做了研究。一些研究证实了这一假设，并认为政治因素使这些白领犯罪的发生成为可能，如银行和金融部门在政治上的强大影响力、监管不足等。目前 G20 成员和其他一些国家在金融监管改革方面的努力受到了批评，舆论认为在改革的推进上"内容太少，为时已晚，太少、太迟"。

本章的目的是分析为什么加强金融监管和控制难以实现以及在这一过程中我们可以做什么。我们独辟蹊径以贫穷的国家为研究对象，其中一些甚至没有金融监管部门。本章对依靠援助的国家的公共财政审计改革中的经验性证据进行了回顾。从这些回顾中我们得到了启示，只有注重改革的整体性、加强整个系统的民主控制和公共问责，改革才能有成效。

我们回顾了发展中国家民主制度建设的学术争论。公共需求和机构能力对民主建设非常重要。然而，对于民主机构来说，要持续有效地开展工作，必须改变社会秩序。如果不对暴力性问题和目前社会秩序是如何形成的进行分析，就不能对目前的社会秩序有很好的理解。因此，与我们所希望看到的相反，监管机构不能完全独立于他们必须控制的群体。监管必须考虑到精英阶层否则监管必然无效。

监督机构也必须具有高度的独立性。否则，它们很容易被强烈的偏见和强大的精英群体所俘获。总之，对于特权阶层只有诱之以利让他们做出让步承认监管权力，监管才能有效发挥作用。民主改革的长远发展需要有组织地进行，需要由精英阶层创造规则和制度来改进和规范他们之间的竞争，以防止暴力。金融市场监管需要一个帕累托改进和自我执行的解决方案。

本章认为，改革只有在满足主要市场主体利益并得到它们同意的情况下，加强透明度、问责制金融监管才有可能实现。而市场主体对改革的支持也许只有在下列情况下才可行，即金融犯罪分子承担更高的犯罪成本，法律得到严格和公正的执行，法律诉讼一以贯之，杜绝使用公共财政资金救助金融机构，公众对提高透明度和监督的呼声强烈而持久。最后，本章提出了以人权为基础的改革思想。这就需要加强公众能力建设（通过教育、提高认识、建立联盟、网络等）和公共问责机制建设以促进义务主体履行职责。

第 17 章 天使投资：能否阻止下一场金融危机？

克莱门斯·法思

17.1 引言

许多科学家和经济学家都认为，始于 2007 年的金融危机是自 20 世纪 30 年代大萧条以来最严重的金融危机。这场危机是美国房地产泡沫破裂之后，美国银行系统流动性短缺引发的，危机导致大型金融机构倒闭，政府对银行进行救助和世界各地股票市场低迷。

人们总结了引发金融危机的许多原因，并对如何预防下次金融危机提出了很多建议。然而，监管机构没有任何可供监测的经济和金融指标以监测和控制导致金融机构过度冒险的行为。是什么驱使这些银行过度冒险？我们都知道，是人类欲壑难填的贪婪。

自 20 世纪 80 年代初以来，对非组织化创业投资/非正式风险资本市场[①]的研究已成为一种时尚，非正式风险资本被视为一国经济发展的重要刺激因素。非正式投资者，也被称为天使投资人，是潜在的高增长企业的重要利益相关者。实证研究表明，天使投资不但能给所投资的企业带来资金，还能给企业带来附加值。天使投资人凭借其金融资本、创业投资的技能和经验以及他们个人关系网络方面的优势，在企业的发展和成长方面起着至关重要的作用。

本章讨论了天使投资各种服务附加值的好处，并提出了一个模型，说明在何种情况下，天使投资人和企业家之间的合作是成功的。

我们对奥地利的27个案例进行了分析，从中可以看到，合适的供应量（天使投资）和需求（企业家）是最重要的。天使投资者参与的数量和质量、企业家对合作的态度以及对企业管理服务的需求是契合度的关键。由这些维度构成的模型，说明了天使投资人投资企业的性能影响因素。最后，本章对增值服务的分析进行了讨论，以防止金融危机的发生。显然，天使投资人通过分享他们的经验，充当企业家的陪练，将企业家的梦想变为实际。他们提供辅导和咨询服务，可以让银行员工、投资公司、评级机构和其他金融机构防止金融危机再次发生。

17.2　奥地利天使投资的增值服务：国际比较

作者对美国、加拿大、澳大利亚、日本、新加坡、英国、德国、芬兰、挪威、瑞典和奥地利等国家的研究成果进行了分析，以获取增值服务对国家和地区经济影响的分析数据。作者在对布雷特尔等（Brettel et al.，2000）、加斯顿（Gaston，1989）、凯利（Kelly，2000）、兰斯特龙（Landström，1993）、梅森和哈里森（Mason and Harrison，1993，1995）、斯塔德勒和彼得斯（Stedler and Peters，2003）等人的研究成果进行对比研究的基础上，形成了自己的分析。

为了更清楚地说明问题，根据天使投资者在公司的正式法律地位，我们通过以下三个维度对天使投资的增值服务进行分析。①增值服务的类型（已执行的任务）；②增值服务的质量（所执行任务的价值）；③为企业家提供增值服务的数量或时间强度（支持的频率或数量）。

17.3　正式的法律角色

天使投资的角色取决于投资人在公司的正式法律地位。天使投资者可以履行各种职责（参与管理、提供咨询或在监事会任职）。国际研究表明，天使投资人在企业管理中通常都比较积极。例如，梅森和哈里森（Mason and Harrison，1996）的研究表明，60%的投资者是公司董事会成员（研究对象中有两人担任主席），40%的投资者在公司中没有正式的职位。

17.4 增值服务的类型

我们对奥地利的 27 个天使投资样本进行了研究（Fath，2004），样本显示了天使投资的一些相似性特征（见表 17.1）。有 67% 的投资者是监事会或咨询委员会成员，有 13% 的人担任经理或副经理，20% 的人表示他们没有正式职位。根据哈里森和梅森（Harrison and Mason，1992）、欧利希等（Ehrlich et al.，1994）、弗里尔等（Freear et al.，1995）、布雷特尔等（Brettel et al.，2000）、欧立希等（Ardichvili et al.，2000）、海恩斯等（Haines et al.，2002）、海默等（Hemer et al.，2002）、斯塔德勒和彼得斯（Stedler and Peters，2003）的研究，天使投资增值服务的范围非常广泛。事实上，他们的贡献可能会大到改变公司的经营方向。凯利（Kelly，2000）认为，天使投资者角色的重要性是根据具体情况而定的，可能随着时间的推移而发生变化。从对奥地利天使投资者的访谈以及对增值服务的研究中，我们可以得到以下结论。

（1）为公司战略制定提供相关的咨询服务；

（2）调解接触（提供机会，"大门永远是开着的"）；

（3）提供指导和陪练以帮助决策制定；

（4）财务监督；

（5）运营职能（市场营销、人力资源管理等）；

（6）帮助企业迈开第一步并在启动时提供咨询服务。

表 17.1　奥地利天使投资增值服务分析

层级序号	增值服务的类型	在具体领域的数量及占比
1	战略建议	24（88%）
2	接触调解	21（77%）
3	在公司的决定中提供辅导	18（66%）
4	对公司财务事项提供咨询	17（62%）
5	市场支持	14（51%）

层级序号	增值服务的类型	在具体领域的数量及占比
6	人力资源管理方面的支持	10（37%）
7	提供创业知识	10（37%）
8	提供行业经验	6（22%）

注：调查样本27个。

除了一些小的差异，对奥地利天使投资的调查结果与欧利希等（Ehrlich et al.，1994）、哈里森和梅森（Harrison and Mason，1992b）的研究结果是相一致的。欧利希等研究认为，天使投资的主要作用表现在四个方面：①加强与其他投资者的联系和沟通；②财务监控；③作为"宣传者"；④提供以公司战略为重点的咨询服务。

在哈里森和梅森（Harrison and Mason，1992b）的研究中，他们认为天使投资最主要的增值服务包括：①制定公司战略；②作为"宣传者"；③财务监控；④制定市场发展计划或对履职能力进行监督。欧利希等、哈里森和梅森以及其他研究者都认为，天使投资在公司战略的制定和实施方面都扮演着重要角色。天使投资者凭借着自身丰富的经验，在公司发展中为其提供新的发展战略视角和发展技能。

在公司战略调整过程中天使投资者的建议是很有价值的。作者的研究表明，战略建议是最重要的。天使投资者在职业发展过程中会建立一张紧密的关系网。这种关系网为企业与相关行业和金融界的接触提供了渠道，其中也包括可以为企业发展提供咨询建议的机构/人员，如律师、税务顾问、咨询公司等。我们的研究结果证实了布雷特尔等（Brettel et al.，2000）的假设，德国天使投资者在企业发展中的增值贡献高于其他国家，也高于奥地利。

17.4.1　决策中的教练和陪练

天使投资者经常充当教练或陪练的角色（Ehrlich et al.，1994），从而将他们关于企业发展的一些经验和想法传递给企业家。企业家将天使投资者作为智库，与其商讨日常问题和企业决策。创业者往往感到孤独，而天使投资者则充当了其倾听者和建议者的角色。

奥地利的研究结果表明，对未来的需求、价格和客户偏好的不安全感越强，天使投资者在企业发展中的作用便越重要。创业者可以从天使投资者的商业和生活经验中受益。天使投资者的任务是向创业者提供建设性的意见，表明什么是可行的和什么是不可行的。

17.4.2　财务监督

与天使投资者不同，私人投资者只是通过加入监事会或咨询委员会的方式，定期接受报告，以被动的方式监督企业财务状况。除了财务监管，天使投资者还在企业投资和共同管理方面提供积极的服务。创业者通常会把每月的财务报告发送给天使投资者，他们将其与原来的预算和/或商业计划进行比较。创业者可能还会向天使投资者提供市场分析结果或技术进展报告。奥地利的研究结果表明，天使投资者与企业家建立信任关系，会降低企业家在财务报告撰写方面和其他控制措施方面的投入。

17.4.3　业务职能

在某些情况下，天使投资者也从事具体事务，在市场、人力资源管理、会计或法律事务、谈判等相关领域为企业家提供支持。表 17.2 列举了英国天使投资者（n＝36）的运作活动。表中所列的百分比表明他们积极执行各自的任务情况。

表 17.2　英国天使投资者的动作活动

活动内容	百分比（%）
制定营销计划	64
激励员工	56
与其他投资者沟通	61
提供与客户的联系	56
开发产品和服务技术	53
评估产品和市场机会	61
更换管理团队成员	52
对短期危机和问题的援助	58
管理人员招聘	47

活动内容	百分比（%）
产品和服务的开发	58
帮助企业获得债务融资	42
帮助企业获得股权融资	56
提供与供应商的联系	39

资料来源：Harrison and Mason，1992b。

17.4.4　启动触发

对奥地利天使投资者的调查结果显示，没有天使投资者的支持，某些公司就无法成立。因此，天使投资者也扮演着影响创业决策启动的角色。

17.4.5　创业启动咨询

我们的研究表明，在一些情况下，在企业创立初期，天使投资者积极参与和支持的企业的管理活动。他们帮助企业进行商业规划，并在规划的发展和实施过程中持续地提供帮助。例如，他们帮助创业者寻找办公场所、进行职责规划等。

17.5　增值服务的质量

国际研究中忽视了对单一领域增值服务质量问题的研究。只有哈里森和梅森的研究指出，企业家有时对天使投资者提供的增值服务质量并不完全满意。提供服务的质量取决于该公司的具体需要。

对奥地利天使投资者的调查结果显示，增值服务的贡献取决于天使投资者的知识和经验。如果天使投资者可以与潜在客户、供应商、银行和其他实体建立良好的关系，并具有领导经验、初创公司的专业知识和推动公司发展的能力，企业家可以从中获得巨大的利益。然而，天使投资者的服务也可能没有给企业带来附加值。事实上，如果天使投资者追求一个导致不良趋势的消极路线，可能会成为企业发展的一种负担，例如，通过遵循误导性或不明确的战略。

17.6　增值服务的数量

根据定义，天使投资者不是只参与咨询会议，在管理中不发挥作用的被动资本投资者。根据天使投资者自身角色定位的不同，他既可能对一个公司产生巨大的影响，也可能只发挥微乎其微的作用。兰斯特龙（Landström，1992）将天使投资者区分为被动型和主动型。

例如，被动型天使投资者的贡献是有限的，他们一般是作为咨询委员会成员、共享联系人或作为导师或陪练的角色存在。非常积极的天使投资者，会参与企业的管理，以履行具体职责的方式支持企业的发展。在大多数情况下，这种天使投资者以非常积极的方式参与企业管理的时间较短，而且是以某种非正式的方式参与。他们的增值贡献需要经过一段时间才能被认识。

德国的天使投资者在投资企业上所花费的时间每月 1~3 天（Brettel et al.，2000），瑞典天使投资者在投资企业上所花费的时间每月约 12 小时（Landström，1993），英国是每周 1~2 天（3iGronp plc，1994）。根据尼斯万德（Neiswander，1985）的报道，美国天使投资者在他们投资的前 6 个月，每周平均投入的时间为 5 小时，此后每周投入的时间为 3~5 小时。我们的研究结果与文献报道的研究结果一致。我们对奥地利 27 位天使投资者进行了研究，平均来说，他们每月投入的时间为 4~5 天。

17.7　发展模型对天使投资增值贡献的解释

根据兰斯特龙和奥洛夫森（Landström and Olofsson，1996）的研究，创业者认为，尽管天使投资者附加值的贡献需要根据具体的情况而定，但天使投资者的经验对企业的帮助要高于单纯的资金投资行为。哪些因素决定了天使投资者是否真正的有助于一个公司的成功？帮助企业实现附加值（除金融资本和权益资本率外）取决于多种因素。两相模型（two-phase model）（见图 17.1）描述了哪些因素会对天使投资产生积极效果。该模型是以配置方法的概念（Mugle，1998）、各种实证研究结果（Barney et al.，1994；Busenitz et al.，1997；Rosenstein et al.，1993；Sapienza et al.，1996），以及

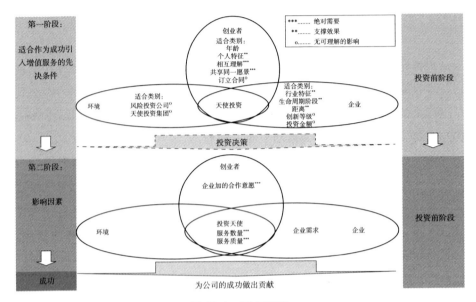

图 17.1　两相模型

偶然事件模型（Wijbenga et al.，2003）为基础的。

　　第一阶段：成功合作的条件——天使投资者是否适合特定的创业者、环境以及公司？这是投资前阶段的主要问题，在这一阶段，天使投资者需要做出投资决定。观察到的案例支持这样一种观点，即一方面天使投资者之间的不同合适类别，另一方面，各种不同的变量（特定的创业者、投资环境和具体的公司），决定了某一特定的天使投资者在某一公司的某一特定环境中与某一企业家的匹配是否有可能获得成功。

　　"合适"被定义为两个或更多的变量之间相互协调过程的结果（Mugler，1998），旨在优化变量之间的关系。"合适"被看作实现贡献增值服务的先决条件。作为一个例子，要考虑到天使投资者具有一定的市场经验。这一因素能增强合作，也是实现增值服务的要求。天使投资者会更好地了解公司的需求和问题。

　　第二阶段：影响因素——如果第一阶段中成功合作的影响因素存在，影响第二阶段顺利进展的因素包括以下几个方面。

　　（1）增值服务的数量：是否有足够的时间来支持企业家或公司？

　　（2）增值服务质量：天使投资者是否具有企业家或公司所需要的能力？

（3）创业者的合作意愿：创业者是否愿意接受企业的增值服务，或者他仅对合作中有关金融的方面有兴趣？

（4）公司的需求：天使投资者提供的增值服务是否符合企业需求？

17.7.1　数量因素

对奥地利天使投资者的研究分析表明，适当强度或深度的服务要比花费的时长本身更重要。投资天使在企业方面所能花费的精力与创业者或企业的需要的契合度，具有决定性作用。天使投资者在精力分配上应有足够的空间以适应企业的需求。

例如，对独立性的需要是企业家的典型特征（Klandt，1984：120），天使投资者的过度干预会使创业者丧失这种独立性。布森尼茨等（Busenitz et al.，1997：175）解释说，这种"过度卷入"对公司的发展可能是阻塞性的。然而，天使投资者应该可以提供最低限度的服务时间，积极支持创业者或公司。萨皮恩扎等（Sapienza et al.，1996）指出，现场支持的频率或风险投资者[②]在本公司所花的时间，对风险投资公司推出的增值服务的利润贡献会产生巨大影响。

17.7.2　质量因素

引入增值服务的质量，例如，天使投资者可以给创业者带来潜在客户或特定领域资源的质量非常重要。如果天使投资者能建立与银行、投资者、客户、供应商的关系或能打开原本紧闭的商业大门，天使投资者的关系资源就能为企业带来显著的增值价值。同样，如果天使投资者能帮助企业家发挥优势或弥补创业者的弱点（例如，商业管理技能），天使投资者就能对公司的发展做出积极的贡献。罗森斯坦等（Rosenstein et al.，1993）注意到了这一关系，他认为，引入增值服务的利润贡献主要取决于天使投资者的知识和经验。

17.7.3　创业者的合作意愿

创业者的合作意愿是实现增值服务价值的绝对要求（Barney et al.，1994）。如果创业者认为天使投资者的增值服务对他以及企业有价值，而且他感兴趣的也不只是天使投资者的资金，这就为实现天使投资者增值服务的价值提供了舞台。在我们的研究中，一些奥地利天使投资者指出，在企业创建初期，企业家将他们的服务作为有益的贡献。然而，在后投资阶段，天使投资者被视为企业管理中的一个消极因素。韦本嘉等（Wijbenga et al.，2003：244）解释说，具有被称为内部控制中心的个人特征的企业家更具有与天使投资者合作的意愿，他们心胸开阔，更容易接受建议和意见，更能认同增值服务的价值。

17.7.4　公司需求

如果天使投资者的经验和专业知识所形成的增值服务不是公司所急需的，这种供给和需求的失配，可能使天使投资者的增值服务没有任何积极贡献。韦本嘉等（Wijbenga et al.，2003：241）认为以资源为导向的方法，只有在天使投资者所能提供的资源符合公司需求的情况下才能产生利润贡献。例如，如果创业者的教育经历和专业重点都集中在工程专业上，公司缺少专业的有工商管理经验的人，那么天使投资者的管理经验将是这家公司在开办阶段的有益资源补充。韦本嘉等（Wijbenga et al.，2003：239）认为"成长型公司企业的成功在很大程度上取决于企业家的个性特点或他的行业、战略和管理经验。如果企业家在这些方面都有不足，那么增值服务在弥补创业者这方面的弱点上有其特别的价值"。天使投资者与企业家的契合度关系到创业投资企业的价值贡献活动，两者关系的适当调整有利于推动公司的发展。

17.8　成功因素模型

图17.1描述了两相模型中的影响因素。单一的适合影响因素决定着天使投资者与创业者合作的成功或失败。它们也决定了天使投资者（除了金融资本）能否为公司的发展做出积极贡献。该模型基于这样的假设，一个合适的变量组是投资后阶段天使投资者的增值服务能实现其价值的前提条件。并非所有的影响因素都具有同样的重要性，其影响权重如表17.3所示。

表 17.3　影响因素的权重

星级	需求程度
3	绝对需求
2	支撑作用
1	不需要或没有重要影响

设置权重是为了说明单一影响因素在增值服务贡献度中的重要性。这并不意味着只有每一个因素都达到最佳值创业者和天使投资者之间的合作才能成功。它只表明一些因素比其他因素更重要，不重要的单因素也可能对整体合作产生影响。

我们以"相互理解"的契合类别为例解释两相模型中的相互关系。天使投资者认为相互理解、互相认同和信任是成功合作最重要的因素。在危机情境中，天使投资者与创业者的和谐关系是至关重要的。如果双方缺少谅解，就难以出现契合的结果，双方应认真考虑其他制度安排，例如，将中小投资者获取信息的权利标准化（Riding et al., 1995；Mayfield，2000）。

萨皮恩扎（Sapienza，1996：464）等人强调了增值服务在"人际关系方面"的价值，他们认为"在某些情况下，天使投资者投入的不仅是资金，其人际关系也是企业管理方面的一个重要基石。在一些情况下，没有良好的关系，我们什么也做不成"。

希加赛德和伯利（Higashide and Birley，2002）进行的实证研究证明，创业者和风险资本投资者的个性情感冲突，对公司的发展会产生负面影响。后投资阶段增值服务价值的实现需要两者的相互理解。在这种情况下，创业者不会拒绝投资者参与企业管理。由于相互理解的重要性，模型中给出的价值是三星级（绝对需要）。

17.9　小结

有时将其他研究领域、不同学科的一些新观点引入现有研究领域中是非常有用的。本章中也使用了这种方法。表面上看，天使投资（通常是专注于初创企业或小公司）和体量巨大、产品复杂的金融行业相比看似难有共同点。

然而，这一章表明，天使投资者可以在企业发展不稳定的情况下（如企业开办阶段或危机阶段）为企业提供指导和帮助。当创业者面临复杂和不寻常的境况时，天使投资者的专业知识有助于支持决策过程。他们的指导和咨询也有可能降低企业的风险。

银行、投资公司和评级机构的雇员都会受益于这样的专业知识，这或许可以防止金融危机的再次发生。很多研究建议金融行业的从业者更多地关注降低金融风险的方法。简单的定量措施，如增加内部控制部门工作人员是不够的，重点应放在组织管理各个层次的质量上。

在公共和私人融资中引入具有丰富经验的金融天使投资人，可能是减少金融业内在风险所需的众多措施之一。在两相模型中，第一步应该确保金融天使投资者的角色和任务符合现有的结构和过程。金融天使投资者有丰富的经验，可以帮助提高金融行为的合理性，如果金融天使投资者能获得支持，他们有能力改变金融结构和过程。

第18章 美国预防和控制金融犯罪的立法和相关措施

彼得·克拉特考斯基

18.1 引言

金融危机期间美国政府努力控制腐败，保护美国公民的金融利益。早在1865年美国内战期间，林肯总统创建了美国联邦经济情报局即特工处（Secret Service），负责调查、打击伪造货币的行为。1877年美国国会通过了一项法案，赋予联邦经济情报局"禁止伪造任何硬币、金条和银条"的职责。1895年，又增加了其禁止伪造邮票和买卖伪造邮票的职责。

1883年美国联邦特工处正式隶属于美国财政部。1906年，美国国会通过《杂项民事费用法案》（Sundry Civil Expenses Act），为特工处保护总统的职责提供经费支持。保护总统和其他政要的安全是美国特工处新增的一项职责，但其对金融犯罪的关注并未因此而受到影响："特工处的任务是保护国家金融基础设施和支付系统的安全，并保护国家领导人、到访的国家元首和政府首脑的安全，负责指定地点的安全维护和处理国家特殊安全事件"。

2002年，美国国会通过了107-296号《公法》（Public Law 107-296），将特工处从财政部划归到新的国土安全部。这种变化使特工处可以对所有类型的金融犯罪开展调查，包括盗窃身份信息和网络犯罪（White，2009：397）。

18.2 美国证券交易委员会

大萧条期间，美国国会颁布了《格拉斯-斯蒂格尔法案》（Glass-Steagall

Act，1930)，禁止商业银行参与投资银行业务。1990 年该项规定被废除后，出现了涵盖商业银行和投资银行业务的大型金融集团，放松管制成为常态。

美国金融危机始于 2007 年，贝尔斯登、安然、世通等巨型投资企业的倒闭加速了危机的发展。美国证券交易委员会对此做出反应，行使其监管权，对发展中的复杂金融机构开展调查和监管。

2010 年，美国国会通过了《多德-弗兰克华尔街改革和消费者保护法案》(Dodd-Frank Wall Street Reform and Consumer Protection Act)，"通过提高金融系统的责任和透明度，促进美国的金融稳定，结束'大而不能倒'的现实，终止政府对银行的救助以保护美国纳税人，保护消费者免受金融服务滥用等的危害"。正如在该法案的立法目的说明中所指出的那样，该法案的重点是规范金融行为监管金融体系。其第九章涉及投资者保护和改善证券交易安全监管，第十章规定成立消费者金融保护局。

18.3 "9.11" 恐怖袭击的后果

2001 年 9 月 11 日，世界贸易中心发生恐怖袭击事件之后不久，美国政府对与安全相关的机构进行了重组，对相关政策进行了广泛的修订。海曼和阿克森 (Heyman and Ackleson，2010：49) 指出，恐怖袭击表明美国的安全政策衔接在很大程度上是脱节的，安全工作的努力在某种程度上是徒劳的。对政策不足的清醒认识，带来了随后的政策整合，以及美国国土安全机构的重组和职能扩张。

美国国会 2002 年的一项主要工作是创建了美国国家反恐委员会 (National Commission on Terrorist Attacks upon the United States)，其目的是对反恐政策进行分析，预防恐怖袭击。该委员会在其报告中引用的一个主要结论是，"反恐战争"要长期成功需要使用国家权力的所有要素：外交、情报、秘密行动、执法、经济政策、外交援助和国土防御 (9/11 Commission Report，2004：364)。

报告强调了恐怖组织犯罪与其他形式犯罪之间的关系，包括毒品犯罪、洗钱犯罪、武器犯罪、非法移民、贩卖人口、伪造文件、伪造货币和其他犯罪。反恐融资是委员会提出的打击和预防恐怖主义犯罪众多措施中的一项。声明指出："打击恐怖主义融资是美国反恐政策的核心和重点。" 政府认识到，有关恐怖融资的信息有助于我们发现恐怖分子网络，追捕恐怖分子并破坏他们的行动（9/11 Commission Report，2004：382）。

该报告的许多建议，包括建立美国国土安全部，使美国反恐战略发生巨大变化。虽然报告的建议是直接针对恐怖主义犯罪的，但它们在预防和打击与恐怖主义犯罪相关的犯罪和犯罪组织方面也产生了间接影响。例如，塞奇威克（Sedgwick，2008：5-6）列出的国际有组织犯罪的犯罪类型包括：洗钱、能源和战略市场操纵、欺诈、网络犯罪、走私、贩卖武器、贩卖人口以及恐怖行动和间谍犯罪。

本章的重点是介绍预防和打击金融犯罪的法律和执法机制，尤其是针对那些严重威胁社会安全、侵害社会福利的犯罪。为了深入了解金融犯罪，有必要进一步探讨各种类型的金融犯罪与其他对社会构成重大威胁的犯罪之间的关系。

18.4 美国《爱国者法案》

"9.11"事件后，美国通过了《通过提供拦截和阻止恐怖活动所需要的适当手段团结和强化美国法案》（The Uniting and Strengthening America by Providing Appropriate Tools Required to Intercept and Obstruct Terrorists Acts，即《爱国者法案》）。2001年美国国会通过的这一法案，扩充和修订了与打击恐怖主义犯罪相关的执法机构和调查部门的权力，并赋予这些机构一些新的权力。

《爱国者法案》第十章涉及国内安全、电子证据的收集、监管和限制涉嫌恐怖融资活动的银行业务、加强美国边界安全、对恐怖嫌疑人的强制措施、联邦执法机构的情报共享、预防恐怖活动的新的相关法律、国内恐怖主义的标准化定义、网络恐怖主义的刑事定罪和授权搜查涉嫌恐怖主义犯罪的犯罪嫌疑人的电子邮件等问题。第十章（杂项规定）阐明了电子监视的定义，授权为培训提供资金，并授予联邦政府与地方和州政府签订提供军事设施合同的临时权力，以维护军事设施的安全。

18.5 国际反洗钱和反恐融资法案

《爱国者法案》的第三章被称为"2001年国际反洗钱和反恐融资法

案"，主要解决用非法所得资助恐怖犯罪和其他犯罪的行为。其规定的措施包括以下几点。

（1）为美国提供预防、发现和起诉那些参与国际洗钱和资助恐怖主义的手段；

（2）加大侦查机构和执法机构的履职能力；

（3）强化和扩展1986年《洗钱控制法》的规定；

（4）为境内外金融机构提供指导，明确哪些行为属于正当行为，哪些行为可能面临处罚；

（5）制定涉嫌洗钱或恐怖融资活动的资产没收制度；

（6）确保对涉恐财产的没收程序符合正当程序原则；

（7）要求金融机构保证其员工的诚信，并豁免金融机构人员提交可疑交易报告的民事责任；

（8）防止美国金融机构通过腐败的外国官员或出售被盗资产的行为获得利益。

有关银行和金融交易的详细知识，需要对《爱国者法案》第三章进行了解。如果涉嫌非法活动，财政部部长的代表会与国务卿和总检察长办公室的官员进行协商。

《爱国者法案》第三章第312节要求各金融机构建立、健全账户管理规定，加强对个人账户和非美国公民（包括到美国访问或其他国家/组织的非美国籍的个人代表）的代理账户的管理。各金融机构应当建立恰当的客户身份识别政策和措施，识别和报告洗钱活动。各金融机构应对境外银行开立的代理行账户进行识别，采取合理措施识别账户的实际控制人。金融机构应当对客户账户进行检查，以防范洗钱行为，对有洗钱嫌疑的交易应予以报告。

《爱国者法案》第三章第317节对洗钱违法行为规定了处罚措施。该条赋予了美国地方法院对外国人和外国金融机构的管辖权。只要根据《联邦民事诉讼规则》或所在地的法律送达了诉讼或裁定文书，具备下列条件之一者，美国法院就可以行使长臂司法管辖权：犯罪活动涉及的金融交易行动的全部或部分行动发生在美国境内；将根据美国法院的命令所有权属于美国的财产转为已用；外国金融机构在美国金融机构中开立了账户。

《爱国者法案》第三章第 330 节（打击洗钱犯罪、金融犯罪和恐怖融资犯罪的国际调查合作）授权总统可直接指令国务卿、总检察长、财政部部长与其他国家官员进行信息互换，签订互助条约和国际协议。目的是确保外资银行和其他金融机构能够有效保存恐怖组织、恐怖组织成员、实施洗钱人员、其他金融犯罪人员的账户信息和交易信息。立法为美国执法机构和监管机构在需要时获取上述信息提供了法律支持。

《爱国者法案》第三章第 356 节对证券经纪人、交易商和投资公司报告可疑交易提出了要求。第 358 节规定了银行应保存的客户账户和交易记录的类型。对 1978 年《金融隐私权法案》（Right to Financial Privacy Act of 1978）进行了修改，允许政府在符合条件的情况下对涉嫌恐怖主义犯罪的账户进行调查。

18.6　金融犯罪执法网络

《爱国者法案》第三章第 361 节对 1990 年组建的隶属于美国财政部的金融犯罪执法网络（Financial Crimes Enforcement Network）的职责和权力进行了规定。金融犯罪执法网络的主任由财政部部长任命，负责向财政部副部长提供与金融情报、金融犯罪和其他金融活动相关的建议。在符合法律规定的情况下，金融犯罪执法网络为政府机构提供广泛的数据获取服务，信息包括：

（1）由财政部收集的信息；

（2）国际和国内的资金流转信息；

（3）由联邦、州、地方政府和国外机构提供的相关记录和数据信息；

（4）其他可供使用的个人和公共信息。

根据法律、政策和行政指引的规定，金融犯罪执法网络可以分析和公布的数据包括：

（1）识别联邦、州以及地方政府可能存在的犯罪活动；

（2）对正在进行的金融犯罪进行调查和起诉，包括对民事和税收没收程序提供支持；

（3）确定不遵守法律法规的金融机构的典型行为；

（4）确认洗钱和其他金融犯罪的新兴趋势和方法；

（5）支持情报和反情报活动；

（6）支持政府打击洗钱活动。

为了让金融犯罪执法网络有效履行其职责，《爱国者法案》第三章第361节授权其建立金融犯罪交流中心，向金融机构提供其研究和相关分析的成果，协助联邦、州、地方和外国执法机构以及监管机构，打击通过影子银行等非正规金融体系实施的犯罪，为追踪犯罪人在国外的资产提供计算机和数据支持。授权金融犯罪执法网络与其他国家金融情报中心、反洗钱和反恐怖主义融资部门进行合作。

1994 年，金融犯罪执法网络的职责扩大到管理《银行保密法》（Bank Secrecy Act）相关事项。该法于 1970 年制定，创设了交易报告制度和记录保存制度，其规范的主体包括银行、信用合作社、券商、保险公司、从事货币服务的企业（如签发汇票、本票）、汇兑机构、博彩机构以及贵金属交易商和珠宝商。《爱国者法案》将《银行保密法》的范围扩展至反恐怖主义融资和反洗钱（《爱国者法案》第三章 A 部分）。

《爱国者法案》第三章第 372 节对金融犯罪执法网络所收集信息的安全维护做出了规定。第 363 节对国际洗钱的民事和刑事处罚做出了详细规定。第 371 节是关于大额现金走私的规定，主要是为了打击与毒品犯罪、恐怖主义犯罪、税收欺诈犯罪相关，以及以其他犯罪为目的的大额现金走私行为。大额现金走私是洗钱的一种常见方式。但此前的立法不允许没收走私的大额现金，这有碍于对洗钱犯罪的打击。针对这一问题，《爱国者法案》第 371 节将大额现金走私行为犯罪化，允许没收走私的大额现金以及相关的犯罪工具，并规定了刑事处罚措施。

第三章第 373 节规定了对汇款支付企业的违法处罚措施。犯罪人如果故意从事经营、控制、管理、监督、直接或间接拥有全部或部分未经许可的汇款支付业务，可能被单处或并处五年以下有期徒刑和罚金。

第三章也包括了几项针对 1978 年《金融隐私权法案》的修正案。特定金融机构有义务向正在进行涉恐调查的执法部门提供客户信息。

在第 374 节中，对有关假冒国内货币、持有或出售伪造货币或证券工具的相关规定进行了修订，以增加对此类犯罪行为的刑事处罚。第 375 节对现有的伪造外国货币或证券的相关规定进行了修订，以增加对此类犯罪行为的刑事处罚。

第 376 节规定了对恐怖主义犯罪所得进行清洗的行为的处罚措施。第 377 节规定了治外法权。根据该法的规定构成犯罪，并应受到罚金、没收非法所得或被处以有期徒刑的美国领土以外的单位和个人，美国有权根据法律规定对其提起诉讼。这些犯罪包括美国境内的账户或信用卡的使用人或其他主体非法使用由银行签发、拥有、管理、控制的接入设备。非法使用接入设备的行为包括在美国境内使用该设备从事犯罪行为或使用该设备转移、运输、持有非法所得。

18.7 联邦执法机构防范金融犯罪的合作努力

对金融犯罪的防范并非哪一家执法机构的责任。随着金融犯罪分类的逐步扩大，如网络犯罪等新兴犯罪的出现，承担防范金融犯罪职责的机构也在不断扩大。正如前文所指出的，美国联邦特工处是第一个专门负责调查和打击伪造货币犯罪的联邦机构。美国联邦调查局有权调查任何违反联邦法律的行为，除非该违法行为属于联邦其他执法机构专属管辖。接下来我们将介绍打击金融犯罪的联邦执法机构及其具体的管辖权。

18.8 司法部刑事犯罪调查局、计算机犯罪和知识产权犯罪调查局

纳舍里（Nasheri，2005）指出，针对预防和打击侵犯商标权和著作权犯罪的现行法律法规的不足，财政部在 1995 年设立了打击知识产权犯罪的工作机构。美国工业每年因假冒伪劣产品和侵犯商业秘密的犯罪行为遭受了巨大的损失，因此国会设立了司法部刑事犯罪调查局、计算机犯罪和知识产权犯罪调查局，以协调联邦执法机构的活动，起诉那些被控犯有与财产相关

的犯罪行为（包括非法电子邮件商业活动、计算机黑客、窃取商业机密和欺诈行为）。

18.9 美国联邦调查局

美国联邦调查局（FBI）隶属于司法部，负责其职责范围内的刑事案件的调查，包括对侵犯民事权利的犯罪、某些暴力犯罪、恐怖主义、有组织犯罪和金融犯罪的调查。它有 56 个办事处和遍布美国的 400 多个分支机构，以及美国设置在世界各地使领馆的 50 多个法律专员办事处。专员办事处的建立是为了防止犯罪分子进入美国并协助联邦调查局处理国际犯罪（FBI，2007：1）。

联邦调查局主要负责国家安全和刑事调查。在国家安全方面主要关注恐怖主义犯罪、反间谍和网络犯罪。在刑事犯罪方面主要关注公共腐败、侵犯公民权利犯罪、有组织犯罪、白领犯罪、暴力犯罪、重大盗窃犯罪。

除了基本的培训，在被分配到特定的部门之前，联邦调查局特工一般会接受专门的训练。联邦调查局内部和部门之间，以及联邦调查局与联邦其他机构、国际机构之间会分享相关信息。联邦调查局的白领犯罪侦查部门主要负责公司、政府部门官员的欺诈犯罪，尤其是以下欺诈犯罪：

（1）没收财产和洗钱；

（2）破产案件；

（3）公司非法活动；

（4）医疗健康；

（5）对冲基金；

（6）保险；

（7）批发销售；

（8）抵押；

（9）证券和商品。

白领犯罪侦查部门也负责调查其他欺诈犯罪，如身份盗窃、网络和计算机欺诈、腐败、政府欺诈、违反反垄断法、操纵价格、操作证券市场以及其他与企业、政府相关的犯罪。

公共反腐败调查部门，致力于调查政府官员在下列领域里的各种腐败行为：

(1) 边境管制；

(2) 救灾；

(3) 海外腐败；

(4) 经济刺激；

(5) 选举；

(6) 国际合同。

联邦调查局中另外两个与调查金融犯罪相关的部门，分别是打击网络犯罪处和打击有组织犯罪处。打击网络犯罪处关注以下事项：

(1) 计算机入侵；

(2) 网络性侵儿童；

(3) 盗版和侵犯知识产权；

(4) 网络欺诈。

打击网络犯罪处会与其他打击网络犯罪和盗窃身份信息犯罪的执法部门进行合作，这包括国家网络犯罪调查联合工作组、全国网络犯罪法庭科学取证与培训联盟。

随着有组织犯罪调查的深入，打击有组织犯罪调查处与司法部其他机构合作，重点关注国际有组织犯罪。这种犯罪对美国国家安全的威胁概括如下：

近年来，国际有组织犯罪在复杂程度和危害方面都产生了很大的变化，已经危害到美国民众的生活、工作以及商业领域。国际有组织犯罪加速了腐败犯罪、暴力犯罪和其他非法活动的发展，危害国家安全，给百姓生活带来危害。破坏了银行、金融系统的完整性，给商品市场、证券市场和网络空间的安全带来危害 (U. S. Department of Justice，2008：1)。

美国司法部建立的四个优先目标如下（U. S. Defartment of Justice，2008：1）。

联邦法警执法情报与信息收集：从多个渠道收集有关国际有组织犯罪的信息，并将其提供给相关执法机构、情报机构、外国合作伙伴和私营部门。

优先打击最重要的国际有组织犯罪威胁：协调刑事侦查部门和起诉部门打击被认为是对美国威胁最大的有组织犯罪。

对有组织犯罪采取多种打击策略：利用一切可利用的手段、团结其他国家和国际组织共同努力，瓦解国际有组织犯罪，运用一切制裁措施，使罪犯绳之以法。

企业理论：利用主动技术开发积极的策略瓦解犯罪组织。

18.10　联邦经济情报局

美国联邦经济情报局即特工处，其任务是保卫美国金融基础设施安全，保护经济体系的完整，并保护国家领导人。特工处的工作人员经过多样化、专业化的高强度训练，装备有最新的技术手段，通过密切合作来完成特工使命（U. S. Secret Service，2011：2）。其战略计划包括以下几点。

（1）侵犯个人信息和商业秘密的行为每年给数以百万计的个人和无数企业造成数十亿美元的损失。特工处将与其他执法机构一起"继续在预防、识别、调查、减轻电子犯罪和金融犯罪的影响方面发挥关键性作用"。

（2）在过去十年里，由于技术的发展，国内外流通的假币数量几乎翻了一番，特工处将继续加大与国内外相关部门的合作，打击伪造货币犯罪、伪造个人身份信息和其他文件犯罪。

（3）全球通信网络的扩展以及"9.11"恐怖袭击事件之后，犯罪组织和恐怖组织大量使用非常规武器，与犯罪有关的活动急剧增加。特工处利用先进的技术、研究和情报来应对这种趋势。"采用适当的行动安全计划、措施、设备和情报，以减少风险，加强对特定人物、地点和事件的保护"。

金融犯罪处（The Financial Crime Division）第一个职责是识别和调查欺

诈金融机构的行为。第二个职责是对使用接入设备进行欺诈的金融犯罪进行调查，如利用他人信用卡号码、个人身份证号码和电脑密码等进行的欺诈。第三个职责是调查计算机犯罪以及与联邦利益相关的计算机信息系统的欺诈犯罪（Taylor et al.，2006：265）。

根据美国《爱国者法案》，对美国国家主要安全构成威胁的犯罪信息，各执法机构可以共享。将特工处编入国土安全部赋予了特工处一项新的职责，它可以与联邦、州和地方执法部门的人事部门合作，通过"向联邦、州和地方政府以及国外执法机构提供有关金融犯罪和电子犯罪的相关教育和培训的方式，提高它们对这些犯罪进行调查的技术和能力"，以进一步解决国内外计算机欺诈问题（U. S. Secret Service，2011：9）。

18.11　邮政调查局

邮政服务部门是最古老的联邦机构之一。邮政调查局负责对侵害邮政服务、邮政人员和国家邮政体系的行为进行调查，其执法依据涉及 200 多项法律规定（Ackerman，1999：45）。邮政检查员会对相关犯罪行为进行调查，如邮件盗窃、诈骗、占有被盗窃邮件、邮寄爆炸物和毒品、伪造邮票、挪用公款、涉嫌儿童色情和洗钱等。邮政调查人员会与其他执法机构一同就涉邮犯罪进行调查，特别是有关欺诈、身份盗窃、信用卡犯罪、邮寄爆炸物和其他危险物品、邮寄儿童色情制品等的犯罪活动。

18.12　国土安全部和其他机构

根据美国国会授权，国土安全部（Department of Homeland Security）于2003 年成立，由联邦 22 个机构合并而成，一些组成机构的名称和职责均发生了变化（Edelbacher and Kratcoski，2010a：108）。其总任务是在调查威胁美国国家安全的犯罪案件中，联合联邦、州和地方的执法和调查部门开展工作。其主要职责是调查以下行业或领域的犯罪：

（1）交通运输；

（2）打击国内恐怖主义犯罪；

（3）基础设施保护；

（4）抵御灾难性威胁；

（5）应对自然和人为的紧急情况；

（6）发展智能与预警系统；

（7）维护国境和运输安全。

将现有机构并入国土安全部，使其能更关注保护的目标，并扩大若干机构的管辖范围。例如，海关总署设立了海关网络走私中心（Customs Cyber Smuggling Center），该中心目前参与实施各种打击金融犯罪活动，包括国际洗钱、侵犯知识产权和制作传播互联网儿童色情制品（Tayor et al.，2006：270）。

18.13　国际协定和合作

美国通过推动制定大量的国际条约和协定，保护其在世界各地的利益。执法合作方面的协定涉及信息交流、提供协助和国际合作等事项。一些协议还包括合作调查、提供培训，并向发展中国家提供设备和援助等。联邦缉毒署（Drug Enforcement Agency，DEA）在许多国家都建立了联络办公室，并向这些国家的执法部门提供培训和支持。联邦调查局在欧洲建立了稳固的网络，支持欧盟国家发现和起诉国际性犯罪。

一些富有经验的联邦调查局特工被任命为美国驻其他国家大使馆的法务参事。这些特工在国际犯罪调查中与其同事和卧底通力合作，帮助所在国完成调查任务。法务参事项目（Legal Attache Program）将美国与打击国际主要犯罪和恐怖主义的相关资源联系在一起，增强了美国国内外的公共安全。美国和东道国会在相关协议中对联合行动和信息分享的相关细节进行规定。这些参事的另一项任务是协调联邦调查局在参事所在地区举办的培训工作。培训内容包括与美国切身利益相关的一些主题，如反恐，对毒品犯罪、贩卖人口犯罪、网络犯罪和法医证据的侦查等内容（FBI，2007：1）

联邦调查局成功介入国际执法合作培训项目。培训不一定直接涉及金融犯罪，但大部分的主题如贩毒、有组织犯罪、网络犯罪、腐败和洗钱等都直接或间接与金融犯罪相关。联邦调查局已对来自其他国家的数以千计的执法人员开展了培训。培训持续一到两周，由联邦调查局特工担任教官。培训的重点是在互惠领域开展联合工作的实践操作（Edelbacher and Kratcoski，2010a：16）。

18.14 国际刑警组织

有效的情报信息收集和与被授权接收信息的利害关系方之间的信息共享，对任何犯罪组织或个人的调查都是至关重要的。国际刑警组织（Interpol）被比喻为情报收集和共享的交换中心。国际刑警组织有近 200 个成员国，在这个意义上，可以将它看成世界上最大的警察机构。国际刑警组织总部设在法国里昂，但国际刑警组织中其他国家的代表都居住在其所在国。国际刑警组织中大多数与信息的收集和共享有关的工作都是以电子方式进行的。国际刑警组织采取现代化的工作方式和工作战略，以适应那些对成员国产生危害的主要犯罪类型的变化以及警方应对措施的革新。

尽快向信息需求方提供准确的信息是国际刑警组织的一个重要目标。向发展中国家的警察提供相关的技术培训也是其一项职能。在这方面，它与联合国维和警察、欧洲武警组织有密切的合作（Edelbacher and Kratcoski，2010b）。

18.15 小结

有组织犯罪、白领犯罪和恐怖主义犯罪对国家安全的威胁引起了美国政府的关注。在"9.11"恐怖袭击事件之后，美国国会希望能够通过修改立法、提供项目资金等方式，加强美国国家安全。美国打击恐怖袭击国家委员会在其报告（9/11 Commission Report，2004）中，强调联邦执法机构必须了解金融犯罪与其他类型的犯罪，如暴力犯罪、有组织犯罪和白领犯罪之间的密切关系。

"9.11"委员会报告建议，采取强有力的措施预防和打击恐怖融资行为。美国《爱国者法案》第三章采纳了"9.11"委员会的建议。对执法机构来说追查用于恐怖融资的资金目前已相对容易。该法案第二章规定了对从恐怖主义活动中获取利益的个人和组织的处罚措施。

"9.11"委员会报告提出的一个结论是，美国为确保其人民的安全所采取的安全保障措施是零碎的，通常会引发新的安全风险（9/11 Commission Report，2004：35）。为了统筹联邦、州和地方安全战略和计划，美国国会授权组建国土安全部，以加强各个层面执法机构在保卫国家安全方面的合作。

"9.11"恐怖袭击给民众带来的痛苦和恐慌，以及对采取措施维护国家安全的急切需求，导致政府紧急出台了一些法律，但这些法律措施的价值令人怀疑。"9.11"恐怖袭击后，在对反恐进行研究和规划的基础上，维护国家安全方面的工作还是取得了重大进展。旨在消除特定类型犯罪的相关法案获国会的通过。许多措施都取得了比较积极的效果。

一些批评者认为美国《爱国者法案》和"9.11"之后通过的其他相关法律，扩大了调查机构和情报机构的权力，侵犯了公民的民事权利。大多数争议集中在该法案的第二章，即该法案扩大了联邦情报机构收集情报信息的权力，特别是在电子监视和计算机数据的检查领域。这种担心同样也适用于该法案第三章的相关规定。

第 19 章　金融犯罪的历史、现状及未来

马克西米利安·埃德尔巴切尔

迈克尔·泰尔

彼得·克拉特考斯基

19.1　引言

国际刑警组织 2011 年在一份关于金融犯罪和高科技犯罪的报告（Interplo，2011：1）中指出："伪造货币、洗钱、侵犯知识产权、支付卡欺诈、计算机病毒和网络恐怖主义等金融和高科技犯罪，会对社会的方方面面产生影响。"该报告进一步指出："伪造货币和洗钱犯罪会对国家经济造成潜在的破坏，对全球安全产生威胁，这些犯罪活动经常被恐怖分子和其他犯罪分子用来筹集资金或隐瞒犯罪所得。"

本书的相关章节已经对各种形式的金融犯罪之间的关系及它们对世界各国安全产生的负面影响进行了研究。联合国学术委员会公布的一份题为《新安全挑战》（*New Security Challenges*）的公告指出（Academic Council of United Nations，2010：1）：

公民、政府和国际组织面临一系列的安全挑战，包括新的恐怖主义和国际犯罪、环境恶化的安全隐患、金融系统的不稳定性、外太空军事化、轻型武器的非法交易、核技术和非法物品、脆弱和失败的国家。

随意翻阅一些关于各种类型有组织犯罪、白领犯罪和金融犯罪综合影响的报道，都能看到金融犯罪对国家安全和国家整体福利的威胁。例如，受墨西哥毒枭战争引发暴力和恐怖主义犯罪的影响，2011 年 1~3 月，到美国旅游的客人从 2007 年的将近 600 万人下降到不足 200 万人（Castillo and Mendoza，2011：A3）。一些犯罪，如海上抢劫，对一国公民的人身安全和金融安全等都产生了重大威胁。

有关银行欺诈和证券市场内幕交易的案件不断地被报道。《英国指称银行反洗钱失败》（*U. K. Says Banks Fail to Combat Laundering*）一书中指出："作为打击全球洗钱犯罪活动的一部分，英国金融监管机构谴责一些大银行在防范政治腐败和打击利用银行账户隐匿资金方面未采取有效的措施。"了解与金融相关的犯罪在全球范围的状况和这种犯罪对被害人的影响，是解决这一复杂问题的第一步。在这本书中，作者重点研究了不同国家控制与经济安全直接相关的犯罪活动的各种方法，这些犯罪包括有组织犯罪、白领犯罪、公司犯罪、腐败和恐怖主义犯罪。

有些方法失败了，有些方法还产生了一些并发症。例如，为了将墨西哥强大的贩毒集团的头目绳之以法，美国通过与墨西哥政府签订协议的方式参与了墨西哥的多项计划。美国和墨西哥警方的合作领域相当宽泛，以至于"到墨西哥工作的美国特工人数达到了前所未有的数量，而且每个月都会发生引起轰动的逮捕行动。美国动用无人机对贩毒卡特尔集团的头目进行侦查，通过手机信号和汽车追踪器等对其进行定位"（Castillo and Mendoza，2011：A3）。美国在墨西哥毒品战争中所扮演的角色，引发了墨西哥民族主义者的愤怒，他们认为这是侵犯其主权的行为。卡斯蒂略和门多萨（Castillo and Mendoza）指出："双方的合作触及了墨西哥人关于主权的敏感点，同时也引发了对美国如此深入介入墨西哥毒品战争是否明智的争论。"

在《追查欺诈的挑战》（Challenges in Chasing Fraud）一文中，伊格尔沙姆（Eaglesham，2011：Cl）称，美国证券交易委员会对证券公司和银行的官员提起民事欺诈诉讼，认为这些人的行为加剧了金融危机，"即使是该机构最坚定的执法律师，也在努力将责任归咎于那些参与了一些最具争议的抵押债券交易的高层管理人员"。

造成金融危机的因素是多方面的，包括人们的贪婪、对银行家和其他金融高管的问题行为监管失控、政治腐败以及犯罪组织的影响，这些都是公认的对全球金融稳定的威胁因素。2007～2009 年，全球经济经历了自 1929 年经济大萧条以来最严重的金融危机。

在本书的第 1 篇，作者对新的安全理念是否有助于防范未来的金融危机进行了讨论。第 2 篇重点阐述了白领犯罪的性质，以及对白领犯罪的打击和预防。第三篇论述了预防金融危机的可接受"模型"，以及新的战略在实践中能否被运用的问题。

19.2 危机历史和新的金融安全理念

在第 2 章中，肖普菲尔对两个世纪以来的投机历史进行了论述。第一次世界性的经济危机发生在 19 世纪。1857 年美国发生的经济恐慌缘于投机行为，包括对铁路建设的投机。俄亥俄州人寿保险公司破产，随之而来的金融恐慌在全球蔓延。与此类似的一次全球危机发生在 1873 年，源于维也纳证券交易所的崩盘。这场危机也是由投机行为造成的，危机蔓延至整个欧洲和北美，危机造成的经济萧条一直持续到 1896 年。肖普菲尔还指出，在古代世界，安全是无法实现的。最严重的一次经济危机始于 1929 年 10 月 29 日纽约证券交易市场的崩溃，历史上称为黑色星期二，这次危机迅速在全球蔓延。当前的全球金融和经济危机，源于 2007 年美国银行系统流动性短缺引发的次级抵押贷款市场的崩盘，这导致大型金融机构破产，银行不得不求助于政府。

肖普菲尔认为，建立宗教和政府的正式结构是改善生活的基本步骤，因为它们创造了一个更和平的社会，并提供安全。我们可以想象，即使在史前时代，人们也在寻求使身体免受暴力、极端气候和饥荒侵害的办法。企业家和政府经济部门对现代经济的发展非常重要。肖普菲尔指出发展与投机会产生随机变化和不确定性。

当代世界经济一个特殊的问题是，所有市场都是相关联的，但金融和商品市场存在脱节现象，这会产生新的风险。近年来，国际贸易量已超过全球生产量。自然风险、技术性风险、环境风险和白领犯罪等各种风险因素的融合拉大了富人和穷人对安全需求的差距。许多企业的董事会和信用评估机构在管理方面未能履行职责。

19.3　维护安全的新方式

21世纪，安全领域的许多变化得到认可。美国在"9.11"恐怖袭击之后，欧洲在奥地利加尔蒂灾难发生之后，亚洲在2004年发生的大海啸之后，人们开始寻求建立风险早期预警体系，保护人们免受灾难、犯罪和其他的事件的影响。

在第1章中，斯图姆沃尔指出，降低国际安全威胁的需求给政府施加了更大的压力，政府要在处理涉及个人和公共安全方面的事务时建立新的安全观。传统的防卫设计（建筑外墙）已经过时，国际上已没人再主张这种安全观。必须建立一个新的预防犯罪观，以维护公共安全和保护个人安全。对个人的保护是安全观念由国家层面向人的层面转变的一个重要方面。公共安全问题已成为涉及公共部门和私营部门的多学科领域问题。

19.3.1　人的安全

因为安全威胁已远远超出了国家或军事的范围，经济、社会、环境和健康问题代表了重要的安全问题。联合国最初鼓励波恩大学的研究人员创建一门人的安全哲学，并在1994年联合国毒品控制计划署（UNDCP）成立后开展了相关研究，通过旨在改善生活的政治、社会、环境、经济和文化等多方面的方案来解决人的安全问题。新安全观发展的趋势是以解决人类安全需求为起点，而不是以解决国家安全需求为起点。这项研究的重点是影响生活质量和促进人的尊严所需条件的各种因素。

19.3.2　综合安全

欧洲的做法主要受军事战略中心研究的影响。军队在帮助和支持人们应对洪水、火灾以及其他危险等方面进行了大量的策略研究，认为社会安全在整个安全体系中具有优先地位。这种观点被称为综合安全观。尽早识别危险，建立风险预警体系是综合安全观的重要内容。现在综合安全观是欧盟的官方安全模式。

今天，欧盟的新安全体系是建立在《里斯本条约》和《斯德哥尔摩计划》之上的。《里斯本条约》的目的是"促进和平和人民的福祉"。欧盟的安全概念基于全面综合安全的基础之上。《斯德哥尔摩计划》的目标是建立"一个为公民提供服务、保护公民，开放和安全的欧洲"，该计划主要针对恐怖主义、有组织犯罪、网络犯罪、跨国犯罪、暴力、自然和人为灾害等威胁和挑战。金融风险在该计划中没有明确的解决方案。

19.3.3 金融行业：一个关键的基础设施？

2007 年始于美国的本轮经济危机，在 2008 年和 2009 年之后迅速蔓延到整个世界，在经历了严重的经济危机之后，我们开始反思，政府和个人安全观的变化是否会影响到我们对金融领域安全的思考，这种改变对未来避免金融危机是否有帮助。如果我们把金融业视为社会重要的基础设施，那么我们就应该采取特殊措施并通过立法对它进行保护，如果不对原有的全球市场规则进行变革，新一轮金融危机必将重演。1929 年经济危机之后，美国国会通过了严格的金融法规并得到罗斯福总统的认可。1992 年这些立法被废止。对金融市场缺乏严格的金融监管是导致 2007 年和 2008 年全球金融危机爆发的重要原因。

19.3.4 对金融体系改革的兴趣和支持

2010 年，研究人员开展了一项关于奥地利金融业的研究，目的是想确定金融行业脆弱性之所在，以及如何防范金融业的脆弱性。对金融行业脆弱性的研究需要金融体系的支持和开放。金融行业的反应很快表明，金融领域对这种新的安全理念毫无兴趣。2010 年，一组专家计划对奥地利银行业开展研究，但他们很快认识到，没有任何一家奥地利金融机构愿意开展合作。

在第 4 章关于解决欧盟安全的问题中，谢德施拉格试图解开金融业是否可以被看作一项关键性基础设施问题的答案。他指出，《斯德哥尔摩计划》列出了共同的威胁和挑战，但没有明确解决金融风险问题的内容。计划中关于欧洲安全模型的几个组成部分，似乎直接与金融行业和金融危机所带来的安全风险相关。这些模型的组成部分包括解决不安全的原因（不只是影响），将风险预警和预防放在首位，将政治、经济、社会等多个领域纳入保护公众安全的框架之中。

将金融危机和金融犯罪作为一个政治和社会安全问题也许会被一些风险研究者视为"泰坦尼克效应"。金融工具已被置于维护社会和整个国家安全的背景下。现在金融已不仅仅是创造财富的工具，它已经成为维护社会安全的工具，同时也是政治体系合法性的一项要素。

谢德施拉格在对欧洲不同国家金融与安全研究进行梳理的基础上，认为虽然有些国家已经将金融作为安全的一项指标，但是还没有认识到将金融作为一项关键性基础设施的重要价值。

令人失望的是，尤其是在 2007 年和 2008 年金融危机之后，大多数国家并未将金融部门看作一项重要的基础设施。这场金融危机应是一个明确的信号，让各国政府把金融领域视为一项重要的基础设施，并采取如保护交通、通信和能源系统一样的保护措施。低估风险是我们这个时代的典型特征。灾难发生时，每个人都想要改变它。但一旦灾难过去，对能否找到问题的解决方案没有人会去在意。切尔诺贝利事故、福岛核电站事故以及 2007 年后的全球金融危机都是很好的例子。

19.3.5　框架条件

一方面，人们面临诸多不安全因素的威胁，如人口爆炸性增长、工业垃圾、全球变暖、贫富差距拉大，以及对这些事件做出激烈反应的趋势。另一方面是人们对安全的渴望。在第 3 章中，埃德尔巴切尔和诺登解释说，奥地利的问题就是整个所谓的西方民主社会的问题。奥地利金融领域的行为很难理解，受新自由主义趋势的影响，奥地利的银行体系被划分为传统型银行和投机银行，这种银行建立在人们对暴富的期望以及银行承诺投资简单获利迅速的基础之上，但银行的资金投向和服务是值得怀疑的。结果，人们一方面对安全有强烈的需求，另一方面对迅速增加财富又充满渴望。

19.3.6　联合国和新的预防模式

在第 5 章中，利奇姆对安全发展提出了一个全球的视角。和平建设和确保两性平等工作中的国际合作非常重要。联合国特别是安理会的运作模式，为下一代的和平未来带来了希望。但是联合国的组织结构和体制必须进行改进，以提高效率和效益。

19.3.7　白领犯罪给我们的启示是什么

在本书第 2 篇，作者将他们打击白领犯罪的经验运用到其他金融犯罪领域中。他们利用在打击有组织犯罪和白领犯罪中所获取的经验，提出了降低新的金融危机发生的对策建议。白领犯罪行为模式与金融博弈犯罪行为模式相似。自由的市场给企业和行业的高管获取巨额不当利益带来了许多机会。在自由的市场中，国际公司和企业生产的货物在外国出售，打破了货物销售的边界限制。自由的市场理念在美国和欧洲国家被强化了，但这也为犯罪活动提供了机会。自由的市场在资本、人员和服务方面所体现的优势也往往被犯罪分子所滥用。

19.3.8　白领犯罪和公司犯罪

白领犯罪是萨瑟兰（Sutherland，1949）所创造的一个概念，在他的概念中，白领犯罪是具有较高社会地位的人在其履职过程中所实施的犯罪。我们现在所面临的事实是，企业的高层管理者经常会实施金融犯罪。我们同时也了解了关于白领犯罪更宽广的概念，即无论是具有较高社会地位的人还是在经济领域地位相对较低的人都有可能实施白领犯罪，如欺诈、贪污和金融盗窃。今天，萨瑟兰的定义仍然被使用，但包含了比最初设想的更广泛的犯罪活动范围。

19.3.9　白领犯罪的基本原理

契约必须遵守的诚信原则和最大诚信原则，它们是我们在经济生活和商业活动中必须遵守的原则。民主社会的法治功能使我们能依据这些原则彼此信任。这些原则也适用于独裁或其他政治制度。

对于想要实施欺诈犯罪的人来说，他们会用一个值得信赖的身份来隐藏真实的犯罪动机，即使他们有很高的社会地位。伯纳德·马多夫不会公开他的庞氏骗局，他不得不用一个成功商人的幌子来掩饰自己的恶行。在金融犯罪中，金钱是决定因素，贪婪是犯罪的诱发因素。

白领犯罪的一个基本要素是欺诈。在奥地利，乌多·普罗克施（Udo Proksch）是最有名的白领犯罪人。他有很强的个人魅力。他在奥地利政府有很多朋友，那个时代的许多杰出人物对普罗克施和他创建"45 号俱乐部"的想法都表示赞扬。普罗克施使太平洋上的一艘船只发生爆炸事故，并声称该船上运载了一台核设施，以此骗取了奥地利一家保险公司 200 多万欧元的保险赔偿。该船只计划将设备运往香港。20 年后的调查显示，这艘船运送的货物是下奥地利州一家工厂的工业零件，并非昂贵的原子设备。在此次事故中，6 名船员死亡，2 名部长被迫辞职。普罗克施被捕并被判无期徒刑。本案与马多夫的情况相似，虽然马多夫的一些商业伙伴对他和他的行为持怀疑态度，但总体上大家对马多夫的评价都非常高，以至于那些对马多夫的诚信提出怀疑的人根本无法揭露真相。掩饰个人的本性、受贪婪欲望的驱使以及实施欺诈行为，是上述两例白领犯罪的共通特征，这也被认为是白领犯罪的三个基本要素。

埃德尔巴切尔，一位退休警探，退休前主要负责对金融诈骗、洗钱、伪造、腐败等犯罪的调查。对那些可能成为白领犯罪受害者的人，他提出了以下一些防范建议：

（1）了解你的客户和商业合作伙伴；

（2）避免高风险业务；

（3）实施控制机制并使你的合作伙伴和客户意识到它的存在，这有利于阻止白领犯罪的实施；

（4）增强透明度以预防犯罪。

在对最近的金融危机进行分析后，黑泽尔在第 12 章中指出，世界危机已经成为经济和金融政策的关键词，"危机"一词的滥用也表明了一场智力危机，在危机概念的背后是个人和集体的自欺欺人以及在经济利益和政治上的算计。他还指出，刑法的适用对象有失偏颇，适用于"失败者"，而不适用于富人。最近的金融危机表明，企业和金融机构的董事和领导者并不总是把共同利益放在个人利益之上，而且这些领导者中有些人还有贪婪的动机，容易造成腐败。黑泽尔认为："金融危机不是自然灾害的结果，这场金融危机并不是一场无法阻止的海啸。"全球金融危机始于 2005 年雷曼兄弟为购房提供所谓廉价贷款的政策。这一政策直接导致相关机构陷入贷款危机，戏剧性地结束了"美国梦"，许多年轻人失去了工作，失去了房子，失去了对美好生活的希望。

在第 7 章中，西格尔的研究使我们认识到互联网对全球的潜在威胁。为了说明问题，他引用了一个估算数据，互联网的使用在 2000~2010 年增长了 445%，现在大约有 20 亿人在使用互联网。他还指出，网络犯罪和与其相关的资金流动，成为所有犯罪类型中跨国性最强的一项犯罪。网络犯罪与信息安全是 21 世纪面临的新挑战。黑客攻击每天都在发生，无论是个人还是公司抑或是政府都会受到网络攻击的威胁。对伊朗核计划计算机系统的蠕虫病毒攻击，说明互联网战争已成为现实。网络犯罪、白领犯罪与经济犯罪紧密相连，只有加强国际合作、健全国际法律制度才能有效地打击这些犯罪。《布达佩斯网络犯罪公约》为此指出了方向。

安蒂诺里在第 8 章中对黑手党犯罪进行了系统性研究。西西里岛的黑手党、卡拉布里亚的光荣会、坎帕尼亚的卡莫拉、阿普利亚的圣冠联盟等犯罪组织与来自俄罗斯、乌克兰、阿尔巴尼亚、摩尔达维亚、中国和尼日利亚的犯罪组织沆瀣一气。2008 年来自欧洲的报告评估意大利本地黑手党的财富在 1300 亿欧元左右。

反腐败国家联合会（GRECO）[①] 在 2009 年的报告中指出，意大利通过法律程序对腐败问题治理的效果越来越成问题，这被认为是意大利司法系统的"严重问题"。黑手党组织的主要犯罪工具已不再是暴力。相反，他们采取贿赂等手段使一些目标人物作为合作伙伴。意大利黑手党通过向建筑业、废物处理、商业贸易、房地产、医疗保健、食品加工和其他业务部门的渗透，逐步进入了这些高获利行业。黑手党犯罪正在从暴力犯罪组织转变为一种控制国家、承担国家职能的无形力量。

安蒂诺里还介绍了侧重于做混凝土行业和非法废物处理行业的"生态黑手党"的崛起历史。尽管无论是过去还是现在，暴力因素都是黑手党的一个特征，但具有现代组织形式的黑手党可以被称为白领黑手党，尽管"沉默法则"仍然是连接过去与现在的一个重要因素。安蒂诺里得出结论说，黑手党已成为冲突谈判的调节者和问题的解决者。只有在必要时才会使用暴力，而且不再使用明显的暴力。黑手党专注于商业和政治，并在这一过程中会使用恐吓和暴力。

第 11 章从全球的视角对有组织犯罪、白领犯罪和腐败犯罪进行了研究。米尔斯对新闻在打击腐败犯罪中的作用进行了阐释。全世界的记者都面临死亡、攻击、折磨、恐吓、骚扰和非法监禁的危险，因为他们的任务是获取和传递有关公共利益的信息。他们调查和揭露腐败。在非洲、美洲、亚洲和欧洲，人们可以找到许多这样的例子。根据国际新闻学会的死亡统计，2010年，在死亡的记者中，有 1/5 是因为报道腐败犯罪被谋杀，对腐败犯罪的报道已成为新闻报道中最危险的一个职业。有组织犯罪、白领犯罪和腐败犯罪的融合是造成新闻调查如此危险的一个重要原因。

在第 10 章中，托马斯克认为，行业自身、监管者的轻监管和对风险评估的失败，造成了金融监管机构的运转无力，疏于监管导致人们要求建立更有效率的监管部门取而代之。他探讨了出现这种情况的原因，并提出现代金融企业应建立更有效的内部控制措施、加强对金融企业的监管等建议。全球金融危机揭示了金融市场上一直存在大规模的金融欺诈和不当行为，只是这种状况被市场的乐观情绪所掩盖。他对英国和美国应对金融危机措施的巨大差异进行了分析。

在英国，检察机关和法院一般不愿意采取民事诉讼的方式处理企业的内部事务，就更不用说对企业内部及其控制人采取刑事措施了（Tomasic，2009）。相比之下，美国则不同，英国北岩银行倒闭后不久，美国的贝尔斯登投资银行倒闭，美国检方立即对贝尔斯登的前高管提起诉讼（Goldstein，2008：22-23）。审视当前的危机，特纳（Turner，2009：88）认为本轮危机中对金融业的监管是失败的，这种失败的迹象表明，需要更严格的监管法规和更为系统性的金融监管。他指出，通过采取更为严格的责任标准、树立市场诚信、加强内部控制的有效性、建立现代金融企业价值文化等措施，能够有效打击目前市场上仍在盛行的非法行为和欺诈行为。

在第 9 章中，多博夫塞克指出，法治在现代社会应对安全威胁和风险方面的作用和意义过于被动，政府应在遏制威胁全球安全的金融犯罪方面发挥更为积极的作用。多博夫塞克指出，强大的寡头已经捕获政府，创建了另外一套法律和社会结构。法律和社会结构被有组织犯罪和腐败犯罪所侵蚀，弱化了其自身的监管功能。政府俘获即意味着某些人可以滥用国家的法律和法规为个人谋取利益，忽视公共利益。例如，通过非法手段在议会获取支持，通过贿赂影响监管和司法判决。上述非法行为中，都有有组织犯罪的参与。

总之，有证据表明，金融危机的发生至少应部分地归咎于金融部门的欺诈行为。通过对白领犯罪和公司犯罪的犯罪手段方法进行调查，我们可以制定早期预警清单，发现这些犯罪行为并制定有效的打击措施。现行法律在打击金融欺诈方面表现得软弱无力，我们需要更有效的民事和刑事法律。

19.3.10 阻止下一场金融危机：控制机制

本书第 1 篇专注于由国家发展、通信系统、技术和交通运输的发展引起的安全理念的历史变革。在本书第 2 篇，作者阐释了白领犯罪、有组织犯罪和网络犯罪在诱发金融危机中的作用。第 3 篇提出了防范金融危机的一些适当的策略和措施。

泰尔在第 13 章中探讨了为什么美国的保险公司面临的困难比欧洲的要多。他描述了保险公司使用的工作方法和工具。他指出，承担风险是企业的主要特征之一，这在保险公司中体现得更为明显。保险公司存在的主要目的就是承担其他经济主体不愿意承担的风险。在一段时间内对可保风险形成适当的投资组合从而均衡风险是保险公司经营的首要因素。保险公司与投保人建立的合同关系建立在大数法则基础之上。

泰尔指出，纯风险不同于投机风险和道德风险。全额保险是指投保人将风险完全转移给保险人。为了保证保险公司能够在很长的时间里为客户提供服务，保护客户的利益，保险市场是一个高度管制的市场。他从五个方面阐释了风险分析的要素：机会、独立、评估、具体性和规模。他告诫一般企业不要冒险经营，它们缺乏对风险进行完整分析的能力，同时也缺少必要的法律工具。保险公司依法能够采取独特的一些经营措施。虽然选择安全意味着在短期内牺牲利润。但其他企业缺少保险公司在法律上可使用的独特措施。其他领域的公司无法像保险公司一样建立风险池，平衡风险并建立保险准备金。

在第 15 章中，费尔森莱希对人力因素和建立抵御金融犯罪的快速恢复机制进行了分析。他指出，在金融行业中，腐败是很常见的，那些本应承担稳定职责的人成了赌徒和可疑产品的销售者。其对社会责任、价值观以及社会相互作用所造成的损害应当被认识到。金融界不得不面对的事实是，外部控制机制并没有（仍然没有）发挥足够的主动作用。金融业必须被视为一个高风险行业，必须建立快速恢复制度。金融业如何才能具有可恢复性？可恢复性/复原力一般是指恢复或抵抗外部或内部威胁产生的冲击、损害或干扰的能力。

可恢复性通常是建立在安全文化基础之上的，这取决于深度心理因素。错误会造成巨大的损失，解决办法是打破激励陷阱和控制错觉的魔鬼循环。现代错误管理并不能忽视人的错误，但要克服最坏的情况。一个有用的工具就是该章中所提出的错误金字塔。金融企业必须注重以知识为基础的，包括深度心理学、社会技术和一般情况下以及事故处理等特殊情况下的组织互动等因素在内的可持续发展。

在第14章中，多博夫塞克和马斯特纳克对记者和警察在金融犯罪调查中的角色和相互之间的关系进行了讨论，特别是在涉及对政治和金融机构高层人物的腐败调查时。虽然新闻记者和警察都有相同的揭露犯罪行为的目标，但他们有时也会遇到合作困难的情况。无论警方还是新闻机构都是民主法治社会的基础。警方依法办事，新闻媒体向社会公众提供信息。

在第11章中，米尔斯论述了媒体在侦查犯罪和反腐败中作用。警方和媒体必须找到合作的方法。作者认为，研究结果表明，刑事案件的新闻调查应开始于警方的刑事调查走到死胡同的时候。当然这只是一个理论上的说法，因为在实践中，警方对秘密情报必须保持一定的敏感性，特别是一些重要的案件。然而，从事新闻调查的记者认为，这些信息应该提供给媒体。从长远来看，双方应当达成一致，与媒体的合作将有助于对复杂的腐败犯罪案件的揭露。

努西在第16章中指出，发展中国家采取了一方面要激励金融业高管有效履职，另一方面又要防范金融犯罪和腐败行为发生的方法来推动本国金融业的发展。努西指出，大量的研究已经验证，金融危机是由金融犯罪造成的。他认为政治因素使这些白领犯罪的发生成为可能，如银行和金融部门在政治上的强大影响力、监管不足等。在对金融机构给予大量的救助之后，政府应进一步完善监管规则、加大监管力度、提高透明度和风险预测能力。加强监管和控制会遇到很大的阻力，改革的长远发展需要有组织地进行，需要由精英阶层创造规则和进行机构改革，规范它们之间的竞争，以防止极端主义的出现。需要一个自我改善和自我执行的解决方案。市场参与者必须提高透明度，加强问责和监管力度。

法思在第17章中对"天使投资"对创业资助和对企业的积极影响方面做了研究。法思指出，由企业承担风险是新自由主义经济世界的原则，那些年轻、没有经验的企业家往往比年龄大、有经验的企业家面临更多的风险。投资天使则是两者的结合。如何才能使具有某方面专业知识并且经验丰富的经理人来创造一个高产、高效的企业？该章展示了在企业运行不稳定的情况下（如企业刚刚启动或遇到危机的情况下），天使投资者是如何向企业提供增值服务的。

在第 18 章中，克拉特考斯基指出，美国在治理腐败和保护金融利益方面有着悠久的历史。为调查、预防和打击伪造货币的行为，美国总统林肯在 1865 年创建了特工处。即使是后来特工处又增加了保护总统和其他政要的职责，但调查、预防和打击伪造货币的这项职责仍然存在。目前，美国联邦特工处（联邦经济情报局）的任务是保护国家金融基础设施和支付系统的安全，保护国家领导人、到访的国家元首和政府首脑的安全，维护指定地点的安全和处理国家特殊安全事件。

20 世纪 30 年代的经济大萧条期间，在罗斯福总统的领导下，美国国会在刺激经济方面发挥了非常积极的作用，为数以百万计的失业工人提供了金融援助，通过了相关立法以避免未来的经济萧条。美国国会通过了《格拉斯–斯蒂格尔法案》，该法案禁止商业银行从事投资银行业务。这一限制在 1999 年被废除后，兼营商业银行和投资银行业务的大型企业集团出现，放松管制成为常态。贝尔斯登、安然和世通公司的倒闭后，监管部门开展了一些调查并采取了监管措施，但这些措施多数没有产生太大的效果。为解决上述问题，2010 年，美国国会通过了《多德–弗兰克华尔街改革和消费者保护法案》。

美国联邦调查局改变了其组织结构，将重点放在金融犯罪上。其打击白领犯罪部门负责对与资产没收、洗钱、破产、公司活动、医疗保健、对冲基金、保险、批发市场、抵押贷款、证券和商品相关的欺诈犯罪的调查。反公共腐败部门负责对政府公职人员各种类型的腐败行为进行刑事调查，这些公职人员所在的领域包括处理边境违规、灾害、与外国政府交涉、经济刺激计划和电子犯罪等部门。打击网络犯罪和有组织犯罪部门专门从事与计算机入侵、网络猎捕、侵犯知识产权、网络欺诈等相关的犯罪行为的调查。沃特斯（Wouters，2010：1）指出了网络犯罪的十大类型。金融犯罪包括身份盗窃、诈骗、拍卖欺诈、信用卡诈骗、非法计算机活动。

在"9.11"恐怖袭击之后，美国通过了许多新的立法，并对许多机构进行了改革，产生了良好的效果。美国 2001 年通过的《爱国者法案》第三章（打击国际洗钱和反恐怖主义融资法案）是打击金融犯罪最重要的手段。它建立了许多新的机制，允许联邦调查机构预防、监测和起诉金融犯罪。

19.4 小结

通过对金融犯罪以及防范金融犯罪的控制措施的分析，作者发现尽管金融犯罪的细节在整个历史上存在差异，但其中人的因素仍然基本相同。人类仍然被贪婪的欲望所驱使。社会也为这些犯罪者提供了机会，他们会认为实施犯罪所获得的奖励（利润）超过成本（可能受到的处罚）。针对全球性的金融危机，大多数国家的政府都通过了相关立法，以控制那些被认为是导致危机的金融组织的可疑或非法行为。但高风险的做法仍在继续，对投资银行和投机行为的监管还显得软弱无力，难以产生预期的效果。在欧洲，稳定欧元的问题仍然没有得到解决。成员国的经济力量正在改变，却不能以透明、诚实和负责任的方式来表现。除非采取更有力的措施，否则未来的情况很难改善。金融危机发生的周期变得越来越短，下一场危机可能很快就会出现。

注　释

第1篇

第1章

①是指造成或促进犯罪行为发生或使犯罪活动恶化的各种因素。——译者注

②如《空间统计在犯罪分析中的运用概述》，参见查莱和拉特克利夫（Chainey and Ratcliffe，2005）。

③德国的图宾根、波兰的克拉科夫、南斯拉夫的卢布尔雅那和荷兰的乌得勒支等城市，是欧洲城市中学生人口占比较大的典型。

第2章

①食品法典（Codex Alimentarius），拉丁语的意思是"食品手册"。该手册是一个大全，包括国际认证标准、行业准则、实施规程、行为指南以及有关食品、食品生产和食品安全的补充建议等许多内容。

②《奥地利食品法典》对各种各样的食品标准及其生产进行了详细的规定。

③Kuxe，古德语的本思是指"树干或地层"（来自术语 kukus，源于拉丁语中的"cuccus"一词，这个词在 1327 年的一份文件中出现过），这里意指以采矿公会的法律形式经营的矿山的特定理想份额。kux 这个词的起源尚不清楚。——译者注

④三十年战争（1618~1648 年），是由神圣罗马帝国的内战演变而成的一次大规模的欧洲国家混战，也是历史上第一次全欧洲大战。这场战争卷入了各日耳曼邦国及邻近地区力量，是欧洲各国争夺利益、树立霸权的矛盾以及宗教纠纷激化的产物。战争以哈布斯堡王朝战败并签订《威斯特伐利亚和约》而告结束。三十年战争带来了有史以来最严重的经济危机。恶性通胀使经济活动被迫中断。这一危机被称为劣币危机（"Kipper und Wipperzeit"，Kipper 是指裁剪铸币的行为，而 Wipper 则指是摆弄天平找出足值的硬币的动作）。人们在这一时期从货币上"裁银"，裁剪货币并在劣币中挑出良币。——译者注

⑤《联合法案》（Act of Union）是形成联合王国的一个重要法案。它标志着苏格兰与英格兰的结合。苏格兰与英格兰的结合起始于 1603 年，当时原来的苏格兰国王詹姆斯六世继位成为英格兰国王，史称英格兰的詹姆斯一世，并且将原本属于他名下的苏格兰王国与英格兰合并成为一个暂时性的联盟。1707 年 5 月 1 日，《联合法案》通过，苏格兰正式与英格兰合并为一个国家，成为大不列颠王国。合并前原本的苏格兰国会已于 1707 年 3 月 26 日解散，苏格兰地区的管理事务全都移交到位于伦敦威斯敏斯特市的单一国会来执行，只保留一些立法方面的相关机构分开处理两地事务。大不列颠王国在之后又经过数次改制，最终成为今日所为人熟知的大不列颠与北爱尔兰联合王国。1998 年，英国政府根据 1997 年通过的公民投票决议，公布了《苏格兰法案》（Scotland Act），确定消失了接近三百年的苏格兰国会再次成立。新的苏格兰国会拥有大部分内部事务的管理权，包括局部税率调整。国会新址选择在苏格兰首府爱丁堡（也是过去苏格兰王国的首都）。——译者注

⑥互联网泡沫，也被人们称为信息技术泡沫或者科技、媒体和电信业或公司泡沫，是一种投机趋势，其特征是对互联网公司的过度投机导致的失败，这类公司通常被称为互联网公司。

第 3 章

①http：//www.sfi-sfu/eu（March 3，2011）。

②欧盟边防局是欧洲各国边境管理工作的合作平台，它由欧盟委员会创建，是一个对欧盟成员国外部边界进行合作管理的机构。欧盟边防局适用《欧盟基本权利宪章》中的完整边境管理理念，在促进欧盟各国边境管理协调发展方面发挥重要作用。欧盟边防局成立于 2004 年，办公地点设在波兰首都华沙。欧洲 27 个国家加入了该机构，包括 25 个欧盟成员国和挪威、冰岛两个非欧盟成员国。欧盟边防局帮助成员国的边界管理机构展开协同工作，为了达到协作这一目标，欧盟边防局的工作主要涵盖下列领域：联合行动、培训、风险评估、技术研究、提高快速应对能力、在联合遣返非法移民工作方面对成员国给予支持以及提供信息系统和信息共享环境。在完成其任务的同时，欧盟边防局还与其他一些欧盟组织如欧洲警察署（European Police Office）、欧洲环境管理委员会（European Committee for Environmental Management）、欧洲司法组织（European Judicial Organization）、联邦铁路局（The Federal Railroad Administration）、欧洲警察学院（European Police College）以及海关部门等机构保持密切联系和全方位合作，共同致力于促进地区自由、安全和司法公正。——译者注

③欧洲刑警组织于 1993 年成立，总部设在荷兰海牙，2010 年 1 月 1 日成为欧盟正式机构。同任何欧盟机构一样，欧洲刑警组织是在控制、检查和监督制衡治理制度基础上进行民主管理的一个合作协调机构。——译者注

④邻里支持倡议是奥地利的一个非官方的致力于维护和改善居民区安全的社区居民合作组织，它向希望为居民区的安全做出积极贡献的公民提供了一个互助平台。该组织由公民实名自愿注册并通过电子邮件发送有关安全的信息，目的是通过加强公民间的联系以减少他们居住区的财产犯罪。该组织的一个基本理念是：安全是一个关系所有人的问题，每个人都可以帮助社区创造一个安全的生活环境，安全的环境只能靠共同维护。成功的先决条件是公民与国家安全局、警察之间的良好合作。邻里的关注为预防犯罪和减少犯罪做出了宝贵的贡献。邻里支持倡议工作的内容包括：告知居民居住区内的财产犯罪情况，提供有关自身安全的警告，告知警察部门提供的相关专业信息，提醒居民新的犯罪侵害手段和欺诈方法，帮助居民增强或者加固他们住宅或公寓的安全性，与警察合作确保他们的安全，与国际上的志同道合者开展合作。许多国际专家证实，通过沟通预防犯罪，除了适当程度的警察工作外，细心的邻居也是防止盗窃的最佳保护。相关信息参见 https：//pronachbar. at/cms/front_content. php。——译者注

⑤Öffentliche Sicherheit 9-10/05，34；9-10/06，71 Der Standard，January 22，2010；January 15/16，2011，16.

第 4 章

①Article 4 of the Treaty on the Functioning of the European Union in the version of Lisbon（2007）.

②Article 47 of the Treaty on the Functioning of the European Union in the version of Lisbon（2007）.

③Article 3 of the Treaty on the Functioning of the European Union in the version of Lisbon（2007）.

④Article 21，paragraph 4 of the Treaty on European Union in the version of Lisbon（2007）.

⑤European Security Research and Innovation Forum（ESRIF）：Final Report，Part I（December 2009）<http：//www. esrif>，208-212.

⑥Article 83，paragraph 1 of the Treaty on the Functioning of the European Union.

⑦2008/114/EC 相关指令是欧盟理事会于 2008 年 12 月 8 日通过的《关于确定和指定欧洲重要基础设施和改善其保护必要性的评估》的指令。——译者注

⑧ European Council：Stockholm Programme.（2010）. An Open and Secure Europe Serving and Protecting Citizens. 2010/C115/01. Brussels，http：//eur-lex. europa. eu/LexUr iServ/LexUriServ. do? uri＝OJ：C：2010：115：00 01：0038：EN：PDF.

⑨ Council of the European Union.（2010）. Draft Internal Security Strategy for the European Union：Towards a European Security Model. 5842/2/10 Rev 2. Brussels，2.

⑩Stockholm Programme, op. Cit. (fn. 8), 23.

⑪Siedschlag A. and Jerkovic A. (2008). Primary interpretation of survey findings to identify national citizen security cultures. Central for European Security Studies (CEUSS). *Analytical standpoint*, 12. http：//www. european-security. info/asp12. pdf.

⑫European Commission. The role of the European Union in justice, freedom and security policy areas. *Special Eurobarometer*, 266. http：//ec. europa. eu/public_opinion/archives/ebs/ebs_266_en. pdf.

⑬http：//www. kiras. at; also *Security Research. Austria Innovative Special Edition*, 3a/2008, http：//www. kiras. at/cms/fileadmin/dateien/allgemein/security_research_2. pdf.

⑭Agence Nationale de la Recherche：*Appels à projets* 2008：*Concepts Systèmeset Outils pour la Sécurité Gicbale.* http：//www. agence-nationale-recherche. fr/? Nodid=17&LngAAPId=188.

⑮Federal Ministry of Education and Research：*Research for Civil Security. Programme of the German Federal Government Bonn/Berlin* 2007. http：//www. bmbf. de/pub/research_for_civil_security_. pdf.

⑯Presidenza del Consiglio dei Ministri, Dipartimento de la protezione Civile：*The Italian Civil Protection National Service.* http：//www. protezionecivile. it/cms/attach/brochuredpc_eng2. pdf.

⑰Ministry of the Interior and Kingdom Relations：*National Security. Strategy and Work Programme* 2007 – 2008. The Hague, May 2007. http：//www. minbzk. nl/aspx/download. aspx? File=/contents/pages/88474/natveiligh. bwdef. pdf.

⑱Comisión Interministerial de Cienciay Tecnología：*The Spanish National Plan for Scientific Research, Development and Technology Innovation* 2008 – 2011. http：//www. plann. acionalidi. es/documentos/plan_ingles_web. pdf.

⑲VINNOVA：Swedish Agency for Innovation Systems, Swedish Emergency Management Agency, Swedish Armed Forces, Swedish Defence Materiel Administration, Swedish Defence Research Agency, Swedish National Defence College, and Confederation of Swedish Enterprise. *Knowledge to safeguard security：proposals for a national strategy for security research.* June 2005. http：//www. vinnova. se/upload/EPiStore. Pdf/vp-05-03. pdf.

⑳Home Office, Office for Security & Counter-Terrorism, The Counter-Terrorism Science Unit. *United Kingdom Security & Counter-Terrorism Science & Innovation Strategy.* London 2007. http：//security. home. eoffice. gov. uk/news-publications/publication-search/general/science-innovation-strategyl? view=Binary.

㉑Siedschlag and Jerkovic. Primary interpretation of survey findings to identify national citizen security cultures, op cit. (fn 12). Siedschlag A. and Jerkovic A. (2010). Summary of CPSI Country Case Studies. Austria-Bulgaria-France-Germany-Italy-Netherlands-Sweden-United

Kingdom. Center for European Security Studies（CEUSS）. *Analytical Standpoint*，13. http：//www. european-security. info/asp13. pdf.

㉒相关指标见 Siedschlag and Jerkovic. Summary of CPSI Country Case Studies，op. cit（fn 25）。

㉓ European Commission Work Programme 2011. Cooperation. Theme 10. Security. C（2010）4900.（Brussels，19 July 2010）. ftp：//ftp. cordis. europa. eu/pub/fp7/docs/wp/cooperation/security/k-wp-201101_en. pdf.

第 5 章

①1946~1965 年，苏联对安理会的相关议题动用了 106 次否决权。

②实施技术援助扩大方案、设立特别基金，此后还设立了联合国开发计划署。（联合国开发计划署前身是 1949 年成立的技术援助扩大方案和 1958 年设立的旨在向较大规模发展项目提供投资前援助的特别基金。根据联合国大会决议，这两个组织于 1965 合并成立了今天的开发计划署——译者注）。

③纽约联合国秘书处联合国自然资源、能源和运输中心配备了与联合国秘书处政治事务部同等规模的员工人数。

④依据 1972 年在斯德哥尔摩召开的人类环境与发展会议的要求成立了联合国环境规划署。

⑤根据 1976 年在加拿大温哥华召开的第一次人类居住大会的要求成立了总部设在肯尼亚首都内罗毕的联合国人居署。

⑥联合国大会于 1966 年成立了联合国工业发展组织，最初是作为联合国的一项援助计划，1985 年正式成为联合国专门机构。

⑦1956 年，联合国安理会因英法否决而瘫痪，联合国大会召开紧急特别会议，旨在劝告埃及、以色列以及法、英等国在苏伊士运河与西奈半岛地区停战。为监督和确保停战，决定成立并派出联合国紧急部队［根据第 377（V）号决议］。

⑧根据 1948 年 5 月 29 日第 50（1948）号决议设立了联合国停战监督组织。见 The Blue Helmets-A Review of United Nations Peace Keeping，United Nations，DPI，New York，1996。

⑨1956 年 11 月 4 日联合国安理会第 998（ES-I）号决议设立联合国紧急部队。

⑩1964 年 3 月 4 日联合国安理会第 186（1964）号决议设立联合国驻塞浦路斯维和部队。

⑪根据《联合国宪章》第二条第七款的规定，《联合国宪章》不得认为授权联合国干涉在本质上属于任何国家国内管辖之事件，且并不要求会员国将该类事件依《联合国宪章》提请解决。

⑫战争的受害者 85%~95% 都是平民，这其中妇女和儿童又是主要的受害者。

⑬仅在 2009 年 8~11 月，安理会就通过了多项关于妇女与和平的决议：2009 年 9 月 30 日第 1888（2009）号决议；2009 年 10 月 5 日第 1889（2009）号决议；一项关于武装冲突中保护平民的决议，即 2009 年 11 月 11 日第 1894（2009）号决议；一项关于儿童与武装冲突的决议，即 2009 年 8 月 4 日第 1882（2009）号决议。

⑭安理会 1995 年 3 月 31 日第 983 号决议。

⑮安理会 2001 年 8 月 30 日第 1366（2001）号决议，关于安全理事会在预防武装冲突方面的作用。

⑯安理会 1989 年 6 月 14 日第 615（1989）号决议。

⑰安理会 1999 年 10 月 19 日第 1269（1999）号决议。

⑱安理会 2001 年 9 月 12 日第 1368 号决议。

⑲安理会 2001 年 11 月 12 日第 1373 号决议。

⑳安理会主席声明 SIPRST/99/28。

㉑联合国驻伊拉克警卫分遣队由身穿联合国制服的警察分遣队组成。

㉒联合国柬埔寨过渡时期权力机构（联柬权力机构），安理会 1992 年 2 月 28 日第 745（1992）号决议。

㉓联合国海地特派团（联海特派团），安理会 1993 年 9 月 23 日第 ar7119931 号决议。

㉔1998 年 12 月 29 日安理会主席关于维持和平与安全及冲突后建设和平的声明（PRST/1998/38）。

㉕A/RES/60/1, par. 97-105.

㉖联合国大会第 A/60/180 号决议和安理会第 1645（2005）号决议。

㉗Report of the Secretary General on the role of UN peacekeeping in disarmament, demobilisation and reintegration（S/2000/101）。

㉘《联合国宪章》第四十一条和第四十二条。

㉙David Cortright, George A. Lopez and Linda Gerber-Stellingwerf, "Sanctions", 349-369, Thomas G. Weiss and Sam Daws, *The Oxford Handbook on The United Nations*, Oxford University Press, New York, 2007.

㉚这些"朋友圈"的建立是为了解决海地、格鲁吉亚、萨尔瓦多和危地马拉的相关问题。

㉛FATF 是 1989 年由七国集团在巴黎峰会上提议成立的政府间机构，目的是应对泛滥的毒品资金，目前该机构主要负责制定和完善打击洗钱和恐怖主义融资的政策和具体标准。

㉜《联合国宪章》第四十七条。

㉝《联合国宪章》第二十九条。

㉞UN Doc. A//RES/60/1 par. 138 - 139 based on the Report *Responsibility to Protect*, containing the conclusions of the International Commission on Intervention and State Sovereignty, Ottawa 2001.

第 2 篇

第 6 章

①最大诚信原则是保险的基本原则之一，要求被保险人及其经纪人在保险人承保前披露并如实提示每个主要事项。违反最大诚信原则将使保险人有权废止合同。——译者注

②UNODC Conference on Crime Prevention（April 2010）. Vienna.

③International Organization on Migration and UNHCR.（2010）. Yearly Report.

④是指从意大利、南斯拉夫、土耳其、西班牙等国前往联邦德国做工的工人。——译者注

⑤http：//wikipedia. org/wiki/Bankruptcy, Sept. 11, 2010.

⑥http：//wikipedia. org/wiki/Bankruptcy, Sept. 11, 2010. http：//wapedia. mobi/en/Enron_scandal, September 2, 2010.

⑦http：//wikipedia. org/wiki/Bankruptcy, Sept. 11, 2010.

⑧空壳欺诈是指微型资本，即市场资本总额低于 5 亿美元的公司。——译者注

⑨ http：//de. wikipedia. org/wild/Bernhard. Madoff（2010）; Standard Presse, Kurier and other Austrian newspapers, December 14, 2010.

⑩是指能够在自动柜员机上取现的一种银行卡。——译者注

⑪即 1991 年 6 月 10 日欧洲共同体通过的《关于防止以洗钱为目的利用金融系统的理事会第 91/308/EEC 号指令》，简称《欧盟反洗钱指令》。——译者注

⑫根据奥地利关于洗钱的法律定义，见 Art. 165 StGB.

⑬http：//www. statistik. at/web _ de/statistiken/volkswirtschaftliche _ gesamttechnuneen/bru. from February 25t, 2012. Source：Statistik Austria, 97; Edelbacher M.（1995b）.

⑭超级工厂蠕虫病毒是世界上首个专门针对工业控制系统编写的破坏性病毒，能够对 Windows 系统和西门子 SIMATIC WinCC 系统的 7 个漏洞进行攻击，特别是针对西门子公司的 SIMATIC WinCC 监控与数据采集（SCADA）系统进行攻击。该病毒对大型工业、企业用户而言具有一定的风险，可通过网络传播，与以往病毒不同，其代码非常精密，曾造成伊朗核电站推迟发电，并于 2010 年传入我国。由于安全制度上的缺

失，该病毒还存在很高的大规模传播风险。——译者注

⑮钓鱼网站，又称"网络钓鱼"，一种通过各种方式伪造互联网上的银行、电子商务平台，骗取用户个人信息，从而窃取用户利益的攻击行为。——译者注

⑯仿制信用卡，利用卡片阅读机盗取信用卡磁条数据的一种犯罪行为。——译者注

⑰"419金融诈骗"是预付费欺诈犯罪的一种，在许多国家都有类似形式的犯罪，属于跨国犯罪。这种犯罪手段自20世纪80年代初以来一直存在。之所以被称为"419金融诈骗"，是因为它起源于尼日利亚原《刑法》第419章的"预付费欺诈"（Advance Fee Fraud），简称"419 AFF"。"419金融诈骗"被认为是具有数百年历史的西非骗局与现代恶作剧如"红汞骗局"相结合的一种衍生方式。"419金融诈骗"的行为路径如下：目标对象收到一份未经请求的传真、电子邮件或信件，通常涉及尼日利亚或另一个非洲国家，其中包括洗钱或其他非法建议，或者目标对象通过正常方式收到看似法定和合法的商业建议，包括虚假发票、"双胞胎"发票、遗产馈赠等，要求目标对象先行支付合规的手续费或者税费，从而达到骗取钱财的目的。据报告，1996年全球累计报告了419件此类犯罪案件，总计损失50亿美元，今天，此类犯罪造成的损失已经远远超过1000亿美元。——译者注

⑱De Speville，B. Council of Europe Mission to the Balkan Area. Fighting Corruption：the Essential People and Public Awareness Raising and Education on the Dangers of Corruption and Organised Crime.

⑲http：//www. hoffman-info. com.

第7章

①本文仅代表作者观点，不代表欧洲委员会的意见。

②欧洲委员会在其2001~2005年的年度有组织犯罪情况报告中引入了"对环境的考察"的概念，采用了PEST分析模型（模型因素包含政治、经济、社会文化和技术领域的环境分析）或PESTEL分析模型（在PEST分析模型的基础上又加入了生态和法律因素）。

③Seger，A. (1998). Entwicklung und Drogen in Asien：Drogenprobleme，Drogenkontrolle und nachhaltige menschliche Entwicklung in Laos，Afghanistan und Pakistan. PhD Thesis，Bonn.

④从国际监管的角度看，1988年《联合国非法贩运麻醉药品和精神药物公约》首次提出了打击洗钱问题。近些年来的相关协议要求在所有犯罪领域打击洗钱问题。参见Council of Europe Convention on the Laundering，Search，Seizure and Confiscation of Proceeds from Crime and the Financing of Terrorism（CETS 198）of 2005。

⑤可参见欧洲委员会制定的涵盖1990年以来适用于欧洲所有47个国家的洗钱、腐

败、有组织犯罪、贩运人口和刑事事项国际合作的软法律文书和硬法律文书以及其建立的欧洲国家反腐败委员会（GRECO）和反洗钱评估专家委员会机制（MONEYVAL）（http：//www. coe. int/economiccrime）。

⑥在 2001 年 9 月 11 日之前，美国政府计划缩减参与国际反洗钱的投入，但在"9.11"事件之后，美国政府的态度发生了逆转性的变化。

⑦这个关于"信息社会"的简单定义被广泛使用。见 http：//whatis. techtarget. com/definition/0，sid9_gci213588，00. html。

⑧http：//www. internetworldstats. com/stats. htm.

⑨在过去十年里，非洲对互联网的使用增长了 2.357%，预计光纤技术在非洲的使用将进一步增长。

⑩见与信息社会世界首脑会议有关的文件（http：//www. itu. int/wsis/index. html）和联合国互联网治理论坛的相关讨论（http：//www. intgovforum. org/cms/）。

⑪在带来积极效果的同时也可能产生灾难性的后果。

⑫e-Estonia（http：//www. valitsus. ee/？id＝5450）. e-Estonia 是爱沙尼亚数字国家计划项目之一，该项目使爱沙尼亚公民都能拥有属于自己的电子身份证卡，用于服务公民在生活中各方各面的需求。——译者注

⑬"零日漏洞"地下市场的高价说明了这一点，如果软件中的漏洞不为人所知，也没有针对这些漏洞采取应对措施，针对软件进行攻击的成功概率非常大。（"零日漏洞"通常指软件漏洞被发现后立即被恶意利用的漏洞——译者注）

⑭有关全球网络空间结构中犯罪和间谍活动生态系统的描述，请参见 Information Warfare Monitor/Shadowserver Foundation（2010）。

⑮http：//www. businessdictionary. com/definition/information-society. html.

⑯ http：//www. britannica. com/EBchecked/topic/130595/cybercrime/235698/Defining-cybercrime.

⑰Definition used by Symantec. 参见 http：//securityresponse. symantec. com/en/uk/norton/cybercrime/definition. jsp.

⑱http：//www. coe. int/cybercrime.

⑲这就是所谓的"计算机接口适配器"。

⑳根据该条规定，即便其所描绘的图像的对象不是未成年人，但只要其在外在形象上具有未成年人特征的也属于犯罪。部分国家对此表示异议，对该条持保留意见。

㉑相关案例可以参见 M 86 Security（White Paper）：Cybercriminals Target Online Banking Customers（August 2010）。http：//www. m86security. com/documents/pdfs/security _ labs/cyber criminals_target_online_banking. pdf。德国和比利时也对类似的案件进行了调查。

㉒Council of Europe.（2010）. Contribution of the Secretary General of the Council of

Europe to the Twelfth United Nations Congress on Crime Prevention and Criminal Justice, Salvador, Brazil, 12 – 19 April 2010 ［SG/INF （2010）4］http：//www. coeint/t/dghl/ cooperation/economiccrime/cybercrime/Documents/Reports-Presentations/SG%20Inf%20_2010 _4%20-%20UN%20Crime%20congress_ENGLISH. pdf.

㉓*Sophos Security Threat Report.* （August 2010）. 28. http：//www. sophos. com/security/ topic/security-report-2010. html.

㉔相关统计数据见 Symantec 公司 2010 年 4 ~ 6 月的数据统计季报，http：//www. symantec. com/business/theme. jsp？themeid = threatreport；Microsoft Security Intelligence Report，Vol. 8，July-Dec. 2009。

㉕2010 年德国估计有 43% 的用户的计算机遭受过病毒攻击。http：//www. bitkom. org/ 65019_65010. aspx. Symantec 公司认为，全球 51% 的计算机受到过恶意软件攻击。http：// www. symantec. com/content/en/us/home_homeoffice/media/pdf/cybercrime_report/Norton_USA- Human%20Impact-A4_Aug4-2. pdf。

㉖*Sophos Security Threat Report.* http：//www. sophos. com/security/topic/security-report – 2010. html.

㉗ Microsoft Security Intelligence Report，Vol. 8，July-Dec. 2009. http：//www. microsoft. com/security/about/sir. aspx.

㉘Commtouch Internet Threats Trend Report，first quarter，2010，spam and phishing messages average 183 billion per day. http：//www. commtouch. com/download/1679.

㉙Spamhouse lists about 100 such operations in its Register of Known Spam Operations （ROKSO） database. http：//www. spamhaus. org/rokso/.

㉚仅 Facebook 就有大约 5 亿活跃用户，http：//www. facebook. com/press/info. php？ statistics。

㉛*Sophos Security Threat Report.* http：//www. sophos. com/security/topic/security-report – 2010. html.

㉜参见微软安全情况报告 （Vol 9，Jan. -June 2010） 对僵尸网络进行了详细的分析 （http：//www. microsoft. com/security/sir/）。

㉝2009 年 12 月被拆除的蝴蝶僵尸网络 （Mariposa botnet） 由 1200 万台受感染的计算机组成。

㉞DNS 允许终端用户设备将给定的人类可读 URL （例如，http：//www. coe. int） 转换为网络可以理解的机器可用 6. IP 地址 （如 193. 164. 229 51） 用来识别和定位相应的计算机系统。

㉟最著名的例子之一是 2007 年 5 月对爱沙尼亚的攻击。

㊱http：//www. encyclopedia. chicagohistory. org/pages/1280. html.

㊲据报道，许多防弹托管域都分布在东欧和远东地区。针对欧洲部分可参见 Spamhouse 关于 Rock Phish 网络钓鱼域名的报告（Rock Phish 是一个欧洲犯罪团伙，主要设计网络钓鱼骗局。——译者注）（http：//www.spamhaus.org/organization/statement.lasso？ref-7）http：//en.wikipedia.org/wiki/Bulletproof-hosting。域名注册时，注册人和注册登记机构往往未能尽职尽责。欧洲委员会 2010 年 Octopus 会议建议 ICANN、注册登记管理人员和注册登记机构采取尽职调查措施，提供准确的 WHOIS 信息，并落实执法部门对 ICANN 和注册登记机构认可协议（Accreditation Agreement，RAA）的修订建议，以及符合数据保护标准的尽职调查建议。（http：//www.coe.int/t/dghl/cooperation/economiccrime/cybercrime/cy-activity-Interface-2010/207_IF10_messages_Is%20provisional%20_24%20Apr%2010.pdf）。

㊳*Symantec Intelligence Quarterly*. Apr.-june 2010. http：//www.symantec.com/business/themed.jsp？=themeid threatreport.

㊴G Data Whitepaper on Underground Economy，2009；http：//www.gdata-software.com/uploads/media/Whitepaper_Underground_Economy_8_2009_GB.pdf.

㊵http：//www.banksafeonline.org.uk/moneymule_explained.html.

㊶摘录于欧盟委员会 2005 年报告，第 42~43 页。作者负责该报告的编写工作。

㊷如《联合国打击跨国有组织犯罪公约》第 2 条所界定的。

㊸脚本小子（script kiddies），是一个贬义词，用来描述以"黑客"自居并沾沾自喜的初学者。脚本小子不像真正的黑客那样发现系统漏洞，他们钦慕黑客的能力与探索精神，但与黑客所不同的是，脚本小子通常只是对计算机系统有基础了解与爱好，但并不注重对程序语言、算法和数据结构的研究。他们通常使用别人开发的程序来恶意破坏他人系统。通常的刻板印象为一位没有专业培训经验的少年，破坏无辜网站企图使他的朋友感到惊讶，因而被称为脚本小子。——译者注

㊹一个臭名昭著的例子是 2000 年菲律宾一名学生发起的"I-love-you"病毒。

㊺http：//book.coe.int/EN/ficheouvrage.php？PAGEID=36&lang=EN&produit_aliasid=2221. http：//www.mpicc.de/ww/en/pub/forschung/forschungsarbeit/strafrecht/cyberterrorismus.htm. http：//www.indiajournal.com/pages/event.php？id=6472. http：//www.securitydefenceagenda.org/portals/7/reports/2008/sod_110208_cyber.pdf.

㊻也称为高级持续性威胁（advanced persistent threats）或 APT，http：//www.mandiant.com/services/advanced_persistent_threat/. http：//www.damballa.com/knowledge/advanced-persistent-threats.php。

㊼http：//en.wikipedia.org/wiki/2007_cyberattacks_on_Estonia.

㊽http：//www.registen.net/wp-content/uploads/2009/08/US-CCU-Georgia-Cyber-Campaign-Overview.pdf.

㊾ http：//www. guardian. co. uk/world/2009/jul/08/south-korea-cyber-attack. http：//en. wikipedia. org/wiki/July_2009_cyber_attacks.

㊿ http：//www. washingtonpost. com/wp-dyn/content/article/2010/02/03/AR2010020304057. html.

51 http：//www. schneier. com/blog/archives/2010/10/stuxnet. html. http：//www. computer-weekly. com/Articles/2010/11/30/244264/Iran-confirms-stuxnet-hit-uranium-enrichment-centrifuges. htm.

52 http：//www. cbsnews. com/stories/2010/11/29/world/main7099028. shtml. http：// www. nbccon-necticut. com/news/politics/Lieberman-Among-Many-Caught-in-Suspected-Wiki-Leaks-Cyber-Attack-111590714. html. http：//news. yahoo. com/s/afp/20101208/tc_afp/usdipl omacywikileaks Internet-computersecurity.

53 http：//definitions. uslegal. com/f/fraud/.

54 《布达佩斯公约》的解释性报告、签署、批准和加入的情况，见 http：//www. coe. int/cybercrime。

55 Internet Crime Complaint Center. （2010）. Internet Crime Report. http：//www. ic3. gov/media/annualreport/2009_IC3Report. pdf.

56 Internet Crime Complaint Center. （2010）. Internet Crime Report. http：//www. ic3. gov/media/annualreport/2009_IC3Report. pdf.

57 http：//www. bka. de/lageberichte/iuk/bundeslagebild_iuk_2009. pdf.

58 Seger （2007）, 154. http：//www. ispac-italy. org/pubs/ISPAC% 20 -% 20Identity% 20Theft. pdf. http：//www. coe. int/t/dghl/cooperation/economiccrime/cybercrime/Documents/ Reports-Presentations/567% 20port% 20id-d-identity% 20theft% 20paper% 2022% 20nov% 2007. pdf.

59 http：//www. antiphishing. org/reports/APWG_GlobalPhishingSurvey_2H2009. pdf.

60 如 2009 年涉卡类诈骗总金额 4. 403 亿英镑，其中非持卡欺诈 2. 664 亿英镑，参见 Financial Fraud Action UK. （2010）。

61 http：//www. fincen. gov/news_room/rp/reports/pdf/IMMFTAFinal. pdf.

62 http：//www. consumerfraudreporting. org/nigerian. php.

63 尼日利亚刑法第 419 条将这种行为定为刑事犯罪，http：//www. efccnigeria. org。

64 http：//www. consumerfraudreporting. org/lotteries. php.

65 http：//www. comsumerfraudreporting. org/auctionfraud. php，美国互联网犯罪投诉中心将未送达案件列为 2009 年执法部门最常见的投诉（占总投诉的 19%），http：// www. ic3. gov/media/annualreport/2009_IC3Report. pdf。

66 http：//www. who. int/medicines/services/counterfeit/overview/en/.

○67 http：//v35. pixelcms. com/ams/assets/312296678531/455 _ EAASM _ counterfeiting%
20report_020608. pdf.

○68 See Moneyval typology study on money laundering and counterfeiting（2008）. http：//
www. coe. int/t/dghl/monitoring/moneyval/Typologies/MONEYVAL（2008）22RRepTyp_
counterfeiting. pdf.

○69 《2010 年第一季度互联网威胁趋势分析报告》显示，在每天发送的 1830 亿条垃
圾邮件中，有 81% 与大众营销欺诈和药品销售相关，www. commtouch. com/download/
1679。

○70 药品销售收入的 30% ~ 40% 用于向这些主体支付销售佣金。

○71 http：//portal. bsa. org/Internetreport2009/2009Internetpiracyreport. pdf.

○72 如 1988 年通过的《关于非法贩运麻醉药品和精神药物公约》对相关问题进行了规
定，1989 年成立了 FATF 组织负责全球反洗钱工作，1990 年欧洲委员会通过的《关于清
洗、追查、扣押及没收犯罪收益的公约》，2005 年欧洲委员会通过的《关于清洗、搜查、
扣押和没收犯罪所得和资助恐怖主义的公约》（第 198 号公约）对此均有反映。http：//
www. unodc. org/unodc/en/treaties/illicit-trafficking. html；http：//conventions. coe. int/Treaty/
commun/QueVoulez Vous. asp？ NT = 141&CM = 8&DF = &CL = ENG；http：//www. fatf-
gafi. org/pages/0, 3417, en _ 32250379 _ 32236836 _ 1 _ 1 _ 1 _ 1 _ 1, 00. html；http：//
conventions. coe. int/Treaty/Commun/QuevoulezVous. asp？ NT = 198&CM = 8&DF = &CL = ENG；
http：//www. coe. int/t/dghl/cooperation/economiccrime/SpecialFiles/FI_en. asp.

○73 Financial Action Task Force.（2008）. Money Laundering and Terrorist Financing
Vulnerabilities of Commercial Websites and Internet Payment Systems. http：//www. fatf-
gafi. org/dataoecd/57/21/40997818. pdf.

○74 http：//www. fatf-gafi. org/dataoecd/4/56/46705859. pdf.

○75 这项研究由欧洲委员会反洗钱评估机构（MONEYVAL，www. coe. int/moneyval）、
全球反网络犯罪项目小组和欧盟关于俄罗斯联邦洗钱项目研究小组联合开展（MOLI-
RU2）。本章作者也是联合研究小组的成员。这解释了本章各部分和联合研究小组研究
成果的相似之处。此处仅使用了公开来源的信息，该研究于 2012 年 3 月完成并发表。
http：//www. coe. int/t/DGHL/cooperation/economiccrime/cybercrime/Documents/Reports-
Presentations/MONEYVAL（2012）6_Reptyp_flows_en. pdf。

○76 http：//www. coe. int/t/dghl/cooperation/economiccrime/cybercrime/cy% 20activity%
20interface% 202009/Interface2009_en. asp.

○77 Articles 2 - 6 of the Budapest Convention on Cyber Crime of the Council of Europe
（CETS 185）.

○78 《布达佩斯公约》第七条和第八条。

㊐《布达佩斯公约》第九条。

㊀《布达佩斯公约》第十条。

㊁http：//www. fatf-gafi. org/pages/0, 3417, en _ 32250379 _ 32236920 _ 1 _ 1 _ 1 _ 1 _ 1, 00. html.

㊂Convention on Laundering, Search, Seizure, and Confiscation of the Proceeds from Crime and on the Financing of Terrorism, 即《华沙公约》（Warsaw Convention），http：//conventions. coe. int/Treaty/Commun/QueVoulezVous. asp？NT = 198&CM = 8&DF = &CL = ENG.

㊃http：//www. ic3. gov/default. aspx.

㊄http：//www. melani. admin. ch.

㊅http：//www. actionfraud. org. uk/home.

㊆https：//www. signal-spam. fr/.

㊇http：//www. wolfsberg-principles. com/risk-based-approach. html.

㊈例如，支付卡行业数据安全标准（PCI DSS）和相关要求，https：//www. pcisecuritystandards. org/security_standards/index. php。

㊉ http：//usa. visa. com/download/merchants/visa _ risk _ management-guide _ ecommerce. pdf.

⑩ http：//www. coe. int/t/dghl/cooperation/economiccrime/cybercrime/Documents/Reports-Presentations/2079_reps_IF10-reps_wolfgangkleinwaechterl. pdf.

⑪http：//www. whois. net/。哪里有谁数据库（WHOIS database），WHOIS 读作"Who is"（非缩写），是用来查询域名的 IP 以及所有者等信息的传输协议。简单说，WHOIS 就是一个用来查询域名是否已经被注册，以及注册域名的详细信息的数据库（如域名所有人、域名注册商）。——译者注

⑫ http：//www. icann. org/en/compliance/reports/whois-accuracy-study – 17jan10 – en. pdf.

⑬据报道许多提供防弹托管服务的域名都注册于东欧和远东地区。可参见欧洲关于 Rock Phish 犯罪团伙在 Nic. At 上注册钓鱼网站利用垃圾邮件从事诈骗犯罪的相关报告。

⑭互联网名称与数字地址分配机构（The Internet Corporation for Assigned Names and Numbers，ICANN），成立于 1998 年 10 月，是一个非营利性国际组织，负责在全球范围内对互联网唯一标识符系统及其安全稳定的运营进行协调，包括互联网协议（IP）地址的空间分配、协议标识符的指派、通用顶级域名（gTLD）以及国家和地区顶级域名（ccTLD）系统的管理以及根服务器系统的管理。这些服务最初是在美国政府合同下由互联网号码分配当局（Internet Assigned Numbers Authority，IANA）以及其他一些组织提供。现在，ICANN 行使 IANA 的职能。——译者注

⑮ http：//www. coe. int/t/dghl/cooperation/economiccrime/cybercrime/cy-activity-Interface –

2010/Presentations/Ws%202/LEA_ICANN_Recom_oct2009. pdf.

⑨需要对指定名称和分配号码的互联网公司进行识别（http：//www. icann. org）。

⑨http：//gac. icann. org/system/files/Brussels-communique. pdf.

⑩http：//conventions. coe. int/Treaty/EN/Treaties/Html/198. htm.

⑨例如以反欺诈为重点的举措有以下几种。反钓鱼工作组（http：//www. antiphishing. org/），这是一个全球泛工业和执法协会，专注于消除欺诈和识别来自网络钓鱼的欺诈和盗窃行为。反电子邮件欺骗伦敦行动计划（http：//www. antiphishing. org/），旨在促进反垃圾邮件国际执法合作，解决与垃圾邮件相关的问题，如在线欺诈、网络钓鱼和病毒传播。作为扩大从事反垃圾邮件执法合作网络的一种方式，该计划允许其他政府机构、公共管理机构以及适当的私营部门代表参与该计划。信息反滥用工作组（http：//www. maawg. org/或 MAAWG）的成立是为了鼓励信息产业的发展协作并有效解决邮件滥用问题，如垃圾邮件、病毒、拒绝服务攻击和其他攻击。

⑩http：//www. fsisac. com/.

⑩http：//www. samentegencybercrime. nl/.

⑩ http：//www. coe. int/t/dghl/cooperation/economiccrime/cybercrime/Documents/LEA _ ISP/default_en. asp.

⑩http：//www. ecteg. eu/.

⑩ http：//www. coe. int/t/dghl/cooperation/economiccrime/cybercrime/Documents/Training/ default_en. asp.

⑩ http：//www. coe. int/t/dghl/cooperation/economiccrime/cybercrime/Documents/Points% 20of%20Contact/567_24_7report3a%20_2%20apri109. pdf.

⑩http：//www. egmontgroup. org/.

⑩http：//www. europol. europa. eu/publications/Camden_Assets_Recovery_Inter-Agency _Network/CARIN_Europol. pdf.

⑩http：//www. coe. int/t/dghl/cooperation/economiccrime/cybercrime/Documents/Internat ionalcoo-peration/2079_Cloud_Computing_power_disposal_31Aug10a. pdf.

第 8 章

①http：//www. piolatorre. it.

② Mario Draghi, anche straniere, *L'azione di prevenzione e contrasto del riciclaggio*, Commisssione Parlamentare d'inchiesta sul fenomeno della mafia e sulle altre associazioni criminali, Roma, 2009.

③http：//www. transparency. org.

④http：//ec. europa. eu/public_opinion/archives/ebs/ebs_325_sum_en_pdf.

⑤La Costituzione della Repubblica Italiana，Sezione Ⅱ，La Pubblica Amministrazione，Art. 97，Gazzetta Ufficiale，1947. http：//www. governo. it/Governo/Costituzione/Costituzione Repubblica-Italiana. pdf.

⑥http：//www. anticorruzione. it/site/ArtId_789/355/DesktopDefault. aspx.

⑦http：//www. associazioneulixes. org/95i-corrotti-restituiscano-cio-che-hanno-rubato/.

⑧在古代罗马，自由人是被救赎的奴隶，他们继续在主人的庇护下生活。作为回报，主人要求他们工作，尊重主人，并履行自由人的经济义务。

⑨"贿赂之都"或"贿赂之城"是指1992年发生在意大利的政治丑闻。之后意大利开展了"干净的手"的反腐行动，清查了大量腐败政客。——译者注

第 10 章

①这一说法的推论是："每个人看起来都像牛市中的天才。"这表明了一种令人不安的态度，这种态度在繁荣时期夸大了风险承担，如果批评者质疑普遍的市场逻辑，他们就会被贴上疯狂的标签。许多研究金融危机的学者指出，那些挑战市场中普遍流行逻辑的人或者那些驾驭牛市的天才们，大多命途多舛（Galbraith，1990；Kindleberger & Aliber，2005）。

②目前正在努力淡化这一优先事项（Davies & Masters，2009：2）.

③可以参见 Simpson（2002：35-44）关于知觉威慑的相关研究。

④一直以来都如此并非新生事物（Augar，2000；Clarke，1986）。

⑤任命前公司和银行业高管到上议院的做法与上议院参与监管政策制定应对金融危机相关。如保罗·迈纳斯勋爵（Lord Paul Myners，在担任城市部长前系某公司董事会主席）和男爵夫人施莱蒂·瓦德拉（Baroness Shriti Vadera，前投资银行家，在拯救英国北岩银行方面发挥了领导性作用）。

⑥例如，哈里法克斯银行（HBOS）的首席执行官被任命为 FSA 的副主席，他在担任哈里法克斯银行首席执行官期间采取了一种极其危险的银行发展战略，导致后来英国政府不得不对其进行救助（Eaglesham&Hughes，2009：2；Treanor，2009b：33，2009d：4）。英国政府在被说服接管负债累累的哈里法克斯银行之后，对劳埃德银行（Lloyds）采取了更强有力的控制措施（Treanor，2009a：10）。

⑦例如任命高盛前投资银行家汉克·保尔森（Hank Paulson）为美国财长。

⑧安然公司首席执行官杰弗里·斯基宾（Jeffrey SkiBing）被判 24 年监禁，上诉后维持原判。安然董事会主席肯尼斯·莱（Kenneth Lay）也被定罪，但两个月后去世。首席财务官安德鲁·法斯托（Andrew Fastow）被判 6 年的监禁（CBC News，2006，2008）。前世通首席执行官伯纳德·埃伯斯（Bernard Ebbers）被判证券欺诈、共谋和提交虚假陈述罪，并被判处 25 年监禁，尽管他否认有任何可疑的会计行为。世通公司的首席财务

官斯科特·沙利文（Scott Sullivan）与检察官合作，提供了用来认定伯纳德·埃伯斯有罪的相关证据，与埃伯斯相比从宽处罚（Masters，2005；Crawford，2005a，b）。

⑨20多年来，美国证券交易委员会未能对马多夫（Madoff）的活动开展适当的调查，尽管其他市场参与者偶尔会担心马多夫的商业模式，认为这种模式难以置信。

⑩参见 The Queen on the Application of Corner House Research and Campaign against Arms Trade and the Director of the Serious Fraud Office and BAE Systems［2008］EWHC 714（Admin）。

⑪Extract from the Prime Minister's letter is quoted by The Court in The Queen on the Application of Corner House Research 第31段引用了首相信件的摘录 Murphy（2008，4），BBC News（2008），and Gibb&Webster（2008）也引用了这段话。

⑫The Queen on the Application of Corner House Research，above，Paragraphs170 and 171，另见 Peel（2008，4）。

⑬该委员会还对英国现行反贿赂法提出了批评，并认为它需要"合理化"（Law Commission，2008，Paragraph 1.1；Joint Committee on Draft Bribery Bill，2009，9；http：//www.lawcom.govuk/docs/lc313.pdf）。

⑭根据美国《反国外腐败法》，国外的腐败行为可能面临刑事处罚，公司和其他商业实体将受到最高200万美元的刑事罚金；公司官员和代理人将受到最高10万美元的刑事罚金。然而，根据美国《选择性罚款法》，罚款的实际最高额可能是非法所得的两倍（U.S. Department of Justice Lay Person's Guide an the US Foreign Corrupt Practices Act，http：//www.usdoj.gov/criminal/fraud/docs/dojdocb.html）。

⑮评估数据源于透明国际和 Kroll 最近的报告，可参见 Transparency International（2009a，2009b）。

⑯类似的秘密做法还包括洗钱和通过离岸避税天堂实施的逃税行为，但对这些问题的研讨已超出了本文的范围（Brittain-Catlin，2005；Lilley，2009；Robinson，1994，2003）。

⑰银行家们的道歉参见下议院财政委员会的报告（House of Commons，Treasury Committee，2009：48）。

⑱在对北岩银行接管的过程中，该银行股东声称银行的资产被政府不公平地挪用了。参见 Court of Appeal decisions in（1）SRM Global Fund LP；（2）RAB Special Situations（Master）Fund Ltd（3）Dennis Grainger and Others v. Treasury Commissioners［2009］EWCA Civ 788。

⑲FSA 遭到了来自其内部审查部门和下议院财政委员会等外部机构的批评（Parker，2009：2）。

⑳全球各地证券市场监管机构对内幕交易提起诉讼的情况见 Hughes，2008：22；Hughes，20096：2；Verkalik，2009：1；Yu，2009：B6；Mathiason，2009a：23）；与此

有关的其他市场不当行为见 Hughes（2009a，17）。

㉑相比于布什政府时期，美国证券交易委员会已加强了对市场的监管（Chung，2009e：3，2009g：20），美国联邦储备委员会的相关监管活动见 Guha（2009：5）。

㉒在其他地方也注意到了类似的行为模式（Lewis，2009：65）。

㉓大卫·沃克爵士（David Walker）是摩根士丹利（Morgan）前董事长，现在仍是该公司的高级顾问。因此，基于其特殊的身份，由他领导该委员会开展审查是一个奇怪的选择。在对沃克的报告进行审查的过程中，Augar（2009b）（前银行家现行业评论员）对任命沃克对这些事项开展评估进行了批评。下议院财政委员会也认为沃克不是领导此项工作的最佳人选。该委员会声称"大卫·沃克爵士的背景以及与伦敦金融城的密切联系使我们不相信他是承担审查银行业公司治理工作的理想人选"（House of Commons，Treasury Committee，2009：58）。

㉔合规和实际产生的结果有时是矛盾的，如前面提到的《公司治理联合准则》作为处理公司治理失败的一种方式而广为人知。美国的安然和印度的萨蒂亚姆（Satyam）都因公司治理合规而获得殊荣，却都在获誉后不久崩溃。

㉕参见班布里奇关于主要管理者模型的讨论 Bainbridge（2008）。

㉖如果我们对商业世界构建法律规则方式的相关早期文献进行回顾，就不会鼓励这种乐观主义（McBarnet&Whelan，1991；McBarnet，1991），至于企业采取的一些创新方式以使其行为合规这本身就是商业行为的特征 McBarnet（1994：73，2006）。

㉗见 FSA 对其救助的商业银行新薪酬规则的回应（Treanor，2009c：25）。

㉘在 20 世纪 90 年代经济繁荣和房地产泡沫时期，销售此类资产计划的大有人在，不止马多夫一人。在美国还存在类似的骗局，如艾伦·斯坦福组织的一项 70 亿美元的庞氏骗局在未经监管机构认真审查的情况下存在多年（Clark，2009：38；Bone et al.，2009：43；Peel，2009e：1；Chung et al.，2009a：22；Cookson&Peel，2009：17；FT Reporters，2009：12；Peel，2009a）。

㉙美国证券交易委员会的一位官员 Edwin Nordlinger 曾经这样描述过，见 Burrows（2009：25）。

㉚内部人士感知优势的相关论述见 Kay（2009a）。

㉛这个故事 2008 年被《巴伦金融周刊》再版，见 Arvedlund（2009）。

㉜美国已经朝着这个方向做出了一些努力（Warren，2009）。

第 11 章

①据国际新闻协会的死亡观察报告，美国超过亚洲成为世界上从事新闻工作最危险的地域。报道腐败行为成为记者遭受危险的重大因素，http：//www.freemedia.at/focus-on/focus-on-corruption/singleview/5060/。

② Freemedia. Three suspects arrested in Mexico journalist kidnappings. http: //www. freemedia. at/singleview/5091/.

③ IPI. World Press Freedom Review 2010. Focus on the Americas: Mexico and Honduras account for nearly a quarter of journalists' deaths. http: //www. freemedia. at/singleview/5503/.

④ IPI Death Watch Report. http: //www. freemedia. at/asia-australasia/singleview/5299/.

⑤ Voice of America. Afghan journalist attacked with acid. http: //www. voanews. com/english/news/asia/Afghan-Journalist-Attacked-With-Acid－114202539. html; The New York Times. Six are held in attack on Chinese investigative journalist. http: //www. nytimes. com/2010/12/22/world/asia/22china. html.

⑥ IPI Death Watch Report. http: //www. freemedia. at/asia-australasia/singleview/5482/.

⑦ IPI Death Watch Report. http: //www. freemedia. at/site-services/singleview-master/5001/.

⑧ The Daily Mail. Russian journalist disabled after beating is convicted of slander over corruption probe that saw other reporters attacked. http: //www. dailymail. co. uk/news/article－1328448/Russian-journalist-Mikhail-Beketov-disabled-beating-convicted-slander. html.

⑨ Forbes. com. Forbes Russia editor murdered in Moscow. http: //www. forbes. com/2004/07/09/cz_sf_0709klebnikov. html.

⑩ IPI Death Watch Report. http: //www. freemedia. at/africa/singleview/4903/.

⑪ International Freedom of Expression Xchange (IFEX). Armed groups and politicians behind attacks on journalists says NUSOJ. http: //www. ifex. org/somalia/2011/01/12/nusoj_report_2010/.

⑫ IPI. As Tunisian court upholds journalist's sentence, IPI releases report on covering corruption in Tunisia. http: //www. freemedia. at/singleview/5033/.

⑬ Reporters without Borders. Arrest of fourth online journalist in 16 months makes Syria the Middle East's biggest jailer for cyber dissidents. http: //arabia. reporters-sans-frontieres. org/article. php3? id_article=18939.

⑭ IPI. In Rome, Italian journalists receive threatening letter along with bullets, while in South another reporter is physically assaulted. (http: //www. freemedia. at/singleview/5375/.)

⑮ Spiegel Online International. Sarkozy draws ire over media spying claims. http: //www. spiegel. de/international/europe/0, 1518, 727986, 00. html.

⑯ The Guardian. Trafigura investigation sums up our core values. http: //www. guardian. co. uk/sustainability/trafigura-investigation-core-values.

⑰ IPI. Finnish journalist faces jail time in Slovenia over broadcast accusing government of corruption. http：//www. freemedia. at/site-services/ngleview-master/4488/.

⑱United Nations Office on Drugs and Crime (UNODC). http：//www. unodc. org/ documents/treaties/UNCAC/WorltingGroups/workinggroup4/2010 - December - 13 - 15/V1056937e. pdf.

⑲UNESCO. Press freedom：safety of journalists and impunity. http：//docs. google. com/ viewer? a = v&q = cache：5CMYO7_2X9gJ：unesdoc. unesco. org/images/0015/001567/156773e. pdf+% 22 press + freedom% 22 +% 2Bimpunity&h1 = en&pid = bl&srcid = ADGEEShwsKBfill CiKux41BWC 159N _ wVlYfFhntu G93aPXTfuVOXyfUcASykp4kEwXaQeToNwzVUuW _ 2XFCmO KEWcOQMW89aHuu 6wlczy_VNO04kJlC-Ohw6OgxgV5qRS2RjwL4LNhQ&sig = AHIEtbRjKFeY Pqn_U59Wdy15fAF NOI2sdQ.

第 12 章

①Greeve，G. korruptionsdelikte in der Praxis，2005，No 1.

②Vahlenkamp，W. & Knauss，J. Korruption：Ein unscharfes Phänomen als Gegenstand zielgerichteter Prävention，*BKA Forschungreseihe*，1995，33，20.

③Hetzer，W. General remarks on the fight against corruption in Europe，NJW，2004，3746.

④ABI EG. (1998). C326/1，27.

⑤Greeve，G.，loc. Cit. 1.

⑥Fischer，T. (2007). Strafgesetzbuch und Nebengesetze，5th ed，before Article 298，No 4.

⑦ See Wolf，S. Der Beitrag internationaler und supranationaler Organisationen zur Korruptionsbekämpfung in den Mitgliedstaaten，*Speyerer Forschungsberichte* 2007，253，31.

⑧Wolf，S. loc. cit. 31，32.

⑨COM. (2004) 709，final of 25. 10.

⑩Second report on Implementation，5.

⑪Bulanova-Hristova，G. (2010). Von Sofia nach Brüssel Korrupte Demokratisierung im Kontext der europäischen Integration.

⑫ Claussen，H. R. & Ostendorf，F. H. (2002). Korruption im öſentlichen Dienst，2nd ed.，3："Korruption gibt es seit Menschengedenken".

⑬Scholz，R. (1995). Korruption in Deutschland，1995，9.

⑭Bannenberg，B. & Schaupensteiner，W. J. (2004). *Korruption in Deutschland：Porträt einer Wachstumsbranche.*

⑮Leyendecker，H. *Die Korruptionsfalle：Wie unser Land im Filz versinkt*，2003，273. See also

Schaupensteiner, W. J. (2003). Zehn Gebote zur Korruptionsbekämpfung In *Bundeskriminalamt*, *Wirtschaftskriminalität und Korruption*, *Polizei und Forschung*. 22.

⑯ Hetzer, W. Strafrecht ist kein Allheilmittel. In: Friedrich-Ebert-Shiftung. (Ed.), *Korruption in Deutschland*: *Ursachen*, *Erscheinungsform*, *Bekämpfungsstrategien*, 1995, 123.

⑰ Rzeszut, J. Gerichtliche Strafrechtspflege als Antikorruptionssignal. In Kreutner, M. (Ed.), *The Corruption Monster*: *Ethics*, *Politics*, *and Corruption*, 2006, 345.

⑱Hetzer, W. *Korruption*: *Leegalisierung oder Bekämpfung?* Kriminalistik, 2004, 86.

⑲Schilling, A. & Dolata, U. (Eds.). (2004). *Korruption im Wirtschaftssystem Deutschland*, 2nd ed.

⑳Androulakis, J. *Die Globalisierung der Korruptionsbekämpung*, 2007, 479.

㉑Hetzer, W. EWS, 2003, 489.

㉒Schorsch, E. *Kriminalistik*, 2007, 236.

㉓Zweiter Periodischer Sicherheitsbericht 15. November 2006 (Second Periodic Security Report), 441. (http: //www. bmi. bund. de/nn_122688/internet/Content/Broschueren/2006/2 _Periodischer _ Sicherheitsbericht _ de. html). The Organised Criminality and White Collar Criminality chapters in the First Periodic Security Report (2001) provoked critical responses. Hetzer, W. , *Kriminalistik*, 2001, 762, 767.

㉔2. PSB, 442, 443.

㉕2. PSB, 444.

㉖2. PSB, 445.

㉗2. PSB, 446.

㉘2. PSB, 447, 448.

㉙2. PSB, 448.

㉚2. PSB, 450.

㉛2. PSB, 453.

㉜2. PSB, 454.

㉝Lippert, F. & Sürmann, H. *Kriminalistik*, 2007, 231.

㉞ Lippert, F. & Knorre, U. *Kriminalistik*, 2007, 222; Heissner, S. (2001). Die Bekämpfung von Wirtschaftskriminalität-Eine ökonomische Analyse unternehmerischer Handlungsoptionen (Combating white collar criminality: an economic analysis of options for employers).

㉟2. PSB, 221.

㊱2. PSB, 222.

㊲2. PSB, 224.

㊳2. PSB，227.

㊴2. PSB，232.

㊵Hetzer W.，wistra，1999，126.

㊶Arlacchi，P.，Mafiose Ethik und der Geist des Kapitalismus（Mafia ethics and the spirit of capitalism），1989；Mafia von Innen：Das Leben des Don Antonio Calderone，（Mafia：the inside story：the life of Don Antonio Calderone）1993；Dickie，J.，Cosa Nostra：Die Geschichte der Mafia（Cosa Nostra：the history of the mafia），7th ed.，2006；Klüver，H.，Der Pate Letzter Akt；Eine Reise ins Land der Cosa Nostra（The godfather's final act：a journey into the land of the Cosa Nostra），2007；Lupo，S.，Die Geschichte der Mafia（The history of the mafia），2002；Saviano，R.，Reise in das Reich der Camorra（Journey into the kingdom of the Camorra），2007.

㊷ Hetzer，W. *kriminalistik*，2007，251，255. Armin，H.（Ed.），Korruption und Korruptionsbekämpfung（Corruption and countercorruption），*Publications of the University of Speyer*，185，2007；Dolata，U.，*Kriminalistik*，2007，217，246. On the international aspects of combating corruption：Wolf，M.，NJW 2006，2735.

㊸ Leyendecker，H. Die grosse Gier-Korruption，Kartelle，Lustreisen：Warum unsere Wirtschaft eine neue Moral braucht（The great lust：corruption，cartels，pleasure trips：Why our economy needs a new system of ethics）2007，12.

㊹Leyendecker，H. loc. cit. 13.

㊺Leyendecker，H. loc. cit. 19.

㊻*Der Spiegel*，October 5，2009，74.

㊼*Sunday Times*（London），interview，November 8，2009. http：//spiegel. dewirtschaft/unternehmen/0. 158. 660075. 00html.

㊽政治和策略一词是以权力、实践和物质因素为基础的通盘考虑，并不以意识形态观念或道德或伦理为前提。http：//en. wikipedia. org/wiki/Realpolitik。

㊾*Der Spiegel*，October 5，2009，74.

㊿马勒斯制度是一个通用的术语，一种用途广泛的奖金制度，包括积极和消极的激励。该制度被广泛应用于不同类型的业务合同和关系，以及诸如保险等特定的行业。——译者注

(51)阿克曼要求银行的税前股本回报率在25%以上。此处意在说明，对银行经理的业绩考核不能偏离利润目标的设定。——译者注

(52)Fleischhauer，J. *Der Spiegel*，April 3，2010，57.

(53) *Hannoversche Allgemeine Zeitung*，March 2，2009. http：//www. financial. de/news/wirtschaftsna chrichten/2009/03/02.

(54)*Suddeutsche Zeitung*, February 4, 2010, 2.

(55) U. S. Permanent Subcommittee on Investigations, Anatomy of a Financial Collapse Report, April 2011, 1.

(56) U. S. Permanent Subcommittee on Investigations, Anatomy of a Financial Collapse Report, April 2011, 2, 3.

(57) U. S. Permanent Subcommittee on Investigations, Anatomy of a Financial Collapse Report, April 2011, 4.

(58) U. S. Permanent Subcommittee on Investigations, Anatomy of a Financial Collapse Report, April 2011, 5.

(59) U. S. Permanent Subcommittee on Investigations, Anatomy of a Financial Collapse Report, April 2011, 6.

(60) U. S. Permanent Subcommittee on Investigations, Anatomy of a Financial Collapse Report, April 2011, 7.

(61) U. S. Permanent Subcommittee on Investigations, Anatomy of a Financial Collapse Report, April 2011, 8.

(62) U. S. Permanent Subcommittee on Investigations, Anatomy of a Financial Collapse Report, April 2011, 10.

(63) U. S. Permanent Subcommittee on Investigations, Anatomy of a Financial Collapse Report, April 2011, 12.

(64)Morgensohn, G. & Story, L. No prosecutions of top figures in Financial Crisis. http://www. nytimes. com/2011/04/14/business/14prosecute. html? adxnnl = 1&ref = homepage&src = me&adxnnlx = 1302883351-D5XYwN/7u/XENNAtFx6MFA.

(65)Nouriel, R. & Mihm, S. (2011). *Crisis Economics*, 1.

(66)Nocera, J. You call that tough? *New York Times*, May 7, 2011. http://ny. times. com/2011/05/07/opinion/07nocera_html? _r = 1&ref = joenocera&pa.

(67)Financial Crisis Inquiry Report (FCIR), Final Report of National Commission on the Causes of the Financial and Economic Crisis in the United States, January 2011, XI.

(68)Financial Crisis Inquiry Report (FCIR), Final Report of National Commission on the Causes of the Financial and Economic Crisis in the United States, January 2011, XVII.

(69)Financial Crisis Inquiry Report (FCIR), Final Report of National Commission on the Causes of the Financial and Economic Crisis in the United States, January 2011, XVIII.

(70)Financial Crisis Inquiry Report (FCIR), Final Report of National Commission on the Causes of the Financial and Economic Crisis in the United States, January 2011, XVIII, XIX.

(71)Financial Crisis Inquiry Report (FCIR), Final Report of National Commission on the

Causes of the Financial and Economic Crisis in the United States，January 2011，XXI.

⑦Financial Crisis Inquiry Report（FCIR），Final Report of National Commission on the Causes of the Financial and Economic Crisis in the United States，January 2011，XXII.

⑦Financial Crisis Inquiry Report（FCIR），Final Report of National Commission on the Causes of the Financial and Economic Crisis in the United States，January 2011，XXIII.

⑦Financial Crisis Inquiry Report（FCIR），Final Report of National Commission on the Causes of the Financial and Economic Crisis in the United States，January 2011，XXIII.

⑦Financial Crisis Inquiry Report（FCIR），Final Report of National Commission on the Causes of the Financial and Economic Crisis in the United States，January 2011，XXIV.

⑦Financial Crisis Inquiry Report（FCIR），Final Report of National Commission on the Causes of the Financial and Economic Crisis in the United States，January 2011，XXV.

⑦Financial Crisis Inquiry Report（FCIR），Final Report of National Commission on the Causes of the Financial and Economic Crisis in the United States，January 2011，XXVI.

⑦Financial Crisis Inquiry Report（FCIR），Final Report of National Commission on the Causes of the Financial and Economic Crisis in the United States，January 2011，XXVII.

⑦Financial Crisis Inquiry Report（FCIR），Final Report of National Commission on the Causes of the Financial and Economic Crisis in the United States，January 2011，XXVIII.

第3篇

第13章

①点估计是指单个损失大小及其相关概率，概率分布描述了整个范围的损失大小。

②利息、风险分担和费用是金融产品价格的主要组成。——译者注

③此处的利息即借款的价格。——译者注

④此处的利息和费用共同构成了借款的价格。——译者注

⑤信用违约互换的目的是转移和转换信用违约的风险。

第14章

①这是一项基本核查，有时可以通过在图书馆获取信息来进行。

第15章

①Army major kills himself over Bernard Madoff fraud debts，Adam，S.，*The Telegraph online*，2009.

②Klage "mit aller Vehemenz" bekämpfen, ORF News online.

③Primeo-Schatten reichen bis nach Afrika, Renate Graber, *Der Srandard* online.

④Die gewonnene wette des John Paulson, Wedewitz, F., *Zeit* online, 2010. Goldman Settles With SEC for \$550 Million, *New York Times* online, 2010.

⑤ "陷入失败" （drift into failure）一词从斯考特·A. 斯诺克（Scott A. Snook）的实践漂移理论（theory of practical drift）而来，见 Scott A. Snook. （2000）. *Friendly Fire*, 179-201。

⑥黛安·沃恩（Diane Vaughan）在她 1996 年出版的 The *Challenger Launch Decision* 一书中使用了 "偏差正常化" （normalization of deviance）一词，见该书第 62~64 页。她描述了美国宇航局安全文化侵蚀导致的 1986 年空难。

⑦查尔斯·佩罗（Charles Perrow）在《正常事故：生活在高风险技术社会》（*Normal Accidents：Living with High-Risk Technologies*）一书中，首先使用了复杂性/耦合性关系图（1999，96-100.）。在本书中，佩罗并没有论述任何关于金融组织的事情。他引用了传统的高风险环境，如采矿、军事、铁路、化工、海洋、空间、航空或核电站，以及其他尚未被认识到的环境，在他的复杂性/耦合性图中，金融世界没有作为关键基础设施发挥作用。从那以后似乎没有什么变化。今天，银行系统的崩溃通常被比作核熔毁——复杂/耦合关系中最坏的一种情况场景（worst-case-scenario）。

⑧尽管 "共享心理模型" 不是复原力的构成要素，但在复原力的实践中经常使用。心理模型也翻译为 "心智模型"。早在 20 世纪 40 年代，心理学领域的研究者就开始关注心智模型（mental model），心智模型是人们基于自身理解和体验的心理机制，该模型可以用来描述系统目标和形式、解释系统活动、观察系统状态及预测系统未来状态。1993 年，Cannon-Bowers J. A. 等注意到个体间的心智模型在团队合作时会产生一定的交互作用，首次提出 "共享心智模型" 概念，认为共享心智模型是指团队成员共同拥有的关于任务情境的知识结构，可以使团队成员对团队任务形成一致的认识和预期，从而协调自己的行为以适应团队任务和其他团队成员的需求，并将其归纳为设备或技术、团队任务、团队交互作用以及团队队友 4 个维度。见颜端武、张馨月、汤佳丽、苏琼：《基于共享心智模型的在线旅游信息协作搜索团队认知研究》，《现代情报》2020 年第 2 期。——译者注

⑨创建一种远见卓识（create foresight）的概念见 Hollnagel et al. （2006：6）. *Resilience Engineering：Concepts and Precepts.*。

⑩有关 "事后聪明式偏差" （hindsight bias）见 Sidney Dekker （2006：21-28）。他认为，每一个外部调查者必须设身处地、换景移情地处在被调查者所处的那些实际的、社会的或情感的情境立场上分析问题，这些情境产生了不想要的结果。从外部的观点永远不足以完全解释一个内在的问题。"事后聪明式偏差" 与中国谚语中的 "事后诸葛

亮"类似，指的是人们在事后总表现出自己在事前就已预测到结果的倾向，描述了一种人们在面对结果时会产生"我一直知道会这样"（I knew it all along）的感觉。Blank, Nestler, von Collani 与 Fischer（2008）在综合了事后聪明式偏差的多种定义后，提出了该现象包含的三个相对独立成分，即记忆扭曲（memory distortion）、预测性印象（impressions of predictability）和必然性印象（impressions of necessity）。参见龚梦园、徐富明、方芳：《事后聪明式偏差的理论模型及影响因素》，《心理科学进展》2009 年第 2 期。——译者注

⑪"生产文化"的概念见 Vaughan（1996：196-237）。

⑫有关公正文化的描述见 Sidney Dekker（2007）。

⑬正常事故理论具有悲观性的一面，认为高技术产业中的事故是正常和意料之中的，因为复杂的技术已经超出了我们的管理和控制能力。由于组织没有能力设计、开发和管理安全、可靠的高风险技术，所以事故在所难免。持这种观点的学者一般认为人类无法成功地管理高风险技术。参见〔美〕威廉·M. 埃文、马克·马尼恩：《危机四伏：预防技术灾难》，刘杰等译，中国商务出版社，2007，第 58-59 页。高可靠性理论和正常事故理论的不同点主要在于，高可靠性理论强调事故可通过组织设计和管理预防，安全具有第一优先权，适当的冗余强化预防效果，分权可实现快速灵活反映。可靠性文化鼓励现场采取统一的、适当的回应，持续的操作培训可以维持高可靠性。从事故中学习非常有效，同时可以通过预期和模拟进行补充与改进。正常事故理论强调事故是不可避免的，安全与快速生产是相互矛盾的目，冗余导致事故，操作复杂的系统要求采取集权方式，操作规程与民主价值观相矛盾，培训不针对那些难以想象或政治上不受欢迎的操作，对责任、错误报告的否定削弱了学习能力。见雍瑞生：《高可靠性组织的理论与实践》，华中科技大学出版社，2014，第 11 页。——译者注

⑭舒尔茨·冯·图恩（Schultz von Thun，1989：45）使用控制值广场来描述他的通信模型，他反对沟通的积极态度（真实性和效果意识），相应的否定术语是直率和外观。

⑮Ackermann braucht kein Geld "Würde mich schämen," N-TV online, 2008.

⑯Jérôme Kerviel：Allein gegen die große Bank, Balmer, R., *Die Presse*, online, 2010.

⑰Systematische Misswirtschaft bei Kreditvergabe, Oswald, G. & Graber, R., *Der Standard*, 2010.

⑱Gefängniszelle statt Royal Suite mit Seeblick, Peltsmeier, H., FAZnet, 2011.

⑲In der Geiselhaft der Banken, Schnauder, A., *Der Standard*, 2010.

⑳Goldman Sachs will nicht gegen Kunden gewettet haben, Reuters online, 2010.

㉑Mächtige Clans im Hintergrund, ORF News online, 2010.

㉒群体动力学致力于研究群体性质、发展规律及其与个体和其他群体的相互关系。

具体研究对象包括群体归属、决策、群体社会化、群际关系、规范、角色、群体结构和功能等社会心理学的研究对象，也包括组织中的团队建设、团队发展、组织管理和领导、生产效率和组织压力，甚至包括群体心理疗法中的自助群体、家庭动力学等。群体动力学可以研究趋势瓦解和大众恐慌等金融危机发生时的典型现象。参见王明忠、范翠英、周宗奎：《主观群体动力学模型述评》，《心理科学进展》2010 年第 11 期；唐毅南、陈平：《群体动力学和金融危机的预测》，《经济研究》2010 年第 6 期。——译者注

㉓本文中的深度心理学是指一种与无意识的概念（或存在）相结合的心理学，而不是替代阿尔弗雷德·阿德勒（Alfred Adler）的个人心理学或弗洛伊德（Freud）的心理分析。其目的是在有限的空间中将一个复杂的理论分解成简单的术语。

㉔Gareth Morgan, *Images Of organization*, 1986, 135.

㉕这种一维性的问题在关于高可靠性理论的代表作中也有论及，见 Gene Rochlin et al. (1987) and Gene Rochlin (1999)。

㉖没有情感的思考是不可能的，情感是构成思考的一个单位。

㉗弗洛伊德提出了防御机制的概念。他的女儿安娜·弗洛伊德（Anna Freud）对该概念进一步进行了澄清和精炼。

㉘深度心理学的信仰系统是在为或不为的学习中建立起来的。

㉙深度心理学的移情是一种作为保护伞所使用的防御机制。

㉚向不相关的人情感转移的例子。①一个人在工作中遇到麻烦，把她的愤怒转移到她的生活伴侣身上，或者②一个人因为在市场上投机而赔钱，增加他对本国境内难民的仇恨。

㉛两难的是如果不转移到他人身上，很容易造成自我毁灭（例如抑郁）。

㉜Berne, E. (1964). *Games People Play*：(The Psychology of Human Relationships,) 23-32.

㉝移情缺失表明交叉干扰最小化，这在人际关系中总是有效的。

㉞反叛在这里被视为理想主义的。反叛的目标不是要占据权力地位，而是要把努力的好处集中在整个组织上。

㉟Narzissmus：Das innere Gefängnis, 165-166.

㊱Ernst & Young Homepage. http：//www. ey. com/ (retrieved March 2, 2011).

㊲回购 105 交易是指公司出售金融资产给交易对手以换取短期资金，所转移的证券（公允）价值至少是所获得现金的 105%。见袁敏，朱荣恩.（2010）. 雷曼兄弟事件中的会计问题及启示. 会计研究，10。——译者注

㊳Zahlungsunfähigkeit verheimlicht, ORF News online, 2010.

㊴*The Heart of Man*：*Its Genius for Good and Evil*, German version, 76-77.

㊵正常的、健康的人具有自我怀疑的倾向，会对那些拥有无所不能的自我形象的人

产生强大的崇拜感，换句话说，一般的人会对这些优秀人物产生心理信任。——译者注

㊶英雄人物和非英雄人物成为人们转移希望、梦想、挫折、愤怒、仇恨的移情对象。——译者注

㊷心理地位理论（life positions），是指儿童基于沟通与脚本的基础，形成的自我价值与他人价值的综合感受。根据TA（Transaction Analysis）理论，人们在儿童期的某个阶段做出的关于自己、他人及周围环境的关键决定，由此形成的关于自己及他人的观念将影响其未来的决定和行为，这一观念即被称为人生态度。美国心理学家埃里克·伯恩在1960年代创立的一种心理分析治疗理论（1961年出版的《心理治疗中的沟通分析理论》*Transaction Analysis Psychotherapy*），是互动沟通分析理论的一种类型和心理治疗方式。沟通分析理论的主要代表人物、心理学家哈里斯于1969年将人们对自己及其他人的观念和态度分为四种主要类型，即我行（I am ok）、我不行（I am't ok）、你行（you are ok）、你不行（you aren't ok），并由此组成四种人生态度，即你行-我行、你行-我不行、你不行-我行、你不行-我不行。人们的人生态度深深地影响着其对自己及世界的理解。——译者注

㊸人格障碍的形成是一种复杂的行为。每一个生活剧本都是对社会环境的反应（例如，马斯洛金字塔中的挫折）（挫折属于自我价值认同的内容，如果能够容忍挫折和失败也即意味着有较好的自我认同价值。自我认同价值处于马斯洛金字塔第四层——译者注），也是一种学习的行为，如黑手党背景中的社会化。

㊹Aggressivity, Narcissism and Self-Destructiveness, German Version, 76-80.

㊺更多的情况是（例如战争场景）导致可怕的灾难。

㊻男人和女人都有这些品质。

㊼这种二重制被我们的刑法体系所描述（有罪或无罪）。

㊽本段作者表达如下意思：尽管由于人为因素和对人类繁衍安全的考虑将女性纳入游戏规则中的文化史研究很有趣，但这并不是本章所研究的目的。在母系社会中，女性的职责是对生命的传承和保护。与此对应，生产、狩猎、征服和附带损害的任务可以被归类为男性。罪犯与受害者、胜利者与失败者是基于双重对立的标准进行的划分，而保护则需要遵循一种整体的方法。——译者注

㊾魔鬼怪圈（devil's circle）意指恶性事件的循环。如被打过的孩子多半将成为打孩子的父母。——译者注

㊿正如Ernst-Wolfgang Böckenförde所说“自由的、世俗化的国家存在于他自己也无法保证的前提条件之下”，缺少道德动机的法的战略性遵守将会侵蚀整个公民社会的民主结构。Verheerende Wirkung auf die Rechtskultur, Werth, W., Morgenjournal ORF online, 2011.

(51)亚当·斯密在《道德情操论》和《国富论》中分别提出了“道德人”和“经济

人”的假设。表面上看经济人自利，道德人利他，两者的对立和矛盾也被称之为“斯密难题”。但事实上，在亚当·斯密的思想体系中，经济人和道德人不可分离，它们同是人性的两个方面。本文作者所谓的“亚当·斯密（Adam Smith）的理论缩短为第一部分”即指金融业的高管只将自己作为经济人忽视了道德人的一面。——译者注

(52)EU-Studie：Jeder Dritte wünscht sich starken Mann，ORF News online，2011.

(53)Greenspan joins NY hedge fund，*Financial Times* online，2008.

(54)Wall-Street-Legende im Zwielicht，Kuls，N.，*Frankfurer Allgemeine Zeitung* online，2010.

(55)Wall-Street-Legende im Zwielicht，Kuls，N.，*Frankfurer Allgemeine Zeitung* online，2010.

(56)Jobwechsel：Greenspan berät die Deutsche Bank，*Die Presse* online，2007.

(57)作者意图表明欧洲央行以所谓的救援降落伞的形式提供的数十亿美元资金再次拯救了那些把全世界带入问题之中的高风险金融机构。——译者注

(58)In der Geiselhaft der Banken，Schnauder，A.，*Der Standard*，2010.

(59)*The Challenger Launch Decision*，1996，409.

(60)Einer zahlt alles，Seith，A.，*Der Spiegel* online，2010.

(61)作者意指司法系统的工作具有被动性。——译者注

(62)Lehman Probe Stalls；Chance of No Charges，Eagelsham，J. & Rappaport，L.，*Wall Street Journal* online，2011.

(63)Der Mensch mit Eigenschaften：Unsere Programme，unsere Umwelt und unsere Zustände bestimmen unser Leben，2010，11.

(64)1921 年弗洛伊德在关于大众心理学悖论的书中对这些关系现象的本质进行过描述。弗洛伊德指出，爱在构成严格等级制度中扮演着重要的作用。（Freud，1921）

(65)2010 年 4 月 22 日，英国石油公司“深水地平线”号钻井平台爆炸起火，燃烧后不久即在路易斯安那州海岸附近沉没，11 名钻井工人遇难，并造成历史罕见的大面积海面石油污染事故。尽管英国石油公司最终控制住了石油泄漏，但这一事件既给公司形象造成无法弥补的损失，其用于清污和赔偿的成本已达 320 多亿美元。有评论认为，英国石油公司事故频发与公司大规模的公司并购有关，兼并后经营理念和企业文化方面的巨大区别等诸多因素，为英国石油公司的全球化经营带来了严峻挑战。参见 http：//news. sohu. com/20100806/n274023608. shtml。——译者注

(66)Article，Als ich das hörte，brauchte ich einen Stuhl，“Szigetvari，A.，（DER）Standard.”

(67)Der Milliardenmann，Braumberger，G.，FAZ net，2011.

(68)Es schlägt die stunde der Mahner，Goffart，D.，Knipper，H. & Riecke，T.，

Handelsblatt online，2010.

⑥在 2010 年第 40 届世界经济论坛年会上，法国前总统萨科齐在开幕式致辞中将"炮筒"指向金融家们的薪酬。他称多劳多得无可厚非，但与绩效脱钩的薪酬不可容忍，"一些人毁掉工作和财富却还拿了大钱，这在道义上站不住脚"。——译者注

⑦IWF Chef：Rückfall bei Skandalboni，ORF News online，2011.

⑦Island in Sicht，Horst Christoph，*Profiles*，2010.

第 16 章

①Effective Financial Market Regulation after Pittsburgh：Achievements and Challenges，International Conference，Federal Ministry of Finance，Berlin，May 2010，http：//www. g20. org/Documents 2010/05/201005_Germany. pdf（访问日期：2011 年 3 月 1 日）.

②艾迪森和塔普（Addison and Tarp）2010 年确定了三个不同但相互关联的危机：①源于北半球的金融危机，其出口需求减少和价格降低、私人资金流动减少和汇款减少影响到南半球；②气候变化和温室气体排放的增长；③尽管全球致力于实现千年发展目标，但由于最近全球粮食价格的上涨，营养不良和饥饿正在增加。我们还要补充其他一些问题：毒品贸易和人口贩运等非法活动增加所造成的危机；专制政权所造成的危机，这些政权抑制了公共财政的透明度和对腐败的控制。相关的公众不信任可能导致公众骚乱甚至反叛，如阿拉伯世界最近的事件。最后，日本的危机再次引发了关于原子能危险的辩论。

③金融稳定委员会于 2009 年 4 月成立，其前身是金融稳定论坛，其工作目标包括在国际层面协调各国金融当局工作、协调国际标准制订机构的工作等。http：//www. financialstabilityboard. org（访问日期：2011 年 3 月 3 日）。

④也可参见 FSB（2010a）。

⑤Tomasic（2011：7）引用了以下观点：Gobert and Punch（2003）、Orland（1995），Simpson and Gibbs（2007）、Levi（1987）、Tomasic（2000，2005）。在对过去 30 年来英国和美国公司的犯罪行为进行分析时，托马斯克（Tomasic，2011：8）引用了辛普森（Simpson）的话：罪行的证实已然非常困难，更不用说对公司行为所造成的灾难性后果的控制了。20 世纪 90 年代，运用刑法打击白领犯罪有所减弱。针对英国公司在离岸合同方面的贿赂而开展的法律改革多年来遭到强烈抵制。

⑥关于全球话语的变化，请参见 Crotty（2009：575）引用《金融时报》高级专栏作家马丁·沃尔夫（Martin Wolf，2009）的话："金融自由化的时代已经结束。"

⑦Effective Financial Market Regulation after Pittsburgh：Achievements and Challenges，International Conference，Federal Ministry of Finance，Berlin，May 2010，http：//www. g20. org/images/stories/canalfinan/eventante/02germany. pdf（访问日期：2012 年 3 月 29 日）。

⑧托马斯克（Tomasic，2011：8）引用了英国银行行长的话，他是财政委员会的负责人。

⑨正如克罗蒂（Crotty，2009）指出的，他从这些结构性缺陷的分析中得出了上述观点。

⑩"新金融架构"是指20世纪80年代以来引入的现代金融市场与轻政府监管的整合（Crotty，2009：564）。

⑪"在1980年之后，加速的放松管制伴随着快速的金融创新，刺激了强大的金融繁荣，这些繁荣总是在危机中结束。政府的应对策略就是救援，允许新的扩张开始。这种扩张反过来又以危机告终，这引发了新的救援行动。随着时间的推移，金融市场相对于非金融经济的规模越来越大，重要的金融产品变得更加复杂、不透明和缺乏流动性，整个系统的杠杆率被打破了。因此，金融危机变得更加具有威胁性。这一进程最终导致了当前的危机，危机如此严重，以至于它将全球经济推向了萧条的边缘"（Crotty，2009：564）。

⑫Crotty（2009：564）引用Volcker（2008）对该叙述进行总结，Crotty（2008）对假设进行分析。

⑬二十国集团（The Group of Twenty，G20），由19个国家（阿根廷、澳大利亚、巴西、加拿大、中国、法国、德国、印度、印度尼西亚、意大利、日本、墨西哥、俄罗斯、沙特阿拉伯、南非、韩国、土耳其、英国、美国）的财政部部长和央行行长，以及欧盟（由理事会轮值主席国和欧洲央行代表）组成。为了确保全球经济论坛和机构共同努力，国际货币基金组织常务董事和世界银行行长、国际货币和金融委员会主席、国际货币基金组织和世界银行发展委员会主席也依照其职权参加G20会议。因此，G20汇集了来自世界各地区的重要工业和新兴市场国家。成员国总共占全球国民生产总值的90%左右，占世界贸易的80%（包括欧盟内部贸易）以及世界人口的2/3。G20的经济规模和广泛的成员资格使其对全球经济和金融体系的管理具有高度的合法性和影响力。http：//www.g20.org/about_what_is_g20.aspx（访问日期：2011年4月11日）。

⑭关于民主的概念还没有达成共识，对民主的定义几乎和研究民主的学者一样多，对民主的定义是政治哲学史上最具有广泛性和争议性的问题之一。

⑮关于俘获和偏见含义的详细讨论，请参见Goet和Jenkins（2005）的研究。

⑯经济学家通常将租金定义为竞争市场中高于正常水平的超额回报。更具体地说，租金是"超过资源所有者机会成本的回报"（Tollison，1982引自http：//en.wikipedia.org/wiki/Economic_rent#cite_note-4，访问日期：2011年4月11日）。

⑰公共支出和财政责任（Public Expenditure and Financial Accountability，PEFA）计划始于2001年，旨在在多边捐助伙伴关系"加强接受方和捐助者的能力，以（i）评

估国家公共支出状况、采购和财务账户能力系统，（ii）制定切实可行的改革和能力建设行动"。制定国家绩效评估报告是项目的一个重要工具，见 http：//www.pefa.org（访问日期：2011 年 3 月 6 日）。

⑱ "宪法不是必要的，因为民主的存在不是因为外生的规则，而是出于内生的原因，它们是自我执行的。规范民主制度运作的规则不必是一成不变的，甚至是难以改变的。当一个社会足够富有时，现任者就会为了自己的利益而缓和他们的分配热情，并容忍公平的选举机会。民主政府是温和的，因为他们面临着叛乱的威胁，民主规则必须被认为是内生性的。"（Przeworski，2006：320-321 引自 Calvert，1994、1995）

⑲ "这种自我执行平衡的逻辑与约翰·洛克在《政府论》（第二篇）中对叛乱权的讨论是一致的。洛克规定了一套可以证明叛乱是合理的条件；每一个条件都等于违反了政体的基本宪法结构"（Krasner，2005：81 引自 Weingast，1997）。

⑳关于这场辩论的最新报道见 Schouten（2008）、Unsworth（2009，2010）或者 Leftwich and Sen（2010）。

㉑http：//mises.org/mobile/daily.aspx？Id=5060（访问日期：2011 年 3 月 3 日），http：//www.guardian.co.uk/business/2010/sep/14/banking-reforms-too-little-too-late（访问日期：2011 年 3 月 3 日）。

㉒http：//hrbaportal.org/？page_id=2127（accessed 06 March 2011）。

㉓ "无论关注的重点是权利还是偏好，个人都是至高无上的，这意味着研究社会的方法论上的优势和劣势。经济学家们认识到，激励微观经济模型的理性主体，如果事先没有至少实现一些权利，就无法自由表达自己的偏好。其中包括财产权，与更一般的权利一样，财产权的实现假定事先存在建立和保护财产权所需的法律基础设施。就权利倡导者而言，他们知道，没有最低水平的收入，个人就无法实现自己的权利。"（Seymour and Pincus，2008：388）

第 17 章

①非正式风险资本是指个人（非正式投资者或商业天使）对其不经营的非上市股权资本的风险投资，他们的预期回报是最终的资本收益。

②风险投资公司将股东的资金投资于初创公司和其他有风险但可能盈利的企业。投资天使的工作通常是非正式的，风险投资公司的工作是制度化的。

第 19 章

①See Group of States against Corruption（GRECO）. www.coe.int/t/dghl/monitoring/greco/default_en.asp.

参考文献

第1篇

导　论

Edelbacher, M. & Kratcoski, P. (2010). Protecting the borders in a global society: an Austrian and American perspective. In *Border Security in the Al-Qaeda Era*, Winterdyk, J. A. & Sundberg, K. W, Eds. Boca Raton, FL: CRC Press.

Maslow, A. (1954). *Motivation and Personality.* New York: Harper and Row.

Tomasic, R. (2011). The financial crisis and the haphazard pursuit of financial crime. *Journal of Financial Crime.* 18.

Webster's New Collegiate Dictionary. (1973). New York: Merriam Webster.

第1章

Baumgartner, M. P. (1988). *The Moral Order of a Suburb.* Oxford University Press, New York.

Beck, U. (1986): *Risikogesellschaft.* Suhrkamp, Frankfurt am Main.

Beck, U. & Lau, C. (Eds.) (2004). *Entgrenzung and Entscheidung.* Edition Zweite Modeme. Suhrkamp, Frankfurt am Main.

Bourdieu, P. (1991). Physischer, sozialer and angeeigneter physischer Raum. In Wentz M. (Ed.). Stadt-Räume. Frankfurt am Main.

Bourdieu, P. (2000). *Sozialer Raum and Klassen. Lecon sur la lecon.* Zwei Vorlesungen. Suhrkamp, Frankfurt am Main.

Chainey, S. & Ratdiffe, J. (2005). *GIS and Crime Mapping.* Wiley-Blackwell. West Sussex.

Chamard, S. (2010). Routine activities. In McLaughlin, E. & Newborn, T. (Eds.). *The Sage Handbook of Criminological Theory.* Sage, London.

Clarke, R. V. (1999). *Hot Products: Understanding, Anticipating and Reducing Demand for Stolen Goods*. Police Research Series Paper 112. Home Office, London.

Cohen, L. E. & Felson, M. (1979). Social change and crime rate trends: a routine activity approach. *American Sociological Review*, 44, 588-608.

Crowe, T. (2000). *Crime Prevention through Environmental Design: Applications of Architectural Design and Space Management Concepts.* 2nd ed. Butterworth-Heinemann. Boston.

Felson, M. & Boba, R. (2010). *Crime and Everyday Life.* 4th edition. Sage. Thousand Oaks.

Garland, D. (2000). Ideas, institutions and situational crime prevention. In Von Hirsch, A., Garland, D. & Wakefield, A. (Eds.). *Ethical and Social Perspectives on Situational Crime Prevention.* Hart Publishing, Portland, OR.

Garland, D. (2001). *The Culture of Control: Crime and Social Order in Contemporary Society.* University of Chicago Press, Chicago.

Garland, D. (2002). Of crime and criminals: the development of criminology in Britain. In Maguire, M., Morgan, R. & Reiner, R. (Eds.), *Oxford Handbook of Criminology*, 3rd ed. Oxford University Press, Oxford.

Giddens, A. (1990). *Consequences of Modernity.* Polity Press, Oxford.

Hobbes, T. (1990/1651). *Leviathan.* Ed. Richard Tuck. Cambridge. Cambridge University Press.

Johnston, L. & Shearing, C. (2003). *Governing Security: Explorations in Policing and Justice.* Routledge, London.

Jones, T. & Newburn, T. (1998). *Private Security and Public Policing.* Oxford University Press, Oxford.

Lefebvre, H. (2000). *La Production de l'Espace.* Editions Anthropos/Economica.

Newman, G., Clarke, R. V. & Shoham, S. G. (Eds.) (1997). *Rational Choice and Situational Crime Prevention: Theoretical Foundations.* Darthmouth-Ashgate, Aldershot.

Park, R. E., Burgess, E. W. and McKenzie, R. D. (1925). *The City.* University of Chicago Press, Chicago.

Shearing, C. & Stenning, P. (1987). *Private Policing.* Sage, London.

Schneider, R. H. & Kitchen, T. (2002). *Planning for Crime Prevention: A Transatlantic Perspective.* Routledge, London.

Schroer, M. (2006). *Räume, Orte, Grenzen-auf dem Weg zu einer Soziologie des Raumes.* Suhrkamp, Frankfurt am Main.

Simmel, G. (1903). The sociology of space. In Frisby, D. & Featherstone, M., *Simmel on Culture.* Sage, London.

Sutherland, E. H. & Cressey, D. R. (1960). *Principles of Criminology* (6th edition). Chicago Lippcott. (1st edition: 1924).

Sutton, A., Chemey, A. & White, R. (2008). *Crime Prevention: Principles, Perspectives and Practices.* Cambridge University Press, New York

United Nations Development Programme. (1994). *New Dimensions of Human Security.* Oxford University Press, New York.

Wakefield, A. (2003). *Selling Security.* Willan Publishing, Portland, OR.

Wood, J. & Shearing, C. (2007). *Imagining Security.* Willan Publishing, Portland, OR.

Wortley, R. & Mazerolle, L. (Eds.) (2008). *Environmental Criminology and Crime Analysis.* Willan Publishing, Portland, OR.

Zedner, L. (2009). *Security. Key Ideas in Criminology Series.* Routledge, Abingdon.

第 2 章

Abel, W. (1978). *Agrarkrisen und Agrarkonjunktur in Mitteleuropa*, vom 13. bis zum 19. Hamburg: Parey.

Buchanan, J. (1997). *Frozen Desire: An Inquiry into the Meaning of Money*, London: Picador, 127-151.

Bundesbank, D. (1998). *Fünfzig Jahre Deutsche Mark, Notenbank and Währung in Deutschland seit* 1948, Munchen: Beck.

Carigiet, E. (1998). *Gesellschaftliche Solidarität Prinzipien, Perspektiven and Weiterentwicklung der Sozialen Sicherheit*, Basel: Helbing & Lichtenhahn, 1.

Clark, C. (1940). *Conditions of Economic Progress*, London: Macmillan.

Coleman, J. W. (2002). *The Criminal Elite: Understanding White-Collar Crime.* 5th ed. New York: St. Martins Press.

Devine, T. M. (2003). *Scotland's Empire* 1600-1815, London: Allan Lane, 44.

Eberhard, H. et al. (Eds.). (2009). *Constitutional Limits to Security. Proceedings of* 4th *International Constitutional Law*, Baden-Baden: Nomos.

Fry, M. (2001). *The Scottish Empire*, Edinburgh: Tuckwell Press, 19-30.

Furber, H. (1976). *Rival Empires of Trade in the Orient* 1600-1800. Minneapolis: Oxford University Press, 217.

Galbraith, J. K. (1958). *The Affluent Society*, Boston: Houghton Mifflin.

Galbraith, J. K. (2010). *Eire kurze Geschichte der Spekulation*, Frankfurt. Am Main: Eichborn, 48-55.

Goold, B. J. & Lazarus, L. (Eds.). (2007). *Security and Human Rights*, Portland, OR: Hart Publishing.

Hoffmann, T. S. (2007). *Philosophie in Italien. Eine Einführung in 20 Porträts*. Wiesbaden: Marixverlag.

Holzinger, M., May, S. & Wiebke, P. (2010). *Weltrisikogesellschaft als Ausnahmezustand*, Weilerswist: Velbruck.

Israel, J. I. (1991). *The Anglo-Dutch Moment*. New York: Cambridge University Press, 407-438.

Kindleberger, C. P. (1978). *Manias, Panics and Crashes: A History of Financial Crises*, New York: Basic Books.

Kindleberger, C. R. (1984). *A Financial History of Western Europe*, London: George Allen & Unwin, 48.

Krischer, T. (1994). Interpretationen zum Liber de ludo aleae. In Eckhard Keßler (Ed.). *Girolamo Cardano: Philosoph-Naturforscher-Arzt*, Wiesbaden: Harrassowitz, 207-217.

McCraw, T. K. (2007). *Prophet of Innovation: Joseph Schumpeter and Creative Destruction*, Cambridge: Harvard University Press.

Metz, K. H. (2008). *Die Geschichte der sozialen Sicherheit*, Stuttgart: Kohlhammer, 14-17.

Münkler, H., Bohlender, M. & Meurer, S. (Eds.). (2010). *Sicherheit and Risiko Über den Umgang mit Gefahr im 21. Jahrhundert*. Bielefeld: Transcript.

Rosenzweig, R. (1998). *Das Streben nach Sicherheit*, Marburg: Metropolis.

Rostow, W. W. (1960). *The Stages of Economic Growth: A Non-Communist Manifesto*, Cambridge: Cambridge University Press.

Schmid, N. (1980). *Banken zwischen Legalität and Kriminalität. Zur Wirtschaftskriminalität im Bankwesen*, Heidelberg: Kriminalistik Verlag.

Schmidt-Biggemann, W. (1999). *Blaise Pascal*, Munchen: Beck.

Schöpfer, G. (1976). *Sozialer Schutz im 16-18 Jahrhundert*, Graz: Leykam, 82.

Schöpfer, G. (1989). Zu den Commercien erziehen. In Schöpfer, G. (Ed.), *Menschen & Münzen & Märkte, Katalog der Steirischen Landesausstellung*. Judenburg: Podmenlk, 113-121.

Schumpeter, J. A. (1912). *Theorie der wirtschaftlichen Entwicklung*, Leipzig: Duncker & Humblot.

Schumpeter, J. A. (1961). *Konjunkturzyklen*, Göttingen: Vandenhoeck & Ruprecht.

Siebert, H. (Ed.). (1998). *Redesigning Social Security*, Tübingen: Mohr Siebeck, vu.

Sincerus, A. (1717). *Projekt der Oeconomie in Form einer Wissenschaft. Ein sorgfältiger*

Ökonom stehet auf seiner Hut /und hat überall ein wachsames Auge/ damit er beyzeiten allen sich hervorthuenden Schaden and Unglücks-Fällen/so viel immer möglich/vorbeugen möge. Frankfurt: Renger, 5.

Small, A. W. (1909). *The Cameralists: The Pioneers of German Social Policy*, Chicago: University Press.

Steininger, K. W., Steinreiber, C. & Ritz, C. (Eds.). (2005). *Extreme Wetterereignisse und ihre wirtschaftlichen Folgen. Anpassung, Auswege und politische Forderungen betroffener Wirtschaftsbranchen*, Berlin: Springer.

Thurow, L. (2004). *Die Zukunft der Weltwirtschaft*, Frankfurt am Main: Campus Verlae.

Tremel, F. (1954). *Der Frühkapitalismus in Innerösterreich*, Graz: Leykam, 101.

Tremel, F. (1969). *Wirtschafts and Sozialgeschichte Österreichs*, Wien: Franz Deuticke, 256-257.

第 3 章

Beck, U. (1986). *Risikogesellschaft. Auf dem Weg in eine andere Moderne.* Suhrkamp Frankfurt/M. English: 1992. *Risk society: Toward a new modernity.* Sage Publ: London.

Beck, U. (2007). *Weltrisikogesellschaft. Die globalen Gefährdungen-vom Terror bis zum Klimawandel.* RM-Buch and Medien-Vertrieb, Rheda-Wiedenbrück.

Czapska, J. & Stangl, W. (2007). Wenn Wissen reist: Kriminalprävention als Tell europäisierter Kriminalpolitik. Sessar, K., Stangl, W. & Swaaningen, R. van (Hg.), *Großstadtängste. Untersuchungen zu Unsicherheitsgefühlen und Sicherheitspolitiken in europäischen Kommunen.* Lit Verlag, Wien, 45-68.

Garland, D. (2001). *The Culture of Control: Crime and Social Order in Contemporary Society.* Oxford University Press, Oxford. German: 2008. Kultur der Kontrolle. Verbrechensbekämpfung und soziale Ordnung in der Gegenwart. Campus Verlag, Frankfurt/M.

Gill, M. & Spriggs, A. (2005). *Assessing the Impact of CCTV* (Home Office. Research Development and Statistics Directorate), London. (http://www.homeoffice.gov.uk/rds/pdfs05/hors292.pdf, March 21, 2011).

Groenemeyer, A. (2010). Wege der Sicherheitsgesellschaft-Transformationen der Konstruktion und Regulierung innerer Unsicherheiten. Groenemeyer, A. (Hg.), *Wege der Sicherheitsgesellschaft.* VS Verlag für Sozialwissenschaften, Wiesbaden, 9-22.

Heger, N. (2010). Die Entwicklung der Sicherheitsgesellschaft am Beispiel der Videoüberwachung am Wiener Schwedenplatz. Groenemeyer, A. (Hg.), *Wege der Sicherheitsgesellschaft.* VS

Verlag fiir Sozialwissenschaften, Wiesbaden, 343-357.

Herrschaftsverlust. Vom Übergang in die Kontrollgesellschaft. *Kriminologisches Journal* 27, 2-17.

IMAS. (2009). Umfrage. Antworten zum Tempora Mutantur. *IMAS-Report* Nr. 10, August 2009 (http: www. imas. at, February 4, 2011).

Kaufmann, F. -X. (1970). *Sicherheit als soziologisches and sozialpolitisches Problem.* Enke, Stuttgart.

Kreissl, R. (2008). Das Selbstverständnis der Polizei zwischen neuen Sicherheits-bedürfnissen, kommunaler Orientierung und bürokratischer Organisationsform. Kreissl, R., Barthel, C. & Ostermeier, L. (eds), *Policing in Context.* Lit Verlag, Berlin, 31-52.

Legnaro, A. (1997). Konturen der Sicherheitsgesellschaft. Eine polemisch-futurologische Skizze. *Leviathan* 25, 271-284.

Lindenberg, M. & Schmidt-Semisch, H. (1995). Sanktionsverzicht statt Herrschaftsverlust.

Löff, M. (2010). Privates Sicherheitsgewerbe. *Öffentliche Sicherheit* 3-4/10, 84-85.

Lyon, D. (1994). *The Electronic Eye: The Rise of Surveillance Society.* Oxford University Press, Oxford.

Magenheimer, H. (2001). *Comprehensive Security.* (Schriftenreihe der Landesverteidigung-sakademie 2001, 2), Wien.

Nohlen, D. & Schultze, R. -O. (Hg.) (2005). *Lexikon der Politikwissenschaft.* Band 2 N-Z, Beck, München.

Prisching, M. (2003). Die Etikettengesellschaft. Prisching, M. (Hg.). *Modelle der Gegenwartsgesellschaft.* Passagen-Verlag, Wien, 13-32.

Sack, F. (2010). Der weltweite "punitive Turd" - Ist die Bundesrepublik dagegen gefeit? Groenemeyer, A. (Hg.). *Wege der Sicherheitsgesellschaft.* VS Verlag für Sozialwissen-schaften, Wiesbaden, 165-191.

Singelnstein, T. & Stolle, P. (2006). *Die Sicherheitsgesellschaft. Soziale Kontrolle im 21. Jahrhundert.* VS Verlag für Sozialwissenschaften, Wiesbaden.

Sonnenfels, J. A. (1819). *Grundsätze der Polizey, Handlung, und Finanzwissenschaft.* Tell I, 8. Aullage, erstmals erschienen 1765, Wien.

Spreen, D. (2010). Die Sicherheit der Weltgesellschaft. Groenemeyer, A. (Hg.), *Wege der Sicherheitsgesellschaft.* VS Verlag für Sozialwissenschaften, Wiesbaden, 192-229.

Stückler, H. -P. (2010). *Privatisierung der Sicherheit unter besonderer Berücksichtigung der Erfahrungen des BM. I mit der Besorgung der Sicherheitsaufgaben durch private Rechtsträger.* Dissertation, Universität Wien.

Trojanow, I. & Zeh, J. (2010). *Angriff auf die Freiheik Sicherheitswahn, Überwachungsstaat and der Abbau bürgerlicher Rechte*. RM-Buch and Medien-Vertrieb, München.

UNDP. (1994). *Human Development Report: New Dimensions of Human Security*. United Nations Development Programme, New York.

Weinandy, K. (2009). Sicherheitsforschungsprogramme. *Öffentliche Sicherheit* 7-8/09 52-54.

Welsh, B. C. & Farrington, D. P. (2002). *Crime Prevention Effects of Closed Circuit Television. A Systematic Review*. Home Office. Research, Development and Statistics Directorate, London (http.//www. chs. ubc. ca/archives/files/Crime, 18. 3. 2011).

第 4 章

Dake, K. (1991). Orienting dispositions in the perception of risk: an analysis of contemporary worldviews and cultural biases. *Journal of Cross-Cultural Psychology*, 22, 61-82.

Douglas, M. & Wildavsky, A. (1982). *Risk and Culture*. Berkely C A: University of California Press.

Garland, D. (2001). *The Culture of Control: Crime and Social Order in Contemporary Society*. Chicago: University of Chicago Press, 122.

Goede, M. (2011). Financial security. In Burgess, J. P. (Ed.), *Routledge Handbook of Security Studies*. London: Routledge, 100-109.

Kenneth, E. & Watt, F. (1974). *The Titanic Effect: Planning for the Unthinkable*. New York: Dutton.

Kääriäinen, J. T. (2007). Trust in the police in 16 European countries: a multilevel analysis. *European Journal of Criminology*, 4, 409-435.

Siedschlag, A. (2008). European countries' national security research policy compared in the light of FP 7. Center for European Security Studies (CEUSS). *Analytical Standpoint*, 10. http://www. european-security. info. asp10. pdf; also published in *ESRIF Final Report*, op. cit. (fn 6), part 2, ch. 10.

Wall, D. S. & Williams, M. (2007). Policing diversity in the digital age: maintaining order in virtual communities. *Criminology and Criminal Justice*, 7, 391-415.

第 2 篇

第 6 章

Albanese, J. S. (1995). *White Collar Crime in America*. Prentice Hall, Englewood Cliffs.

Bachner-Foregger. (2010). *Austrian Criminal Code*, § 4146ff, 165ff. Published by Manz, Vienna.

Bode, T. (November 19, 2010). Internet as criminalistic challenge. Das Internet als kriminalistische Herausforderung, Tagung der Vereinigung Kriminaldienst Österreich, Criminal Investigation Service, Vision 2020, Vienna.

Costa, A. M. (April 2010). Opening speech. UNODC Crime Commission, Conference on Crime Prevention, Vienna.

De Speville, B. Council of Europe Mission to the Balkan Area. Fighting Corruption: The Essential People and Public Awareness Raising and Education on the Dangers of Corruption and Organised Crime.

Edelbacher, M. (1995a). Lecturer at the Vienna University of Economics and Business Administration; each second year a lecture about Financial Crimes or Crimes against Insurances is performed. See Edelbacher Theil, "*Kriminalitat gegen Versicherungen,*" Introduction, 13. Published by Linde Verlag, 2008, Vienna, (pacta sunt servanda).

Edelbacher, M. (1995b). *Internationaler Finanzbetrug*, Staatssicherheit, Aspang, Wien and lectures about Wirtschaftskriminalität (economic crime) at Danube University, Krems and Akademie für Recht and Steuern, Vienna, 1995–1999.

Edelbacher, M. (2008 and 2009). Sicherheitsmanagement, Vortrag an der Donau Universität, Krems, OLAF reports, and seminars at European Law Academy, Trier.

Edelbacher, M. (2010). Internationaler Finanzbetrug, Verlag StaatssicherheitAspang, Wien, 1995; http://en. wikipedia. org/wild/Inside-trading.

Edelbacher, M. (2010a). Problem: Wirtschaftskriminahtät von der Sensibilisierung bis zu Gegenmaßnahmen, Vortrag an der Akademie der Wirtschaftstreuhänder, Wien. (2007). Bankraubkriminalität, Vortrag. MEPA, Budapest.

Edelbacher, M. (2010b). Problem: Wirtschaftskriminahtät. http://en. wikipedia. org/wiki/Pvramid_scheme.

Edelbacher, M. , Reither, P. & Preining, W. (1999). *Sicherheitsmanagement.* Linde Verlag, Vienna.

Edelbacher, M. & Theil M. (2008). *Kriminalität gegen Versicherungen.* Linde erlag, Vienna.

Enste, D. & Schneider, E. (2006). Welchen Umfang haben Schattenwirtschaft and Schwarzarbeit? Ein Versuch zur Lösung des Rätsels. *Zeitschrift für Wirtschaftspolitik*, 86.

Geis, G. & Meier, R. F. (1977). *White Collar Crime.* Macmillan, London.

Glinig, M. & Glinig, G. (2003). Der Internationale Finanzbetrug, Verband *Österreichischer*

Banken & Bankiers, 4.

Göweil, R. (September 2, 2010). Geldhandel klettert unbeeindruckt auf neues Rekordhoch: 4000 Milliarden Dollar täglich, *Wiener Zeitung*.

Höfner, K. J. and Vaughan, S. (1990). *Soziologische und psychologische Aspekte des Versicherungs betruges*, Lecture in Linz, Austria, (Motivation of insurance Fraud) published in Österreichische Versicherungsfachzeitschrift, No. 2.

Jansen, K. (November 19, 2010). The Future of Criminal Investigation. Zukunft der Kripo in Deutschland, Tagung der Vereinigung Kriminaldienst Österreich, Criminal Investigation Service, Vision 2020, Vienna.

Metzger-Pregizer, G. (1976). Betriebsjustiz-Untersuchungen über die soziale Kontrolle Abweichenden Verhaltens in Industriebetrieben, published by Duncker & Humblot, Berlin.

Rosoff, S. , Pontell, H. N. & Tillmann, R. H. (2010). *Profit without Honor*: *White Collar Crime and the Looting of America*, 2nd ed. Prentice Hall, Upper Saddle River. http: // en. wikipedia. org/wiki/Security_fraud.

Schwarz, G. (January 12, 2009). Dominiert die Ökonomie, kommt der Crash, *Der Standard* interview.

Sutherland, E. H. (1940). White collar criminality. *American Sociological Review*.

Unterberger, A. (January 3, 2009). Wie konnte das nur passieren? Ursachenforschung zur Finanzkrise das Ergebnis von politischem Populismus, kollektiven Wahr: Nehmungsfehlern und dem Übergewicht Amerikas, *Wiener Zeitung*.

Wells & Kopetzky. (2004). Report on Occupational Fraud and Abuse.

Wells, J. T. & Kopetzky, M. (2006). *Handbuch Wirtschaftskriminalität in Unternehmen Aufklärung und Prävention*, published English in Lexis/Nexis (Occupational Fraud And Abuse) and in German by ARD Orac, Wien.

第 7 章

Brunst, P. & Sieber, U. (2010). Cyber crime legislation. In Basedow, J. &Sieber, U. (Eds). German National Reports to the 18th International Congress of Comparative Law, Washington.

Bundeskriminalamt (German Federal Criminal Police Office) . (2010). FIU Jahresbericht 2009. Wiesbaden. http: //www. bka. de/profil/zentralstellen/geldwaesche/pdf/fiu _ jahresbericht _ 2009. pdf.

Bundeskriminalamt. (2010). IUK-Kriminalitat. Bundeslagebild 2009. Wiesbaden. http: // www. bka. de/lageberichte/iuk/bundeslagebild_iuk_2009. pdf.

Castells, M. (2000). *The Rise of the Network Society*, 2nd ed. Oxford, Malden.

Commtouch Internet Threats Trend Report (Q1 2010). www. commtouch. com/download/1679.

Council of Europe. (2002). Organised Crime Situation Report 2001. Committee PC-S-CO, Strasbourg. http://www. coe. int/t/dghl/cooperation/economiccrime/organisedcrime/Report2001E. pdf.

Council of Europe. (2003). Organised Crime Situation Report 2002. Committee PC-S-CO, Strasbourg. http://www. coe. int/t/dghl/cooperation/economiccrime/organisedcrime/PC-S-CO%20_2003%207%20E%20OC-Report%202002-Provisional. pdf.

Council of Europe. (2004). Organised Crime Situation Report 2004: Focus on the Threat of Cyber Crime. Octopus Programme, Strasbourg. http://www. coe. int/t/dghl/cooperation/economiccrime/organisedcrime/Organised%20Crime%20Situation%20Report%202004. pdf.

Council of Europe. (2005). Organised Crime Situation Report: Focus on the Threat of Economic Crime. Octopus Programme, Strasbourg. http://www. coe. int/t/dghl/cooperation/economiccrime/organisedcrime/Report2005E. pdf.

Council of Europe. (2005). Convention on the Laundering, Search, Seizure, and Confiscation of Proceeds from Crime and the Financing of Terrorism (CETS198). http://www. conventions. coe. int/Treaty/Commun/QueVoulezVous. asp? NT = 198&CM = 8&DF = 05/12/2010&CL = ENG.

Council of Europe. (2008). Guidelines for the cooperation between law enforcement and Internet service providers against cyber crime. Global Project on Cyber Crime, Strasbourg. http://www. coe. int/t/dghl/cooperation/economiccrime/cybercrime/Documents/LEA _ ISP/default_en. asp.

Council of Europe. (2009). Functioning of 24/7 Points of Contact for Cyber Crime. Global Project on Cyber Crime, Strasbourg. http://www. coe. int/t/dghl/cooperation/economiccrime/cybercrime/Documents/Points%20of%20Contact/567_24_7report3a%20_2%20april09. pdf.

Council of Europe. (2010). Contribution of the Secretary General of the Council of Europe to Twelfth United Nations Congress on Crime Prevention and Criminal Justice, Salvador, Brazil. http://www. coe. int/t/dghl/cooperation/economiccrime/cybercrime/Documents/Reports-Presentations/SG%20Inf%20_2010_4%20-%20UN%20Crime%20congress_ENGLISH. pdf.

Council of Europe. (2010). The Internet domain name registration process from the registrant to ICANN. Global Project on Cyber Crime, Strasbourg. http://www. coe. int/t/dghl/cooperation/economiccrime/cybercrime/Documents/Reports-Presentations/2079_reps_IF10_reps_wolfgangkleinwaechterl. pdf.

Council of Europe. (2010). Cyber crime training for judges and prosecutors. Global Project on Cyber Crime, Strasbourg. http：//www. coe. int/t/dghl/cooperation/economiccrime/cybercrime/ Documents/Training/default_en. asp.

Council of Europe. (2010). Law enforcement challenges in transborder acquisition of electronic evidence from "Cloud Computing Providers." Global Project on Cyber Crime, Strasbourg. http：//www. coe. int/t/dghl/cooperation/economiccrime/cybercrime/Documents/ Reports-Presentations/2079_reps_IF10_reps_joeschwerhala. pdf.

Council of Europe. (2010). Cloud computing and cyber crime investigations：territoriality versus power of disposal? Global Project on Cyber Crime, Strasbourg. http：//www. coe. int/t/ dghl/cooperation/economiccrime/cybercrime/Documents/Internationalcooperation/2079_Cloud_ Computing_power_disposal_31Aug10a. pdf.

Council of Europe. (2012). Criminal money flows on the Internet：Methods, trends and multi-stakeholder counteraction. MONEYVAL Commitee and Global Project on Cyber Crime. Strasbourg.

Deutsche Gesellschaft für Technische Zusammenarbeit. (1998). Drugs and Development in Asia. http：//www2. gtz. de/dokumente/bib/99-0026. pdf.

Europol. (2007). High-tech Crimes within the EU：Old. crimes new tools, new crimes new tools. Threat Assessment, The Hague. http：//www. europol. europa. eu/publications/Serious-Crime_Overviews/HTCThreatAssessment 2007. pdf.

Financial Action Task Force. (2008). Money Laundering and Terrorist Financing Vulnerabilities of Commercial Websites and Internet Payment Systems. Paris. http：//www. fatf-gafi. org/dataoecd/ 57/21/40997818. pdf.

Financial Action Task Force. (2010). Money Laundering Using New Payment Methods. Paris. http：//www. fatf-gafi. org/dataoecd/4/56/46705859. pdf.

Financial Fraud Action UK. (2010). Fraud the facts：definitive overview of payment industry fraud and measures to prevent it. http：//www. ukpayments. org. uk/files/fraud_the_facts_ 2010. pdf.

Friedman, T. L. (2006). *The World is Flat*. New York：Farras, Straus&Giroux.

G. Data. (2009). Whitepaper：Underground Economy. http：//www. gdata-software. com/ uploads/media/Whitepaper-Underground_Economy_8_2009_GB. pdf.

Information Warfare Monitor/Shadowserver Foundation. (2010). Shadows in the Cloud： Investigating Cyber Espionage 2. 0. http：//www. nartv. org/mirror/shadows-in-the-cloud. pdf.

Internet Crime Complaint Center. (2010). Internet Crime Report 2009. http：//www. ic3. gov/media/annualreport/2009_IC3Report. pdf.

Koops, B. J. & Leenes, R. (2006). Identity theft, identity fraud and/or identity-related crime. Datenschutz und Datensicherheit, 30, 9. http: //www. fidis. net/fileadmin/fidis/ publications/2006/DuD09_2006_553. pdf.

M 86 Security. (2010). Whitepaper: Cybercriminals Target Online Banking Customers. http: //www. m86securitycom/documents/pdfs/security _ labs/cybercriminals _ target _ online _ banking. pdf.

Microsoft Corporation. (2010). *Security Intelligence Report*, 9, Jan. –June. http: //www. microsoft. com/security/sir/.

OECD. (2007). Malicious Software (Malware): A Security Threat to the Internet Economy. http: //www. oecd. org/dataoecd/53/34/40724457. pdf.

Schmidt, H. (2006). *Patrolling Cyberspace*. Potomac, MD: Larstan Publishing.

Seger, A. (2007). Identity theft and the convention on cyber crime. In Chryssikos, D. et al. (Eds.). *The Evolving Challenge of ldentity-Related Crime: Addressing Fraud and the Criminal Misuse and Falsification of Identity*. UN ISPAC. http: //www. ispac-italyorg/pubs/ ISPAC%20-%20Identity%20Theft. pdf.

Sophos. (2010). *Security Threat Report*, August. http: //www. sophos. com/security/topic/ security-report-2010. html.

第 8 章

Abbate, L. & Gomez, P. (2007). *I Complici: tutti gli Uomini di Bernardo Provenzano da Corleone al Parlamento*. Fazi Editore, Roma.

Amadore, N. (2007). *La Zona Grigia, Professionisti al Servizio della Mafia*. La Zisa, Palermo. 2007.

Amenta, M. (2006). *Il Fantasma di Corleone*. Rizzoli, Milano.

Amenta, M. (2006). *L'Ultimo Padrino*. Rizzoli, Milano.

Antinori, A. (2009). *L'activité des force de police dans la lutte contre le criminalité organisée de type mafieux en Italie in Cahiers de la Sécurité*. janvier-mars 2009 n. 7, Institut National des Hautes Etudes de Securite, FRANCE.

Antinori, A. (2010). *News in fiamme. Fatti e ipostesi sul Caso Rosarno in Notizie da Babele-Dall' Osservatorio Carta di Roma-anno* I. Luglio 2010, F. N. S. I., Federazione Nazionale Stampa italiana, Roma.

Antinori, A. et al. (1996). *Il Sogno di Paolo Borsellino: Organizzare la Speranza*. Edizioni Gruppo Abele, Torino.

Antinori, A. et al. (2004). *Raccontare la Legalità. Filosofi e Scrittori si Interrogano su una*

Parola, Pironti, Napoli.

Antinori, A. et al. (2006). *Eppino Impastato: Anatomia di un Depistaggio. La Relazione della Commissione Parlamentare Antimafia.* Editori Riuniti, Roma.

Ardita, S. (2007). *Il Regime Detentivo Speciale* 41 *Bis*, Giuffrè, Milano.

Arlacchi, P. (1983). *Morte di un Generale: l'Assassinio di Carlo Alberto Dalla Chiesa, la Mafia, la Droga, il Potere Politico.* Mondadori, Milano.

Arlacchi, P. (1995). *La Mafia Imprenditrice.* CDE, Milano.

Arlacchi, P. (1996). *Addio Cosa Nostra: Vita di Tommaso Buscetta.* BUR, Milano.

Balazzolo, S. & Oliva, E. (2006). *Bernardo Provenzano. Il Rragioniere di Cosa Nostra*, Rubettino, Soveria Mannelli.

Biondani, P. (2010a). Intervista Davigo: Sono degli Impuniti. *L'Espresso Milano.* 15. 07. 2010.

Biondani, P. (2010b). Corruzione, la Grande Beffa. *L'Espresso Milano.* 30. 09. 2010.

Bolzoni, A. & D'Avanzo, G. (2007). *Il Capo dei Capi. Vita a Carriera Criminale di Totò Riina*, BUR, Milano.

Borsellino. P. (2003). *Giustizia a Verità: gli Scritti Inediti del Giudice Paolo Borsellino*, ACFB Editore, S. Elpidio a Mare.

Busà, L. & La Rocca, B. (2006). *L'Usura, le Usure. Tempi, Modi e Luoghi di un Fenomeno Antico a Moderno*, Edizioni Commercio, Roma.

Caruso, A. (2005). *Da Cosa Nasce Cosa. Storia della Mafia dal* 1943 *a Oggi*, Longanesi, Milano.

Colombo, G. (2009). Speech, Day of Legality, Comitato per la Legalità e la Democrazia di Ravenna and Comitato in difesa della Costituzione di Ravenna.

Confesercenti, S. O. S. (2007). Impresa, Le mani della criminalità sulle imprese, X rapporto, Confesercenti.

Corte dei Conti. (2010). Relazione del Presidente della Corte dei Conti perl' inaugurazione dell' anno giudiziario. Roma.

Crisantino, A. (1989). *La Mafia Come Metodo e Come Sistema*, Pellegrini, Cosenza.

Dalla Chiesa, N. (1976). *Il Potere Mafioso: Economia e Ideologia*, Mazzotta, Milano.

Dalla Chiesa, N. (1993). *Dizionario del Perfetto Mafioso: con un Breve Corso di Giornalismo per gli Amici degli Amici*, Mondadori, Milano.

Dalla Chiesa, N. (2003). *Delitto Imperfetto. Il Generale, la Mafia, la Società Italiana*, Editori Riuniti, Roma.

Draghi, M. (2009). Anche Straniere, L'Azione di Prevenzione e Contrasto del Riciclaggio, Commissione Parlamentare d'inchiesta sul fenomeno della mafia e sulle altre associazioni criminali, Roma.

Eurispes. (2008). Istituto di Studi Politici Economici e Sociali, 'Ndrangheta' Holding: Dossier.

La Costituzione della Repubblica Italiana, Sezione II, La Pubblica Amministrazione, Article 97. *Gazzetta Ufficiale*, 1947.

Lupo, S. (2007). *Che Cosa è la Mafia. Sciascia e Andreotti, l'Antimafia e la Politica*, Donzelli, Roma.

Morosini, E. & Brambilla, F. (1995). *La Mafia: Economia Politica Società*, Einaudi, Torino.

Mosca, G. (2003). *Che Cosa è la Mafia*, Laterza, Roma. http: //ec. europa. eu/public_opinion/archives/ebs/ebs_325sum_en. pdf.

Scarpinato, R. (1975). *Mafia, Partiti & Pubblica Amministrazione*. Jovene, Napoli.

www. governo. it/Governo/Costituzione/CostituzioneRepubblicaItalian.

www. anticorruzione. it/site/ArtId_789/355/DesktopDefault. aspx.

www. associazioneulixes. org/95i-corrotti-restituiscano-cio-che-hanno-rubato/.

www. piolatorre. it.

www. transparency. org.

第 9 章

Ackerman, R. S. (1999). *Corruption and Government: Causes, Consequences and Reform.* New York: Cambridge University Press.

Barret, L. (2004). The Role of Informal Networks in the Privatisation Process in Croatia, Integrating the Balkans in the European Union: Functional Borders and Sustainable Security, WP 3: The Informal Sector. Working Paper 3. Retrieved 2. 5. 2005. http: //www. eliamep. gr/_admin/upload_research/874649499_29_RESEARCH. PDF.

Bingham. L. (2007). The Rule of Law. *Cambridge Law Journal*, 66, 67−85.

Borlini, S. (2008). Corruption: The Enemy within and the International Criminal Apparatus against It. PhD dissertation. Milano: Universita Bocconi.

Cerar, M. (2009). Rule of Law. Part 2. Retrieved January 7, 2009, from. http: // ius-info. ius-software. si/Novice/prikaz_clanek. asp? Skatla = 17&id = 40285.

Chowdhury, S. K. (2004). The Effect of Democracy and Press freedom on corruption: an empirical test. *Economics Letters*, 85, 93−101.

Dobovšek, B. & Meško, G. (2008). Informal networks in Slovenia: a blessing or a curse? *Problems of Post-Communism*, 55, 25-37.

Guriev, S. & Rachinsky, A. (2005). The role of oligarchs in Russian capitalism. *Journal of Economics Perspectives*, 19, 1.

Hellman, J. , Jones, G. & Kaufmann, D. (2000). Seize the State, Seize the Day: An Empirical Analysis of State Capture and Corruption in Transition Economies. Policy Research Working Paper 2444. http: //www. worldbank. org/wbi/governance/wpl_new. htm.

International Crisis Group. (2001). Asia Reports, Kyrgyzstan at Ten: Trouble in the "Island of Democracy" Asia Report 22. Retrieved May 7, 2009. http: //www. crisisgroup. org/home/index. cfm? id = 1179.

Kanduč, Z. (2004). Poznomoderno stanje in družbeno nadzorstvo. *Revija za kriminalistiko in kriminologijo*, 1, 7-8.

Lambsdorff, J. (2007). *The Institutional Economics of Corruption and Reform: Theory, Evidence and Policy.* Cambridge: Cambridge University Press.

Lauth, H. J. & Sehring, J. (2008). Putting deficient democracy on the research agenda: reflections on diminished subtypes. *Comparative Sociology*, 8, 165-201.

Ledeneva, A. & Kurkchiyan, M. (Eds) . (2000). *Economic Crime in Russia.* Kluwer Law International: The Hague, 31-42.

Measures Addressing State Capture in Russia/Ukraine/Central Asia, Helpdesk Query in Helpdesk Reply. (2003). Retrieved February 14, 2005, from Anti Corruption Resource Center. http: //www. u4. no/document/helpdesk/queries/queryl8. cfm.

Miller, W. L. , Grodeland, A. B. & Koshechkina, T. Y. (2001). *A Culture Of Corruption? Coping With Government In Postcommunist Europe.* Budapest: Central European University Press.

Norwegian Bureau for the Investigation of Police Affairs. (2008). Annual Report.

O'Donnell, G. (2004). Why the rule of law matters? *Journal of Democracy*, 32, 32-46.

O'Dwyer, C. (2002). Civilizing the State Bureaucracy: The Unfulfilled Promise of Public Administration Reform in Poland, Slovakia, and the Czech Republic (1990 2000). Retrieved June 18, 2009. http: //www. escholarship. org/uc/item/23m654p8.

Pavčnik, M. et. al. (2009). Pravna država. Ljubljana: G Vzaložba.

Philip, M. (2001). Corruption and State Capture: An Analytical Framework; Department of Politics and International Relations; University of Oxford. Retrieved April 2, 2009. http: //www. worldbanlc. org/wbi/governance/pdf/prague_corrupt_capture. pdf#search = 'state%20ca.

Rawlinson, P. (1998). Mafia, Media and Myth: Representations of Russian Organised Crime. *Howard Journal of Criminal Justice*, 37, 4.

Ruggiero, V. (2001). *Crime and Markets: Essays in Anti-Criminology.* Oxford: Oxford University Press.

Tamanaha, B. Z. (2004). History, Politics, Theory. *On the Rule of Law*, 114-126.

Transparency International Corruption Perception Index. http: //www. transparency. org.

Treisman, D. (2000). The causes of corruption: a cross-national study. *Journal of Public Economics*, 76, 399-457.

Wicks, R. (2003). *Modern French Philosophy, From Existentialism to Postmodernism.* Oxford: One World Publications.

第 10 章

Anandalingam, G. &Lucas, H. V. (2004). *Beware the Winner's Curse: Victories That can Sink You and Your Company*, Oxford University Press, Oxford.

Andrews, E. L. (2008). Greenspan concedes error on regulation, *The New York Times*, 23 October. http: //www. nytimes. com/2008/10/24/business/economy/24panel. html_r¼1&hp.

Arvedlund, E. (2009). *Madoff: The man Who Stole $ 65 Billion*, Penguin Books, London.

Augar. (2000). *The Death of Gentlemanly Capitalism: the Rise and Fall of London's Investment Banks*, Penguin Books, London.

Augar. (2005). *The Greed Merchants: How the Investment Banks Played the Free Market Game*, Penguin Books, London.

Augar. (2009a). *Chasing Alpha: How Reckless Growth and Unchecked Ambition Ruined the City's Golden Decade*, Bodley Head, London.

Augar. (2009b). Insiders Cannot provide answers on finance, *The Financial Times*, 20 July, 13.

Bainbridge, S. M. (2008). *The New Corporate Governance in Theory and Practice*, Oxford University Press; Oxford.

Barron's. (2008). What we wrote about Madoff, Barron's, 22 December. http: //online. barrons. com/article/SB122973813073623485. html.

Bartiromo, A. (2009). SEC Chief Mary Schapiro: the watchdog's new teeth, *Business Week*, 25 May, 13-14.

BBC News. (2007). RBS secures takeover of ABN-Amro, 8 October. http: //news. bbc. co. ulc/1/hi/business/7033176. stm.

BBC News. (2008). UK wrong to halt Saudi arms probe, BBC News, 10 April. http: //

news. bbc. co. ulc/1/hi/business/7339231. stm.

BBC News. (2009). RBS shares plunge on record loss, BBC News, 19 January. http: // news. bbc. co. uk/1/hi/business/7836882. stm.

Bibazzi, M. (2009). Agents and intermediaries: if they are corrupt, you get the blame, *Kroll Global Fraud Report*, 9, 3.

Blankfein, L. (2009). Do not destroy the essential catalyst of risk, *The Financial Times*. 9 February, 13.

Bone, J. , Reid, T. &Spence, M. (2009). Cricket billionaire faces 250-year sentence after pyramid scam arrest, *The Times*, 20 June, 43.

Bounds. A. &Peel, M. (2009). Anger will lay swindles bare, says Wardle, *The Financial Times*, 27 April, 4.

Bowers, S. (2009). Serious Fraud Office investigates AIG's London arm after huge losses on loan insurance, *The Guardian*, 13 February, 31.

Boxell, J. (2009). Companies scramble to tackle corruption, *The Financial Times*, 10 August, 3.

Braithwaite, J. (1982). Enforced self-regulation: a new strategy for corporate crime control, *Michigan Law Review*, 80, 1466-1507.

Brittain-Catlin, W. (2005). *Offshore: The Dark Side of the Global Economy*, Farrar, Straus&Giroux, New York.

Burrows. (2009). The SEC's Madoff misery: its 1992 probe raised no red flags, *Business Week*, 12 January, 24-25.

Business Standard. (2009). RBS may post $ 41 billion loss, biggest ever by a UK firm, 20 January. http: //www. business-standard. com/india/news/rbs-maypost-41-billion-loss-biggest-ever-byuk-firm/346599/.

Calavita, K. &Pontell, H. N. (1990). 'Heads I win, tails you lose': deregulation, crime and crisis in the savings and loan industry, *Crime and Delinquency*, 36, 309-341.

Calavita, K. &Pontell, H. N. (1991). 'Other people's money' revisited: collective embezzlement in the savings and loan and insurance industries, *Social Problems*, 38, 94-112.

Caldwell, C. (2009). Madoff's life of make-believe, *The Financial Times*, 14 March, 11.

CBC News. (2006). From collapse to convictions: a timeline, CBC News, 23 October. www. cbc. ca/news/background/enron/.

CBS News. (2008). Conviction upheld for Enron's Skilling, CBS News, 6 January. www. cbsnews. com/stories/2009/01/06/business/main4702512. shtml.

Chung, J. (2008). Ex-Bear Stearns fund managers are indicted, *The Financial Times*,

20 June, 26.

Chung, J. (2009a). Congress urged to boost SEC funding, *The Financial Times*, 15 July, 6.

Chung, J. (2009b). Half of Madoff loss borne by foreigners, *The Financial Times*, 12January, 21.

Chung, J. (2009c). Madoff investigation is far from over, *The Financial Times*, 23 March. 22.

Chung, J. (2009d). Regulators censured over Madoff, *The Financial Times*, 28 January, 24.

Chung, J. (2009e). SEC plans money market safeguards, *The Financial Times*, 25 June, 35.

Chung, J. (2009f). SEC toughens stance with first move to use 'clawback' law, *The Financial Times*, 29 July, 5.

Chung, J. (2009g). US authorities file charges over four alleged scams, *The Financial Times*, 26 February, 20.

Chung, J. & Brewster, D. (2008). Feeder funds to be key target of investor lawsuits: focus on level of due diligence, *The Financial Times*, 30 December, 19.

Chung, J. & Masters, B. (2009). SEC moves to rebuild its reputation, *The Financial Times*, 5 August, 20.

Chung, J. & Rappeport, A. (2009). Cheers as Madoff Jailed for 150 years, *The Financial Times*, 30 June, 1.

Chung, J. & Ward, A. (2008). Obama signals change with choice of Schapiro, *The Financial Times*, 19 December, 5.

Chung, J. , Alloway, T. & Lemec J. (2009a). The Stanford scandal: why were red flags ignored? *The Financial Times*, 19 February, 22.

Chung, J. , Hollinger & Pignal. (2009b). SEC 'illiteracy' to blame for Madoff failings. *The Financial Times*, 5 February, 21.

Clark, A. (2008). Global trail of victims of the man on 17th floor, *The Guardian*, 16 December, 6.

Clark, A. (2009). US prosecutors charge Allen Stanford with turning bank into $ 7bn pyramid scheme, *The Guardian*, 20 June, 38.

Clarke, M. (1986). *Regulating the City: Competition, Scandal and Reform*, Open University Press, Philadelphia.

Cookson, R. & Peel, M. (2009). Warning on Stanford in 2003, *The Financial Times*,

27 February, 17.

Crawford, K. (2005a). Ebbers gets 25 years, CNNMoneycom, 23 September. http://money. cnn. com/soo5/07/13/news/newsmakers/ebbers_sentence/.

Crawford, K. (2005b). Ex-WorldComCEOEbbers guilty CNNMoney. com, 15. March. http://money. cnn. com/2005/03/15/news/newsmakers/ebbers/.

Davies, P. J. (2006). Enron and corporate governance reform in the UK and the European Community. In Armour, J. & McCahery, J. A. (Eds.), *After Enron: Improving Corporate Law and Modernising Securities Regulation in Europe and the U. S. Hart*, Oxford, 415–444.

Davies, P. J. & Masters, M. (2009). Regulator to soften focus on keeping city's edge, *The Financial Times*, 10 June, 2.

de Larosiere, J. (2009). Report by High Level Group on Financial Supervision in the EU, 25 February, 29 – 37. http://ec. europa. eu/commission _ barroso/president/pdf/statement _ 20090225_en. pdf.

Drew, A. E. (2009). Banks 'too big to fail'? Wrong, *Business Week*, 18 February.

Eaglesham, J. & Hughes, J. (2009). Bankers under fire: opposition queries PM's judgment, *The Financial Times*, 12 February, 2.

The Economist. (2008). The Madoff affair: con of the century, 20 December, 119–120.

Evans, R. & Leigh, D. (2009). Corrupt firm's work found to be defective, *The Guardian*, 8 August, 13.

Financial Times. (2009). Madoff's Demise: World's Largest Ponzi Scheme was Fault of Many Hands. 30 June, 12.

Fletcher, N. (2009). City watchdog's tough stance earns record £ 27.3m in fines, *The Guardian*, 8, 23.

FT Reporters. (2008). European banks admit to $ 10bn exposure in Madoff scandal, *The Financial Times*, 16 December, 1.

FT Reporters. (2009). A Sugar-Coated Show: the Stanford scandal, *The Financial Times*, 4 March, 12.

Galbraith, J. K. (1990). *A Short History of Financial Euphoria*, Whittle Books, New York.

Gapper, J. (2008). Wall Street insiders and fools' gold, *The Financial Times*, 18 December, 13.

Gibb, F. & Webster. (2008). High court rules that halt to BAE investigation was 'unlawful,' a threat to British justice, 11 April. www. timesonline. co. uk/tol/news/politics/article3724411. ece.

Gobert, J. & Punch, M. (2003). *Rethinking Corporate Crime*, Butterworths LexisNexis,

London.

Goldstein, M. (2008). Bear scandal: a widening probe, *Business Week*, 7 July, 22-23.

Grabosky, R. N. (1995). Counterproductive regulation, *International Journal of the Sociology of Law*, 23, 347-369.

Gregoriou, G. N. & Lhabitant, F. S. (2009). Madoff: a riot of red flags. http://papers. ssrn. com/so13/papers. cfm? abstract-id¼1335639.

(*The*) *Guardian*. (2009). Bernie Madoff: just rewards, 30 June, 28.

Guerrera, F. (2009). Regulators make Citi open doors for review, *The Financial Times*. 13 August, 1.

Guha, K. (2009). New rules to expand fed powers, *The Financial Times*, 17 June, 5.

Guha, K. & Giles, C. (2008). Blame us for crisis, say leading bankers, *The Financial Times*, 10 April, 1.

Hargreaves, D. (2009). Ritz fraud helps push cases to record high, *The Guardian*, 20July, 24.

Hawkins, K. (2002). *Law as Last Resort: Prosecution Decision Making in a Regulatory Agency*, Oxford University Press, Oxford.

House of Commons, Treasury Committee. (2008). The Run on the Rock, HC 56 - 1, Stationery Office, London. http://news. bbc. co. uk/1/shared/bsp/hi/pdfs/25 - 01 - 2008 runontherock. pdf.

House of Commons, Treasury Committee. (2009). *Banking Crisis: Reforming Corporate Governance and Pay in the City*, HC 519, Stationery Office, London, 58.

Hughes, J. (2008). FSA's Dewar signals bold action in stepping up crackdown on insider trading, *The Financial Times*, 6 May, 22.

Hughes, J. (2009a). Ex-Morgan Stanley trader fined £ 140, 000, *The Financial Times*, 27 May, 17.

Hughes, J. (2009b). Six arrested over insider dealing, *The Financial Times*, 28 May, 2.

Huse, H. (2007). *Boards, Governance, and Value Creation*, Cambridge University Press, Cambridge.

Jenkins, J. (2009). Banks fear impact of FSA rule changes, *The Financial Times*, 15, 20.

Joint Committee on Draft Bribery Bill. (2009). Draft Bribery Bill: First Report of Session 2008-2009, Vol. 1, Stationery Office, London.

Kay, J. (2009a). How the 'Madoff twist' entices the financially astute, *The Financial Times*, 18 March, 13.

Kay, J. (2009b). Why 'too big to fail' is too much for us to take, *The Financial Times*, 26 May.

Kindleberger, C. & Aliber, R. Z. (2005). *Manias, Panics and Crashes: A History of Financial Crises*, 5th ed., Palgrave Macmillan, Basingstoke.

Kirkpatrick, G. (2009). The Corporate Governance Lessons from the Financial Crisis, ECD Steering Group on Corporate Governance, Paris. http://www.oecd.org/dataoecd/32/1/42229620.pdf.

Larsen, P. T. (2008). Banking regulator calls for dean slate, *The Financial Times*, 17 October, 1.

Laufer, W. S. (2006). *Corporate Bodies and Guilty Minds: The Failure of Corporate Criminal Liability*, University of Chicago Press, Chicago, 1L.

Law Commission. (2008). Reforming Bribery No. 313, Stationary Office, London.

Leblanc, R. W. & Gillies, J. (2005). *Inside the Boardroom: How Boards Really Work and the Coming Revolution in Corporate Governance*, Wiley, Mississauga.

Leigh, D. (2008). Britain's failure to tackle corruption damned amid new claims against BAE, *The Guardian*, 18 October, 8.

Leigh, D. (2009). Austria set to sue over BAE arms sales, *The Guardian*, 20 June, 18.

Leigh, D. & Evans, R. (2007). BAE accused of secretly paying £ 1bn to Saudi prince, *The Guardian*, 7 June. www.guardian.co.uk/world/2007/jun/07/bael (accessed19 November 2010).

Levi, M. (1987). *Regulating Fraud: White-Collar Crime and the Criminal Process*, Tavistock, London.

Levi, M. & Burrows, J. (2008). Measuring the impact of fraud: a conceptual and empirical journey, *British Journal of Criminology*, 48, 293–318.

Lewis, L. (2009). Chinese bail-out cash heads for Macao casinos rather than Guangdong factories, *The Times*, 20 June, 65.

Lilley P. (2009). *Dirty Dealing: the Untold Truth about Global Money Laundering, International Crime and Terrorism*, 3rd ed. Kogan Page, London.

Lorsch, L. W. & MacIver, E. (1989). *Pawns or Potentates: The Reality of America's Corporate Boards*, Harvard Business School Press, Boston.

Mackintosh, J. & Mallet, A. (2008). Europe's banks pay price for guarantees, *The Financial Times*, 16 December, 23.

Masters, B. (2005). WorldCom's Ebbers convicted, *The Washington Post*, 16 March, A01. www.washingtonpost.com/as2/wp-dyn/A36896–2005Mar15? language¼printer.

Masters, B. (2009a). Corporate fraud losses soar to £ 960m, *The Financial Times*, 2 July, 17.

Masters, B. (2009b). Corporate fraud rises to £ 1.2bn, *The Financial Times*, 19 January. 19.

Masters, B. (2009c). FSA's new approach ruffles feathers, *The Financial Times*, 20 July, 21.

Masters, B. (2009d). Investors fear banks will return to old ways, *The Financial Times*, 25 June, 3.

Masters, B. (2009e). Warning of stimulus cash paying for bribes, *The Financial Times*, 22 June, 8.

Masters, B. & Farrell, G. (2009). Blunders sustained Madoff fraud, *The Financial Times*, 13 August, 20.

Masters, B., Pignal, S. & Chung, J. (2009). Plaintiffs take aim at Madoff's auditors, *The Financial Times*, 6 February, 25.

Mathiason, N. (2009a). Do more to stop insider trading, city watchdog warns 'complacent' banks, *The Guardian*, 28 April, 23.

Mathiason, N. (2009b). 'Light-touch' reforms raise fears of new bank disaster, *The Observer*, 14 June, B1.

Moore, C. A. (1987). Taming the giant corporation? Some cautionary remarks on the deterrability of corporate crime, *Crime and Delinquency*, 33, 379–402.

Murphy, M. (2008). Actions' placed justice system at risk'. *The Financial Times*, 11 April, 4.

Murphy, M. (2009). Plan to axe FSA spurs crime warning, *The Financial Times*, 22 lulu 2.

McBarnet, D. (1991). Whiter than white collar: tax, fraud insurance and the management of stigma, *British Journal of Sociology*, 42, 323–344.

McBarnet, D. (1994). Legal creativity: law, capital and legal avoidance. In Cain, M. & Harrington, C. (Eds.). *Lawyers in a Postmodern World: Translation and Transgression*, New York University Press, New York, 73.

McBarnet, D. (2006). After Enron will 'whiter than white collar crime' still wash? *British Journal of Criminology*, 46, 1091–1096.

McBarnet, D. & Whelan, C. (1991). The elusive spirit of the law: formalism and the struggle for legal control, *Modern Law Review*, 54, 48–87.

McBarnet, D. & Whelan, C. (1999). *Creative Accounting and the Cross-Eyed Javelin*

Thrower, Wiley, Chichester.

Nasaw, D. (2009). SEC attacked for ignoring Madoff alerts, *The Guardian*, 5 February, 29.

(*The*) *New York Times*. (2007). Editorial: The tide is still going out. 31 August.

O'Connor, S. (2009). Geithner urges end to'dumb regulation, *The Financial Times*, 25 July, 7.

Orland, L. (Ed.) . (1995). *Corporate and White Collar Crime: An Anthology*, Anderson, Cincinnati.

Parker, G. (2009). FSA 'failed spectacularly', say MPs, *The Financial Times*, 31 July, 2.

Peel, M. (2008). Row over national security claim, *The Financial Times*, 11 April, 4.

Peel, M. (2009a). An empire long on claims and short on data, *The Financial Times*, 20 February, 20.

Peel, M. (2009b). Business shuns US-style plea bargaining on bribery, *The Financial Times*, 22 June, 4.

Peel, M. (2009c). Law officer vows fraud crackdown, *The Financial Times*, 4 August, 3.

Peel, M. (2009d). SFO looks for more cases of city fraud, *The Financial Times*, 14 July, 4.

Peel, M. (2009e). Stanford faces $ 7bn fraud plot charges, *The Financial Times*, 20 June, 1.

Rappeport, A. & Chung, J. (2009). Madoff records put more pressure on SEC, *The Financial Times*, 21 February, 16.

Robinson, J. (1994). *The Laundrymen: Inside the World's Third Largest Business*, Simon &Schuster, London.

Robinson, J. (2003). *The Sink: Terror, Crime and Dirty Money in the Offshore World*, Constable, London.

Romano, R. (2005). The Sarbanes-Oxley Act and the making of quack corporate governance, *Yale Law Journal*, 114, 142–161.

Sants, H. (2009). Delivering intensive supervision and credible deterrence, Speech on 12 March, Reuters Newsmakers Event. www. fsa. gov. uk/pages/Library/Communication/Speeches/2009/0312_hs. shtml.

Sender, H. (2008). Feeder's fees may have exceeded norms, *The Financial Times*, 16 December, 23.

Shapiro, S. (1984). *Wayward Capitalists: Targets of the Securities and Exchange Commission*, Yale University Press, New Haven, CT.

Simpson, G. & Gibbs, C. (Eds.) . (2007). *Corporate Crime*, Ashgate, Aldershot.

Simpson, S. S. (2002). *Corporate Crime, Law and Social Context*, Cambridge University Press, Cambridge.

Stelzer, I. (2009). If a bank is too big to fail, it must be broken up, *The Daily Telegraph*, 29 July.

Stern, G. H. (2003). *Too Big to Fail: The Hazards of Bank Bailouts*, Brookings Institution, Washington.

Stone, C. D. (1975). *Where the Law Ends*, Harper&Row, New York.

Summers, L. (2008). The pendulum swings towards regulation, *The Financial Times*, 27 October, 13.

Tett, G. (2009). *Fool's Gold: How Unrestrained Greed Corrupted a Dream, Shattered Global Markets and Unleashed a Catastrophe*, Little, Brown, London.

Thaler, R. H. (1992). *The Winner's Curse: Paradoxes and Anomalies of Economic Life*, Princeton University Press, Princeton.

Tomasic, R. (1994). Corporate crime in a civil law culture, *Current Issues in Criminal Justice*, 5, 244-255.

Tomasic, R. (2000). Corporate crime and its regulation: issues and prospects. In Chappell, D. & Wilson (Eds.). *Crime and the Criminal justice System in Australia* 2000 *and Beyond*, Butterworths, Sydney, 259-270.

Tomasic, R. (2005). From white-collar crime to corporate crime and beyond: the limits of law and theory. In Chappell, D. & Wilson (Eds.), *Issues in Australian Crime and Criminal Justice*, LexisNexis, Sydney, 252-267.

Tomasic, R. (2006). The challenge of corporate law enforcement: future directions for corporation law in Australia, *University of Western Sydney Law Review*, 10, 1-23.

Tomasic, R. (2009). Raising corporate governance standards in response to corporate rescue and insolvency, *Corporate Rescue & Insolvency*, 2, 5-9.

Transparency International. (2009a). Kroll Predicts Corruption Costs could Total $ 500 Billion Worldwide, as FBI Braces for Next Wave of Financial Fraud Tied to Stimulus Spending. http://press-releases. techwhack. com/37879-transparency-international. (accessed 19 November 2010).

Transparency International. (2009b). Major Exporters Failing to Curb Overseas Bribery. http://transparency. org/news_room/latest _ news/press _ releases/2009/2009 _06 _23 _2009 _ oecd_progress_report.

Treanor, J. (2009a). Blank under fire as treasury moves to take control of Lloyds, *The*

Guardian, 7 March, 10.

Treanor, J. (2009b). FSA plans £ 10m in pay rises as Crosby departs, *The Guardian*, 13 February, 33.

Treanor, J. (2009c). Ministers are passing the buck over bankers'salaries, says FSA chief, *The Guardian*, 14 August, 25.

Treanor, J. (2009d). Shown the door: Brown's banker, *The Guardian*, 12 February, 4.

Treanor, J. & Clark, A. (2008). It was all one big lie: $ 50bn black hole engulfs global funds, *The Guardian*, 19 December, 3.

Turner, L. A. (2009). *The Turner Review: A Regulatory Response to the Global Banking Crisis*, Financial Services Authority, London.

Verkalik, R. (2009). New tightens on insider trading, *The Independent*, 6 April, 1.

Walker, D. (2009). *A Review of Corporate Governance in UK Banks and Other Financial Industry Entities*, HM Treasury, London, 16 July. www.hm-treasury. govuk/walker _ review _ information. htm.

Warren, E. (2009). Consumers need a credit watchdog, *Business Week*, 27 July, 76.

Winnett, R. (2009). Brown ordered 'light touch' on bank regulation, says watchdog, *The Daily Telegraph*, 26 February, 1.

Wood, A. (2009). Red flags for investors to heed, *The Financial Times*, 16 February, 5.

Woolf Committee. (2009). Business ethics, global companies and the defence industry: ethical business conduct in BAE Systems plc: the Way Forward. http: //217. 69. 26/woolf/ Woolfreport2008. pdf.

Yu, E. (2009). HK Sees first jail term for insider trading, *South China Morning Post*, 2 April, B6.

进一步阅读资料

Financial Services Authority. (2008). Internal audit review of its supervision of Northern Rock and FSA management response. http: //www. fsa. gov. uk/pages/Library/Other_publications/ Miscellaneous/2008/nr. shtml.

第 3 篇

第 13 章

Berliner, B. (1982). *Limits of Insurability of Risks.* Prentice Hall, Englewood Cliffs, NJ.

Croy, G., Gerrans, P. & Speelman, C. (2010). The role and relevance of domain knowledge, perceptions of planning importance, and risk tolerance in predicting savings intentions. *Journal of Economic Psychology*, 31, 860-871.

Dorfman, M. (1994). *Introduction to Risk Management and Insurance*. 5th ed. Prentice Hall, Englewood Cliffs NJ.

Economist. (2010). Ireland's woes are largely of its own but German bungling has made matters worse. 397, 12.

Einhom, H. & Hogarth, R. (1987). Decision making under ambiguity. In Hogarth, R. & Reder, M. (Eds.). *Rational Choice: The Contrast between Economics and Psychology*. Chicago, 41-66.

Eisenführ, F. & Weber, M. (2003). *Rationales Enlscheiden*. Berlin.

Geneva Association, ACCE Working Group on Credit Crisis. (2010). The global crisis: how could it happen? *Geneva Reports: Risk and Insurance Research*, 3: 21-43.

Haller, M. (1975). *Sicherheit durch Versicherung?* Bern.

Hogarth, R. & Kunreuther, H. (1997). Decision making under ignorance: arguing with yourself. In Goldstein, W. & Hogarth, R. (Eds.). *Research on judgment and Decision Making. Currents, Connections, and Controversies*. Cambridge, 482-508.

Kahneman, D. & Tverslcy, A. (1979). Prospect theory: an analysis of decision under risk. *Econometrica*. 47, 263-291.

Karten, W. (1991). Das Einzelrisiko and seine Kallculation. In Gross, W., Müller-Lutz, H. L. &Schmidt, R. (Eds.). *Versicherungsenzyklopädie*, Band 2, 4.Aufl., Gabler, Wiesbaden, 199-221.

Kool, W., McGuire, J., Rosen, Z. & Botvinivk, M. (2010). Decision making and the avoidance of cognitive demand. *Journal of Experimental Psychology*, 139, 665-682.

Mehr, R. & Hedges, B. (1963). *Risk Management in the Business Enterprise*. Homewood, IL.

Mehr, R. & Hedges, B. (1974). *Risk Management: Concepts and Applications*. Homewood, IL.

Mueler, J. (1979). *Risk Management in der Unternehmung*. Wien.

Schulz, J. (2000). The risks of pension privatization to Britain. *Challenge*, 43, 93-104.

Thaler, R. (1985). Mental accounting and consumer choice. *Marketing Science*, 4, 199-214.

Thaler, R. & Johnson, E. (1990). Gambling with the house money and trying to break even: the effects of prior outcomes on risky choice. *Management Science*, 26, 643-660.

Theil, M. (1995). *Risikomanagement für lnformationssysteme.* Wien.

Theil, M. (2002). *Versicherungsentscheidungen und Prospect Theory. Die Risikoeinschätzung der Versicherungsnehmer als Entscheidungsgrundlage.* Wien.

Theil, M. (2003). The value of personal contact in marketing insurance: client judgments of representativeness and mental availability. *Risk Management and Insurance Review*, 6, 145-157.

Trowbridge, C. (1975). Insurance as a transfer mechanism. *Journal of Risk and Insurance.* 42, 1-15.

Tversky, A. & Kahneman, D. (1981). The framing of decisions and the psychology of choice. *Science*, 211, 453-458.

Tversky, A. & Kahneman, D. (1992). Advances in prospect theory: cumulative representation of uncertainty. *Journal of Risk and Uncertainty*, 5, 287-323.

第 14 章

Benjaminson, P. & Anderson, D. (1990). *Investigative Reporting*, 2nd ed. Ames, Iowa State University Press.

Bešker, I. (2004). Osnovni pojmovi. In Bešker I. & Obad O. *Istraživačko novinarstvo.* Zagreb, Medijska Agencija HND.

Brandl, S. G. (2004). *Criminal Investigation: An Analytical Perspective.* Boston, Pearson.

de Burgh, H. (2000). *Investigative journalism: Context and Practice.* London, Routledge.

Dobovšek, B. (2008). Economic organised crime networks in emerging democracies. *International Journal of Social Economics*, 35, 679-690.

Dobovšek, B. & Masmak M. (2009). In Meško, G., Cockroft, T., Crawford, A. & Lemaitre, A. (Eds.), *Crime, Media and Fear of Crime: Investigative Reporting versus Transnational Organised Crime.*

Gaines, W. (1994). *Investigative Reporting for Print and Broadcast.* Chicago, Nelson Hall. http://www.rthk.org.hk/mediadigest/20020415_76_21467.html.

Knight, A. (2001). *Online Investigative Journalism. Ejournalist* 1 (1). Retrieved, April 15 2010. http://ejoumalist.com.au/vlnl/inv.pdf.

Košir, M. (1995). Istraživačko novinarstvo. *Medijska istraživnnja: znanstveno-stručničasopis za novinarstvo i medije*, 1, 43-51.

Obad, O. (2004). Metode u istraživačkom novinarstvu. In Bešker I. & Obad O. (Eds.). *Istraživačko novinarstvo. Zagreb*, Medijska Agencija HND.

Pečar, J. (1994). Preiskovalnemu novinarstvu na rob. *Teorijn in praksa*, 31, 859–863.

Šuen, M. (1994). *Preiskovalno novinarstvo*. Ljubljana, Falculteta za družbene vede.

Ullmann, J. & Honeyman, S. (1983). *The Reporter's Handbook: An Investigator's Guide to Documents and Techniques*. New York, St. Martin's Press.

Žerjav, C. (1994). *Krimirialistika*. Ljubljana, Ministrstvo za notranje zadeve RS, Izobraževalni center.

第 15 章

报刊杂志

Ackermann braucht kein Geld "Würde mich schämen," October 18, 2008. N-TV online. Retrieved December 12, 2010. http://www.n-tv.de/wirtschaft/meldungen/Wuerde-mich-schaemen-article29711.html.

Als ich das hörte, brauchte ich einen Stuhl: Interview with Peer Steinbrück on the occasion of his book "Unterm Strich". October 9/10, 2010, 14. Andras Szigetvari. Der Standard.

Army major kills himself over Bernard Madoff fraud debts. February 13, 2009. *The Telegraph* online. Retrieved February 16, 2011. http://www.telegraph.co.uk/finance/financetopics/bernard-madoff/4603017/Army-major-kills-himself-over-Bernard-Madoff-fraud-debts.html.

Der Jahrhundertfehler: Gorillas Spiel, November 2009, *Der Spiegel* online. Retrieved February 1, 2010. http://www.spiegel.de/spiegel/print/d-64497194.html.

Der Milliardenmann. January 29, 2011. *Frankfurter Allgemeine Zeitung* online. Retrieved February 25, 2011. http://www.faz.net/s/RubD16E1F55D21144C4AE3F9DDF52B6E1D9/Doc~E7FBB8906885F489FBEAE352DAA49DOFA~ATpl~Ecommon-Scontent.html.

Die gewonnene Wette des John Paulson. April 17, 2010. *Zeit* online. Retrieved February 25, 2011. http://www.zeit.de/wirtschaft/2010-04/goldman-sachs-paulson.

Einer zahlt alles. October 5, 2010. *Der Spiegel* online. Retrieved February 2, 2011. http://www.spiegel.de/wirtschaft/0, 1518, 721401, 00.html.

Es schlägt die Stunde der Mahner. January 27, 2010. *Handelsblntt* online. Retrieved November 14, 2010. http://www.handelsblatt.com/politik/international/davos-es-schlaegt-die-stunde-der-mahner; 2520123.

EU Studie: Jeder Dritte wünscht sich starken Mann. March 11, 2011. *ORF News* online. Retrieved March 11, 2011. http://www.orf.at/stories/2046991/.

Gefängniszelle statt Royal Suite mit Seeblick. January 24, 2011. *Frankfurter Allgemeine Zeitung* online. Retrieved March 2, 2011. http://www.faz.net/s/RubEC1ACFE1EE274C81BC-

D3621EF555C83C/Doc ~ EBEEC123B3D4C46D7B68024AA8D372AC1 ~ ATp1 ~ Ecommon ~ Scontent. html.

Goldman Sachs will nicht gegen Kunden gewettet haben. April 7, 2010. Zeit online. Retrieved December 12, 2010. http: //www. zeit. de/wirtschaft/unternehmen/2010 - 04/goldman-sachs-wetten.

Goldman Settles With S. E. C. for $550 Million. July 15, 2010. *New York Times* online. Retrieved February 20, 2011. http: //dealbook. nytimes. com/2010/07/15/goldman-to-settle-with-s-e-c-for-550-million/.

Greenspan joins NY hedge fund. January 15, 2008. *Financial Times* online. Retrieved December 14, 2010. http: //www. fr. com/cms/s/6ccb18b8-c2fb-11dc-b617-0000779fd2ac, html.

In der Geiselhaft der Banken, Andreas Schnauder. November 23, 2010. *Der Standard*, 28.

IWF Chef: Rückfall bei Skandalboni. *ORF News* online. Retrieved February 21, 2011. http: //www. orf. at/#/stories/2043434/.

Island in Sicht. Christoph, H. , *Profil*. 2010.

Jérôme Kerviel: Allein gegen die große Bank. June 8, 2010. *Die Presse* online. Retrieved December 2, 2010. http: //diepresse. com/home/wirtschaft/international/572018/Jrme-Kerviel _Allein-gegen-die-grosse-Bank.

Jobwechsel: Greenspan berät die Deutsche Bank. August 13, 2007. *Die Presse* online. Retrieved March 4, 2011. http: //diepresse. com/home/wirtschaft/economist/323294/Jobwechsel _Greenspan-beraet-die-Deutsche-Bank? _vl_backlink =/home/wirtschaft/index. do.

Klage mit aller Vehemenz bekämpfen. *ORF News* online. Retrieved December 17, 2010. http: //www. orf. at/stories/2030532/2030538/.

Lehman Probe Stalls; Chance of No Charges. March 12, 2011. *Wall Street Journal* online. Retrieved March 13, 2011. http: //online. wsj. com/article/SB10001424052748703597804576 194871565429108. html.

Mächtige Clans im Hintergrund. *ORF News* online. Retrieved November 12, 2010. http: // www. orf. at/stories/2025087/2018209/.

Primeo-Schatten reichen bis nach Afrika. December 12, 2010. *Der Standard online*. Retrieved January 30, 2011. http: //derstandard. at/1291454915125/weltweite-verluste-primeo-schatten-reichen-bis-nach-afrilm.

Schulmeister spricht von Finanzchimisten. *ORF News* online. Retrieved September 24, 2010. news. orf. at/stories/2016131/2016144.

Systematische Misswirtschaft bei Kreditvergabe. August 16, 2010. *Der Standard*, 9.

Verheerende Wirkung auf die Rechtskultur. February 10, 2011. *ORF News* online. Retrieved February 10, 2011. http：//oel. orf. at/artikel/269234/.

Wall-Street-Legende im Zwielicht. April 20, 2010. *Frankfurter Allgemeine Zeitung* online. Retrieved December 25, 2010. http：//www. faz. net/s/RubDl6E1F55D21144C4AE3F9DDF52 B6E1D9/Doc ~ E5D992A453E8C4ECD9B69406EF6DC28F2 ~ ATpl ~ Ecommon ~ Scontent. html.

Zahlungsunfähigkeit verheimlicht. *ORF News* online. Retrieved December 20, 2010. http：// www. orf. at/stories/2032070/2032071/.

著作与论文

Berne, E. (1964). *Games People Play：The Psychology of Humans Relationships*. New York：Penguin Books.

Dekker, S. W. (2005). *Ten Questions About Human Error：A New View of Human Factors and System Safety*. Mahwah, NJ：Erlbaum.

Dekker, S. W. (2006). *The Field Guide to Understanding Human Error*. Hampshire, UK：Ashgate.

Dekker, S. W. (2007). *Just Culture：Balancing Safety and Accountability*. Hampshire, UK：Ashgate

Felsenreich, C. (2008). About Loyalty and Resilience：Why a New View on Human Error should Focus on the Dark Sides of Basically Positive Human Attitudes. Master's Thesis, Lund University School of Aviation.

Felsenreich, C. & Kriechbaum, K. (2008). *Politik-Analyse, Politik Therapie. Interaktives Fehlermanagement*. Wien：Kriechbaum Verlag.

Freud, A. (1937). *The Ego und the Mechanisms of Defense*. London：Hogarth.

Freud, S. (1921). *Massenpsychologie und Ich-Analyse*. Leipzig：Internationaler Psycho-analytischer Verlag.

Fromm, E. (1964). *The Heart of Man：Its Genius for Good and Evil*. New York：Harper &Row.

Harris, T. A. (1967). *I'm OK, You're OK：A Practical Guide to Transactional Analyses*. New York：Harper & Row.

Hollnagel, E., Woods, D. D. and Leveson, N. (Eds.) (2006). *Resilience Engineering：Concepts and Precepts*. Hampshire, UK：Ashgate.

Kernberg, O. F. (2004). *Aggessivity, Narcissism and Self-Destructiveness in the Psychotherapeutic Relationship：New Developments in the Psychopathology and Psychotherapy of Severe Personality Disorders*. New Haven：Yale University Press.

Kriechbaum, K. (2010). *Der Mensch mit Eigenschaften: Unsere Programme, unsere Umwelt und unsere Zustände bestimmen unser Leben.* Wien: Kriechbaum Verlag.

Morgan, G. (1986). *Images of Organization.* Beverly Hills: Sage Publications.

Perrow, C. (1999). *Normal Accidents: Living with High-Risk Technologies.* Princeton, NJ: Princeton University Press.

Rochlin, G. (1999). Safe operation as a social construct. *Ergonomics*, 42, 1549–1560.

Rochlin, G., La Porte, T. & Roberts, K. (1987). *The self-designing high reliability organization.* Naval War College Review, Autumn 1987.

Röhr, H. P. (1999). *Narzissmus: Das innere Gefängnis.* München: dtv.

Schultz von Thun, F. (1989). *Miteinander Reden, Band 2: Stile, Werte und Persönlichkeitsentwicklung.* Hamburg: Rowohlt.

Snook, S. A. (2000). *Friendly Fire: The Accidental Shootdown of U. S. Black Hawks over Northern Iraq.* Princeton: Princeton University Press.

Vaughan, D. (1996). *The Challenger Launch Decision: Risky Technology, Culture and Deviance at NASA.* Chicago: The University of Chicago Press.

Watzlawick, P. & Beavin, J. H. (1980). Einige formale Aspekte der Kommunikation. In Watzlawick, P & Weakland, J. H. (Eds.). Bern: Huber.

第 16 章

Acemoglu, D. & Robinson, J. A. (2006). *Economic Origins of Dictatorship and Democracy.* New York: Cambridge University Press.

Addison, T. & Tarp, F. (2010). The Triple Crisis: Finance, Food, and Climate Change. Working Paper 2010/01, World Institute for Development Economic Research (UNU-WIDER).

Andresen, S. (2010). Effective financial regulation after Pittsburgh: achievements and challenges. Speech at International Conference, Federal Ministry of Finance of Germany. Berlin, May. http://www.g20.org/Documents2010/05/201005_Germany.pdf (accessed 01 March 2011).

Allen, R. (2008). Reforming fiscal institutions: the elusive art of the budget advisor. *OECD Journal on Budgeting*, 3, 1–9.

Allen, R. (2009). The Challenge of Reforming Budgetary Institutions in Developing Countries. IMF Working Paper.

Andrews, M. (2010). How Far Have Public Financial Management Reforms Come in

Africa? HKS Faculty Research Working Paper Series RWP10-018, Harvard University, John F. Kennedy School of Government: Cambridge, MA.

Boix, C. & Stokes, S. C. (2003). Endogenous democratization. *World Politics*, 55. 517-549.

Bovens, M. (2007). Public accountability. In Ferlie, E., Lynn, L. E. &Pollitt, C. (Eds.), *The Oxford Handbook of Public Management*. Oxford: Oxford University Press, 182-208.

Collier, P. (2009). *Wars, Guns and Votes: Democracy in Dangerous Places*. London: Bodley Head.

Crotty, J. (2009). Structural causes of the global financial crisis: a critical assessment of the new financial architecture. *Cambridge Journal of Economics*, 33, 563-580.

De Renzio, P. (2009). Taking Stock: What do PEFA Assessments Tell Us about PFM Systems across Countries? Working Paper 302, Overseas Development Institute, London.

Diamond, L. J. (2009). *The Spirit of Democracy: The Struggle to Build Free Societies throughout the World*. New York: Times Books/Holt.

Easterly, W. (2006). *The White Man's Burden*. New York: Penguin Press.

Epstein, G. & Carrick-Hagenbarth, J. (2009). Financial Economists, Financial Interests and Dark Corners of the Meltdown. Working Paper 239, University of Massachusetts, Political Economy Research Institute, Amherst.

FSB (Financial Stability Board). (2010a). Intensity and Effectiveness of SIFI Supervision: Recommendations for Enhanced Supervision.

FSB (Financial Stability Board). (2010b). Reducing the Moral Hazard Posed by Systemically Important Institutions. Recommendations and Time Lines.

FSB (Financial Stability Board). (2011). Progress in the Implementation of the G20 Recommendations for Strengthening Financial Stability. Report to G20 Finance Ministers and Central Bank Governors.

Fisman, R. (2001). Estimating the value of political connections. *American Economic Association*, 9, 1095-1102.

Fukuyama, F. (2004). The imperative of state building. *Journal of Democracy*, 15, 17-31.

Gauri, V. (2004). Social rights and economics: claims to health care and education in developing countries. *World Development*, 32, 465-477.

Goetz, A. M. & Jenkins, R. (2005). *Reinventing Accountability: Making Democracy Work for Human Development*. Basingstoke, Palgrave Macmillan.

Haber, S. (2006). Authoritarian government. In Weingast, B. R., Wittman, D. A. & Goodin, R. E. (Eds.). *The Oxford Handbook of Political Economy.* Oxford: Oxford University Press, 693–707.

Huntington, S. P. (1965). Political development and political decay. *World Politics*, 17, 386–430.

Huntington, S. R. (1968). *Political Order in Changing Societies.* New Haven: Yale University Press. (A new edition with a foreword by Francis Fukuyama was published in 2006.)

Inglehart, R. & Welzel, C. (2008). *Modernization, Cultural Change, and Democracy: The Human Development Sequence.* Cambridge: Cambridge University Press.

International Budget Partnership (IBP). (2010). *Open Budgets. Transform Lives.* Washington: IBP.

INTOSAL. (2009). Lima Declaration and Mexico Declaration. General Secretariat, Vienna. http://www.intosai.org/blueline/upload/enghsch.pdf (accessed 03 March 2011).

Iversen, T. (2006). Capitalism and democracy. In Weingast, B. R., Wittman, D. A. &Goodin, R. E. (Eds.). *The Oxford Handbook of Political Economy.* Oxford: Oxford University Press, 601–623.

Khan, M. (2005). Markets, states, and democracy: patron-client networks and the case for democracy in developing countries. *Democratization*, 12, 704–724.

Khan, M. H. (2006). Governance and development. Paper presented at World Bank and DFID Workshop, Dhaka.

Krasner, S. (2009). State development, state building and foreign aid. Speech at Stanford University. http://cddrl.stanford.edu/events/state_development_state_building_and_foreign_aid/ (accessed 10 October 2010).

Krasner, S. D. (2005). The case for shared sovereignty. *Journal of Democracy.* 16, 69–83.

Leftwich, A. & Sen, K. (2010). Beyond institutions: institutions and organizations in the politics and economics of growth and poverty reduction-a thematic synthesis of research evidence. http://www.ippg.org.uk/8933_Beyond%20Institutions.final%20(1).pdf (accessed 05 February 2011).

Linz, J. & Stepan, A. C. (1996). *Problems of Democratic Transition and Consolidation: Southern Europe, South America, and post-Communist Europe.* Baltimore: Johns Hopkins University Press.

Lipset, S. M. (1959). Some social requisites of democracy: economic development and political legitimacy. *American Political Science Review*, 53, 69–105.

Magaloni, B. (2008). Credible power sharing and the longevity of authoritarian rule. *Comparative Political Studies*, 41, 715-741.

Matthews, B. C. (2010). Symposium: International law and the economic crisis. Emerging public international banking law? *Chicago Journal of International Law*, 539.

Meisel, N. & Ould Aoudia, J. (2008). *Is Good Governance a Good Development Strategy?* Paris: French Development Agency.

Moyo, D. (2009). *Dead Aid.* London: Allen Lane.

North, D. C., Wallis, J. J. & Weingast, B. R. (2009a). Violence and the rise of open-access orders. *Journal of Democracy*, 20, 55-68.

North, D. C., Wallis, J. J. &Weingast, B. R. (2009b). *Violence and social orders: A conceptual Framework for Interpreting Recorded Human History.* New York: Cambridge University Press.

O'Donnell, G. (1993). On the state, democratization and some conceptual problems: a Latin American view with glances at some postcommunist countries. *World Development*, 21, 1355-1369.

O'Donnell, G. (1998). Horizontal accountability in new democracies. *Journal of Democracy*, 9, 112-126.

OHCHR (Office of United Nations High Commissioner for Human Rights). (2006). Frequently Asked Questions on a Human Rights-Based Approach to Development Cooperation.

Posen, A. S. (2010). Shrinking financial institutions and imposing rules on supervisors. Speech at International Conference, Federal Ministry of Finance of Germany. Berlin, May. http: // www. g20. org/Documents2010/05/201005_Germany. pdf (accessed 01 March 2011).

Pretorius, C. & Pretorius, N. (2008). Review of Public Financial Management Reform Literature. Department for International Development (DFID) Evaluation Working Paper EV698, London.

Przeworski, A. (1991). *Democracy and the Market: Political and Economic Reforms in Eastern Europe and Latin America.* New York: Cambridge University Press.

Przeworski, A. (2006). Self-enforcing democracy. In Weingast, B. R., Wittman, D. A. & Goodin, R. E. (Eds.). *The Oxford Handbook of Political Economy.* Oxford: Oxford University Press, 312-328.

Przeworski, A., Alvarez, M. E., Cheibub, J. A. & Limongi, F (2000). In Przeworski, A. (Ed.). *Democracy and Development: Political Institutions and Well-Being in the World*, 1950-1990. New York: Cambridge University Press.

Przeworski, A., Stokes, S. C. & Manin, B. (1999). *Democracy, Accountability, and*

Representation. Cambridge: Cambridge University Press.

Sachs, J. D. (2008). *Wohlstand für viele. Globale Wirtschaftspolitik in Zeiten der ökologischen und sozialen Krise*. München: Siedler.

Sachs, J. D., Rennert, U., & Schmidt, T. (2005). *Das Ende derArmuL Ein ökonomisches Programm für eine gerechtere Welt*. München: Siedler.

Santiso, C. (2006). Banking on accountability? Strengthening budget oversight and public sector auditing in emerging economies. *Public Budgeting & Finance*, 26, 66–100.

Santiso, C. (2009). *The Political Economy of Government Auditing: Financial Governance and the Rule of Law in Latin America and Beyond*. London: Routledge.

Schäuble, W. (2010). Speech at International Conference, Federal Ministry of Finance of Germany. Berlin, May. http://www. g20. org/Documents2010/05/201005 _ Germany. pdf (accessed 01 March 2011).

Schedler, A. (Ed.). (2006). *Electoral Authoritarianism: The Dynamics of Unfree Competition*. Boulder, CO: Lynne Rienner.

Schouten, P. (2008). Theory Talk 21. Stephen Krasner on Sovereignty, Failed States and International Regimes. http://www. theory-lks. org/2008/10/theory-talk-21. html (accessed 0 1 March 2011).

Seymour, D. & Pincus, J. (2008). Human rights and economics: the conceptual basis for their complementarities. *Development Policy Review*, 26, 387–405.

Shah, A. (2007). *Performance Accountability and Combating Corruption*. Washington: World Bank.

Stapenhurst, R. (2008). *Legislative Oversight and Budgeting. A World Perspective*. Washington: World Bank.

Thynne, I. (2011). Symposium introduction: the global financial crisis, governance and institutional dynamics. *Public Organization Review*, 16, 1–12.

Tilly, C. (1992). *Coercion, Capital, and European States*, 1990 – 1992. Cambridge: Blackwell.

Tomasic, R. (2011). The financial crisis and the haphazard pursuit of financial crime. *Journal of Financial Crime*, 18, 7–31.

Tollison, R. D. (1982). Rent seeking: a survey. *kyklos*, 35, 575–602.

United Nations. (2005). *United Nations Convention against Corruption*. Vienna: United Nations Office against Drugs and Crime.

Unsworth, S. (2009). What's politics got to do with it? Why donors find it so hard to come to terms with politics, and why this matters. *Journal of International Development*, 21,

883-894.

Unsworth, S. (2010). An upside view of governance. http://www2. ids. ac. uk/gdr/cfs/ pdfs/AnUpside-downViewofGovernance. pdf (accessed 01 March 2011).

Weingast, B. (1997). The political foundations of democracy and the rule of law. *American Political Science Review*, 91, 245-263.

Wilmarth, A. E. (2009). The dark side of universal banking. *Connecticut Law Review*, 41.

World Bank. (1997). *The State in a Changing World*. Oxford: Oxford University Press.

World Bank. (2010). *Public Financial Management Reform in the Middle East and North Africa: Overview of Regional Experience*. Report 55061-MNA, World Bank, Washington.

第 17 章

3i Group plc. (1994). *Angel Investors*. London, 3i plc.

Amatucci, F. M. & Sohl, J. E. (2004). Women entrepreneurs securing business angel financing: tales from the field. *Venture Capital*, 16, 181-196.

Ardichvili, A., Cardozo, R. N., Tune, K., & Reinach, J. (2000). The role of angel investtors in the assembly of non-financial resources of new ventures. *Frontiers of Entrepreneursh Research*, 2000, 483-504.

Barney, J. B., Busenitz, L., Fiet, J. O. & Moesel, D. (1994). Determinants of a new venture team's receptivity to advice from venture capitalists. *Frontiers of Entrepreneursh Research*, 321-335.

Brettel, M., Jaugey, C. & Rost, C. (2000). *Der informelle Beteiligungskapitalmarkt in Deutschland*. Gabler Verlag, Wiesbaden.

Busenitz, L. W, Moesel, D. D. & Fiet, J. O. (1997). The impact of post-funding involvement by venture capitalists on long-term performance outcomes. *Frontiers of Entrepeneurship Research*, 174-188.

Ehrlich, S. B., DeNoble, A. F, Moore, T. & Weaver, R. R. (1994). After the cash arrives: a comparative study of venture capital and private investor involvement in entrepreneurial firms. *Journal of Business Venturing*, 9, 67-82.

Fath, C. (2002). Business-Angels-Finanzierungen: ein Liferaturüberblick. *Journal für Betriehswirtsch a ft*, 52, 84-101.

Fath, C. (2004). Konfigurationstheoretische Analyse der Business-Angel Finanzierung in Österreich. Dissertation, Wirtschaftsuniversität Wien.

Freear, J., Sohl, J. & Wetzel, W. E. (1994). Angels and non-angels: Are there differences? *Journal of Business Venturing*, 9, 109-123.

Freear, J., Sohl, J. & Wetzel, W. E. (1995). Angels: personal investors in the venture capital market. *Entrepreneurship and Regional Development*, 7, 85-94.

Gaston, R. J. (1989). *Finding Private Venture Capital for Your Firm: A Complete Guide*. John Wiley&Sons. New York.

Haines, G., Madill, J.& Riding, A. (2002). Value Added by Informal Investors: Findings from a Preliminary Study. Unpublished. Carleton University, Ottawa.

Harrison, R. T. & Mason, C. M. (1991). Informal risk capital in the UK and the USA: a comparison of investor characteristics, investment preference and decision-making. *Frontiers of Entrepreneurship Research*, 469-481.

Harrison, R. T. & Mason, C. M. (1992a). International perspectives on the supply of informal venture capital. *Journal of Business Venturing*, 7, 459-475.

Harrison, R. T. & Mason, C. M. (1992b). The roles of investors in entrepreneurial companics: a comparison of informal investors and venture capitalists. *Frontiers of Entrepreneurship Research*, 388-404.

Hemer, J. (2002). Mehrwert von business angels in der Net Economy. In Kollmann, T. (Ed.), *E-Venture-Management, neue Perspektiven der Unternehmensgründung in der Net Economy*. Gabler Verlag, Wiesbaden, 327-343.

Higashide, H.& Birley, S. (2002). The consequences of conflict between the venture capitalist and the entrepreneurial team in the United Kingdom from the perspective of the venture capitalist. *Journal of Business Venturing*, 17, 59-81.

Homan, D. (2001). Planungsfehler, mangelndes Rechnungswesen, Eigenkapital-Mangel und mangelnde Kenntnis der eigenen Branche sind die häufigsten Konkursursachen, Wirtschaftsblatt, D3, 18.09.2001.

Kelly, S. P. (2000). Private Investors and Entrepreneurs: How Context Shapes their Relationship. Dissertation, London.

Klandt, H. (1984). Aktivität und Erfolg des Untemehmensgründers. *Eine Empirische Analyse unter Einbeziehung des mikrosozialen Umfeldes*. Josef Eul Verlag, Bergisch Gladbach.

Lamnek, S. (1995). *Qualitative Sozialforschung Band 1: Methodologie. Deutscher Studien*. Verlag, Weinheim.

Landström, H. (1992). The relationship between private investors and small firms: un agency theory approach. *Entrepreneurship and Regional Development*, 4, 199-223.

Landström, H. (1993). Informal risk capital in Sweden and some international comparisons. *Journal of Business Venturing*, 8, 525-540.

Landström, H. & Olofsson, C. (1996). Informal venture capital in Sweden. In Harrison R. T. &Mason, C. M. (Eds.). *Informal Venture Capital: Evaluating the Impact of Business Introduction Services.* Simon&Schuster, Hertfordshire, 273-284.

Lindsay, N. J. (2004). Do business angels have an entrepreneurial orientation? *Venture Capital*, 16, 197-210.

Lipper, G. & Sommer, B. (2002). Encouraging angel capital: what the U. S. states are doing. *Venture Capital*, 4, 357-362.

Mason, C. M. (2002). Business angels: critical players in the supply of risk capitat to entrepreneurial businesses. In *Belgian Yearbook of Corporate Finance.* Intersentia, Antwerpen.

Mason, C. M. & Harrison, R. T. (1993). Informal risk capital: a review of US and UK evidence. In Atkin, R. , Chell, E. & Mason, C. M. (Eds.). *New Directions in Small Business Research*, Avebury Business School Library, Aldershot, 155-176.

Mason, C. M. & Harrison, R. T. (1995). Closing the regional equity gap: the role of informal venture capital. *Small Business Economics*, 7, 153-172.

Mason, C. M. & Harrison, R. T. (1996). Informal Venture capital: a study of the investment process and postinvestment experience. *Entrepreneurship and Regional Development.* 9, 105-126.

Mason, C. M. & Harrison, R. T. (2000). Informal venture capital and the financing of emergent growth businesses. In Sexton, D. &Landström, H. (Eds.). *Blackwell Handbook of Entrepreneurship.* Blackwell, London, 221-239.

Mason, C. M. & Harrison, R. T. (2004). Does investing in technology-based firms involve higher risk? *Venture Capital*, 6, 313-332.

May, J. (2002). Structured angel groups in the USA: the Dinner Club experience. *Venture Capital*, 4, 337-342.

Mayfield, W. M. (2000). The formation of the angel-entrepreneur relationship during due diligence. *Frontiers of Entrepreneurship Research*, 551-574.

Mugler, J. (1998). *Betriebswirtschaftslehre der Klein und Mittelbetriebe. 3. Aufl. , Band 1*, Springer, Wien.

Neiswander, D. K. (1985). Informal seed stage investors. *Frontiers of Entrepreneurship Research*, 142-154.

Riding, A. , Duxbury, L. & Haines, G. (1995). Financing Company Development: Decision Making by Canadian Angels. Unpublished. Carleton University Ottawa.

Röpke, J. (1999). Der lernende Unternehmer: Läßt sich Unternehmertum lehren und lernen? Zur Evolution unternehmerischen Bewußtseins, Marburger Foerderzentrum fuer

Existenzgruender aus der Universität, Marburg.

Rosenstein, J., Bruno, A. V., Bygrave, W. D. & Taylor, N. T. (1993). The CEO, venture capitalist, and the board. *Journal of Business Venturing*, 8, 243-252.

Sapienza, H. J. (1992). When do venture capitalists add value? *Journal of Business Venturing*, 7, 9-27.

Sapienza, H. J., Manigart, S. & Vermeir, W. (1996). Venture capitalist governance and value added in four countries. *Journal of Business Venturing*, 11, 439-469.

Sørheim, R. (2003). The pre-investment behavior of business angels: a social capital approach. *Venture Capital*, 5, 337-364.

Stedler, H. R. & Peters, H. H. (2003). Business Angels in Deutschland: Empirische Studie der FH Hannover zur Erforschung des Erfolgsbeitrages bei Unternehmensgründung. Fachhochschule Hannover. Fachbereich Wirtschaft, Hannover.

Sternberg, R. (1999). Entrepreneurship in Deutschland: Das Gründungsgeschehen im internationalen Vergleich. Länderbericht Deutschland zum Global Entrepreneurship Monitor. Edition Sigma Verlag, Berlin.

Stinakovits, K. (2001). Der Beitrag informeller Investoren zur Schließung der Equity und Exuerience GaP. Diplomarbeit, Wirtschaftsuniversität Wien.

Suomi, M. & Lumme, A. (1994). *Informal Private Investors in Finland.* Sitra, Helsinki.

Van Osnabrugge, M. & Robinson, R. J. (2000). *Angel Investing: Matching Startup Funds with Startup Companies.* Jossey-Bass, San Francisco.

Wetzel, W. E. (1981). Informal risk capital in New England. *Frontiers of Entrepreneurship Research*, 217-245.

Wijbenga, E. H., Postma, T. J., Witteloostuijn, A. V. & Zwart, P. S. (2003). Strategy and performance of new ventures: a contingency model of the role and influence of the Venture capitalist. *Venture Capital*, 5, 231-250.

第 18 章

9/11 Commission Report. (2004). *The 9/11 Commission Report.* New York: Norton.

Ackerman, T. (1999). *Guide to Careers in Federal Law Enforcement.* Traverse City, MI: Sage.

Edelbacher, M. & Kratcoslti, P. (2010a). Protecting the borders in a global society: an Austrian and American perspective. In Winterdyk, J. & Sundberg, K. (Eds.), *Border Security in the Al-Qaeda Era.* Boca Raton, FL: CRC Press, 77-120.

Edelbacher, M. & Kratcoski, P. (2010b). Providing National and Human Security at Home and Abroad. 17th Annual Meeting of International Police Executive Symposium, Malta.

FBI. (2007). Legal Attaché Offices. http：//www. fbi. gov/contact/Legat/legat. htm (accessed April, 15, 2007).

Heyman, J. & Ackleson, J. (2010). United States border Security after 9/11. In Winterdyk, J. A. & Sundberg, K. (Eds.). *Border Security in the Al Qaeda Era.* Boca Raton, FL：CRC Press, 37-74.

H. R. 3162, USA Patriot Act of 2001. 107th Congress.

H. R. 4173. Dodd-Frank Wall Street Reform & Consumer Protection Act, http：//www. sec. gov/

H. R. 4173-6, http：//www. sec. gov/.

H. R. 4173-8, http：//www. sec. gov/.

http：www. fbi. gov/about-us/investigate/corruption (accessed March 23, 2011).

http：www. fbi. gov/about-us/investigate/organized crime (accessed March, 23, 2011).

http：www. fbi. gov/about-us/investigate/whitecollar crime (accessed March, 23, 2011).

http：//www. secretservice. gov/history. shtml (accessed March 23, 2011).

http：//www. secretservice. gov/mission. shtml (accessed March 23, 2011).

Money Laundering Control Act of 1986 (18 USC 981).

Nasheri, H. (2005). *Economic Espionage and Industrial Spying.* Cambridge：Cambridge University Press.

National Cyber Forensics and Training Alliance. http：www. fbi/gov/about-us/Investigate/cyber (accessed March 22, 2011).

National Cyber Investigative Joint Task Force. http：www. fbi/gov/about-us/investigate/cyber9 (accessed March 22, 2011).

Right to Financial Privacy Act of 1978.

Sedgwick, J. (2008). International Challenges to Law Enforcement：Policing in the Global Age. 15th Annual International Police Executive Symposium Cincinnati.

Taylor, R. , Caeti, T. , Loper, D. & Tritsch, E. (2006). *Digital Crime and Digital Terrorism.* Upper Saddle River：Prentice Hall.

Title II Bank Secrecy Act (31 USC 5311-5332 implementing 31 CFR 103).

U. S. Department of Justice. (2008). Computer Crime and Intelligence Property Section, Criminal Division. http：www. usdoj. gov/criminal/cybercrime/policy (accessed March 20, 2010).

U. S. Department of Justice. (2008). Strategy to Combat International Organized Crime.

http: //www. justice. gov/criminal/icitap/pr/2008/04 - 23 - 08combat-intl-crime. overview. pdf
(accessed March 21, 2011).

U. S. Secret Service. (2011). Strategic Plan. Washington: Department of Homeland Security.
www. secretservice. gov

White, J. (2009) . *Terrorism and Homeland Security*, 6th ed. Wadsworth Cengage.

第 19 章

Academic Council of United Nations. (2010). *New Security Challenges*. New York.

Castillo, E. E. & Mendoza, M. U. S. role in Mexico drug war raises nationalist's anger over
sovereignty. *Akron Beacon Journal*, March 20, 2011: A3.

Eaglesham, J. (2011). Challenges in chasing fraud. *Wall Street Journal*, June 23, 2011:
Cl.

Goldstein, M. (2008). Bear Scandal: a widening probe. *Business Week*, July 22,
2008: 3.

Interpol. (2011). Financial and high tech crimes. http: //www. interpol. int/public/
financialcrime/default. asp (accessed February 2, 2011).

Sutherland, E. H. (1949). *White Collar Crime*. New York: Dryden Press.

Tomasic, R. (2009). The Financial Crisis and the Haphazard pursuit of financial
crime. *Journal of Financial Crime*, 16: 7-31.

U. S. Secret Service. http: //www. secretservice. gov/mission. shtml (accessed June 1,
2011).

Wouters, J. (2011). FBI: 2010, a banner year for online crime. http: //www. walletpop.
com/2011/02/fbi - 2010 - a-banner-year-for-online-crime/? icid = mai (accessed February 25,
2011).

后 记

　　腐败问题一直是社会面临的最大挑战之一。欧盟也面临这样的问题。虽然欧盟各国腐败的本质各有不同，但它都会对欧盟的经济、政治和社会发展产生负面影响。因此，任何方式的腐败行为都不能容忍，当政者必须妥善解决这一问题。这就是为什么最近欧洲议会呼吁欧盟对腐败进行广泛的制裁，并敦促所有成员国做出明确的政治承诺，落实规则，防止腐败行为的发生。

　　腐败给欧盟每年增加的经济成本超过 1000 亿欧元（约占欧盟国内生产总值的 1%）。它不仅损害了欧盟的投资和公共财政，也阻碍了市场的公平和有序竞争。根据最近的欧洲民意调查，4/5 的欧盟公民认为腐败是其所在国家面临的一个主要和内在问题，需要采取强有力的政治措施。

　　无论是在欧洲层面还是在国际层面，虽然在反腐败方面我们已经有了一些规定，但各成员国在落实规定上仍存在差距，总体上还难以让人满意。事实上，即使在反腐败立法存在的情况下，其执法力度也普遍不足。随着《斯德哥尔摩计划》的通过，欧盟委员会被赋予了一项新的政治任务，即研究制定一项能够得到普遍认可和共同遵守的反腐败模式。2011 年 6 月，欧盟委员会通过了一项新的报告机制，发布《欧盟反腐败报告》。该报告将定期监测和评估成员国反腐败斗争的进展情况。这项特别工具无疑将有助于培养反腐败的政治意愿和重建相互信任。

　　尽管欧盟在反腐败方面已经建立起较为强大的政策落实督办机制，但还必须把更多的关注点放在所有相关政策上，尤其是在司法、警察合作领域。反腐败应当考虑外部和内部政策的整合。

　　我认为执政者坚定的政治承诺将有助于更有效地解决腐败问题。同时，我们也应在欧盟和国际层面开展公私对话，探讨如何在商业领域预防腐败行为。

玛格·奥斯玛·卡拉斯（Mag. Othmar Karas），M. R. I.，HSG.

欧盟议会副议长

保守党成员

索 引

A

《爱国者法案》，223，309，310，311，312，
　　317，319，320，333

《华沙公约》，119

《里斯本条约》，44－46，53，92，179，
　　324

《联合国反腐败公约》，131，174，177，
　　283

《斯德哥尔摩计划》，45，324，325

《维也纳公约》，84

阿尔卑斯－亚德里亚银行，259

阿尔多·莱格纳诺，34

阿纳斯塔修斯·西塞乌斯，22

埃伯哈德·肯普夫，205

埃德温·莱默特，74

埃里克·霍尔纳格尔，255

艾伦·格林斯潘，164，268，281

爱德华·劳埃德，24

安全社会，4，33－35，43

安全文化，46－50，53，223，255－257，
　　271，274－277，331

安然公司，150，154，156

安永会计师事务所，263，264，269

奥地利银行，253－254，325

B

八国集团，92，119

巴塞尔委员会，197

白领犯罪，29－30，66－67，69－70，74－
　　76，87－89，93－96，122，128－129，
　　135，148－149，188－193，223，254，
　　267，276，280，284，293，314，
　　319，322，323，326－333

柏拉图，144

柏林墙，10，101

保护消费者，15，25，217，228－229，
　　308

保罗·克鲁格曼，281

保险，21－25，28，30，36，51，67，69－
　　70，73，82，85－88，90，97－100，
　　111，211－212，222，225－240，279，
　　312，314，323，327，331，333

保险费，85，227－228

保险公司，24，28，70，73，85－87，90，
　　97－100，211，212，222，225－231，

233-240，279，312，323，327，331

保险欺诈，73，85-88，111，230

保证，24，93，99，118，120，131，135，
141，155，162，172，202，203，
206，228，272，310，331

北岩银行，150，162，165，166，330

比尔·福克斯顿，253

闭路电视，12，36，41-43

标准普尔，212-213

表征性空间，19

伯纳德·马多夫，66，80，150，157，
160，253，327

布隆迪，63

C

长滩公司，210

惩罚性隔离，40

创新理论，26

次贷危机，28，253，256

D

大萧条，28，90，96，222，279，295，307，
323，333

黛安·沃恩，269

德国司法法，188

地下经济，107，112

帝国时代，22，132-133

第七欧盟框架方案，51，53

蒂莫西·盖特纳，154，160，166

钓鱼网站，89，114

动机陷阱，257，258-259，276

对冲基金，162，163，209，254，268，279，
282，314，333

E

俄罗斯，10，26，54，55，82-83，94，
123，144，169，329

恶意软件，104-107，112，115

恩德拉赫塔，123，130，134，185

二十国集团，92，282，290

F

法兰克福，24，85，88

法治，49，63，67，73，97，127，136，
137，139-142，154，182，187，
193，196，208，283，327，330，332

法治国家，141-142

反社会行为，266

犯罪活动，4，12，38，40，46，50，67，
72，84，93，95，96，108-109，
118-119，123，125，127，134，
184，186，187，191，222，254，
267，310，312，317，318，321，
322，327

犯罪学，6-7，9-15，17，39，74，177，
178，184，189

贩毒，70，111，124，135，167，168，
318，322

贩卖人口，44，184，308-309，318

防卫设计，4，6，9-11，13-14，16-17，
19，324

房地美，218

非政府组织，60-63，167

风险分散，195，231

风险沟通，232-233

风险管理，7，22-24，29，45，95，117，158－159，195，197，200，201，217，218，227，231，232，239－241，255-256，259-260，266，275-276

投机性风险，239，240

风险转移，226-228，231，233，239

福特·奥斯马尼，168

腐败，4，31，38，44，45，52，67，68，87，88，94，95，97，98，101，122-124，126-135，137-139，142-146，151，153-154，157，167-185，187，191-192，194，198-200，202，207，223，242，248，250，283－284，286，288，307，310，314－315，318，322，328-333

腐败感知指数，128

复原力工程，255-256

G

高可靠性理论，257-259，261

高盛，155，214-215，254，260

告密者，173，186，189，247，248，264

格哈德·吉布罗夫斯基，259

格哈德·兰达，254

格拉斯-斯蒂格尔法案，307，333

格雷格·李普曼，214

公共空间，13-15，17-19，35，37，41，43

共同市场，181

雇员犯罪，89，95

关于干净共和国的二十条建议，180

国际反洗钱和反恐融资法，309

国际计算机犯罪国家联络中心，120

国家安全研究计划，37，47，51

国土安全部，307，309，317-318，320

过渡区，17

H

哈德良长城，9

合理性，33，43，141，187，268，281，306

荷兰东印度公司，27

荷兰银行，158，161

赫克托·桑茨，156

黑手党，67，70，122－135，176，184－185，187，191，202，208，215，266-267，270，276，329

生态黑手党，126，329

糊糊系统，127-128

亨利·保尔森，260

亨利·列斐伏尔，18

华盛顿互助银行，210-211

环境犯罪学，10-11，14-15

环境设计，9-14，17

灰色金融，123

贿赂，88，126，133－135，143，147，150－152，154，165，179，189，206，329-330

J

机场安全，37

机构能力理论，287-288

机会成本，80

吉罗拉莫·卡尔达诺，23

计算机病毒，89-90，321

假造，81

僵尸网络，106-107，118

交易欺诈，81

节点治理，13-14

杰弗里·皮考尔，253

杰罗姆·凯维尔，259，269

金融犯罪执法网络，311-312

金融服务管理局，148，157

金融稳定委员会，279，281-282，290

金融隐私权法案，311，313

金字塔式骗局，79

尽职调查，90，101，118，162，209

经济合作与发展组织，52，151，152，290

经济难民，71

经济危机，26-30，125-126，128，154，
    165，194-195，207-208，216，252，
    256，277，323，325

经济制度，67，139，142，181，188，192，
    288

俱乐部效应，18

K

卡塔尔半岛电视台，169

卡特里娜飓风，24

开曼群岛，253

科林·克拉克，26

科萨诺斯特拉，123，125，134，185

渴望目标，12

空间结构，14，17-19

空间实践，19

恐怖组织，7，90，308，311，316

控制错觉，229，258，273，274，331

L

莱昂纳多·皮萨诺，23

劳埃德·布兰克费恩，200，260

雷曼兄弟，92，194，253，259，260，
    263，264，269，275，328

冷战，10，49，51，55，82

理性迷思，260，261

利比亚，3

利率，23，194，210，244，218

联邦调查局，78，98，100，215，313-
    315，318，333

联合国，5，8，25，34，52，54-64，70-
    72，94，96，131，167，174，177，
    188，283，285，291，319，321，
    324，326

联合国预防性部署部队，56

邻里守望，39

邻里支持倡议，39

卢旺达，63，128

罗伯特·沃德尔，151，152

罗马，4，21，22，27，38，78，132，133，
    179，184

M

马克斯·韦伯，23

马其诺防线，10

马修·李，264

贸易公司，28

媒体报道，80，170，275

　　调查报告，169，222，243，245，

247，251

美第奇银行，81，254

美国联邦存款保险公司，211

美国联邦经济情报局，307，316

慕尼黑，24

N

纳斯达克，28，162，164，253

难民，60，71-72

内幕交易，66，68，77，78，156，189，

198，254，322

O

欧盟边防局，38，72

欧文·皮卡德，80，253

欧洲反欺诈办公室，38，87，88

欧洲司法协调组织，38

欧洲武警组织，38，319

P

拍卖欺诈，111，114，333

庞氏金字塔骗局，78-80

偏差的正常化，257，264，276

贫困，3，17，25，61，70，125，170，

278，285，287

贫穷，2，3，18，25，26，70，72，138，

283，287，293

普华永道，89

普雷特·巴拉拉，216

Q

欺诈，31，38，50，52，66，68，73-78，

80-90，93，94，96，97，98，103-

106，108-118，130，148，151-153，

155-157，160-164，166，177，183，

184，188 - 190，197，198，200，

207，208，210，213，215 - 217，

230，280，286，309，312，314，

315，317，321，322，327，328，

330，333

拍卖欺诈，111，114，333

支票和信用卡欺诈，82

信任欺诈，111

保险欺诈，73，85-88，111，230

交易欺诈，81

气候变化，5，35，47，59，70，278，279

企业家，22，26，31，32，125，126，

128，130，181，223，295，296，

298，299，300，302，303，304，

323，332

强制保险，225，229，233

窃听，36，170，172

侵犯版权，116

全球风险社会，25，35

全球化，10，35，45，92，101，124，

127，134，136，187，191，207，252

全球金融危机，90，91，101，148，150，

222，279，325，326，328，330

R

人的安全，34，54，56，58，59，61，62，
63，64，324

人的因素，252，257，270，272，275，
276，334

蠕虫病毒，88，329

S

萨班斯-奥克斯利法案，154

塞拉利昂，62，63，154

三十年战争，27，154

社会预防，8

社会秩序，6，10，18，34，72，283，
288，289，293

深度心理学，223，260，261，262，264，
266，276，332

神圣罗马帝国，27

失败陷阱，264，266，276

世纪改革计划，41

世界人口，70

世界卫生组织，25，115

世界银行，61，92，96，145，146，154，
286，287

世通公司，150，154，333

事故报告系统，274

司法部，116，132，151，152，156，171，
180，215，313，314，315，316

斯蒂芬·舒尔迈斯特，253

T

贪污，4，44，74，129，206，327

特洛伊木马，104，105

梯度等级，263，268

天使投资，223，295-306，332

铁幕，36，37，82，83

通过环境设计预防犯罪，9，11，12，13，
17

管理主义，14

童工，25

托马斯·马尔萨斯，29

托尼·布莱尔，150

W

万里长城，9

网络犯罪，45，50，67，76，88，101-
111，115-121，307，309，313-315，
318，325，328，329，331，333

《布达佩斯公约》，103-105，110，
115-117，119，121，

生态系统，101，102，120

信息和通信技术，50，101，102，108，
109，

互联网欺诈，111，114，

维和行动，55，57，58，61

问责制，165，274，278，283，286，287，
288，292，293

沃尔特·惠特曼，26

沃伦·巴菲特，155，200

X

西德尼·德克，256，260

西格蒙德·弗洛伊德私立大学，37

洗钱，44，68，82，84，85，89，94，96，97，101，108，116，117，118，120，121，123，223，308，309，310，311，312，314，317，318，321，322，328，333

系统安全，199，255，257，266，270，272，275，276

现代化理论，286，287，288，290

香港，97，327

肖恩·菲茨帕特里克，260

协同层次，261，270，271

新金融架构，281

新自由主义，9，197，281，326，332

信贷风险，200

信息安全，50，89，117，120，329

信息共享和分析中心，118

信用风险，29，236

信用违约互换，213，214，236

Y

亚琛，24

亚当·斯密，29，267

亚里士多德，90，144

阳光基金会，260

意大利的腐败，123，129，134

因素模型，304

银行抢劫，12，42，77，108

英格兰银行，282

英国法治，141

影子经济，75，141

邮政检查员，317

有组织犯罪，7，38，40，44-46，49，52，67，70-72，74，83，93，94，101，107-109，122-124，126，128，132，134，135，137，138，144，146，147，168-170，176，184-188，191-193，196，198，202，207-209，222，223，242，244，283，309，314，315，316，318，319，322，325，327，329，330，331，333，政府俘获，139，144-147，283，330

预期寿命，25

裕信银行，253

约翰·保尔森，254，268，275

约翰·劳，27，28

约瑟夫·阿克曼，203，259，268

越轨行为，6，17，134

Z

再保险，24，51，228，231，236，237，238，239

正常事故理论，257，258，261

证券，4，27，28，31，51，70，77，78，81，82，90，94，95，154，156，158，160，162-164，166，193，195-199，204，209，210，211，212，213，214，217，218，253，254，264，278，307，308，311，313-315，322，323，333

证券化，51，195，197，199，204，209-
　　211，213，217，218

证券交易委员会，78，81，156，158，
　　162，163，253，254，264，278，
　　307，308，322

政府的透明度，131

芝加哥学派，17

重商主义，22，24

资本主义，18，22，23，26，27，72，
　　136，205，287

自然灾害，3，4，5，8，24，26，30，
　　34，45，47，68，176，193，195，
　　208，209，224，236，328

自我强制平衡，289

自我实现，3，4，130

最高审计机关，284，385

图书在版编目（CIP）数据

捕获金融幽灵：预防下一场金融危机／（奥）马克西米利安·埃德尔巴切尔，（美）彼得·克拉特考斯基，（奥）迈克尔·泰尔主编；但彦铮，李云飞译. -- 北京：社会科学文献出版社，2023.4
（安全治理丛书）
书名原文：Financial Crimes：A Threat to Global Security
ISBN 978-7-5201-9983-4

Ⅰ.①捕… Ⅱ.①马… ②彼… ③迈… ④但… ⑤李… Ⅲ.①金融风险防范-研究 Ⅳ.①F830.2

中国版本图书馆 CIP 数据核字（2022）第 067217 号

· 安全治理丛书 ·

捕获金融幽灵：预防下一场金融危机

主　　编／〔奥〕马克西米利安·埃德尔巴切尔（Maximillian Edelbacher）
　　　　　〔美〕彼得·克拉特考斯基（Peter Kratcoski）
　　　　　〔奥〕迈克尔·泰尔（Michael Theil）
译　　者／但彦铮　李云飞

出 版 人／王利民
组稿编辑／恽　薇
责任编辑／孔庆梅
文稿编辑／武广汉

出　　版／社会科学文献出版社·经济与管理分社（010）59367226
　　　　　地址：北京市北三环中路甲 29 号院华龙大厦　邮编：100029
　　　　　网址：www.ssap.com.cn
发　　行／社会科学文献出版社（010）59367028
印　　装／三河市龙林印务有限公司

规　　格／开　本：787mm×1092mm　1/16
　　　　　印　张：28.25　字　数：472 千字
版　　次／2023 年 4 月第 1 版　2023 年 4 月第 1 次印刷
书　　号／ISBN 978-7-5201-9983-4
著作权合同
登 记 号／图字 01-2020-5431 号
定　　价／128.00 元

读者服务电话：4008918866